기독교문서선교회(Christian Literature Center: 약칭 CLC)는 1941년 영국 콜체스터에서 켄 아담스에 의해 시작되었으며 국제 본부는 미국 필라델피아에 있습니다.
국제 CLC는 59개 나라에서 180개의 본부를 두고, 약 650여 명의 선교사들이 이동 도서차량 40대를 이용하여 문서 보급에 힘쓰고 있으며 이메일 주문을 통해 130여 국으로 책을 공급하고 있습니다. 한국 CLC는 청교도적 복음주의 신학과 신앙 서적을 출판하는 문서선교기관으로서, 한 영혼이라도 구원되길 소망하면서 주님이 오시는 그날까지 최선을 다할 것입니다.

안 명 준 박사
평택대학교 조직신학 교수, 한국장로교신학회 회장

본서는 칼빈의 『제1차 신앙교육서』(1538년)를 세계적인 칼빈신학자 존 헤셀링크 (I. John Hesselink) 박사가 해설한 것이다. 2008년 프랑스 엑상프로방스에서 열렸던 세계개혁신학회(International Reformed Theological Institute)에서 헤셀링크 박사는 이승구 박사와 나에게 본서가 번역되었으면 좋겠다고 제안했다. 10년이 지난 지금 이승구 박사와 조호영 목사를 통해 헤셀링크 박사의 본서가 한국에서 번역 출판되는 기쁨을 함께 누리게 되었다.

본서는 세계적인 칼빈신학자 포드 루이스 배틀즈(Ford Lewis Battles) 박사의 영역본과 더불어 헤셀링크 박사의 신학적 해설이 근간을 이루고, 그의 "칼빈, 성령의 신학자"라는 글이 부록으로 구성되었다. 본서는 비교적 쉽고 용이한 수준으로 칼빈신학의 진수를 소개하고 있다.

본서에 담긴 헤셀링크 박사의 신학적 해설은 그 자신의 선교 현장 경험과 오랜 신학 작업이 축적된 결과물로서 기독교 신앙의 참된 진수를 가르치는 데 필수적인 것들을 요약적이면서도 신학적으로 해석하였기에 한국교회에 성경적이고 바른 신학적 토대를 제공할 것이다. 특별히 학생들을 가르치는 교사들에게 본서는 기독교의 기본 교리를 간결하고 분명하게 전달하는 데 큰 도움이 될 것으로 생각하여 추천한다.

또한, 본서는 하나님 말씀의 권위를 분명하게 해설하고 있다. 칼빈신학은 성경을 통해 우리 신앙의 중심인 그리스도를 바라보게 한다. 마찬가지로 본서는 신앙에 관한 우리의 이해를 깊게 하고, 우리 신앙의 대상이자 우리 구원의 원천이신 예수 그리스도께 더욱 가까이 가게 한다.

특히 헤셀링크 박사는 본서의 부록에서 칼빈의 성령론을 통찰력 있게 제시하면서 무엇보다도 그리스도와 우리의 연합을 강조하고, 말씀과 함께 역사하시는 성령은 예수 그리스도와 연관되어 있다고 말한다. 헤셀링크 박사는 칼빈이 딱딱하고 차가운 신학자라기보다는 성령의 신학자로서 인격적, 역동적, 경험적인 측면을 드러낸다고 주장한다.

본서의 이 모든 장점이 한국교회와 신학의 교사들에게 큰 유익을 제공할 것이기에 강력하게 추천한다.

김 병 훈 박사
합동신학대학원대학교 조직신학 교수

신앙교육을 위한 교회의 노력은 설교 사역과 더불어 종교개혁의 가장 중요한 특징 가운데 하나이다. 신앙교육은 바른 교회임을 보여 주는 훌륭한 표지이다. 교회의 건강을 판단하는 중요한 표지 가운데 하나는 '말씀의 바른 선포'이다. 이것은 공예배의 설교 강단의 중요성을 말할 뿐만 아니라 교인들에게 성경의 바른 이해와 이에 근거한 기본 교리를 잘 가르치는 일이 실로 중요함을 강조한다.

여러분이 손에 들고 있는 『칼빈의 제1차 신앙교육서: 그 본문과 신학적 해설』(*Calvin's First Catechism: A Commentary*)은 칼빈의 『제1차 신앙교육서』(1538년)를 담고 있는데, 본서는 성경의 바른 이해와 기본 교리 교육을 위하여 만들어진 아름다운 열매이다.

『제1차 신앙교육서』 이후로, 개혁신학을 따라 세워진 장로교회를 비롯한 모든 개혁 교회는 여러 종류의 요리문답서를 만들어 신앙교육을 도모했다. 이러한 역사적 맥락과 중요성을 조금이라도 생각한다면, 본서의 의의와 실천적 효과에 관해서 충분히 이해할 수 있을 것이다.

본서는 기초 교리들을 간략하게 설명하는 형식을 가지고 있다. 이것은 이후에 만들어지는 많은 신앙교육서들이 문답형식으로 된 것과는 다른 형식이다. 그러나 모두 하나님의 말씀의 교훈을 정확하게 반영하여, 영혼의 순결함으로 진리를 밝게 이해하고 신실한 마음으로 그리스도를 믿는 교인이 되도록 하기 위한, 필수적이며 기본적인 노력의 결과물이라는 점에서는 동일하다.

목회자라면 여러분의 목회와 사역을 위하여, 그리고 일반 신자라면 개인의 영원한 생명을 위하여 머뭇거리지 말고 본서를 들어 읽기를 바란다. 소그룹 모임이나 새가족 성경공부에도 더없이 좋겠다. 교회에 주신 귀한 신앙의 유산을 맛보고, 복된 사도적 전통 아래 교회를 아름답게 세우며 신앙의 유익을 누리시기를 바란다.

칼빈의 제1차 신앙교육서

그 본문과 신학적 해설

Calvin's First Catechism: A Commentary
Written by I. John Hesselink
Translated by Seunggoo Lee & Hoyoung Cho

Copyright © 1997 by I. John Hesselink
All Rights Reserved.
No part of this book may be reproduced or transmitted in any form or by any means, electronic or mechanical, including photocopying, recording, or by any information storage or retrieval system, without permission in writing from the publisher.
For information, address Westminster John Knox Press, 100 Witherspoon Street, Louisville, Kentucky 40202-1396.

All rights reserved.
Translated and printed by Westminster John Knox Press
Korean Edition Copyright © 2019 by Christian Literature Center, Seoul, Republic of Korea.

칼빈의 제1차 신앙교육서: 그 본문과 신학적 해설

2019년 9월 30일 초판 발행

지은이	|	존 헤셀링크
옮긴이	|	이승구, 조호영
편집	|	곽진수
디자인	|	전지혜
펴낸곳	|	(사)기독교문서선교회
등록	|	제16-25호(1980.1.18.)
주소	|	서울특별시 서초구 방배로 68
전화	|	02-586-8761~3(본사) 031-942-8761(영업부)
팩스	|	02-523-0131(본사) 031-942-8763(영업부)
이메일	|	clckor@gmail.com
홈페이지	|	www.clcbook.com
송금계좌	|	기업은행 073-000308-04-020 (사)기독교문서선교회

ISBN 978-89-341-2041-4(93230)

이 도서의 국립중앙도서관 출판예정도서 목록(CIP)은 서지정보유통지원시스템 홈페이지(http://seoji.nl.go.kr)와 국가자료공동목록시스템(http://www.nl.go.kr/kolisnet)에서 이용하실 수 있습니다. (CIP제어번호: CIP2019038315)

이 한국어판 저작권은 Westminster John Knox Press과 독점 계약한 (사)기독교문서선교회가 소유합니다. 신저작권법에 의하여 한국 내에서 보호를 받는 저작물이므로 무단 전재와 무단 복제를 금합니다.

Calvin's First Catechism:
A Commentary

칼빈의
제1차
신앙교육서

그 본문과 신학적 해설

존 헤셀링크 지음
이승구, 조호영 옮김

CLC

차례

추천사   1
안 명 준 박사 / 평택대학교 조직신학 교수, 한국장로교신학회 회장
김 병 훈 박사 / 합동신학대학원대학교 조직신학 교수

저자 서문   8
역자 서문   12

제1부   존 칼빈의 『제1차 신앙교육서』(1538년) 본문   18

제2부   『제1차 신앙교육서』(1538년)에 대한 신학적 해설   103
    제1장   서 론   104
    제2장   참된 종교 그리고 하나님을 아는 지식(제1-3항)   117
    제3장   추가적 상설: 성경의 권위―성령의 내적 증거   148
    제4장   하나님을 떠난 우리가 처한 곤경(제4-7항)   167
    제5장   하나님의 율법과 그리스도인의 삶의 모습(제8-11, 17항)   212
    제6장   추가적 상설: 그리스도인의 자유(제31항)   235
    제7장   선택과 예정(제13항)   257
    제8장   믿음(제12, 14-21항)   280
    제9장   사도신경 1(제20항)   307
    제10장   사도신경 2(제20항)   328
    제11장   기도(제22-25항)   360
    제12장   성례들(제26-29항)   386
    제13장   교회의 성격과 표지들(제30, 32항)   426
    제14장   통치자와 시민 정부(제33항)   457

부록   칼빈, 성령의 신학자   483

저자 서문

존 헤셀링크(I. John Hesselink) **박사**
前 웨스턴신학교 학장 및 조직신학 교수

    본서는 오랜 시간에 걸쳐 이루어진 흥미진진한 과정의 산물이다. 본서는 필자의 일본 선교사 시절로 거슬러 올라가는데, 당시에 필자는 일본교회에 속한 한 무리의 신도들에게서 칼빈의 사상을 소개해 달라는 부탁을 받았다. 이런 목적을 위한 이상적인 도구는 칼빈의 첫 신앙교육서였는데, 이것은 1537년에 프랑스어로 처음 작성되었다. 이 프랑스어 작품은 『신앙교육과 고백』(*Instruction et confession de foy*)이라는 제목을 달고 있었다.

    그 후에 폴 펄만(Paul T. Fuhrmann)의 영역본(『신앙교육』[*Instruction in Faith*], 1949)과 더욱 중요하게는 노부오 와타나베(Nobuo Watanabe[渡辺信夫])의 일역본인 『신앙의 가이드』(*Shinkō no Tebiki*[信仰の手引き], 1956)가 나왔다.

    필자는 칼빈의 이 작품에 관해서 영어로 간단한 해설을 쓰기 시작했고, 그다음에 이것이 일본어로 번역되었다. 그 후에 이것은 더욱 확장되어 도쿄연합신학교(Tokyo Union Seminary)에서 필자가 몇 년에 걸쳐 가르쳤던 칼빈 입문 과정에서 사용되었다.

    1973년에 필자는 미시간(Michigan)주 홀랜드(Holland)에 있는 웨스턴신학교(Western Theological Seminary)의 학장으로 초빙되었다. 필자는 학장으로 있던 12년 동안에도 가르치는 사역을 계속했다. 그 수업 중 하나가 칼빈의 생애와 신학에 관한 것이었다. 본서의 핵심 내용이 이 수업을 위한 필자의 텍스트 중 하나로 사용되었다.

그러나 본서는 이전의 그 텍스트를 상당히 확장한 것이고, 칼빈의 저서들과 2차 문헌에 대한 필자의 지속적인 독서를 반영하고 있다. 그 사이에 펄만의 영역본이 절판되었다(그러나 다행히도 이 책은 현재 '웨스트민스터 존 녹스 출판사'[Westminster John Knox Press]에 의해 재출간되었다).

필자가 미국으로 돌아가기 전, 위대한 칼빈 전문가요 『기독교 강요』(Institutes of the Christian Religion)의 영역자인 포드 루이스 배틀즈(Ford Lewis Battles)를 알게 되었다. 그는 필자에게 지금 『제1차 신앙교육서』(1538년)로 알려진 라틴어 작품의 영역 원고를 보여 주었다. 이 작품은 칼빈이 1537년에 첫 번째 신앙교육서를 프랑스어로 작성한 그다음 해에 그 동일한 작품을 라틴어로 작성한 것이었다.

배틀즈는 피츠버그신학교(Pittsburgh Seminary)에 머무는 동안 이 작품을 개인적으로 출판했었고, 소천할 때까지 개정과 수정을 계속해 나갔다. 필자가 소유한 가장 귀중한 도서 목록 중 하나는 1979년 11월 18일, 그랜드래피즈의 버터워스병원(Butterworth Hospital in Grand Rapids)을 마지막으로 방문했을 때 배틀즈가 준 그 책의 장정(裝幀)본이다. 그는 나흘 후에 소천했다.

배틀즈는 소천하기 전, 자기의 번역본과 필자의 해설을 함께 출판하는 데 필자와 합의했었다. 본서는 칼빈의 고유한 본문에 그의 신학에 관한 소개를 더하여 비전문가들에게 단권으로 제공하려는 목적을 갖고 있다.

본서는 빌헬름 니젤(Wilhelm Niesel)이나 프랑소아 방델(François Wendel) 같은 학자들의 칼빈신학에 관한 표준적 안내서나, 도널드 맥킴(Donald K.

McKim)이 편집한 『칼빈신학 선집』(Readings in Calvin's Theology [Grand Rapids: Baker Book House, 1984]) 같은 훌륭한 선집 등과 경쟁할 의도가 없다. 또한, 최근의 연구서로는 파커(T. H. L. Parker)의 『칼빈: 그의 사상 입문』(Calvin: An Introduction to His Thought [Philadelphia: Westerminster John Knox Press, 1995])이 있지만, 이 책은 주로 『기독교 강요』를 요약한 것으로서 최근의 이차 문헌을 담고 있다.

주목해야 할 점은 본서가 담고 있는 해설이 일차적으로 『제1차 신앙교육서』(1538년)에 기초하며 그 구조를 따르고 있을지라도, 칼빈의 다른 저술들, 특히 『기독교 강요』와 성경 주석들을 자유롭게 사용했다는 점이다. 또한, 본서의 일부 설명이 다소 전문적이라 할지라도, 본서의 의도는 상대적으로 단순한 입문서라는 것을 염두에 두기 바란다. 더욱이, 필자는 칼빈이 무엇보다 성령의 신학자라는, 자주 반복되는 주장을 예증하는 글을 부록으로 첨부했다.

배틀즈의 소천 후, 필자는 그의 아내인 매리언(Marion)과 연락을 유지했는데, 그녀도 좋은 친구였다. 그녀는 이 전체 기획을 적극 지지했고 본서의 출판을 고대했다. 1994년 12월에 있었던 그녀의 갑작스런 소천은 그녀를 알고 사랑하는 모든 이에게 충격이요 타격이었다.

본서의 집필 과정에서 여러 친구가 도움과 격려를 아끼지 않았다. 특히, 미시간주 홀랜드에 있는 호프대학(Hope College)의 종교학 명예교수인 엘턴 브루인스(Elton Bruins)와 멤피스신학교(Memphis Theological Seminary)의 학장이자 신학 교수인 도널드 맥킴(Donald K. McKim), 미시간주 그랜드래피즈(Grand Rapids)에 있는 칼빈신학교(Calvin Theological Seminary)의 교회사 교수인 리처드 멀러(Richard Muller), 그리고 네덜란드 라이덴대학교(the University of Leiden)의 교의신학 및 성경신학 교수인 브람 반 더 베이크(A. van de Beek)[1]에게 감사드린다.

또한, 이전에는 웨스턴신학교 교수회의 비서였다가, 지금은 학장의 비서인 마릴린 에싱크(Marilyn Essink)에게도 감사하고 싶은데, 그녀는 이 원고의 마지막 초안을 타자해 주었다. 이 작업의 끝 무렵에, 웨스턴신학교의 대표 응대자(receptionist)인 카리 트럼피(Kari Trumpie)가 에싱크를 도와주었다. 이들의 도움이 없었다면, 이 작업은 실패로 끝났을 것이다.

또한, "컬럼비아 개혁신학 시리즈"(the Columbia Series in Reformed Theology)의 편집부가 본서를 시리즈에 기꺼이 넣어준 데 대해 감사한다. 마지막으로, 이전에 '웨스트민스터 존 녹스 출판사'에 근무하며 본서의 초기 작업에 필자와 함께 일을 했던 티모시 스테이브타익(Timothy Staveteig)과 편집장인 스테파니 에그노토치(Stephanie Egnotovich)에게 감사하고 싶다. 이 두 사람은 이 작업에서 친절과 도움을 베풀어 주었다.

또한, 이 기획이 열매를 맺도록 해 준, '웨스트민스터 존 녹스 출판사'의 다른 무명의 동역자들을 포함하여 제작편집자인 칼 헬미히(Carl Helmich)와 교열편집자인 얀 리처드슨(Jan Richardson)에게 본서의 편집 과정에서 그들이 보여 준 뛰어난 작업과 역할에 대해 감사를 표한다. 그리고 마지막으로 교정 작업을 도와준 필자의 아들 나단(Nathan)과 몇몇 특별한 친구들에게 감사를 표하고 싶다.

웨스턴신학교(미시간주 홀랜드)

---

[1] 지금은 자유대학교의 은퇴 교수이다. -역주

역자 서문

이승구 박사
합동신학대학원대학교 조직신학 교수

본서는 2018년 10월 28일에 작고한 존 헤셀링크(I. John Hesselink, 1928–2018) 박사의 『칼빈의 제1차 신앙교육서』(*Calvin's First Catechism: A Commentary*)를 전부 우리말로 옮긴 것이다. 그러므로 본서는 근원적으로 존 칼빈과 관련되고, 그의 『제1차 신앙교육서』(1538년)를 신학적으로 해설한 헤셀링크 박사와도 관련된다.

나는 오래전에 세계개혁신학회(International Reformed Theological Institute) 모임에서 헤셀링크 박사가 쓴 이 작품을 받았고, 언젠가 이 작품을 한국어로 번역하겠다고 약속드렸다.

헤셀링크 박사는 한국을 여러 번 방문하셨고 한국교회를 잘 아는 귀한 개혁신학자 중 한 분이시다. 그는 유난히 한국 신학자들에게 친절하셨다. 나는 차재승 박사나 문병호 박사처럼 웨스턴신학교에서 그에게 친히 배우지 못했지만, 그의 신학적 경향을 잘 아는 사람의 하나로서 2003년 인도네시아 자카르타에서 열렸던 세계개혁신학회 모임 이래 2년마다 열리는 모임에서 그와 만나서 대화할 때마다 그의 친절함과 따뜻함을 여러 면에서 느꼈고, 그의 수많은 책 가운데서 『칼빈의 제1차 신앙교육서』는 한국

교회에 큰 유익이 있을 것이라 여겼다.

헤셀링크 박사의 신학적 입장은 교단적으로나 그의 신학 교육의 성격상 개혁파 정통주의 입장과는 좀 다르다고 할 수 있다. 일단 교단적으로 그는 미국의 개혁파 교단 가운데서 좀 더 자유로운 미국개혁교회(RCA: Reformed Church in America)[1]에 속한 목사의 아들로 태어나 RCA의 대표적인 신학교인 웨스턴신학교에서 공부하셨다.

헤셀링크 박사는 웨스턴신학교에서 학장으로 오래 계셨다(1973-1985). 그 후에도 그는 조직신학 석좌 교수(the Albertus C. Van Raalte Professor of Systematic Theology)로 계셨고(1985-1992), 1992년 은퇴 후에도 그 신학교의 명예교수로 가르치시면서 자기의 학문과 업적으로 웨스턴신학교를 매우 유명하게 만드셨다.

더구나 헤셀링크 박사는 일본 선교사로 사역하는 중에 에밀 브루너(Emil Brunner, 1889-1966)를 만나 그의 추천을 통해서 스위스 바젤의 칼 바르트(Karl Barth, 1886-1968)에게 가서 "칼빈의 율법 개념"이라는 논문을 작성하셨다(1961년). 이후 이 논문은 "프린스턴 신학 논문 시리즈"(Princeton Theological Monograph Series)의 제30권으로서 『칼빈의 율법 개념』(Calvin's Concept of the Law [Allison Park, PA: Pickwick Publications, 1992])이라는 제목으로 출판되었다.

헤셀링크 박사는 나와 만날 때마다 자기와 그 주변에 관한 진술하고 따뜻한 이야기를 들려주셨다. 예를 들면, 그가 웨스턴신학교를 졸업하고 일본 선교사로 사역했을 때의 이야기, 그때 은퇴하여 일본에 와 있던 에밀

---

[1] 지금 CRC(Christian Reformed Church in North America)도 매우 자유롭게 되어서 얼마 후에 두 교단이 합할 수 있을 정도로 가까워지고 있어서 이런 이야기가 무의미하지만 20년 전의 시각으로 말하자면 그렇다.

브루너의 강연을 들으면서 필기한 이야기, 브루너가 자신의 강연 원고를 분실했을 때 그에게 필기 노트를 빌려 달라고 요청했다는 이야기, 당시 세계적인 학자인 브루너에게 미국 중부의 작은 신학교 출신인 자신이 박사 학위를 할 수 있겠느냐고 문의했던 이야기, 이미 은퇴한 브루너의 추천으로 칼 바르트에게 가서 박사 학위 논문을 작성하게 된 이야기, 여러 논쟁으로 당시에 소원했던 브루너와 바르트가 다시 만나 대화할 수 있도록 그 만남을 주선하고 그 만남이 바르트의 집에서 이루어졌던 이야기, 바르트의 미국 강연 여행 이야기 등이다.

이렇게 헤셀링크 박사는 여러 사람을 연결하는 다리 역할을 잘 해 오신 분이라고 할 수 있다. 천성적으로 그는 따뜻한 인품을 지니셨다. 또한, 그는 칼빈에 대한 사랑과 열정을 우리와 공유하셨다. 평생 칼빈신학을 연구하고 많은 책과 논문을 쓰셨다. 그는 때로 칼빈의 입장에서 자신의 지도교수(독: Doktorvater)인 바르트도 비판하셨다. 이제 우리가 그의 작품을 읽으면서 성경과 칼빈에 좀 더 충실한 신학 작업을 해 나가야 할 것이다.

다시 말하지만 본서는 우리를 칼빈과 헤셀링크 박사에 연결시키는 책으로서, 우리는 본서를 통해서 다시 헤셀링크 박사와 대화하고, 그를 통해서 칼빈과 대화하게 된다.

오랫동안 내게서 공부했던 조호영 목사와 함께 본서를 번역할 수 있어서 감사했다. 내가 귀국하던 1992년부터 웨스트민스터신학원에서 학부 공부를 한 조호영 목사는 그 후 나를 따라 국제신학대학원대학교에서 목회학 석사 학위를 취득한 후, 연세대학교에서 철학 전공으로 석사 학위를 취득하고, 이제 박사 학위 논문을 쓰면서 목회를 하는 귀한 학자 목사(scholar-pastor)이다.

조호영 목사는 그간 귀한 책들을 많이 번역하여 한국교회에 기여를 했다. 이전에 2권을 나와 함께 번역했다(티모디 R. 필립스, 데니스 L. 옥콜름, 『다원주의 논쟁』; 레온 모리스, 『그리스도의 십자가』[이상 CLC 刊]). 조호영 목사가 초역한 것을 내가 일일이 가다듬어 더 나은 책으로 완성했다. 우리는 헤셀링크 박사의 각주도 가장 현대적인 학술지 양식에 부합하게 제시하려고 노력했다.

본서를 통해 독자들이 칼빈, 『제1차 신앙교육서』(1538년)의 영역자인 포드 루이스 배틀즈 박사, 헤셀링크 박사와 깊은 대화에 들어가서 칼빈의 가르침에 더 친숙해졌으면 한다.

1997년에 첫 출간된 본서가 20여 년 후에야 우리말로 번역되었다. 헤셀링크 박사의 사후에야 번역 약속을 지켜드리게 되어 죄송하면서도, 이제라도 약속을 지킬 수 있게 해 주신 주님께 감사드리며, 본 역서를 지금 하늘에서 주님과 함께 있는 헤셀링크 박사께 다시 돌려 드린다. 출간을 해 주신 기독교문서선교회(CLC)에도 감사를 드린다.

2019년 7월 26일
합동신학대학원대학교 연구실에서

일 / 러 / 두 / 기

1. 성경 인용이 개역개정과 다른 경우에는 "개역개정과 다름"이라고 표기했다.
2. 본문에서『제1차 신앙교육서』는 프랑스어 판(1537년)과 라틴어 판(1538년)을 아우르는 표현이기에 특정 판본은 괄호 안의 연도로 구별한다.
3. "제0항"으로 표기된 것은 "존 칼빈의『제1차 신앙교육서』(1538년) 본문"의 큰 번호 섹션을 가리키는 것이다. 예) 제1항 ➡ 1. 모든 인간은 종교를 위해 태어났다
4.『기독교 강요』1559년 판은 "권. 장. 절"로 표기한다. 예)『기독교 강요』IV. 3. 2
5. 성경 각 권에 대한 칼빈의 주석은『칼빈 주석』으로 표기하고 이어서 주석된 해당 성경 장절을 기재한다. 예)『칼빈 주석』사 46:8
6. 추가적 정보가 필요할 시에는 "편주"를 삽입했다("역주"는 한역자의 것이고 그 외에 특별한 표시가 없는 모든 각주나 괄호 삽입은 저자인 존 헤셀링크의 것이다).
7. 라틴어와 성경 원어 음역은 이탤릭으로 표기하고, 프랑스어는 "프," 독일어는 "독"으로 표시한다.
8. "첫째," "둘째" 등과 같은 수사는 내용 파악의 명확성을 위해 볼드체로 처리했다.
9. 본서의 제1부 "존 칼빈의『제1차 신앙교육서』(1538년) 본문"에서 다음의 내용은 CLC 편집부가 추가한 내용들이다.
    ① *Ioannis Calvini Opera quae supersunt omnia*(*CO*) 5.317-354에 실린 성경 장절을 괄호에 넣어 삽입했다.
    ② 위의 경우 외에 본문과 관련된 성경 장절은 괄호에 넣어 삽입하며 "참조"라고 표기했다.
    ③ 간혹 참조할 수 있도록 배틀즈의 영역문과 라틴어(한 번만 프랑스어)를 괄호에 넣어 삽입했고("저자 서문"에는 한자 및 일어도 추가했다), 추가된 표현은 [ ] 표시를 했다.

CATECHIS-
MVS, SIVE CHRISTIA
NAE RELIGIONIS INSTITV-
tio, cōmunibus renatæ nuper in Euan-
gelio Geneuensis Ecclesiæ suffragijs re-
cepta, & uulgari quidē prius idiomate,
nunc ueró Latinē etiam, quo de FIDEI
illius synceritate passim alijs etiam Ec-
clesijs constet, in lucem edita.

IOANNE CALVINO
AVTORE.

BASILEAE, ANNO
MDXXXVIII

▲ 1538년에 라틴어로 출간된 칼빈의 『제1차 신앙교육서』의 표제지

제1부

존 칼빈의 『제1차 신앙교육서』(1538년) 본문

> 복음 안에서 최근에 새롭게 태어난 제네바교회가 공동으로 승인하여 수용하였고, 과거에 모국어[1]로 출판되었으나 이제는 각지의 다른 교회들에도 그 믿음의 순전함을 명확히 드러내고자 라틴어로도 출판된 『신앙교육서 혹은 기독교의 강요』[2]
>
> 저자 존 칼빈
> 바젤, 1538년
>
> 제네바교회의 사역자들은 그리스도 복음의 영예를 위해 헌신하는 모든 이에게 은혜와 평강이 있으며 주님께로부터 오는 참된 경건이 증가하기를 기도합니다.

❦

어떤 이들이 생각하기에는, 우리의 이 신앙교육서 안에서 누구도 이상한 진술을 기대하지 못하도록 이것을 우리 교회의 영역 내에 두고 널리 출판하지 않는 것이 더 나아 보일지도 모른다는 것을 우리는 기꺼이 인정합니다. 왜냐하면, 본서가 날카롭고 고상한 학습보다는 경건한 자원함으로 작성되었기에, 본서로부터 가르침의 어떤 유익을 얻을 수 있다는 소망이 크지 않기 때문입니다. 특히, 라틴어 사용자들 가운데서 말입니다.

---

1 프랑스어를 가리킨다. -역주
2 *Catechismus, sive christianae religionis institutio.*

또한, 외국에서 본서를 팔고자 하는 것 외에 본서의 출판을 권할 만한 어떤 다른 이유가 우리를 몰아 가지 않았더라면, 우리는 분명 본서를 출판하지 않았을 것입니다. 그러므로 저는 그 누구도 우리가 의도한 것 외에 다른 방식으로 본서의 목적을 해석하지 않도록 여러분에게 본서의 출판 목적에 관해 설명하고자 합니다.

특별히 모든 교회가 서로를 사랑하는 가운데 서로를 받아들이는 것이 우리에게 유익함을 알기에, 이것에 이르는 가장 좋은 길은 모든 교회가 주님 안에서 서로 간에 확증한 합의서에 서약하는 것입니다. 우리의 정신을 하나로 묶는 데 이보다 더 튼튼한 끈은 없습니다.

그러나 이것이 언제든지 다른 면에서 편의를 위한 일이었다면, 합의서는 매우 필수적인 것임이 틀림없습니다. 왜냐하면, 우리의 시대는 우리가 보기에 사악함에 깊이 빠져 있어서, 어떠한 결백함도 거짓된 비난들을 받지 않을 정도로 충분히 안전하지 않고 어떠한 솔직함도 충분히 의심을 받지 않을 수 없기 때문입니다.

다른 이들에 관해서 우리는 말할 게 전혀 없습니다. 하지만, 우리 자신이 충분한 경험을 통해서 이미 배운 바는, 사악한 비난은 분명하게 조사되지 않은 문제에 관해 음흉한 소문들을 자주 퍼뜨릴 수 있을 때, 이 선한 사람들의 마음을 분열시키는 데 있어서뿐만 아니라 교회들 자체를 거의 뿌리 뽑는 데도 매우 효과적이라는 것입니다.

이미 널리 번진 불을 아무렇게나 끌 수 없듯이, 그런 악들이 일단 생겨난 후에 그 악들에 맞서려고 해 봐야 너무 늦습니다. 아주 단시간에 거짓된 비난들의 독이 스며 나와서 많은 이의 정신을 감염시키기 전에 여러분이 그것을 치유할 수 없다는 것은 참으로 놀라운 일입니다. 더 나아가치료 자체가 엄청나게 어렵습니다. 분명 사악한 의견들로 사람의 정신을 더럽히기보다 그 의견들에 물든 정신을 다시금 깨끗하게 정화하기란 훨씬 더 어렵습니다.

우리가 준비해야 할 일은 첫 증후들을 파악하는 것입니다. 우리는 일단 이런 정보들을 입수하게 되면, 정말 내키지 않는 마음으로 그 정보을 곁에 둡니다. 그래서 우리는 공허한 비난들로 여러 경우에 어려움을 겪을 때, 우리 자신이 어김없이 그 비난들을 두려워한다는 것을 알게 되었습니다. 그래서 우리는 할 수만 있다면 그러한 비난들이 이르기를 기다리기보다는 그 비난들의 싹을 다음 날까지 잘라버리기를 선호합니다. 동시에 우리는 그 비난들과 백병전을 해야 합니다.

우리가 가장 쉽게 이것에 이르는 최고의 지름길은 우리의 교리에 관한 확실한 검증, 또는 오히려 우리의 교리에 관한 보편적 증거(catholic attestation, *catholica testificatio*)를 공적으로 제시하는 것이라고 여기기에, 우리는 바로 얼마 전에 모국어로 출판되었던 이 신앙교육서를 다른 교회들 가운데서도 출판해야 하고 그리하여 그 교회들은 본서를 하나의 보증으로 받아들임으로써 우리와 자기들의 연합에 대해 더욱 확신할 수 있게 된다고 생각했습니다.

비록 그 교회들의 목사들이 자기들의 경건과 거룩함과 학식으로 인해 우리에게서 매우 깊은 존경을 받고, 그들이 기념물로 백 번 이상 확증받는 것만큼이나 확실하게 우리의 종교의 순수성에 관해 확신한 것처럼 보이기 위해서 우리를 향한 자기들의 선의와 순전한 사랑에 관한 명백한 증거를 과거에 제시했고 계속해서 제시할지라도 말입니다.

그러나 그들이 우리가 고려해야 할 유일한 사람들은 아닙니다. 그리고 우리는 이 문제에 있어서 좀 과도하게 나아가는 것을 두려워할 필요가 없는데, 왜냐하면, 이 문제에 있어서는 과도함이란 있을 수 없기 때문입니다.

더욱이 우리는 주님이 우리에게 맡겨 주신 사람들에게 우리가 가르치고 있는 교리가 거룩한 진리와 일치한다고 믿기에, 경건한 사람치고 우리가 가르친 그 교리 안에서 자신이 종교에 관해 어떤 인식을 갖고 있는지를 알지 못하는 이는 없을 것입니다. 왜냐하면, 우리는 우리 자신의 견해를 제시하려 노력한 것이 아니라 하나님의 순전한 말씀으로부터 신중하게 그리고 신실하게 취해진 것들을 나누어 주고자 했기 때문입니다.

그러나 특히 매우 부당하게 판단하기를 원하지 않는 사람들이라면, 마치 한 하나님 안에서의 인격의 구별에 관한 우리의 의견이 교회의 정통적 합의와 다소 맞지 않는 것인 양, 교활할 정도로 모호한 의심을 갖고서 선한 이들 앞에서 우리를 호되게 꾸짖고자 하는 그 사람이 우리에게 얼마나 불의한지를 쉽게 판단할 수 있었을 것입니다.

이 사람은 자기의 불경건과 자기의 가장 사악한 삶이 받아 마땅한 대로 하나님의 보응을 받기 위해 잠시 동안 사람들의 심판을 피했습니다. 그러나 이 보응에 대한 분명한 표지들이 이미 그의 안에서 나타나고 있는 것을 모든 사람이 보고 있습니다.

그러나 주님은 그러한 부끄러운 거짓이 경건한 이들의 마음속에 더 깊이 기어들거나 그들의 마음에서 더욱 오래 머물지 못하도록 그러한 거짓에 이르는 길을 재빨리 닫아버리심으로써 자신이 우리를 깨끗하게 지켜주시는 자이심을 보여 주셨습니다. 우리는 그렇게 밝은 빛 가운데서도 눈이 먼 채로 헤맬 정도로 엉터리로 훈련을 받거나 성경에 관해 미숙하지 않은데, 이것은 분명 주님의 은혜입니다.

왜냐하면, 저 표명이[3] 다른 이들에게 복잡하게—그러나 그렇게 불분명하지는 않게—보일지라도 우리는 저 표명에서 하나님의 한 본질을 지닌 인격들의 삼위일체가 더욱 분명하게 나타나고 있다는 것을 알기 때문입니다.

실로 우리가 많은 사람에 의해서 엄숙한 맹세로써 출판된 신앙고백서에[4] 관해 부언을 하는 데에는 정당한 이유가 있습니다. 우리의 의회(senate, senatui)가 우리에게 이 맹세를 집행할 계획을 세우도록 요구한 까닭에, 어떤 이들이 분별없이 우리가 혁신가라는 소문을 퍼뜨리고 있습니다. 이런 것이야말로 어떤 내용이 명백하게 공개되지 않았을 때 늘 발생하는 일입니다. 사실상 우리가 보기에, 우리가 행한 일의 공정함은 너무도 밝게 그 빛을 발하기에 그것은 어떤 변호도 필요로 하지 않습니다. 적어도 신중하고 현명한 사람들 가운데서는 말입니다.

그런데도 그러한 사람들의 중상까지 피할 수는 없습니다. 무지로 인해 생겨나는 울화는 너무도 큰 것이기에 가장 잘 검증된 문제들에 있어서조차 늘 비난할 만한 것이 있게 마련입니다. 그러므로 능력이 닿는 한, 모든 이를 만족하게 하는 것이 우리의 의무라 여기기에 우리는 이러한 우리의 계획이 얼마나 타당한지를 단 몇 사람에게라도 보여 줄 것입니다.

이곳[5]에서 교황제의 가증함이 말씀의 능력으로 무너진 후 미신들과 그것들의 도구들을 제거함으로써 이 도시의 종교가 복음의 순수함에 맞게 그 형태를 갖추어야 한다는 취지로 법령이 내려졌음에도 불구하고 우리의

---

3 앞에서 언급된 삼위일체에 관한 진술을 가리킨다. -역주
4 『제네바 신앙교육서』를 가리킨다. -역주
5 제네바를 가리킨다. -역주

직분의 합법적 집행이 요구하는 그러한 교회의 형태는 여전히 우리 가운데 존재하지 않는 것처럼 보였습니다.

다른 이들이 우리의 기능을 어떻게 평가하든지 간에 우리는 설교를 위해 모여서 우리의 의무를 다한 후에는 게으름을 피워도 된다는 식의 그런 좁은 한계 내에 우리의 기능이 제한된다고는 절대 생각하지 않습니다. 우리가 게을러서 우리의 기능을 다하지 못할 시 우리에게 맡겨진 사람들의 피에 대하여 책임을 짊어져야 하므로 우리는 그들을 훨씬 더 면밀하게 그리고 더욱 정신을 차리고 노력하며 돌봐야 합니다.

그러나 우리가 이런 염려로 인해 다른 측면들에서 계속 걱정하면서 성찬을 나누어야 할 때마다 우리의 마음은 애가 탔고 괴로웠습니다. 왜냐하면, 우리는 많은 사람에 대해 의심하고 심각하게 불신했음에도 그들 모두가 무분별하게 성찬에 참여하고 있었기 때문입니다. 그러므로 그들은 생명의 성례에 참여하기보다는 오히려 하나님의 진노를 삼키고 있었습니다.

그렇지만 우리가 생명의 성례에 참여하는 데 기쁨이 없는 목사 자신은 이 큰 신비를 모독하고 있는 것이라고 생각해서는 안 된다는 말입니까?

바로 이런 이유로, 그리스도의 백성에 속하여 저 영적이고 가장 거룩한 연회에 입장하기를 원하는 우리에게 있어서 오직 공적인 고백으로 그리스도께 충성을 맹세하는 것 외에 다른 조건으로는 우리의 양심이 평화와 안정을 얻을 수 없습니다!

저들은 그것이 세례를 받을 때 단번에 이루어졌다고 주장합니다. 그러나 어떤 이들은 자기들이 세례받을 때 했던 신앙고백에서 떠나버렸습니다. 저들이 탈영병에게는 군대의 첫 맹세—자기의 배반으로 깨어진 맹세—로 충분하다고 단언한다면 우리는 우리의 대의를 변호하고자 한마디도 하고 싶지 않습니다.

그렇지만 우리에게는 우리의 대의를 예증해 주는 사례뿐만 아니라 성경의 지지까지도 있습니다. 모세를 통해 새로운 언약을 맺도록 권면을 받았던 이스라엘 백성은 자기들의 몸에 할례의 언약을 새겼습니다. 거룩한 왕들인 요시아와 아사가 했던 것과 동일한 언약의 갱신이 그후에 주목할 만한 자유의 옹호자들인 에스라와 느헤미야를 통해 이루어졌습니다.

너무도 많은 성경 저자에 의해 확증된 우리의 행동이 이제는 앞서 말한 것과 같은 비난을 받아도 될까요?

그러므로 우리는 이와 같은 커다란 필요에 이끌려서 이 문제에 관해 우리의 의회에 호소하고 신앙고백문(a formula of confession, *confessionis formula*)을 제출한 후, 의회가 주님의 진리를 고백할 때에 주님께 영광을 돌리기를 꺼려해서는 안 된다고 열렬히 요구했습니다. 위정자들이 이런 거룩한 행위에 있어서 자기들의 시민들보다 앞서야 하는 것이 마땅한데, 왜냐하면 그들은 시민들에게 모든 덕의 모범이 되어야 하기 때문입니다. 우리는 정당한 요구라고 생각되는 것, 즉 일반 시민이 10명씩 무리를 지어서 이 신앙고백문에 서명하기로 쉽게 결정하였습니다.

이러한 서약을 하고자 하는 그들의 열심은 이 신앙고백서를 출판하는데 드러난 의회의 근면함에 뒤지지 않았습니다. 그들은 서약을 통해서 하나님의 법을 지키겠노라고 약속하라는 명령을 받았고, 이러한 서약에서 결코 예외가 될 수 없습니다. 이러한 서약에 반대하여 부주의할 정도로 요란하게 떠들어 대는 자들은 자기들이 싸워야 할 자들에게 주의를 기울이지 않고 있습니다.

여호와의 승인하에 요시야 왕이 자기의 이름과 백성의 이름으로 맺은 언약의 내용은 어떤 것이었습니까?

그것은 "마음을 다하고 뜻을 다하여 여호와께 순종하고 그의 계명과 법도와 율례를" 지키는 것이었습니다(참조. 왕하 23:3). 서약을 통해 모든 유대인이 이러한 조건들을 자기들의 신앙의 의무로 삼았습니다. 아사 왕 때에 이 언약은 동일한 율법에 따라 재가되었고, "무리가 큰 소리로 외치며 피리와 나팔을 불어 여호와께 맹세하"였습니다(참조. 대하 15:13). 에스라와 느헤미야가 언약을 맺을 때 동일한 서약이 행해졌는데, 이때 심지어 부모들은 아직 성인이 되지 않은 자기들의 갓난아이들과 어린 자녀들을 대신하여 서약했습니다.

사람들이 하나님의 율법을 지키도록 요구받을 때 행해지는 이런 서약들 때문에 여호와는 그들을 책임지신다고 성경은 증거합니다. 이것이 놀라울 게 없는 이유는, 통치자시요 창조주시요 조성자이신 여호와가 율법을 공표하신 후에 즉시로 재가하셨던 것이 이 영원한 언약 아래 지속하였기 때문입니다.

그러므로 이러한 약속의 형태에 그와 같이 음탕한 저주를 퍼부어대는 자들이 교회의 많은 지도자와 모든 선지자의 우두머리인 모세와 하나님 자신과 논쟁하게 합시다.

그러나 자기의 율법의 준수를 강력히 요구하시지만 그 대신에 언제나 긍휼과 죄 사함을 약속하시는 여호와가 자기의 백성에게 거짓 맹세를 하도록 하셨다고 생각해야 할 어떤 권리가 우리에게 있습니까?

스스로 언약에 매임으로써 자신들에게 제공된 은혜를 동시에 붙잡고 있던 백성들이 거짓 맹세를 했다고 비난을 받아야 할까요?

그렇지만 저들은 우리가 기록한 서약문을 모세의 것과 비교하게 된다면, 매우 많은 거룩한 이들을 정죄하는 일에 직면하게 되어 우리를 이런 정죄에서 면하게 할 수밖에 없을 것입니다. 왜냐하면, 우리는 여호와가 예레미야를 통해 언약을 약속하셨을 때 절대 깨지지 않을 것이라고 선언하신 그 언약의 전령들이기 때문입니다(렘 31:31 이하).

실로, 우리에게는 화목의 말씀이 주어졌는데(고후 5:19), 요컨대, 죄를 알지 못하신 그리스도가 우리의 죄를 깨끗케 하심으로 우리가 하나님의 의에 의해 그리스도 안에 있게 되었다는 것입니다. 이것은 사람들이 율법의 의를 열심히 추구하도록 사람들에 의해서 강제되는 것이 아니라 그들 자신의 의를 벗고 그리스도의 의를 입도록 하기 위함입니다.

그러나 우리의 신앙고백서 안에는 하나님의 율법 준수가 불가능하다는 진술이 들어 있습니다. 그런데도 우리가 사람들에게 억지로 서약을 통해 율법의 성취를 약속하게 했다고 공개적으로 불평하는 자들이 있습니다. 그리고 이들은 율법에 관해 우리의 신앙고백서 안에서 명백하게 가르쳐진 것을 고려하지 않습니다.

형제들이여, 이제 우리는 성령의 보호하심 가운데서 그리스도의 교회들을 다스리고 목양하도록 임명된 여러분에게 특별히 말하고자 합니다.

우리가 단 한 번의 전쟁에서 같은 적에 맞서는 동일한 군대로서 단 한 분의 유일한 지도자를 위해 싸운다면, 매우 분발하여 이 모든 것에서 상당한 정도로 일치와 합의를 이루어야 한다는 것을 기억합시다.

그렇게 위대한 지도자가 우리를 자기의 군사로 예정하셨다는 것은 큰 영예임에 틀림없습니다. 따라서 우리가 전적으로 그에게 헌신하지 않는다면 우리는 가장 배은망덕한 자들입니다. 언제나 그렇듯이 선한 믿음 안에서 열정을 다해 그가 맡기신 사명을 수행하는 것뿐만 아니라 두 눈을 크게 뜨고 그의 명령에 주목하는 것이 마땅합니다. 이 두 가지 모두가 필요합니다.

갈등이 감당할 수 없을 정도로 끓어 넘치는 이유는 각 사람이 그리스도가 아닌 자기 자신을 추구하기 때문입니다. 뜨거운 열심을 품고 신실하게 그들 자신의 의무를 따르는 데 몰두하면서도 심각한 다툼의 불씨를 일으키는 자들은 자기들의 지도자의 모범보다는 여전히 그들 자신의 성향을 따르는 것입니다.

하지만, 참되게 판단하자면, 군사들이 올바로 행동하기 위한 시작은 바로 다음과 같은 것, 즉 모든 완고함을 버리고 전적으로 지도자의 권위에 의존하는 것입니다. 왜냐하면, 이런저런 방식으로 자기 자신에게 몰두해 있는 사람은 자기 자신을 위해 열심을 내기 때문입니다.

그러나 우리는 우리의 지도자이신 그리스도께 우리의 순종을 증명하길 바란다면 우리 가운데서 경건한 협력을 하여 상호 간의 평화를 증진해야 하는데, 이런 평화를 그리스도가 그 자신의 백성에게 명령하실 뿐만 아니라 그들 가운데 불어 넣으십니다.

왜냐고요?

우리의 대적인 마귀가 자기의 화살을 쏘아 댈 때 우리는 화목을 이루어야 하지 않겠습니까?

왜냐하면, 우리는 비록 마귀가 많은 머리를 가진 짐승이라 할지라도 그리스도의 나라를 공격하고자 분열을 일으킬 것을 알기 때문입니다.

그렇지 않습니까?

증오와 파당과 분열의 우두머리에 관하여 의견이 일치한다면, 그에 맞서 싸우는 우리가 훨씬 더 견고하게 목적을 공유하고 힘을 합치는 것이야말로 적절하지 않겠습니까?

이런 종류의 전투는 우리를 이러한 목적으로 이끕니다.

사탄의 거짓에 맞서서 하나님의 진리 외에 어떤 무기로 무장해야겠습니까?

이 진리를 잃어버린다면 우리는 벌거벗겨지고 무장이 해제되는 것입니다. 그러나 하나님의 진리는 하나이며 그 자체로 변함없기에 우리의 싸움에서 절대 사라지지 않을 것입니다.

요컨대, 우리가 주둔한 것은 이 동일한 요새를 지키기 위한 것이므로 우리는 내부적인 싸움을 해야 할 때 우리 자신을 위해 무엇을 원해야겠습니까?

그러나 만일 그렇게 많은 이유로도 우리가 전혀 영향을 받지 못한다면, 적어도 그리스도가 선포하는 말씀에 주목하도록 합시다.

"주인은 자기의 종들에게 해가 가해질 경우, 반드시 그것을 자신에게 가하는 것으로 여기느니라"(참조. 요 15:18; 행 9:4; 22:7; 26:13 등).

오! 우리가 그리스도께 대적할 위험이 있다는 것을 생각한다면, 속아서 경건의 어떤 불꽃이 나타나는 사람들과 자주 싸우는 일은 없지 않겠습니까?

이런 생각이 싹터 오는 많은 논쟁의 씨앗을 완전히 소멸시키지 않겠습니까?

이런 생각이 끓어오르는 많은 분노를 끄지 않겠습니까?

이런 생각이 여기저기서 터져 나오는 많은 다툼을 억누르지 않겠습니까?

그러나 다른 한편으로 우리 자신도 하나님의 종들입니다.

그러므로 우리는 우리 주님의 휘장과 훈장이 어디에서 나타나든 그것들을 얼마나 존중하고 소중히 여겨야 하겠습니까?

따라서 사람이 사납게 다툼으로써 하나님의 선물들을 산산조각 내고자 하지 않는다면, 자기 자신을 위해 자기 자신의 권리로써 자발적으로 양보하고 많은 것을 용서하는 것이 마땅합니다. 왜냐하면, 하나님의 선물들과 뗄 수 없을 정도로 묶여 있는 악덕들을 동시에 용서하지 않고서는 하나님의 선물들을 통해 우리의 영예를 지킬 수 없기 때문입니다.

우리는 우리의 공평함과 온유함이 이러한 정도에까지 이르러야 함을 생각할 때, 불확실하고 때로는 가치 없는 사소한 의심들로 인하여, 가장 명백한 증거들로써 경건함과 신실함과 고결함을 가졌다고 알려진 이들에게서 떨어져 나간다면 얼마나 큰 죄를 범하는 것입니까?

과거에 교회에 많은 해를 입혔으며 오늘날에도 교회에 많은 해를 입히고 있는 두 종류의 의심을 우리는 알고 있습니다.

첫째, 우리의 형제들과 지도자들이 행한 일들을 왼편에서 설명할 때입니다. 만약 그 일들이 오른쪽에 있는 친절한 중재인을 만났다면, 가장 좋게 여겨지거나 최소한 확실히 양해를 얻을 수 있을 것입니다.

둘째, 우리가 소문들을 지나치게 쉽게 받아들여서 삼켜 버릴 때입니다.

우리가 경험하기보다는 상상하기 좋아하는 이 모든 것으로부터 얼마나 많은 악이 따라 나오는지요!

그러므로 이런 악들을 피하는 데 어떠한 노력을 해야 할지 숙고합시다.

따라서 이것이 우리에게 믿을 수 없을 정도의 유익이 될 것이기에, 상호 선의와 사랑 안에서 분투하도록 합시다.

서로를 보호하려고 애씁시다.

모범과 권면을 통해 서로의 의무를 다하도록 격려합시다.

교회는 이와 같은 갈등과 다툼으로 인해 약화하거나 문제에 빠지거나 고통을 당하지 않고, 오히려 그 수가 증가하여 성장하고 번창하며 강해집니다.

협력과 평화를 위한 열심이 있다면, 다소 까다롭게 문자적으로 의식들을 지키자고 주장할 것이 아니라 교리와 마음의 일치를 이루도록 합시다.

왜냐하면, 더 큰 건덕을 이루도록 주님이 자유를 허락하신 사람들 가운데서 건덕을 무시한 채 노예와 같은 일치를 추구하는 것은 별 가치가 없기 때문입니다. 그리고 단번에 우리가 한 일에 관해 설명해야 하는 저 마지막 심판의 자리에 이르게 되었을 때, 엄격하게 계산되어야 할 것은 외적인 문제들에서의 일치나 의식들에 관한 문제가 결코 아니라 자유의 정당한 사용일 것입니다.

결국은 건덕을 이루는 데 가장 많이 이바지한 것이 합법한 것으로 간주할 것입니다.

그러므로 우리의 모든 주의(注意)와 경계와 근면과 열성이 이러한 건덕을 향하도록 합시다.

왜냐하면, 우리는 건덕이 하나님께 대한 건전한 두려움, 진실한 경건, 그리고 도덕의 꾸밈없는 거룩함 속에서 이루어지는 한, 이 건덕이 계속될 것임을 알기 때문입니다.

- 끝 -

> 이전에 제네바교회에 의해 모국어로 출판되었고, 마침내 지금 존 칼빈에 의해 라틴어로 번역된 『신앙교육서 혹은 기독교의 강요』

1. 모든 인간은 종교를 위해 태어났다

아무리 야만적이거나 전적으로 미개하다 하더라도, 종교에 대한 인식이 전혀 없는 사람을 발견할 수는 없다. 그 결과, 우리 모두는 우리 창조주의 위엄을 인정하도록, 그리고 그 인정된 것을 모든 경외와 사랑과 존경으로 우러러보고 예배하도록 창조되었다는 것이 명백하다.

그러나 자기를 경건하다고 여기는 우리는, 마음에 심겨진 하나님 개념을 기억에서 지우는 그 한 가지에만 몰두하고 있는 불경건한 자들을 제쳐두고, 곧 파멸에 처하게 될 이 덧없는 삶을 불멸에 관한 묵상 외에 다른 것이 아닌 것으로 여겨야 한다.

그리고 하나님 안에서가 아니면, 어디서도 영원하고 불멸하는 삶을 발견할 수 없다. 그러므로 우리의 삶의 제일가는 관심과 주의는 하나님을 찾고, 전심으로 하나님을 열망하며, 오직 하나님 안에서만 안식하는 것이어야 한다.

2. 거짓 종교와 참된 종교의 차이

종교가 없다면 우리는 잔인한 짐승의 수준을 넘지 못한 채 매우 비참한 삶을 살 것임을 사람들은 일반적으로 동의한다. 그리고 그 결과 그 누구도 경건과 하나님께 대한 예배에서 완전히 소외된 것처럼 보이기를 원치 않는다. 그런데도 사람들은 자기들의 종교를 선언하는 방식에 있어서 서로 간에 커다란 차이가 있는데, 왜냐하면 그들 대부분이 하나님께 대한 진지한 경외에 의해 별다른 감동을 받지 않기 때문이다.

하지만, 그들이 원하든 원하지 않든, 그들은 자기들이 서거나 넘어지도록 결정을 내리는 어떤 신(a divinity, *divinitatem*)이 있다는 생각에 의해서 조금씩 반복해서 양육된다. 그 결과, 그들은 그와 같은 큰 능력의 개념에 압도되어, 지나친 경멸로써 진노를 초래하지 않으려고 어떤 형태를 따라 신을 숭배한다.

그런데도 그들은 그러면서도 올바름에 대한 열정이 전혀 없이 매우 타락한(most depraved, *perditissime*) 삶을 살고, 하나님의 심판에 대한 경멸 속에서 철저한 무관심을 드러낸다. 그때 그들은 하나님을 그의 무한한 위엄에 의해서가 아니라 그들 자신의 본성이 지닌 어리석고 우둔한 허망함에 의해서 평가하기 때문에, 참된 하나님으로부터 떨어져 나간다.

따라서 그들은 나중에 아무리 많은 관심을 가지고 하나님을 예배하기를 간절히 바란다 할지라도 그 어디에도 이르지 못하는데, 왜냐하면 그들이 하나님으로 숭배하는 것은 영원하신 하나님이 아니라 그들 자신의 마음에 있는 꿈들과 광란들이기 때문이다.

하지만, 참된 경건은 하나님의 심판에서 벗어나기를 원함에도 피할 수 없기에 공포에 떠는 그런 두려움에 있지 않다. 참된 경건은 오히려 하나님을 주님으로서 두려워하고 숭배하는 것만큼이나 그를 아버지로서 사랑하고 그의 의를 받아들이며 그를 성나시게 하기를 죽기보다 두려워하는 신실한 감정에 있다.

이런 경건이 주어진 사람은 누구든지 성급하게 자신을 위해 어떤 하나님을 만들어 내지 않는다. 오히려, 그들은 참된 하나님을 아는 지식을 하나님께로부터 구하고, 하나님이 자기가 어떤 분이신지를 보여 주고 선언하시는 대로 하나님을 생각한다.

3. 우리가 하나님에 관해 알아야 하는 것

하나님의 위엄은 그 자체로 인간 지성의 능력을 훨씬 넘어서고, 심지어 인간 지성에 의해 전혀 이해될 수 없기에, 우리는 그러한 커다란 광채에 의해 온전히 압도되지 않도록, 하나님의 위엄의 고상함을 조사하기보다는 경배하는 것이 적합하다.

따라서 우리는 성경에서 "보이지 않는 것들에 관한 숙고"라고 불리는 하나님의 사역 안에서 하나님을 찾고 그 흔적을 추적해야 한다. 왜냐하면, 하나님의 사역은 우리가 다른 방식으로는 하나님에 관해 알 수 없는 것을 우리에게 나타내 주기 때문이다.

이것은 헛되고 공허한 사변들에 우리의 정신(minds, *ingenia*)을 매다는 것이 아니라 우리 안에서 온전한 경건, 즉 경외심과 결합한 믿음을 알게 하기에 유익한 것이고, 그것을 낳고 기르며 강화하는 것이다.

왜냐하면, 우리는 이 우주 만물에서 만물의 시작과 기원이 되시는 우리 하나님의 불멸성을 묵상하기 때문이다.

왜냐하면, 우리는 이 거대한 만물의 틀을 형성하셨으며 이제는 그것을 지탱하시는 하나님의 능력을 묵상하기 때문이다.

왜냐하면, 우리는 확고한 질서 속에서 이 매우 거대하고 복잡한 다양성을 구성하시며 영원히 그것을 통치하시는 하나님의 지혜를 묵상하기 때문이다.

왜냐하면, 우리는 하나님의 선하심을, 즉 이 우주 만물이 창조된 그리고 계속해서 그것이 존속되는 원인 자체를 묵상하기 때문이다.

왜냐하면, 우리는 경건한 자들을 변호하시고 불경건한 자들을 보응하시기를 놀라울 정도로 선호하시는 하나님의 의를 묵상하기 때문이다.

왜냐하면, 우리는 우리를 회개하도록 만들기 위해서 큰 온유하심으로 우리의 악행들을 관용하시는 하나님의 자비를 묵상하기 때문이다.

이런 커다란 빛이 우리의 우둔함을 눈멀게 하지 않았더라면 우리는 이 모든 것으로부터 하나님이 어떤 분이신지를 우리에게 충분할 정도로 풍성하게 배웠어야 하는 것이 당연하다. 우리는 눈이 멀게 되어서 죄를 범할 뿐만 아니라 매우 사악하여 하나님의 사역을 평가할 때 모든 것을 나쁘게 그리고 잘못되게 해석하고 하나님의 사역 안에서 선명하게 빛나는 모든 천상적 지혜를 완전히 뒤엎는다.

그러므로 우리는 하나님의 말씀에 이르러야 하는데, 그 말씀에서 하나님은 자기의 사역으로부터 우리에게 표현되신다. 한편 그 사역 자체는 우리 판단의 타락(depravity, *pravitate*)으로부터가 아니라 영원한 진리의 규범으로부터 숙고된다.

그러므로 이로부터 우리는 하나님이 우리에게 모든 생명과 의와 지혜와 능력과 선과 자비의 유일하고 영원한 원천이심을 배운다. 예외 없이 모든 선이 하나님께로부터 흘러나오듯이 모든 찬양은 마땅히 하나님께 돌려져야 한다.

그리고 이 모든 것이 하늘과 땅의 각 부분에서 아주 명백하게 나타나 있다 할지라도 우리가 이 모든 것이 우리에 대해 갖는 진정한 목적과 가치와 참된 의미를 마침내 이해하게 되는 때는 오직 우리 자신에게로 내려와서 주님이 어떤 방식으로 주님의 생명과 지혜와 능력을 우리 안에서 드러내시며 우리를 향하여 주님의 의와 선과 자비를 베푸시는지를 깊이 숙고할 때뿐이다.

4. 인간

인간은 처음에 하나님의 형상과 모양으로 만들어졌는데, 이는 그가 하나님이 자기에게 찬란하게 빛나도록 입혀 주신 자기의 장식들 안에서 자기의 창조주를 공경하며 합당한 감사로 예배하도록 하기 위함이었다.

인간은 자기 본성의 뛰어난 탁월함을 의지하고 이런 탁월함의 원천과 근거를 망각함으로써 자기를 주님보다 더 높이려 한 까닭에 어리석게도 자기를 자랑하는 데 사용한 하나님의 모든 은총을 빼앗겨야 했다. 이는 모든 영광을 박탈당하여 벌거벗겨진 인간이, 자기가 하나님의 은택으로 부요함을 누림에도 불구하고 감히 멸시했던 하나님을 알게 하기 위함이었다.

그러므로 아담의 씨에 기원을 두고 있는, 우리 모두는 하나님의 형상이 지워졌으므로 육신(flesh, carne)으로부터 육신으로 태어난다. 왜냐하면, 우리는 영혼과 몸(body, corpore)으로 이루어져 있을지라도 우리 자신이 육신의 냄새만을 풍기기 때문이다.

그 결과, 우리는 인간의 어디를 둘러보든 하나님께 불결하고 불경하며 혐오스러운 것 외에는 아무것도 볼 수 없다. 왜냐하면, 눈멀고 끝없는 오류에 빠져든 인간의 슬기는 언제나 하나님의 지혜에 대적하기 때문이다. 부패한 감정들로 가득한 우리의 타락한 의지는 다른 무엇보다 하나님의 의를 증오한다. 모든 선한 일에 대하여 나약한 우리의 힘은 미친 듯이 사악함 속으로 뛰어든다.

5. 자유의지

성경은 인간이 죄의 노예가 되었다고 반복해서 증거한다. 이것이 의미하는 바는 인간의 본성이 하나님의 의로부터 멀어짐으로 말미암아 인간은 불경건하고 왜곡되고, 악하거나 순결하지 않은 것 외에는 아무것도 생각하거나 바라거나 추구하지 않는다는 것이다. 왜냐하면, 죄의 독(poison, veneno)에 깊이 젖어든 마음은 죄의 열매들 외에 아무것도 맺을 수 없기 때문이다.

그렇지만 우리는 이런 이유로 인간이 강박적(強迫的, violent, violenta) 필연에 의해서 죄로 내몰렸다고 추측해서는 안 된다. 인간은 전적으로 죄에 빠지기 쉬운 의지로부터 죄를 짓는다. 그러나 인간은 자기 감정의 부패로 인해 전적으로 하나님의 의를 혐오하고 모든 종류의 사악함으로 불타오르기 때문에 사람들이 "자유의지"라고 부르는, 선과 악을 선택하는 자유로운 능력(capacity, *facultate*)이 인간에게 주어져 있다는 것은 부정된다.

6. 죄와 죽음

성경에서 죄는 인간 본성의 부패, 모든 악의 원천, 그리고 또한 사악한 욕망과 이러한 욕망에서 오는 살인과 도둑질과 간음 같은 악한 행위의 출처라고 불린다. 그러므로 우리 모두는 모태에서부터 죄인들이고, 태어나면서부터 하나님의 진노와 심판 아래 있으며, 성장하면서 지속적으로 더욱 무거운 심판을 우리 자신 위에 쌓으며, 마침내 우리 삶 전체를 통해 죽음으로 나아간다.

모든 불법이 하나님의 의에 대하여 가증하다는 것에 의심의 여지가 없다면, 불쌍한 우리가 하나님 앞에서 기대하는 바는, 죄들의 거대한 무게 아래 짓눌리며 한없는 죄의 찌꺼기들로 더럽혀진 우리를 향한 하나님의 진노와 같은 가장 확실한 혼란 외에 무엇이 있겠는가?

이러한 지식이 인간을 공포로 사로잡고 절망으로 압도함에도 불구하고 우리에게 필요한 것은, 우리가 우리 자신의 의를 박탈당하고 우리 자신의 능력에 대한 확신을 잃으며 삶에 대한 모든 기대를 빼앗김으로써, 우리 자신의 가난함과 비참함과 수치에 관한 지식을 통해 하나님 앞에 엎드리는 것을 배우고 우리 자신의 사악함과 무력함과 파멸에 대한 인식을 통해 거룩함과 능력과 구원을 오직 하나님께만 돌리기 위함이다.

7. 어떻게 우리는 구원과 생명으로 회복되는가?

우리 자신을 아는 이 지식은 우리의 마음에 진지하게 자리 잡는다면 우리가 아무것(οὐδενίαν)도 아니라는 것을 보여 주는데, 이 지식을 통해 하나님을 아는 더욱 참된 지식을 향한 준비된 접근이 제공된다.

그뿐 아니라 실로 그 접근 자체는 두 개의 가장 해로운 역병, 즉 하나님의 심판을 전혀 염려하지 않은 채 무시해 버리는 것과 우리 자신의 능력을 거짓되게 확신하는 것을 내던지게 되었을 때, 하나님 나라로 들어가는 첫 관문을 이미 열었다. 왜냐하면, 그때 우리는 과거에 땅에 고정되었던 우리의 고개를 들고 하늘을 바라보기 시작하기 때문이고, 자기를 확고하게 의지하고 있던 우리가 이제 주님을 갈망하기 때문이다.

우리의 사악함은 전혀 다른 것을 받아야 마땅했지만, 자비의 아버지이신 주님은 자기의 형언할 수 없는 친절하심으로 말미암아, 이렇게 괴로움과 고통에 찌든 우리에게 기꺼이 자신을 주신다. 그리고 주님은 어떠한 단계들을 거쳐 우리를 우리의 약함에서 벗어나게 할 수 있는지를 아시고, 우리를 오류에서 바른길로, 죽음에서 생명으로, 재앙에서 안전으로, 마귀의 지배에서 그 자신의 나라로 돌아오도록 부르신다.

그러므로 주님은 황송하게도 천상의 생명을 상속하도록 회복시키시는 모든 이를 위한 이 첫 단계를 세우실 때, 그들 자신의 죄의식에 의해 상처 입고 그 죄의 무게에 근심하는 이들에게서 주님을 경외하는 마음이 생겨나도록 하시고자, 저 지식 안에서 우리를 훈련하시려고 우리를 위해서 무엇보다 자기의 율법을 제시해 주신다.

8. 여호와의 율법

하나님의 율법 안에 모든 의의 가장 완전한 규범이 주어져 있다. 바로 이런 까닭에 율법은 여호와의 영원한 뜻이라 불릴 수 있다. 왜냐하면, 율법의 두 돌판 안에 우리에게 필요한 모든 것이 온전하게 그리고 분명하게 들어 있기 때문이다.

첫 번째 돌판은 몇 개의 계명을 통해 하나님의 위엄에 합당한 예배를 제시한다.

두 번째 돌판은 이웃에게 베풀어야 할 사랑의 의무들을 제시한다.

그러므로 율법의 말씀을 듣도록 하자.

그런 후에 우리는 율법에서 어떤 열매들을 거두어야 하는지뿐만 아니라 어떤 종류의 가르침을 붙잡아야 하는지를 보게 될 것이다.

출애굽기 20장

① **제1계명**: 나는 너를 애굽 땅, 종 되었던 집에서 인도하여 낸 네 하나님 여호와니라 너는 내 면전에서 다른 신들을 가지지 말라[6]

이 계명은 율법 전체의 서문에 해당한다. 왜냐하면, 하나님은 자신을 우리의 하나님 여호와라고 선언하시는 동시에 바로 자기에게 계명들을 명령할 권리가 있다는 것과 자기의 계명들이 지켜져야 한다는 것을 함축하

---

[6] 출 20:2-3, 개역개정과 다름. 특히 개역개정에서는 "내 면전에서"(before my face, *coram facie mea*)가 아니라 "나 외에는"으로 되어 있다. -역주

시기 때문이다. 하나님은 자기의 선지자를 통해 다음과 같이 말씀하셨다.

> 내가 아버지일진대 나를 공경함이 어디 있느냐 내가 주인일진대 나를 두려워함이 어디 있느냐(말 1:6).

이와 동시에 하나님은 우리가 하나님의 음성에 주목하지 않을 시 우리의 배은망덕을 증명하기 위해 자기의 은혜를 상기시키신다. 왜냐하면, 하나님은 바로 이런 친절하심을 통해 과거에 유대 백성을 애굽의 속박에서 자유롭게 하셨고, 동일한 친절을 통해 또한 자기의 모든 종을 신자들의 영원한 "애굽," 즉 죄의 권세에서 자유롭게 하시기 때문이다.

다른 신들을 갖지 말라는 금지의 말씀이 의미하는 바는 하나님께 속한 것을 하나님 외의 다른 것에게 돌려서는 안 된다는 것이다. 그리고 하나님은 "내 면전에서"라는 말씀을 덧붙이시는데, 이것은 하나님이 외적인 고백을 통해서 인정받기를 원하실 뿐만 아니라 깊은 마음의 진리로 여겨지길 원하심도 선언하시기 위함이다.

우리는 오직 하나님만을 예배해야 한다. 우리는 온전한 신실함과 소망으로 하나님을 의지해야 한다. 우리는 선하고 거룩한 것은 무엇이든지 하나님께로부터 받은 것임을 인정해야 한다. 그리고 우리는 선하심과 거룩하심으로 인하여 모든 찬양을 하나님께 돌려야 한다. 이제 이런 것들은 한 분 하나님께만 속해 있고 하나님을 모독하지 않고서는 다른 이에게 돌려질 수 없다.

② 제2계명: 너를 위하여 새긴 상을 만들지 말고 …

제1계명에서 하나님은 자신을 유일하신 하나님으로 선언하시듯이, 이제 자신이 어떤 분이신지와 자기에 대한 예배가 어떻게 드려져야 하는지를 말씀하신다. 그러므로 하나님은 우리가 하나님에 대한 어떤 형상이든지 만드는 것을 금하신다. 신명기 4장과 이사야서(사 40:18)에서 그 이유가 주어지는데, 즉 영과 몸은 서로 절대 닮지 않았다는 것이다. 따라서 하나님은 종교를 위한 어떤 형상이든지 경배하는 것을 금하신다.

그러므로 이 계명으로부터 하나님을 예배하는 것이 영적이라는 것을 배우도록 하자.

왜냐하면, 하나님은 영이시듯이, 우리에게 자기를 영과 진리로 예배하도록 명하시기 때문이다(요 4:23).

그다음에, 하나님은 무서운 위협을 더 하시는데, 이것을 통해 "나는 … 네 하나님 여호와니라"라는 이 계명을 어기는 것이 얼마나 심하게 자기를 성나게 하는지를 시사하신다. 이것은 마치 우리가 붙들어야 하는 분은 오직 하나님이시며, 하나님은 자신과 동등한 어떤 것도 참으실 수 없다고 말씀하시는 것과 같다.

또한, 하나님은 그 자신의 위엄과 영광의 옹호자가 되실 것이다. 만약 어떤 이가 하나님의 위엄과 영광을, 새겨진 상이나 다른 것들로 바꾼다면, 그 심판은 간단하고 단순한 심판이 아니라 손자들과 증손자들에게까지 미치는 심판이 될 것인데, 왜냐하면 그들은 분명 자기들의 조상의 불경건을 본받는 자들이 될 것이기 때문이다.

이와 마찬가지로, 하나님은 자기를 사랑하고 자기의 율법을 지키는 자들에게는 여러 세대에 걸쳐서 자비와 친절을 보여 주신다. 하나님은 우리에게 천 대까지 미치는 자기 자비의 광대하심을 말씀하시면서도, 심판은 오직 사 대까지만 하실 것이라고 말씀하신다.

③ 제3계명: 너는 네 하나님 여호와의 이름을 망령되게 부르지 말라

여기에서 하나님은 우리가 헛된 것들이든 거짓말이든 그러한 것을 확약하기 위해서 맹세함으로써 자기의 거룩한 이름을 남용하는 것을 금하신다. 왜냐하면, 맹세는 우리의 욕망이나 요구를 위해서가 아니라 하나님의 영광을 변호한다거나 건덕을 위해 어떤 것을 선언해야 할 때처럼 꼭 필요한 경우에 이루어져야 하기 때문이다.

하나님은 어떤 식으로든 우리가 자기의 거룩한 이름을 더럽히는 것을 엄격하게 금하시며 오히려 우리가 맹세하든 아니면 하나님에 관해 어떤 것을 말하려고 하든 자기의 거룩하심에 걸맞게 존경심과 가장 큰 위엄을 갖고 자기의 거룩한 이름을 사용하게 하신다.

그러나 이 거룩한 이름을 주로 사용하는 것은 하나님을 부를 때이므로 이 명령은 여기에서 우리에게 해당하는 것으로 이해하도록 하자.

마지막으로, 하나님은 위증과 다른 신성모독으로 자기 이름의 거룩함을 더럽힌 자들이 자기의 심판을 피할 수 있다고 믿지 못하도록 형벌을 공표하신다.

④ 제4계명: 안식일을 기억하여 …

이 계명에는 세 가지 이유가 있었음을 보게 된다.

첫째, 여호와는 일곱째 날의 휴식을 통해 이스라엘 백성에게 영적 안식을 선물하길 원하셨기 때문인데, 이 안식 때문에 신자들은 여호와가 자기들 안에서 일하시도록 자기들의 일을 쉬어야 한다.

둘째, 여호와는 자기의 백성이 함께 모여 율법을 듣고 의식들을 행할 날을 정하길 원하셨기 때문이다.

셋째, 여호와는 종들과 다른 이들의 권위 아래에서 일하는 사람들을 위해 쉬는 날이 제공되어야 한다고 정하셨는데, 이는 그들이 수고로부터 쉼을 얻도록 하기 위함이었다.

첫째 이유와 관련하여, 그것이 그리스도 안에서 폐기되었다는 데 의심의 여지가 없다. 왜냐하면, 그리스도는 자기의 현존으로 모든 모상(figures, *figurae*)을 사라지게 하는 진리이시기 때문이다. 그리스도는 자기의 임함으로써(advent, *adventu*) 그림자들을 물러나게 하시는 본체(body, *corpus*)이시다. 따라서 바울은 안식일이 장차 올 실재(reality, *rei*)의 그림자였다고 선언한다(골 2:17).

바울은 이러한 진리를 다른 곳에서 설명하는데, 우리가 그리스도의 죽음을 통해 우리 육신의 부패에 대해 죽기 위해 그리스도와 함께 장사 지낸 바 되었다고 가르칠 때이다(롬 6:8 이하). 이것은 어느 한 날에 일어나는 것이 아니라 우리의 전 생애를 통해 우리가 우리 자신에 대해 완전히 죽고 하나님의 생명으로 가득 찰 때까지 계속된다.

그러므로 그리스도인들은 날들을 미신적으로 지켜서는 안 된다. 그러나 앞서 언급된 뒤의 두 가지 이유는 옛 그림자들로 여겨져서는 안 되고 모든 시대에 똑같이 적합하므로, 안식일은 폐지된 후에도 우리 가운데 여전히 다음과 같은 위치를 차지한다.

첫째, 정해진 날에 우리는 함께 모여 말씀을 듣고 신비한 떡(the mystical bread, *mystici panis*)을 떼며 공적으로 기도해야 한다.

둘째, 종들과 일꾼들은 자기들의 일을 멈추고 쉬어야 한다.

우리의 연약함으로 인해서 우리는 이런 모임들을 매일 가질 수 없다. 따라서 미신을 피하는 것이 좋기 때문에 유대인들이 지킨 날을 피하게 되었다. 교회 안에서 평화와 질서를 유지하는 것이 필요했으므로 다른 날로 대체되었다. 그러므로 진리가 유대인들에게는 표상으로 전달되었듯이, 우리에게는 그림자들 없이 위탁되었다. 그 목적은 다음과 같다.

첫째, 여호와가 자기의 성령을 통해 우리 안에서 일하시도록 우리가 우리의 일에서 벗어나는 영원한 안식에 관해 묵상하게 하기 위한 것이다.

둘째, 우리가 말씀을 듣고 성례들을 거행하며 공적으로 기도하는 것을 위해 합법적으로 제정된 질서를 우리가 지키도록 하기 위한 것이다.

셋째, 우리가 우리에게 복종하는 사람들을 비인간적으로 억압하지 않도록 하기 위한 것이다.

⑤ **제5계명: 네 부모를 공경하라** …

이 계명은 우리에게 부모에 대한 경건, 그리고 여호와의 정하심에 따라서 권위에 있어서 우리 위에 부모님들을 대신한, 통치자들과 같은 그런 자들에 대한 경건을 명한다. 다시 말해서, 우리는 그들에게 최고의 존경과 순종과 감사를 보이며, 우리가 행할 수 있는 의무를 무엇이든 행해야 한다.

왜냐하면, 우리에게 이생의 삶을 주신 이들을 섬기는 것은 여호와의 뜻이기 때문이다. 이러한 영예를 받는 이들은 그럴 만한 자격이 있든 없든 차이가 없다. 왜냐하면, 그들이 어떤 이들이든 우리가 그들을 존경하기를 원하시는 여호와에 의해서 그들은 우리에게 부모로서 세워졌기 때문이다.

그리고 이것은, 바울이 말하듯이, 약속이 있는 첫 계명인데(엡 6:2), 이것에 의해서 여호와는 자기들의 부모를 합당한 순종으로 존경하는 여호와의 자녀들에게 현세적 삶의 복을 약속하신다. 동시에, 여호와는 불순종하고 완고한 자녀들에게는 가장 확실한 저주가 임할 것을 암시하신다.

그러나 내친김에 말하자면, 우리는 우리의 부모에게 오직 주 안에서만 순종하게 되어 있다는 것을 주목해야 한다. 따라서 우리는 부모를 기쁘게 하고자 여호와의 율법을 깨뜨려서는 안 된다. 왜냐하면, 이 경우에 우리는 우리의 참된 아버지께 대한 순종에서 우리를 이탈시키고자 하는 부모들을 부모로서가 아니라 오히려 낯선 사람들로서 여겨야 하기 때문이다.

⑥ 제6계명: 살인하지 말라

이 계명은 우리에게 모든 폭력, 상처, 우리 이웃의 몸을 상하게 하는 어떤 종류의 해(害)도 금한다. 왜냐하면, 우리는 인간이 하나님의 형상으로 창조되었다는 것을 떠올린다면, 인간을 극히 존귀한 존재로 여겨야 하기 때문인데, 왜냐하면 우리는 인간을 더럽힐(violated, *violari*) 때 언제나 하나님의 형상까지도 더럽히게 되기 때문이다.

⑦ 제7계명: 간음하지 마라

이 계명을 통해 하나님은 우리가 모든 종류의 간통과 음탕함을 버려야 한다고 명령하신다. 왜냐하면, 여호와는 혼인(marriage, coniugii)의 법을 통해서만 남자와 여자를 결합하셨기 때문이다. 또한, 축복을 통해 여호와는 자기의 권위에 의해서 시작된 저 교제(fellowship, societatem)를 거룩하게 하셨다.

그런 까닭에 혼인을 벗어난 연합(any union outside of marriage)은[7] 어느 것이든 여호와가 보시기에 정죄를 받은 것이 분명하다. 그러므로 실제로 비범하며 모든 이들의 능력에 속하지 않은 독신의 은사를 받지 않은 사람들은 자기들의 무절제에 대한 영예로운 치유책인 혼인에 의존해야 한다. 왜냐하면, 혼인은 그 무엇보다 영예로운 것이지만(히 13:4), 여호와는 간통자들과 간음자들을 심판하실 것이기 때문이다.

⑧ 제8계명: 도둑질하지 말라

이 계명은 우리에게 타인의 소유물을 빼앗는 것을 금한다. 왜냐하면, 여호와는 자기의 백성이 약자들을 괴롭히고 억압하는 모든 강도질, 순진한 사람들의 순수함을 속이는 모든 사기를 멀리하길 원하시기 때문이다. 그러므로 우리는 우리의 손을 깨끗케 하고 도둑질에 있어서 순결을 유지

---

[7] 여기에서 필자(존 헤셀링크)는 배틀즈가 문자적으로 "혼인의 교제 외에 어떤 다른 교제"(any other fellowship than that of marriage, aliam, quam coniugii societatem)라고 번역한 것을 프랑스어 판(1537) 번역(프: toute aultre conionction que de mariage)으로 대체했다.

하고자 한다면, 난폭한 강탈뿐만 아니라 모든 교활함과 간계까지도 금해야 한다.

⑨ **제9계명: 네 이웃에 대하여 거짓으로 증언하지 말라**

여기에서 여호와는 우리의 형제가 어떤 식으로든 상처를 입게 되는 모든 거짓뿐만 아니라 자기의 명성을 훼손하게 되는 악한 말과 비난 받아 마땅한 방종을 정죄하신다. 왜냐하면, 선한 이름이 어떤 보물보다 값진 것이라면, 우리의 소유물을 빼앗기는 것만큼이나 우리 이름의 고결함을 빼앗기는 것은 우리에게는 해로운 일이기 때문이다.

게다가 이웃의 재산을 낚아채는 데 있어서 거짓 증언은 탐욕스러운 손 못지않게 효과적이다. 그러므로 앞의 계명이 손을 억제하듯이, 이번 계명은 혀를 억제하게 한다.

⑩ **제10계명: 네 이웃의 집을 탐내지 말라 네 이웃의 아내나 그의 남종이나 그의 여종이나 그의 소나 그의 나귀나 무릇 네 이웃의 소유를 탐내지 말라 …**

이 계명을 통해 여호와는 사랑(charity, *caritatis*)의 경계를 벗어나는 우리의 모든 욕구에 재갈을 물리신다. 왜냐하면, 지금까지의 다른 모든 계명은 우리에게 행위에 있어서 사랑(love, *dilectionis*)의 규범에 반하는 것을 금하지만, 이 계명은 마음에 이러한 것을 품는 것을 금하기 때문이다.

따라서 앞의 계명에서 살인이 정죄되었듯이 이 계명에 의해서 증오와 시기와 악한 의지가 정죄된다. 간통만큼이나 욕망과 마음의 내적 더러움을 금한다. 앞의 계명에서 강탈 행위와 교활함을 금했듯이 여기에서는 탐욕을 금한다. 앞의 계명에서는 저주에 재갈을 물렸듯이, 여기서는 원한에 재갈을 물린다.

우리는 이 계명의 범위가 얼마나 보편적이고 얼마나 멀리 그리고 널리 미치는지를 본다. 왜냐하면, 하나님은 놀라운 애정과, 뛰어난 열정을 지닌 형제 사랑을 요구하시는데, 이웃의 소유물과 좋은 것에 대한 어떠한 욕망도 우리의 형제 사랑과 애정을 능가하길 원치 않으시기 때문이다.

따라서 십계명은 다음과 같이 요약될 수 있다. 우리는 사랑의 법에 반하는 어떤 열망에 의해서도 흔들리지 않도록 주의해야 하고, 각 사람에게 그에게 속한 것을 줄 준비가 철저히 되어 있어야 한다. 우리가 우리의 의무로써 각 사람들에게 해야 하는 것은 그에게 속한 것으로 여겨야 한다.

9. 율법의 요약

우리 여호와이신 그리스도는 율법 전체가 다음 두 가지로 요약된다고 가르치셨을 때 율법의 모든 계명이 향하는 방향을 충분하게 선언하셨다.

> 우리는 마음을 다하고 목숨을 다하고 뜻을 다하여 주 우리 하나님을 사랑해야 한다. 그다음에 우리는 우리의 이웃을 우리 자신 같이 사랑해야 한다
> (마 22:37, 개역개정과 다름).

그리스도는 이 해석을 율법 자체에서 취하셨다. 왜냐하면, 첫 부분은 신명기 6장에, 그리고 둘째 부분은 레위기 19장에 기록되어 있기 때문이다.

10. 율법만을 통해서 우리에게 오는 것

여기에 의롭고 거룩한 삶의 참된 유형, 심지어 의 자체의 가장 완전한 형상이 있다. 어떤 이가 자기의 삶에서 하나님의 율법을 구현한다면, 그는 여호와 보시기에 부족한 것 없이 완벽할 것이다.

여호와 자신의 증언을 듣자면, 여호와는 자기의 율법을 성취하는 자들에게 레위기 26장과 신명기 27장에서 숙고된, 이 현세의 특출한 복뿐만 아니라 영생의 상급도 약속하신다. 이와는 달리, 여호와는 자기가 명령한 것들을 행동으로 이루지 않는 자들에게 영원한 죽음의 보응을 선언하신다. 또한, 율법을 공표한 모세는 하늘과 땅을 불러서, 자신이 이스라엘 백성 앞에 선과 악, 생명과 죽음을 두었다는 것에 대한 증인으로 삼는다.

그러나 모세가 생명의 길을 보여 준다 할지라도, 우리는 모세가 그렇게 생명의 길을 보여줌으로써 우리에게 무엇을 제공해 줄 수 있는지를 여전히 알아야 한다. 우리의 의지 전체가 하나님의 뜻에 순종하도록 형성되고 구성되어 있다면, 분명히 율법에 관한 지식만으로도 구원을 받기에 충분할 것이다.

그러나 육적이고 부패한 우리의 본성은 하나님의 영적인 법에 맞서 격렬하게 싸우고 율법의 가르침을 통해서는 아무것도 나아지지 않으므로,

적합한 청자들을 만났더라면 구원을 가져다주었을 율법 자체가 죄와 죽음을 야기하는 것으로 바뀔 수밖에 없었다.

왜냐하면, 우리가 모두 율법의 위반자로 판명된 까닭에, 율법은 하나님의 의를 더욱 분명하게 드러낼수록 우리의 죄를 더욱더 많이 폭로하기 때문이다. 또한, 우리를 유죄로 만드는 그 죄가 크면 클수록, 동시에 우리가 책임져야 하는 그 심판은 더욱더 무겁다. 그리고 영생의 약속을 빼앗기게 되었을 때 오직 저주만이 남는데, 이 저주가 율법으로부터 우리를 위협하고 있다.

11. 율법은 그리스도를 향해 나아가는 단계이다

그러나 율법이 우리 모두를 죄인이요 정죄 받아 마땅한 이들로 증거한다고 해서, 우리가 절망에 빠진다거나 낙담하여 파멸로 나가야 할 이유는 결코 없다. 사도는[8] 우리가 율법의 판단에 의해 정죄된 것은 "모든 입을 막고 온 세상으로 하나님께 복종하도록"(롬 3:19, 개역개정과 다름) 하기 위한 것이라고 증언한다.

사도는 다른 곳에서도 똑같이 가르친다. "하나님이 모든 사람을 순종하지 아니하는 가운데 가두어 두심은" 그들을 잃거나 심지어 그들이 멸망하도록 하기 위한 것이 아니라 "모든 사람에게 긍휼을 베풀려 하심"이다(롬 11:32).

---

8 사도 바울을 가리킨다. -역주

그러므로 여호와는 율법을 통해 우리의 연약함과 불결함 둘 모두에 대해 경고하신 후에 자기의 능력과 자비의 신실하심으로써 우리를 위로하신다. 이 일은 그리스도 안에서 이루어지는데, 하나님은 그리스도를 통하여 자기가 우리에게 친절하시고 자비로우신 아버지이심을 보여 주신다. 왜냐하면, 율법에 있어서 여호와는 우리 모두가 갖고 있지 않은 완벽한 의의 유일한 보상자이시기 때문이다. 또 한편으로 여호와는 죄의 엄격한 심판자로 나타나신다.

그러나 그리스도 안에서 여호와의 얼굴은 불쌍하고 무가치한 죄인들을 향해서조차 은혜와 친절로 가득 차서 빛난다. 왜냐하면, 하나님은 우리에게 자기의 아들을 보여 주심으로써 자기의 무한한 사랑에 대한 이 놀라운 실례를 주셨고 자기의 아들 안에서 자기의 자비와 선하심의 모든 보물을 열어 보이셨기 때문이다.

12. 믿음으로 우리는 그리스도를 붙잡는다

우리의 자비로우신 아버지가 우리에게 복음의 말씀으로써 자기의 아들을 주시듯이 우리는 믿음으로 그를 받아들인다. 마치 그가 우리에게 주어진 것을 인정하는 것처럼 말이다. 실로, 복음의 말씀 자체가 그리스도께 참여하도록 우리 모두를 부르지만, 불신앙으로 눈이 멀고 마음이 굳어진 대부분 사람은 그런 비범한 은혜를 비웃는다.

그러므로 오직 신자들만이 그리스도를 즐거워하는데, 그들은 자기들에게 보내심을 받은 그리스도를 받아들이고, 자기들에게 주어진 그리스도를 거부하지 않으며, 자기들을 부르시는 그리스도를 따른다.

13. 선택과 예정

이제 [신자와 불신자 간의] 이런 차이에서 우리는 신적 계획의 장대한 비밀을 고찰해야 한다. 왜냐하면, 하나님의 말씀의 씨앗은 주님이 자기의 영원한 선택으로써 천국의 자녀와 상속자로 예정하신 자들 안에서만 뿌리를 내리고 열매를 맺기 때문이다. 세계의 기초가 놓이기 전에 하나님의 이 동일한 계획에 의해서 정죄된, 나머지의 모든 사람에게는 진리를 매우 분명하게 선포하는 것이 사망에 이르는 사망의 냄새일 수밖에 없다.

그러면 왜 주님은 전자에 대해서는 자기의 자비를 받을 만하다고 여기시면서 후자에 대해서는 엄격하게 심판하시는가?

그 이유는 주님의 손에 맡겨 두도록 하자.

왜냐하면, 주님은 그것을 우리에게 숨기고자 하시는 가장 타당한 이유를 갖고 계시기 때문이다. 실로, 우리의 우둔한 지성은 그런 커다란 빛을 감당할 수 없고, 우리의 미미한 능력은 그런 커다란 지혜를 파악할 수도 없다. 조금이라도 자기를 이러한 데까지 높이려 하거나 자기의 경솔한 마음을 억제하려 하지 않는 사람은 누구든지 다음과 같은 솔로몬의 말이 얼마나 참된지를 경험하게 될 것이다.

위엄을 추구하는 자는 영광에서 멀어질 것이니라(잠 25:2, 개역개정과 다름).

이러한 하나님의 경륜이 우리에게 숨겨져 있다 할지라도 그것이 얼마나 정당하고 거룩한지를 우리 가운데서 인정하도록 하자.

왜냐하면, 하나님은 온 인류를 멸망시키고자 하신다면, 오직 자기의 권리에 의해서 그렇게 행하실 것이기 때문이다. 우리는 하나님이 멸망으로부터 다시 부르시는 사람들 안에서 오직 하나님의 최고의 선하심만을 볼 수 있을 뿐이다.

그러므로 택자들은 하나님의 자비의 그릇이요, 유기된 자들은 그의 진노의 그릇, 즉 실로 정당한 진노의 그릇이라는 것을 인정하도록 하자.

이 둘로부터 하나님의 영광을 선포할 증거와 내용을 취하도록 하자.

하지만, 우리의 구원의 확신을 확고히 하고자(많은 사람에게 흔히 일어나는 일) 하늘 자체로 뚫고 들어가서 하나님이 영원부터 우리를 위해 작정하신 것을 헤아리려고 하지는 말자.

이러한 생각은 비참할 정도의 불안과 걱정으로 우리를 괴롭힐 뿐이다.

오히려 주님이 우리를 위해 그러한 구원의 확실성을 널리 확증하신 증언에 만족하도록 하자.

세계의 기초가 놓이기 전에 생명으로 예정된 모든 사람이 그리스도 안에서 선택되었듯이(엡 1:4), 우리에 대한 선택의 보증(pledge, *pignus*)이 우리에게 제시되는 것 역시 바로 그리스도 안에서이다. 따라서 우리는 믿음으로 그리스도를 받아들이며 껴안는다.

우리는 영생에 참여하는 것 외에 선택에서 무엇을 추구하는가?

그런데도 우리는 그리스도 안에서 이 영생을 얻게 되는데, 그는 태초부터 생명이셨으며 자기를 믿는 모든 사람이 죽지 않고 영생을 누리도록 생명으로서 우리 앞에 계신다. 그러나 우리는 믿음으로 그리스도를 소유하고 있는 동시에 그리스도 안에서 생명을 소유하고 있다면, 하나님의 영원한 계획에 관해서 이것을 넘어서는 어떤 것도 탐구할 것이 없다. 왜냐하면, 그리스도는 단순히 하나님의 뜻을 우리에게 보여 주는 거울이 아니라 하나님의 뜻을, 말하자면, 인치는 보증이시기 때문이다.

14. 참된 믿음이란 무엇인가?

우리는 기독교 신앙을 머리만 요란하게 할 뿐 마음에는 전혀 영향을 끼치지 않는 하나님에 관한 공허한 지식이나 성경에 관한 공허한 이해로 생각해서는 안 된다. 어떤 합리적 증거나 다른 것에 의해 우리에게 확정되는 이런 종류의 일들에 대한 관점은 늘 저렇다. 오히려 기독교 신앙은 마음의 확고부동한 확신이다. 바로 이런 확신에 의해서 우리는 복음을 통해 우리에게 약속된 하나님의 자비하심 안에서 안전하게 안식한다.

믿음의 정의(定義)는 약속들의 실체로부터 추구되어야 하는데, 그 믿음은 저 기초에 의존하기에 그 기초가 제거되면 즉시 붕괴되거나 오히려 사라진다. 따라서 주님이 자기 복음의 약속을 통해 우리에게 자기의 자비를 베푸실 때 우리가 약속을 해 주신 분에 대한 확신을 확실하게 그리고 주저함 없이 가지고 있다면, 우리는 믿음으로 그의 말씀을 붙잡는다고 말해진다.

이러한 정의는 사도가 믿음은 "바라는 것들의 실상이요 보이지 않는 것들의 증거"(히 11:1)라고 가르칠 때의 정의와 다르지 않다. 왜냐하면, 사도가 이를 통해 뜻하는 바는 하나님에 의해 약속된 것들을 확실하고 안전하게 소유함과 보이지 않는 것들, 즉 영생의 증거인데, 우리는 복음을 통해 우리에게 주어진 하나님의 선하심에 대한 확신으로써 이런 영생에 대한 기대를 붙잡는다.

그러나 하나님의 모든 약속은 그리스도 안에서 확증되므로(고후 1:20[9]), 말하자면, 제시되고 성취되므로 그리스도 자신이 신앙의 영원한 대상이라는 데는 의심의 여지가 없다. 이 그리스도 안에서 우리는 하나님의 자비하심의 모든 부요함을 묵상해야 한다.

15. 믿음, 하나님의 선물

우리의 정신이 하나님의 천상적 신비들에 대하여 얼마나 눈이 멀어 있는지, 그리고 우리의 마음이 모든 일에 있어서 얼마나 불신앙으로 행하는지, 이 둘 다를 합당하게 숙고한다면, 우리는 믿음이 우리의 자연적 능력을 훨씬 능가하고, 하나님의 뛰어나고 비범한 선물이라는 것을 의심하지 않을 것이다.

바울이 추론하듯이, 자기 자신 안에 있는 영 외에 그 누구도 인간의 뜻을 증거하지 못한다면(고전 2:11), 어떤 이가 하나님의 뜻에 대해 확신하겠는가?

하나님의 진리가 현재 우리의 눈으로 목도하는 것들에 있어서조차 우리 가운데서 흔들린다면, 여호와가 눈으로 볼 수도 없고 인간 지성으로도 파악할 수 없는 것들을 약속하실 때 그것이 어떻게 확고하고 굳건하겠는가?

---

9   *CO* 5.334에서는 "고후 1:17"로 표기되었다. -편주

그러므로 믿음이란 성령의 조명이라는 것이 너무도 명백하다. 이것에 의해서 우리의 지성이 조명되고 우리의 마음이 내부에서 확실한 감화에 의해 확고해진다. 이 감화는 하나님의 진리가 매우 확실해서 하나님이 자기의 거룩한 말씀을 통해 자기가 하시겠다고 약속하신 것을 행하지 않을 수 없으시다는 것을 확립한다.

이로 인하여 믿음은 우리의 마음에서 하나님의 진리에 대한 확신을 확립하는 보증(pledge, *arrha*)이라고 불리고, 우리의 마음이 주님의 날까지 인침을 받게 하는 인(印, seal, *sigillum*)이라고 불린다. 왜냐하면, 성령은 하나님이 우리에게 아버지가 되시며 역으로 우리가 하나님의 자녀라는 것을 우리의 영에 증거하는 분이시기 때문이다(고후 1:22; 엡 1:13; 롬 8:16).

16. 그리스도 안에서 믿음을 통해 우리는 의롭게 된다

그리스도가 믿음의 영원한 대상이시라는 것이 널리 알려진 후, 우리는 그리스도를 바라보는 것 외에 어떤 다른 방법으로는, 믿음을 통해 무엇을 따라야 하는지를 알지 못한다. 그리스도 안에서 우리가 영생을 얻게 하려고 그리스도는 하나님 아버지에 의해서 우리에게 주어지셨다. 그리스도는 다음과 같이 말씀하신다.

> 영생은 곧 유일하신 참 하나님과 그가 보내신 자 예수 그리스도를 아는 것이니이다(요 17:3).

마찬가지로,

> 나를 믿는 자는 죽지 아니할 것이고 죽어도 살리라(요 11:25-26[10]).

그러나 이런 일이 이루어지게 하기 위하여, 죄의 오물로 물든 우리는 그리스도 안에서 깨끗해져야 하는데, 왜냐하면 더러운 것은 아무것도 하나님 나라에 들어갈 수 없기 때문이다. 따라서 그리스도는 우리가 비록 스스로는 죄인일지라도 하나님의 보좌 앞에서는 의롭다는 판결을 받을 수 있도록 우리를 자기 자신에게 참여하는 자들로 만드신다.

이처럼, 우리는 우리 자신의 의를 벗고 그리스도의 의로 옷을 입었다. 우리는 우리 자신의 행위로는 불의하지만, 그리스도께 대한 믿음으로써 의롭게 되었다. 우리가 믿음으로 의롭게 되었다고 말해지는 이유는 우리에게 어떤 의가 내적으로 주입되어 있기 때문이 아니라 그리스도의 의가 마치 우리 자신의 의인 것처럼 우리에 의해서 받아들여졌다고 말해지고, 우리 자신의 불법이 우리를 대적하는 것으로 간주되지 않음으로 말미암아 (한마디로) 우리는 이 의를 참으로 "죄 사함"이라고 부를 수 있기 때문이다.

이것을 사도가 매우 분명하게 말하는 때는 그가 좀 더 자주 행위의 의와 믿음의 의를 대조시키고, 전자가 후자에 의해서 전복되었다고 가르칠 때이다(롬 10:3; 빌 3:9). 그러나 우리는 어떤 방식으로 그리스도가 우리를 위하여 이 의를 공로로 얻으셨고(has merited, *meritus sit*), 그 의가 어떤 부분으로 이루어지는지를 사도신경에서 보게 될 것이다. 사도신경에서 우리의

---

10 개역개정과 다름. *CO* 5.335에서는 "요 11:26"로 표기되었다. -편주

믿음이 토대로 삼고 의존하고 있는 모든 것을 개별적으로 살필 것이다.

17. 믿음을 통해 우리는 율법에 순종하도록 성화된다

우리의 보증인(sponsor, *sponsore*)으로서 그리스도는 자기와 함께 우리가 의롭다고 간주되도록 자기의 의로써 우리를 위해 하나님 아버지께 중재하시는(intercedes, *intercedit*) 것처럼, 우리를 자기의 성령에 참여케 하심으로써 모든 순수함과 순결함에 이르도록 성화시키신다. 실로, 그리스도 위에 "여호와의 영 곧 지혜와 총명의 영이요 모략과 재능의 영이요 지식과 여호와를 경외하는 영"이 한량 없이 강림하셨다(사 61:1; 11:2). 이는 우리가 다 그의 충만한 데서 마시게 하기 위함이니 은혜 위에 은혜이다(요 1:16).

그리스도께 대한 믿음을 자랑하면서도 그의 성령에 의한 성화가 없는 사람들은 속고 있는 것이다. 성경은 그리스도가 우리를 위해 의뿐만 아니라 성화도 되셨다고 가르친다. 따라서 우리는 그리스도의 의와 함께 그 성화도 껴안지 않으면, 그 의를 믿음으로써 받을 수 없다.

왜냐하면, 여호와는 그리스도 안에서 우리와 함께 언약을 맺으신 까닭에 동일한 방식으로 우리의 죄에 관해서 친절을 베푸실 것이며 자기의 법을 우리의 마음에 새기실 것이라고 약속하시기 때문이다(렘 31:33). 그러므로 율법의 준수는 우리의 능력이 아니라 오히려 영적 능력을 요구하는데, 이 영적 능력에 의해서 우리의 마음이 부패함을 씻어 내게 되고 의에 순종하게 될 정도로 부드럽게 된다.

이제 그리스도인들은 믿음이 없는 자들이 율법을 사용하는 것과는 완전히 다르게 율법을 사용한다. 왜냐하면, 하나님이 우리 마음에 자기의 의에 대한 사랑을 새기셨을 때, 이전에는 오직 연약함과 범죄에 대해 우리를 고발하고 있었던 율법의 외적 가르침이 이제는 우리가 바른길에서 벗어나지 않도록 지키는, 우리의 걸음을 위한 등(燈, lantern, *lucerna*)이 되기 때문이다. 율법은 우리의 지혜인데, 이 지혜로써 우리는 모든 온전함에 이르도록 형성된다. 율법은 우리가 더욱 사악한 방종에 빠지지 않게 하는 우리의 규범이다(시 119:105; 신 4:6).

18. 회개와 중생

그러므로 이제 우리는, 왜 회개가 언제나 그리스도께 대한 믿음과 연결되어 있는지, 왜 주님이 그 누구도 거듭나지 않으면 천국에 들어갈 수 없다고 단언하시는지도 이해할 준비가 되었다. 왜냐하면, 회개란 우리가 이 세상의 패역함에 대해 작별을 고한 후, 주님의 길로 들어서게 되는 회심을 의미하기 때문이다.

더욱이 그리스도는 죄의 사역자가 아니시다. 그런 까닭에 그리스도가 죄의 부패함에서 깨끗하게 된 자들에게 그리스도의 의에 대한 참여를 옷 입히시는 것은 우리가 자기의 큰 은혜를 새로운 더러움으로 반복해서 모독하게 하려는 것이 아니라 하나님의 자녀로 입양된 우리가 우리 아버지의 영광을 위해 우리의 삶을 영원히 성별하게 하도록 하려는 것이다.

그러나 이러한 회개의 효력은 우리의 중생에 의존하는데, 이 중생은 두 부분으로 이루어져 있다. 우리의 육신, 즉 우리 안에서 타고난 부패를 죽임(mortification, *mortificatione*)과 영적 [살림(*vivificatione*)이다(롬 6:5; 골 3:3 등). 그것에 의해서 인간의 본성은 자기의 온전함에 이르도록 갱신된다.]¹¹

죄와 우리 자신에 대하여 죽은 우리는 그리스도와 그의 의에 대해 살기 위해 평생 이러한 묵상에 전념해야 한다. 그리고 우리는 이 필멸의 몸이라는 감옥 안에 거하는 한, 이러한 중생이 결코 성취될 수 없으므로 심지어 죽을 때까지 끊임없이 회개를 추구해야 한다.

19. 어떻게 선한 행위의 의와 믿음의 의가 조화될 수 있는가?

이와 같은 양심의 순결함에서 나오는 선한 행위들이 하나님께 받아들여질 만하다는 데는 의심의 여지가 없다. 하나님은 그들 안에 있는 하나님 자신의 의를 인정하시므로 그들을 승인하고 칭찬하실 수밖에 없다. 그러나 우리는 헛된 확신으로 우쭐해져서 우리가 그리스도만을 믿음으로써 의롭게 되었음을 망각하지 않도록 매우 조심해야 한다.

분명, 주님 앞에서는 주님의 의에 일치하는 것 외에 어떠한 행위의 의도 존재하지 않는다. 그러므로 행위로써 의롭게 되기를 추구하는 자는 단순히 이런저런 행위를 수행하는 것으로는 충분하지 않고 율법에 대한 완벽한 순종에 도달할 필요가 있는데, 주님의 율법을 지키는 데 있어서 다

---

11 해당 부분의 라틴어 원문은 다음과 같다. "*vivificatione spirituali: qua hominis natura in suam integritatem instauratur.*" 영역본에는 "*vivificatione spirituali*"(spiritual vivification)가 "spiritual rightness"로 번역되었고 이후의 문장은 누락되었다. -편주

른 모든 사람보다 뛰어난 사람들조차 여전히 이런 완벽한 순종과는 거리가 멀다.

다음으로, 단 한 번의 선한 행위만으로 하나님의 의를 만족하게 하는 것이 설혹 가능하다 할지라도, 주님은 자기의 성도들 안에서 그것 자체의 공로로 의가 있다고 여길 만한 단 하나의 행위도 발견하실 수 없으시다. 왜냐하면, 다음의 사실은 믿을 수 없겠지만 사실이기 때문이다. 즉, 우리의 손으로 행하는 어떤 행위도 결코 완전할 수 없고 흠이 있게 마련이라는 것이다.

따라서 우리는 모두 죄인이고 아주 많은 사악함의 잔재로 더렵혀 있으므로, 우리 자신 밖에서 의롭게 되어야 한다. 즉, 우리는 언제나 그리스도를 필요로 하고, 그의 완전에 의해서 우리의 불완전이 덮어지며, 그의 순결에 의해서 우리의 부정이 깨끗해지며, 그의 순종에 의해서 우리의 죄가 도말되며, 그리고 그의 의로 인해서 우리의 행위에 관한 고려 없이 의가 우리에게 값없이 전가되는데, 우리의 행위는 우리가 하나님의 심판 때 그 앞에 서 있게 할 만한 것이 결코 못 된다.

다른 방식으로는 하나님 보시기에 우리의 행위들을 더럽힐 수밖에 없었을 우리의 오점들이, 저러한 방식으로 가려지게 될 때, 주님은 우리의 행위들 안에서 최고의 순결과 거룩만을 보신다. 따라서 주님은 그 행위들을 최고의 이름들로 영예롭게 하신다. 왜냐하면, 주님은 그 행위들을 의의 행위라고 부르실 뿐만 아니라 그렇게 간주하시고, 그 행위들에 대해 가장 충분한 보상을 약속하시기 때문이다.

요컨대, 우리는 그리스도와 교제함(fellowship, *societatem*)이 이처럼 커다란 능력을 갖추고 있다고 결론을 내리는데, 왜냐하면 그리스도와 교제함으로 인해 우리는 값없이 의롭다고 여겨질 뿐만 아니라 우리의 행위들 역시 우리에게 의로서 귀속되며 영원한 상급으로써 보상될 것이기 때문이다.

20. 사도신경

위에서 우리는 믿음으로 우리가 얻는 것에 관해 말했다. 이제 우리는 우리의 믿음이 그리스도 안에서 강화되기 위하여 무엇을 응시하고 숙고해야 하는지를 들어야 한다. 이것은 우리가 "사도신경"이라고 부르는 것 안에서 설명되고 있다. 다시 말해서, 어떻게 그리스도가 하나님 아버지에 의해서 우리를 위해 지혜와 구속과 생명과 의와 성화가 되셨는지가 설명된다(고전 1:30).

이 신앙의 개요의 저자가 누구인지, 누가 기록했는지는 우리의 관심사가 아니다. 왜냐하면, 사도신경은 단순히 인간적인 것을 담고 있는 것이 아니라 성경의 증언들 자체로부터 모였기 때문이다.

우리가 성부, 성자, 성령을 믿는다고 고백하는 것이 누군가를 염려하게 하지 않도록 이 문제에 관한 몇 가지 예비적인 것을 말해야 하겠다. 우리는 성부, 성자, 성령이라고 말할 때, 세 하나님(three Gods, *tres deos*)을 만들고 있는 것이 아니다. 성경과 경건의 참된 경험 둘 다는 우리에게 성부, 성자, 성령을 하나님의 가장 단순한 유일성(unity, *unitas*) 가운데 보여 주고 있다. 우리의 지성은 성부의 살아 있는 형상이 그 안에서 빛나고 있는 성자와, 성부의 능력과 권능이 그 안에서 가시적이 되는 성령을 동시에 포함하지 않고서는 성부에 대해 파악할 수 없다.

우리 정신(mind, *mentis*)의 생각을 한 분 하나님께 전적으로 집중하자. 그러나 동시에 성자 및 성령과 함께 성부를 묵상하도록 하자.

① 나는 전능한 아버지시요 천지의 창조주이신 한 하나님을 믿는다

이 표현은 우리가 하나님을 믿도록 가르칠 뿐만 아니라 그를 우리의 하나님으로 인정하도록, 그리고 그가 그들의 하나님이 되어 주시겠다고 약속해 주신 자들, 즉 그가 자기 백성으로 삼으신 자들의 수효(數爻)에 우리가 속해 있음을 신뢰하도록 가르친다(레 26:12 등).

전능이 하나님께 돌려지는데, 이것이 의미하는 바는 하나님이 만물을 자기의 섭리로 경영하시고, 자기의 의지로 다스리시며, 자기의 능력과 손으로 지도하신다는 것이다. "천지의 창조주"라는 표현을 통해서, 우리는 하나님이 과거에 창조하신 모든 것을 영원히 기르시고, 지탱하시며, 살리신다는 것으로 이해해야 한다.

② 그리고 그의 독생자, 우리 주 예수 그리스도를 믿는다

앞에서 우리는 그리스도가 우리의 신앙의 고유한 대상이라고 배웠다. 이로부터 쉽사리 드러나는 바는 그리스도 안에서 우리 구원의 모든 부분이 제시된다는 것이다.

우리는 그리스도를 "예수"라고 부르는데, 그는 이 칭호를 통해 자기 자신을 하늘의 말씀(the heavenly oracle, *coeleste oraculum*)으로 특징지으셨다. 왜냐하면, 그는 자기 백성을 죄에서 구원하도록 보냄을 받으셨기 때문이다

(눅 1:68). 그 결과, 성경은 인간을 구원할 만한 다른 이름이 그들에게 주어지지 않았다고 확언한다(행 4:12).

"그리스도"라는 칭호는 그에게 성령의 모든 은혜가 부어졌다는 것을 나타내는데, 이 은혜들은 성경에서 "기름"이라는 말로 특징지어진다. 왜냐하면, 우리는 은혜들이 없다면 말라비틀어진 채로 버려질 것이기 때문이다.

첫째, 그리스도는 이 기름 부음을 통해 하나님 아버지에 의해서 왕으로 세움 받으셔서 하늘과 땅의 모든 권세를 자기에게 복종시키셨는데, 이는 우리가 그리스도 안에서 왕이 되어 마귀와 죄와 죽음과 지옥을 이기게 하시기 위함이다.

둘째, 그리스도는 자신의 희생제사로써 하나님 아버지가 우리를 향하여 진노를 누그러뜨리시고 우리와 화목하시게 하신 성별된 제사장이셨다. 이는 우리가 그리스도 안에서 제사장이 되어, 우리의 중재자요 중보자이신 그리스도에 의해서 우리의 기도 및 감사와 우리 자신과 우리의 모든 것을 하나님 아버지께 바치게 하시기 위함이다.

게다가 그리스도는 "하나님의 아들"이라고 불리시는데, 그는 신자들이 그렇듯이 단지 양자(養子) 됨과 은혜에 의해 하나님의 아들로 불리시는 것이 아니라 [본성적이고 참된][12] 그러므로 "유일한" 하나님의 아들이시다. 이는 그를 다른 이들과 구별하기 위함이다.

그리고 그리스도는 우리의 주님이신데, 영원부터 하나님 아버지와 함께 가지신 한 신성에 따라서만이 아니라 우리에게 나타나신 그 육체 안에

---

12   이 어구는 원문에는 있으나 영역본에는 누락되었다. "*sed naturalis et verus.*" -편주

서도 우리의 주님이시다. 왜냐하면, 바울은 다음과 말하기 때문이다.

> 한 하나님 곧 아버지가 계시니 만물이 그에게서 났고 또한 한 주 예수 그리스도께서 계시니 만물이 그로 말미암았느니라(고전 8:6, 개역개정과 다름).

③ 그는 성령으로 임태되사 동정녀 마리아에게 나셨다

여기에서 우리는 어떻게 그리스도가 우리를 위하여 하나님의 아들과 예수, 즉 구원자가 되셨고, 우리를 보호하는 왕으로서 기름 부음을 받은 그리스도가 되셨으며, 우리를 하나님 아버지와 화목케 하시는 제사장이 되셨는지를 본다.

실로, 그리스도는 우리의 육체를 입으셨는데, 이는 그가 인자(Son of Man, *filius hominis*)가 되심으로써 우리가 자기와 함께 하나님의 아들들이 되게 하시고, 우리의 가난함을 자신 안에 받아들이심으로써 자기의 부요함을 우리에게 전해 주시며, 우리의 연약함을 감수(甘受)하심으로써 자기의 능력으로 우리를 강하게 하시며, 우리의 필멸성(mortality, *mortalitate*)을 받아들이심으로써 자기의 불멸성(immortality, *immortalitate*)을 우리에게 주시며, 땅에 내려오심으로써 우리를 하늘로 올리우시기 위함이었다.

그리스도는 동정녀 마리아에게서 태어나셨다(마 1:23). 이는 그가 율법과 선지서들에서 약속된 아브라함과 다윗의 참된 후손으로서(창 15:4; 시 132:11), 또한 죄 외에는 모든 면에서 우리와 같으셔서 우리의 모든 연약함으로 말미암아 시련을 겪으시며 그 연약함들을 견디는 것을 배우신 참 인간으로서 인정받으시기 위한 것이었다.

그런데, 그 동일하신 이는 (우리가 보기에) 놀랍고 형언할 수 없는, 성령의 능력에 의해 동정녀에게 잉태되셨다. 이는 그가 어떠한 육신적 부패에 의해서도 더럽혀지지 않으시고, 최고의 순결함에 의해 거룩한 자로 태어나시기 위함이었다.

④ 그는 본디오 빌라도에게 고난을 받으사 십자가에 못 박혀 죽으시고 장사되시며 지옥으로 내려가셨다

이것은 우리의 구속이 어떻게 성취되었는지를 가르친다. 이 구속을 위해 그는 필멸의 인간으로 태어나셨다. 왜냐하면, 하나님이 인간의 불순종으로 말미암아 진노하셨기에, 그리스도는 자기 자신의 순종으로 말미암아 하나님 아버지께 죽기까지 순종하심을 보여 주시며 우리의 불순종을 도말하셨기 때문이다(롬 6:12 이하; 빌 2:8).

그리고 그리스도는 자기의 죽음에 의해서 자기 자신을 하나님 아버지께 희생제물로 드리셨다. 이는 하나님 아버지의 공의가 단번에 영원히 달래지고, 신자들이 영원히 거룩하게 되며, 그리고 영원한 만족(satisfaction, satisfactio)[13]이 완성되기 위함이다(히 7:9 이하). 그리스도는 우리를 향해 불타는 하나님의 진노가 꺼지고 우리의 죄가 깨끗이 씻겨지게 하기 위하여 우리의 구속의 값으로서 자기의 거룩한 피를 쏟으셨다.

---

13 이 용어는 기독교의 초기부터 그리스도가 우리를 위해 하신 일이 하나님의 공의를 만족시키는 일이라는 뜻으로 사용되어 왔다. 그것을 후에 "구속"이라고 쓰기도 하고, 동사형으로는 "속하다," "무르다"와 같은 용어로 사용하기도 하였다. 그리스도가 우리를 위해 하신 것이 하나님의 공의를 다 만족시킨 것이라는 의미를 늘 의식해야 할 것이고, 이를 위해 본서에서는 "satisfaction"(satisfactio)를 "만족"으로 번역한다. -역주

그러나 이러한 구속에는 신비가 아닌 것이 없다.

그리스도는 본디오 빌라도에게서 고난을 받으셨고, 재판관의 선고에 의해서 범죄자요 행악자로서 저주를 받으셨는데, 이는 우리가 그의 저주를 통해서 최고 재판장의 심판대 앞에서 사면을 받도록 하기 위함이었다.

그리스도가 십자가에 못 박히신 것은 (율법이 저주한) 십자가 위에서 우리의 죄에 합당한 우리의 저주를 짊어지시기 위함이었다(신 21:23; 갈 3:10).

그리스도가 죽으신 것은 자기의 죽음을 통해 우리를 위협해 온 죽음을 정복하시고(히 2:14), 우리를 삼켜야 했었던 그 죽음을 삼키시기 위함이었다.

그리스도가 장사 지낸 바 되신 것은 자기의 은혜를 통하여 우리가 죄에 대하여 장사되고(롬 6:3) 마귀와 죽음의 지배에서 자유롭게 하기 위함이다(참조. 히 2:15).

그리스도가 지옥에 내려가셨다고 말해진다. 이것이 의미하는 바는 그가 하나님에 의해 고통을 당하셨고, 신적 심판의 두려움과 엄정함을 느끼셨다는 것이다. 이는 그리스도가 하나님의 진노를 중재하고 하나님의 엄정함을 우리의 이름으로 만족시키며, 그럼으로써 (절대 존재하지 않는) 그 자신의 불법이 아니라 우리 불법의 빚을 갚아 주시고 우리의 형벌을 제거하시기 위함이었다.

그러나 이를 하나님 아버지가 그에게 진노하신 것으로 이해되어서는 결코 안 된다. 그 이유는 다음과 같다.

하나님 아버지가 "기뻐하는" 자기의 사랑하는 아들에 대해 어떻게 진노하실 수 있겠는가?(참조. 마 3:17; 12:18; 17:5; 막 1:11; 눅 3:22; 벧후 1:17)

하나님 아버지가 그리스도를 적으로 여기신다면, 어떻게 그리스도가 자기의 중재를 통해 하나님 아버지를 기쁘시게 할 수 있겠는가?

그러나 이런 의미로 그리스도가 하나님의 엄정함의 무게를 짊어지셨다고 말해진다. 왜냐하면, 그리스도가 하나님의 손에 의해 "맞으며 고난을 당"하셨고(참조. 사 53:4), 진노하시고 벌하시는 하나님의 모든 표지를 경험하셨는데, 이는 깊은 고뇌 속에 다음과 같이 외치도록 내몰리시기 위함이었기 때문이다.

나의 하나님, 나의 하나님, 어찌하여 나를 버리셨나이까?(마 27:46)

⑤ 그는 죽은 자들로부터 다시 살아나시고 하늘로 오르사 아버지의 오른편에 앉아 계시다가 거기로부터 산 자들과 죽은 자들을 심판하러 오실 것이다

우리는 죽음의 권세를 이길 것이라는 강한 확신을 그리스도의 부활로부터 추론할 수 있다. 왜냐하면, 그는 죽음의 고통에 매여 있을 수 없으셨고(행 2:24) 오히려 죽음의 모든 권세를 이기신 것처럼, 죽음이 쏘아 대는 모든 화살을 무디게 하심으로써 이제는 그 화살들이 우리를 찔러 파멸로 이끌 수 없게 하셨기 때문이다. 그러므로 그의 부활은 다음과 같다.

첫째, 그리스도의 부활은 장차 임할 우리의 부활에 대한 가장 확실한 진리이자 실체이다.

둘째, 그리스도의 부활은 우리가 새 생명을 얻는 방편이 되는 현재적 살림(quickening, *vivificationis*)의 가장 확실한 진리이자 실체이다(롬 6:8).

주님은 하늘로 올라가심으로 말미암아 아담 안에 있는 모든 이에게 닫혀 있었던 천국의 문을 우리를 위해 열어 놓으셨다. 실로, 그는 마치 우리의 이름으로 그리하신 것처럼 우리의 육체를 입고 하늘로 들어가셨는데,

이는 우리가 그리스도 안에서 소망을 통해 하늘을 이미 소유하도록 하시고, 하늘에 있는 자들 가운데 장차 앉히시기 위함이었다(엡 2:6).

그리고 그리스도는 그곳에서 우리를 위해 최고의 일을 행하시는데, 즉 영원한 제사장의 직분에 맞게 손으로 만들지 않은 하나님의 지성소에 들어가신 후, 영원한 대언자(Advocate, advocatus)요 중보자로서 우리를 위해 중재하신다(히 9:11).

"그는 … 아버지의 오른편에 앉아 계시다가"라는 진술이 의미하는 바는 다음과 같다.

첫째, 그리스도는 왕, 재판관, 만유의 주로서 임명되고 선포되셨는데, 이는 자기의 능력으로써 우리를 보존하며 다스리시고, 자기의 나라와 영광이 지옥에 맞서는 우리의 힘과 능력과 영광이 되도록 하시기 위함이었다.

둘째, 그리스도는 베푸시기 위해 성령의 모든 은사(gifts, gratias)를 받으셨는데, 이는 자기를 믿는 자들을 부요케 하시기 위함이었다(엡 1:3).

그러므로 그리스도는 하늘로 올려지신 후, 육체적으로는 우리의 눈으로 볼 수 없게 되셨을지라도, 도우심과 권능으로 자기의 신자들과 함께 현존하시는 것과 자기의 현존의 가장 명백한 능력을 보여 주시는 것을 거부하지 않으신다(엡 4:8 이하). 또한, 그는 다음과 같이 약속하셨다.

볼지어다 내가 세상 끝날까지 너희와 항상 함께 있으리라(마 28:20).

마지막으로, 덧붙여지는 바는 그리스도가 올라가실 때와 동일한 가시적인 모습으로 마지막 날에 하늘에서 내려오실 것이라는 점이다. 그날에 그는 살아 있는 자들과 죽은 자들, 즉 여전히 살아 있을 자들과 죽어서 이미 하늘에 올리운 자들 모두를 심판하시기 위해 자기의 통치의 형언할 수 없는 위엄으로 모든 이에게 나타나실 것이다.

그리고 그리스도는 모든 이를 자기들의 행위에 따라 보응하실 것이다. 왜냐하면, 각자는 자기의 행위에 의해서 자기가 신실한지 아니면 신실하지 못한지를 입증할 것이기 때문이다. 이로부터 놀라운 위로가 우리에게 임한다. 왜냐하면, 우리는, 우리에게 구원을 위해서만 오실 분에게 심판이 맡겨졌다는 말씀을 듣기 때문이다.

⑥ 나는 성령을 믿는다

우리는 성령을 믿도록 가르침을 받지만, 또한 성경에서 성령의 사역으로 돌려지는 것을 성령에게서 고대하라는 명령도 받는다. 왜냐하면, 그리스도는 자신의 성령이 가진 능력을 통해 모든 선한 것을 이루시기 때문이다. 이 능력을 통해서 그리스도는 만물에 힘을 주시고, 그것들을 유지하시며, 자라나게 하시며, 살리신다. 이 능력을 통해서 그리스도는 우리가 구원에 이르도록 우리를 의롭게 하시고, 거룩하게 하시며, 정결하게 하시며, 자신에게로 부르시며 이끄신다.

그러므로 성령은 이런 식으로 우리 안에 거하시면서, 우리가 그리스도 안에서 소유하고 있는 하나님의 선하심이 얼마나 큰지를 알고 분명히 인식하도록 자기의 빛으로 우리를 조명하신다. 성령은 하나님과 우리의 이웃 둘 모두를 향한 사랑의 불로 우리의 마음을 불태우시고, 날마다 우리의 무절제한 욕망의 악들을 증발시키시고 불태워 없애신다.

그러므로 우리 안에 어떤 선한 행위라도 있다면, 그것은 성령의 은혜와 능력이 맺은 열매들이다. 그러나 성령이 없다면, 우리의 자질은 정신의 암흑이요 마음의 패역함일 뿐이다.

⑦ 나는 거룩한 보편교회, 성도들의 교제를 믿는다

이미 우리는 교회가 발원하는 원천을 살펴보았다. 여기에서는 우리가 다음의 내용을 확신하려는 목적을 염두에 두면서 교회를 믿어야 한다고 제안된다. 즉, 택자의 총수(總數)는 믿음의 끈으로 결합되어 한 교회 및 연합체, 하나님의 한 백성이 되는데, 우리 주 그리스도는 그 백성의 지도자요 왕이요, 말하자면, 한 몸의 머리이시고, 그들 모두는 그리스도 안에서 창세 전에 하나님의 나라로 모이도록 선택된 것이다.

첫째, 이 연합체는 보편적(catholic, *catholica*), 즉 우주적(universal, *universalis*)이다. 왜냐하면, 두 개나 세 개의 교회가 있을 수 없고, 하나님의 모든 택자는 그리스도 안에서 연합되고 결합되어, 마치 하나의 머리에 의존하듯이, 한 몸의 지체들처럼 함께 연결되고 접합되며 자라서 하나의 몸이 되기 때문이다. 이 교회들은 하나의 믿음과 소망과 사랑 안에서, 그리고 하나님의 동일한 성령 안에서 영생을 상속하도록 부름을 받아 함께 살기 때문에 진실로 하나가 되었다.

둘째, 이 연합체는 거룩하다. 왜냐하면, 하나님의 영원한 섭리에 의해 교회의 수효에 받아들여지도록 선택된 사람들 모두는 영적 중생을 통해서 주님에 의해 거룩하게 되기 때문이다.

마지막 표현[14]의 의미는 여전히 좀 더 분명히 해석될 필요가 있다. 신자들의 교제는 다음의 의미에서만 유효하다. 즉, 하나님의 어떤 특정한 은사가 각 사람에게 주어졌기에, 비록 하나님의 경륜에 의해서 이 은사가 다른 사람들이 아닌 한 사람에게만 명백하게 주어졌을지라도 모든 사람은 어느 정도 그 은사의 참여자가 된다.

한 몸의 지체들은 각각 그 자신의 비범한 은사와 구별된 사역을 갖고 있지만 어떤 교제에 의해 서로에게 참여한다. 왜냐하면, 앞에서 말했듯이, 그들은 한 몸 안으로 함께 모여서 굳게 연합되었기 때문이다.

우리는 이런 조건에 근거하여 교회와 교회의 교제가 거룩하다고 믿고, 그리스도께 대한 견고한 믿음에 의지해서 우리가 교회의 지체들이라는 것도 신뢰한다.

⑧ 나는 죄 사함을 믿는다

이 토대[15] 위에 우리의 구원이 놓이고 지탱된다. 왜냐하면, 죄 사함이 하나님께 다가가는 방법이요, 그의 나라 안에 우리를 있게 하고 보호하는 방편이기 때문이다.

실로, 신자들의 모든 의는 죄 사함 안에 들어 있는데, 신자들은 자신의 죄에 대한 자각에 의해 억눌리고 괴로워하며 당황하게 되어, 하나님의 심판에 대한 인식에 의해 찔림을 받고 자신들을 미워하게 되며 무거운 짐 아래에서 신음하고 괴로워할 때, 이 죄 사함을 그들 자신의 어떤 공로를

---

14 "성도들의 교제"(the communion of saints, *sanctorum communionem*)를 가리킨다. -역주
15 "죄 사함"(forgiveness of sins, *remissionem peccatorum*)을 가리킨다. -역주

통해서가 아니라 오직 주님의 자비하심에 의해서 받게 된다.

그리고 신자들은 죄에 대한 이런 증오와 민망함으로 인해 자기들의 육신과, 육신으로부터 나오는 모든 것을 죽인다.

그러나 그리스도는 우리가 값없이 죄 사함을 받게 하시고자 그 자신의 피 값으로 대가를 지급하시는데, 이 피 값 안에서 우리는 우리의 죄가 완전히 깨끗하게 되는 것과 우리의 죄에 대한 만족을 찾아야 한다.

그러므로 우리는 하나님의 관대하심에 의해서, 그리스도의 중재하는 공로와 함께, 죄 사함과 은혜가 우리에게, 즉 양자(養子)가 되어 교회의 몸에 접붙여진 우리에게 제공된다는 것을 믿도록 가르침을 받는다. 이 외의 다른 원천이나 어떤 다른 방식으로, 또는 그 외의 누구에게도 죄 사함이 주어지지 않는다. 왜냐하면, 이 교회와 성도의 교제 바깥에서는 어떤 구원도 없기 때문이다.

⑨ 나는 몸의 부활과 영생을 믿는다

여기에서 우리는 먼저 미래의 부활에 대한 기대(期待)를 배우게 된다. "미래"에 속한 일은 다음과 같다. 즉, 마지막 심판 날이 있기 전에 주님은[16] 아들을[17] 죽은 자들 가운데서 일으키신 동일한 능력으로, 죽음에 의해 떠난 자들의 육체를 티끌과 부패로부터 새 생명에로 다시 부르신다. 왜냐하면, 그때 여전히 생존해 있게 될 자들은 죽음의 자연적 형식에 의해서가 아니라 갑작스러운 변화에 의해서 생명으로 들어갈 것이기 때문이다(고전 15:51).

---

16 하나님 아버지를 가리킨다. -역주
17 그리스도를 가리킨다. -역주

그러나 경건한 자들과 불경건한 자들의 공통된 부활이 함께—그러나 다른 조건에서—있을 것이기에 우리의 운명과 그들의 운명을 구분하기 위해 마지막 표현이[18] 덧붙여 있다. 다시 말해서, 우리의 부활은 다음과 같을 것이다. 즉, 주님은 그때에 우리를 필멸의 상태에서 일으키셔서 불멸의 상태에 들어가게 하시고, 몸과 영혼 모두가 영화롭게 되어 어떤 종류의 변화나 부패를 넘어 영원히 지속되는 복된 상태에 있게 하신다.

이것이 생명과 빛과 의를 위한 참되고 견고한 완전이다. 그리고 이때 우리는, 마르지 않는 샘처럼 그 자신 안에 이것들을 충만하게 간직하고 계시는 주님께 분리될 수 없게 붙어 있게 된다.

이런 복된 상태가 모든 밝음과 기쁨과 능력과 행복으로 가득한 하나님의 나라일 것인데, 지금은 이러한 것들이 인간의 감각에서 멀리 떨어져 있어 우리는 이러한 것들을, 주님이 우리에게 자기의 영광을 얼굴과 얼굴을 맞대어 보여 주시는 그날이 이를 때까지는 거울로 보듯이 희미하게만 바라볼 뿐이다(고전 13:12).

이와 달리, 순수한 믿음으로 하나님을 찾지도 예배하지도 않는 불경건한 자들과 유기된 자들은 하나님과 그의 나라에 전혀 참여하지 못하는 까닭에 마귀들과 함께, 죽지 않는 죽음(undying death, *mortem immortalem*)과 부패하지 않는 부패(incorruptible corruption, *incorruptibilem corruptionem*) 속으로 던져질 것이다. 따라서 이들은 모든 기쁨과 능력, 그리고 천국의 다른 선한 것들에서 제외되어 영원한 어둠과 영원한 형벌에 처하도록 정죄를 받아, 죽지 않는 벌레가 이들을 갉아 먹을 것이고, 이들은 꺼지지 않는 불로

---

18 "영생"(everlasting life, *vitam aeternam*)을 가리킨다. -역주

타게 될 것이다(사 66:24).

21. 소망이란 무엇인가?

우리가 들어온 바대로, 만약 믿음이 하나님의 진리에 대한 견고한 확신, 즉 우리에게 거짓을 말하거나 우리를 속이거나 우리를 성나게 할 수 없는 확신이라면, 그때 이런 확신을 붙잡은 사람들은 하나님이 자기의 약속들을 곧 성취하실 것이라고 기대하게 되는데, 왜냐하면 그들의 의견에 따르면 하나님의 약속들은 참일 수밖에 없기 때문이다. 요컨대, 소망이란 하나님이 약속해 주셨다고 믿음이 믿는 것들에 대한 기대 외에 다른 것이 아니다.

따라서 믿음은 하나님이 참되시다고 믿는다. 소망은 적절한 때에 하나님이 자기의 진리를 보여 주시기를 기대한다.

믿음은 하나님이 우리의 아버지이심을 믿는다. 소망은 하나님이 우리에게 아버지로서 언제나 행하시기를 기대한다.

믿음은 영생이 우리에게 주어졌다고 믿는다. 소망은 영생이 언젠가 드러나기를 기대한다.

믿음은 소망을 받쳐주는 토대이다. 소망은 믿음에 자양분을 공급하고 믿음을 지탱한다. 왜냐하면, 우리가 먼저 하나님의 약속들을 믿지 않는다면 하나님에게서 아무것도 고대할 수 없듯이, 한편 우리는 끊임없이 소망하고 기다림으로써 우리의 연약한 믿음을 (그것이 지쳐서 쓰러지지 않도록) 지탱하고 유지해야 하기 때문이다.

22. 기도

참된 믿음에 올바르게 정초한 사람은 먼저 자신에게서 모든 선이 얼마나 결핍되어 있고 텅 비어 있는지를, 그리고 구원에 이르는 모든 도움이 얼마나 부족한지를 쉽사리 인식한다. 그러므로 그는 이러한 자기의 궁핍함에서 자신을 구조할 수 있는 방책들을 찾고자 한다면, 자기의 궁핍함 가운데 있는 자기 자신 밖으로 나가야 한다. 즉, 그는 자기 자신 밖으로 나가서 다른 곳에서 그 방책들을 찾아야 한다.

한편, 그 신자가 묵상하는 바는 다음과 같다. 주님은 그리스도 안에서 기꺼이 그리고 거저 자기 자신을 드러내시고 그리스도 안에서 모든 천상적 보물을 열어 보이심으로 말미암아, 신자의 전체 믿음이 자기의 사랑하는 아들을 묵상하게 하고, 신자의 모든 기대가 자기의 아들에게 의존하게 하며, 신자의 모든 소망이 자기의 아들을 붙들어서 자기의 아들 안에 있도록 하신다는 것이다.

그러므로 이제 그 신자에게 남은 것은, 그리스도 안에 있다고 배운 것을 그리스도 안에서 찾고, 기도를 통해 그리스도께 구하는 것이다. 달리 말하자면, 하나님을 모든 선한 것의 주인이시자 수여자로 아는 것인데, 하나님은 우리를 초대하셔서 그에게 모든 선한 것을 구하게 하신다. 땅속에 보화가 숨겨져 있다는 것을 알고서도 그것을 무시해 버린다면 아무 유익이 없을 것이다.

23. 기도로 무엇을 구해야 하는가?

　기도는 우리가 하나님 앞에 모든 바람, 기쁨, 한숨, 그리고 마음의 생각을 쏟아 놓는, 우리와 하나님 사이의 일종의 합의(agreement, *arbitrii*)이므로, 우리는 하나님을 부를 때마다 우리 마음의 가장 깊은 곳으로 내려가고, 목과 혀가 아닌 바로 그곳에서부터 하나님을 부지런히 부르도록 해야 한다.

　입술이 기도에 있어서 어떤 기여를 한다 할지라도, 즉 기도 가운데 입술을 사용함으로써 정신이 하나님에 관한 생각에 집중하도록 한다거나 입술을 통해 하나님의 영광을 분명히 표현하게 될지라도, 주님은 자기의 선지자를 통해 이런 기도가 아무 생각 없이 이루어질 때 얼마나 가치가 없는지를 선언하셨다. 그리고 그때 하나님은 마음으로는 하나님을 떠나 있으면서도 자기들의 입술로 하나님을 높이는 이들에게 가장 큰 심판을 내리셨다(사 29:13; 마 15:7 이하).

　그러나 참된 기도가 하나님께 가까이 가고자 하는 우리 마음의 순수한 감정(affection, *sensus*)이어야 한다면, 우리는 자신의 영광에 관한 모든 생각, 우리 자신의 가치에 관한 모든 개념을, 요컨대, 우리 자신에 대한 모든 확신을 제거할 필요가 있다. 선지자가 다음과 같이 우리에게 권면하듯이 말이다. 즉, 우리는 하나님의 이름을 부를 때, 우리 자신의 의 안에서가 아니라 그의 커다란 자비들 안에서 우리의 기도를 쏟아 부어 그가 그 자신을 위해서 우리에게 응답하시게 해야 한다(단 9:5 이하).

　또한, 우리 자신의 비참함에 대한 느낌(feeling, *sensus*)이 우리가 주님께 다가가는 것을 방해해서는 안 된다. 왜냐하면, 기도는 우리가 하나님 앞에서 오만하게 우쭐대거나 우리 자신의 어떤 것을 매우 높이도록 하기 위한 것이 아니라 기도를 통해 우리가 우리의 곤경들을 고백하고 이런 곤경들로 인해 주님 앞에서 엎드려 울도록 하기 위한 것이기 때문이다. 아이들이 자기들의 문젯거리들로 인한 짐을 즉시 자기들의 부모에게 내려놓듯이 말이다. 오히려, 죄에 대한 이러한 의식(this sense of sin, *hic sensus*)은 우리로 하여금 더 많이 기도하게 하는 자극제나 찔림이 되어야 한다.

우리로 하여금 열심히 기도하지 않을 수 없게 하는 것이 두 가지가 있다. 우리에게 기도하라고 하시는 하나님의 명령과 우리가 기도하는 것은 무엇이든 받게 될 것이라고 확신시키는 약속이다. 왜냐하면, 하나님을 부르고 찾는 사람들은 그렇게 함으로써 무언가를 하나님에게 받아들여질 만하게 만들고 있다는 것을 알아 놀라운 위로를 누리기 때문이다. 그 다음에, 그들은 그의 진리에 의존함으로써 자기들의 기도가 응답될 것이라는 참된 확신을 갖는다. [그는 다음과 같이 말씀하신다.]

> 구하라 그러면 너희에게 주실 것이요 [문을 두드리라 그러면 너희에게 열릴 것이요 찾으라 그러면 찾아낼 것이니][19](눅 11:9).

그리고 시편 50편은 다음과 같이 말한다.

> 환난 날에 나를 부르라 내가 너를 건지리니 네가 나를 영화롭게 하리로다 (시 50:15).

---

19 이 문장은 원문에는 있으나 영역본에는 누락되었다. "*inquit, ... pulsate et aperietur, quaerite et invenietis.*" 또한 개역개정과 어순이 다르다. -편주

여기에는 기도의 두 부분, 즉 간청 또는 간구와 감사가 간략하지만, 아름답게 포함되어 있다. 전자에 의해서 우리는 우리 마음의 바람들을 하나님 앞에 내놓는다. 후자에 의해서 우리는 우리에게 베푸신 하나님의 은택들을 인정한다. 우리는 이 둘 모두를 끊임없이 사용해야 한다.

왜냐하면, 매우 큰 불안들이 사방에서 우리를 억누르고 압박함으로 인해서 모든 사람은, 심지어 가장 거룩한 사람들조차도 탄원자들로서 지속해서 하나님께 나아와 애통하고 신음하며 그에게 간구해야 할 충분한 이유가 있기 때문이다. 요컨대, 우리는 하나님의 은혜가 너무 크고 너무 풍부하게 부어짐에 의해서, 그리고 우리가 보는 곳마다 항상 찬양과 감사를 올리지 않을 수 없도록 드러나는 너무도 많고 강력한 하나님의 이적들에 의해서 거의 압도를 당하게 된다.

24. 주기도문에 관한 해설

더욱이 이제 매우 친절하신 우리의 하나님 아버지는 어려울 때마다 자기를 찾도록 충고하시고 강권하신다. 그런데도 하나님은 심지어 무엇을 마땅히 구해야 하는지, 또는 무엇이 유익한지를 우리가 알지 못함을 보셨으므로, 또한 우리의 이런 무지에 대해서까지 대비하셨고, 우리의 능력에 결핍된 것을 우리에게 공급하셨으며, 그 자신의 것으로부터 충족시키고 채워 주셨다.

하나님 아버지의 이러한 친절로부터 우리는 커다란 위로의 열매를 얻는다. 즉, 우리는 터무니없는 것, 이상하거나 부적절한 것, 요컨대, 하나님을 기쁘시게 할 수 없는 것은 아무것도 구하고 있지 않다는 것을 우리가 알고 있는데, 왜냐하면 우리는 거의 하나님 자신의 말씀(word, ore)에 의해서 구하고 있기 때문이다.

이러한 기도 형태 또는 규범은 여섯 개의 간구로 이루어져 있는데, 처음 세 개는 특히 하나님의 영광을 다룬다. 그리고 우리는 이 간구들 안에서, 사람들이 칭하는 바, "우리 자신의 유익"을 생각하지 말고 오직 하나님의 영광에만 주목해야 한다.

나머지 세 개는 우리 자신의 관심과 관련되어 있으며, 특히 우리 자신의 유익을 위해서 구해야 하는 것들을 다룬다. 그럼에도 이는 우리의 정신을 우리 자신의 유익에 관한 생각으로부터 돌려서 처음 세 간구의 유일한 대상인 주님의 영광을 자원해서 구하도록 하기 위함이다. 한편으로, 우리가 우리 자신의 유익을 위해 어떤 것을 구할 경우, 우리는 그것이 오직 주님의 영광에 이르기를 요청해야 한다.

① 하늘에 계신 우리 아버지여

우선 우리는 이 시작 부분에서 앞서 언급한 것을 다시 만나게 된다. 즉, 우리는 모든 기도를 그리스도의 이름으로 하나님께 드려야 하므로 어떤 기도도 다른 이름으로 하나님께 드려질 수 없다. 왜냐하면, 우리는 하나님을 "아버지"라고 부를 때, 담대하게 그리스도의 이름을 제시하기 때문이다.

분명, 누구도 하나님 앞에 자신을 내세우고 그 앞에 나서기에 합당치 않으므로, 하늘에 계신 아버지는 (틀림없이 우리의 마음을 절망 속에 빠뜨렸을)

이런 민망함으로부터 즉시 우리를 자유롭게 하시고자 자기의 아들 예수 그리스도를 우리에게 주셔서 우리의 대언자요 중보자가 되게 하셨다.

우리는 그리스도의 인도하심으로 인하여 담대하게 하나님 아버지께 나아가게 되고, 하나님 아버지는 그리스도께 어떤 것도 거절하실 수 없으시므로 우리는 그의 이름으로 구하는 어떤 것도 거절당하지 않음을 그러한 중재자로 인하여 확신한다.

또한, 하나님의 보좌는 위엄의 보좌일 뿐만 아니라 은혜의 보좌이기도 한데, 우리는 도움이 필요할 때마다 그리스도의 이름으로 큰 확신을 갖고 이 은혜의 보좌 앞에 담대히 나아가서 자비를 얻고 은혜를 발견한다(히 4:16).

하나님을 부르기 위한 규범이 세워지고 하나님을 부르는 자들은 응답받을 것이라는 약속이 주어졌듯이, 또한 우리는 특별히 그리스도의 이름으로 하나님을 부르라는 명령을 받았고 우리가 그의 이름으로 구하는 것을 받게 될 것이라는 그의 약속을 가지고 있다(요 14:16; 15:7).

하나님이 '하늘에 계신다'는 부분이 추가된다. 이것은 (우리의 야만성으로 인해 우리의 지성이 생각할 수 없는) 그의 형언할 수 없는 위엄을 가리킨다. 왜냐하면, 우리가 보기에 하늘보다 더 숭고하거나 위엄 있는 것은 아무것도 없기 때문이다. 따라서 이는 하나님이 능력 있으시고 고상하시며 불가해하시다는 것과 같다.

그러나 우리는 이에 대해 들으면서도, 하나님에 관해 말할 때 지상적이거나 육체적인 것을 떠올리지 않도록, 우리의 작은 잣대로 하나님을 측량하지 않도록, 하나님의 뜻을 우리의 감정에 일치시키지 않도록 우리의 생각을 더욱 고양시켜야 한다.

② 첫째 간구: 당신의 이름이 거룩히 여김을 받으시오며

하나님의 이름이 있는 것은 우리가 그의 지혜와 선하심과 권능과 의와 진리와 자비와 같은 그의 탁월함들(excellences, *virtutes*)로 인해 사람들 가운데서 하나님을 기억하며 칭송하기 위함이다. 그러므로 우리는 이런 위엄이 하나님 자신에 있어서가 아니라(하나님에게서 어떤 것도 더하거나 뺄 수 없으므로) 이와 같은 탁월함들에 있어서 모두에게 거룩히 여김을 받으시기를, 즉 진실로 인정 받으시고 높아지시기를 간구한다.

그리고 하나님의 모든 사역이 본래 그러하듯이 그가 행하시는 일은 무엇이든지 영광스럽게 나타나게 하자.

만약 하나님이 벌하신다면, 그는 의로우시다고 선포되게 하자.

또는, 하나님이 용서하신다면, 그는 긍휼이 많으시다고 선포되게 하자.

만약 하나님이 약속하신 것을 수행하신다면, 그는 진실하시다고 선포되게 하자.

요컨대, 하나님의 새겨진 영광이 빛나지 않는 곳이 아무 데도 없게 하자.

그래서 하나님께 대한 찬양이 모든 마음에서 그리고 모든 언어에서 울려 퍼지게 하자.

③ 둘째 간구: 당신의 나라가 임하옵시며

하나님의 나라는 이것이다. 즉, 하나님이 자기의 선하심과 자비하심의 부요함이 자기 백성의 모든 사역에서 분명히 드러나게 하시고자 자기의 성령에 의해 행하시고 그들을 다스리심이다. 한편, 그것은 자기의 능력에

저항할 수 있는 권세가 전혀 없다는 것을 명백히 드러내시기 위해서 자기의 통치에 복종하기를 꺼려하는 유기된 자들을 파멸시켜 좌절시키시고 그들의 신성모독적인 오만을 낮추심이다.

따라서 우리는 "하나님의 나라가 임하옵시며"라고 기도한다. 즉, 주님은 새로운 신자들이 모든 방법으로 자기의 영광을 기념케 하기 위하여 날마다 새로운 신자들을 자기 백성에 더하시기를, [또한] 주님이 그들과 완전히 결합하시는 일을 온전히 성취하실 때까지 자기의 부요한 은혜들을 통해 그들 가운데서 날마다 더욱더 살아 계시며 통치하시도록 그 은혜들을 그들에게 더욱 널리 부어 주시기를 기도한다.

동시에, 우리는 주님이 자기의 빛과 진리를 언제나 새롭게 더욱 많이 비추어 주셔서, 이 빛과 진리를 통해 사탄과 그의 나라가 가진 어둠 및 거짓을 몰아내시고 진멸하시며 파괴하시기를 기도한다.

우리는 이렇게 "하나님의 나라가 임하옵시며"라고 기도하는 동안, 동시에 하나님의 나라가 마지막에, 즉 그의 심판의 계시 가운데 완성되고 성취되기를 갈망한다. 그날에 하나님이 자기 백성을 모으셔서 영광으로 들어가게 하실 때, 하나님만이 높아지실 것이고 만유 안에 만유가 되실 것이다(고전 15:28). 그리고 그때에 하나님은 자기의 백성을 모으셔서 영광으로 들어가게 하실 것이나, 사탄의 나라는 완전히 파괴되어 멸망할 것이다.

④ 셋째 간구: 당신의 뜻이 하늘에서 이루어진 것같이 땅에서도 이루어지이다

이 간구를 통해 우리는 하나님이 하늘에서 항상 그러하시듯이, 땅에서도 자기의 뜻에 따라 만물을 조정하시며 조직하시고, 모든 일이 일어나는

것을 다스리시며, 자기의 모든 피조물로 자기의 결정에 따르게 하시며, 모든 인간의 모든 뜻을 그 자신에게 복종케 하시기를 구한다.

실로, 우리는 이것을 간구할 때, 우리의 모든 욕망을 부정하고 있는 것이고, 우리 안에 있는 모든 애착(affections, *affectuum*)을 포기하며 주님께 맡겨 드리고 있는 것이며, [그리고 일들이 우리의 원함으로부터 유래하여 우리에게 이르는 것이 아니라 주님 자신이 일들을 내다보셔서 결정하시며 자기의 뜻대로 이루시도록 요구하는 것이다.][20]

우리는 하나님이 자기의 뜻에 반하는 우리의 애착들을 공허하고 헛되게 만드시도록 요구할 뿐만 아니라 오히려 우리의 정신과 마음을 진압하신 후, 우리 안에 새 정신과 새 마음을 창조하시도록 요구하는 것이다. 우리는 순수한 욕구와 그의 뜻에 맞는 요구 외에는 우리 안에서 어떠한 욕구의 자극도 전혀 느껴지지 않기를 요구한다.

요컨대, 우리는 우리 자신으로부터 원하는 것이 아니라 우리 안에서 그의 성령이 원하시는 것을 구한다.

성령이 우리 안에서 우리를 가르치시는 동안, 그를 기쁘시게 하는 것들을 사랑하기를 배우고, 그를 기쁘시지 않게 하는 모든 것을 미워하고 혐오하기를 배우도록 하자.

---

20 이 문장은 원문에는 있으나 영역본에는 누락되었다. "*rogantesque ne res ex voto nostro nobis fluere, verum, ut ipse prospexerit ac decreoerit, succedere faciat.*" -편주

⑤ 넷째 간구: 일용할 양식을 주옵시고

이 간구를 통해 우리는 평화롭게 양식을 먹기 위해서, 이 세상에서 우리 몸이 필요로 하는 모든 것 일반, 즉 음식과 의복뿐만 아니라 하나님이 우리에게 유익하다고 미리 아신 모든 것을 그에게 구한다. 요컨대, 이 간구를 통해 우리는 하나님이 우리를 먹이시고 양육하시며 보존하시도록 우리 자신을 하나님의 돌보심에 맡기고, 우리 자신을 그의 섭리에 위탁한다.

왜냐하면, 우리가 하나님께로부터 모든 것을, 한 조각의 빵부스러기와 한 방울의 물까지도 기대하는 동안, 가장 은혜로우신 우리의 하나님 아버지는 이 작은 문제들에 있어서 우리의 믿음을 훈련하시기 위해 우리의 몸까지도 자기의 안전한 돌보심과 인도하심 가운데 두시는 것을 하찮게 여기지 않으시기 때문이다.

우리가 "날마다" 그리고 "오늘"이라고 말하는 것이 의미하는 바는 우리가 필요한 만큼만 매일 구해야 한다는 것이다. 우리는 우리의 천상의 아버지가 오늘 우리에게 일용할 양식을 주시듯이 내일도 우리에게 그리하실 것이라는 확실한 확신을 갖고 그렇게 구해야 한다.

그리고 아무리 풍부한 양식이 우리에게 주어진다 할지라도, 우리는 주님이 자기의 복을 부어 주셔서 우리의 모든 소유가 번창하고 열매를 맺도록 하지 않으신다면 그 모든 소유는 아무것도 아니라고 여기면서, 그리고 우리의 손 안에 있는 것은 주님이 시간마다 그것의 작은 일부를 우리에게 베푸심으로써 우리가 그것을 사용하도록 허용하지 않으신다면 우리의 것이 아니라는 것을 생각하면서 언제나 우리의 일용할 양식을 구해야 한다.

빵을 "우리의" 것이라고 부를 때, 하나님의 관대하심이 더욱 주목받는

데, 왜냐하면 결코 우리의 것으로 간주할 수 없는 것이 우리의 것이 되기 때문이다. 일용할 양식이 우리에게 주어지기를 구한다는 사실은, 그것이 어떤 식으로 우리에게 오든지 간에, 그것이 하나님의 순전하고 값없는 선물이라는 것을 의미한다. 우리 자신의 기술과 부지런함으로 그것을 얻은 것처럼 보일 때조차도 말이다.

⑥ 다섯째 간구: 우리가 우리에게 죄 지은 자들을 사하여 준 것같이 우리의 죄를 사하여 주옵시고

이 간구를 통해서 우리는 예외 없이 누구에게나 필수적인 죄의 면제와 용서가 우리에게 주어지기를 구한다. 우리는 죄를 "빚"이라고 부르는데, 왜냐하면 죄에 대한 형벌이나 대가를 하나님께 빚지고 있기 때문이다. 그리고 우리는 이 용서에 의해서 면제를 받지 않는다면, 결코 죄에 대한 형벌이나 대가를 무를 수 없다. 이 값없는 용서는 하나님의 자비에서 온다.

우리는 우리에게 죄 지은 자들을 용서한 것같이, 즉 우리를 행위로 부당하게 대하든, 말로 모욕을 하든, 어떤 식으로든 우리에게 상처를 입힌 사람들을 용서해 주고 사면해 준 것같이, 이런 용서가 우리에게 주어지기를 간구한다.

이런 조건이 붙어 있다고 해서 마치 우리가 다른 사람들에게 베푼 우리의 용서에 의해 우리가 하나님의 용서를 받을 만한 공로를 얻게 된다는 것은 아니다. 오히려 이것은 하나님이 우리에게 죄 사함을 주셨다는 것을 확신하게 하는 표지로서 제시되는데, 만약 우리의 마음에서 모든 증오와 시기와 복수심이 사라지고 깨끗이 제거되었다면, 우리는 다른 사람을 용서했다는 것을 인식하는 것만큼 확실하게 우리의 죄 사함을 확신하게 된다.

이와 달리, 이로 인하여, 복수심에 불타고 용서하지 않으며 지속해서 적대감을 품고 있는 사람들은 하나님 자녀의 수에서 삭제되는데, 이는 그들이 하나님을 감히 아버지라고 부르지 못하게 하고, 그들이 다른 이들에게 퍼붓는 분노가 자기들에게 임하는 것을 피하지 못하게 하기 위함이다.

⑦ 여섯째 간구: 우리를 시험에 들게 하지 마시옵고 다만 악에서 구하옵소서

이 간구를 통해서 우리는 아무런 유혹도 받지 않기를 구하는 것이 아니다. 왜냐하면, 우리가 지나치게 게을러서 나태해지지 않도록, 유혹들을 통해서 더욱 자극을 받고, 찔림을 받으며, 다그침을 받는 것이 유익하기 때문이다. 주님이 자기의 택자들을 수치와 가난과 고난 그리고 다른 종류의 고통(affliction, *crucis*)을 통해 징계하심으로써 매일 그들을 시험하시듯이 말이다.

오히려, 우리의 간구는 다음과 같다. 즉, 주님이 사건을 시험과 함께 발생시켜 주시되, 우리가 어떠한 시험에 정복되거나 압도되는 것이 아니라 오히려 주님의 능력으로 인해 강하며 열정적이게 되고, 우리를 공격하는 모든 적대적인 세력에 맞서 확고하게 서도록 해 달라는 것이다.

그리고 나서 우리는 주님의 돌보심과 지키심 안으로 받아들여지고 그의 영적인 선물들에 의해 거룩하게 되며 그의 보호하심에 의해서 강화됨으로써, 마귀, 죽음, 지옥의 문들, 그리고 마귀의 모든 왕국에 정복당하지 않고 넘어 서 있게 해 달라는 것이다. [즉, 악에서 구해 달라는 것이다.][21]

---

21 이 문장은 원문에는 있으나 영역본에는 누락되었다. "*quod est a malo liberari.*" -편주

더 나아가, 우리는 주님이 우리의 기도가 사랑의 규범에 따라 어떠한 형태를 띠게 되기를 원하시는지에 주목해야 한다. 왜냐하면, 주님은 우리가 우리의 형제들에 관한 관심을 제쳐두고 우리에게 편리한 것을 우리 자신을 위해 구해서는 안 된다고 정하셨을 뿐만 아니라 오히려 우리에게 우리 자신의 유익만큼이나 우리 형제들의 유익에 관심을 가져야 한다고 명령하셨기 때문이다.

25. 기도의 인내

마지막으로, 우리는 이 기도에서 하나님을 위한 어떤 법을 만들거나 하나님께 어떤 조건을 내걸지 말도록 가르침을 받고 있듯이, 하나님을 특정한 상황에 묶어 두려고 하지 않는다는 것을 명심해야 한다. 왜냐하면, 우리는 우리 자신을 위해서 기도하기 전에, 하나님의 뜻이 이루어지기를 기도하기 때문이다. 이 간구를 통해 우리는 마치 재갈을 먹인 듯이 억제되어, 우리의 뜻이 감히 하나님을 통제한다고 생각하지 않도록 우리의 뜻을 하나님의 뜻에 복종시킨다.

우리의 정신이 이런 순종에 익숙해짐으로써 우리가 하나님의 섭리의 법들에 따라 지배를 받는다면, 우리는 기도 가운데 인내하는 법을 쉽게 배울 것이고, 우리 자신의 갈망을 억제해 둔 채 끈기 있게 주님을 기다리기를 쉽게 배울 것이다.

그때 우리는, 비록 하나님이 자기의 모습을 드러내지 않으신다 할지라도, 하나님은 언제나 우리와 함께 현존하시고 사람들이 보기에는 하나님이 무시하셨던 것처럼 보이는 그 기도들에 결코 귀를 막지 않으셨다는 것을 그 자신의 때에 선언하실 것이라고 확신하게 될 것이다.

그러나 오랜 기다림이 있고 난 뒤에도 기도로부터 받게 되는 유익을 우리의 지각(senses, *sensus*)이 이해할 수 없다거나, 기도로부터 오는 어떤 열매도 우리의 지각이 인식할 수 없다 할지라도, 우리는 여전히 우리의 신앙을 통해 지각이 인식할 수 없는 것을, 즉 우리가 이로운 것을 얻었음을 확신하게 될 것이다.

따라서 하나님은 우리에게 가난함 속에서 풍부함을, 고통 속에서 위로를 얻게 하실 것이다. 왜냐하면, 만물이 우리를 실망시킨다 할지라도, 자기 백성의 기대와 인내를 실망시킬 수 없는 분이신 하나님은 절대 우리를 버리지 않으실 것이기 때문이다. 하나님만이 만물을 대신하여 우리를 위하실 것이다. 왜냐하면, 모든 선한 것이 하나님 안에 있고, 하나님은 언젠가 그것들을 우리에게 나타내실 것이기 때문이다.

26. 성례들

성례들은 하나님 앞과 사람들 가운데 있는 우리 믿음의 훈련으로서 제정되었다. 성례들은 하나님의 진리 안에서 우리의 신앙을 확고히 하면서 실로 우리의 믿음을 훈련한다.

왜냐하면, 주님은 육신의 무지에 처한 우리에게 이것이 이롭다는 것을 내다보셔서, 물질적인 요소들 아래에서 묵상될 수 있는, 고상하고 천상적인 신비들을 내놓으시기 때문이다.

이는 성례들에서 우리에게 주어지는 것들의 본성들이 그러한 선물들(gifts, *dotes*)에 주어지기 때문이 아니라 주님의 말씀에 의해서 그러한 선물들에 이러한 의미가 부여되었기 때문이다. 왜냐하면, 말씀 안에 담긴 약속이 언제나 선행하기 때문이다.

그것에 상징(symbol, *symbolum*)이 더해지는데, 왜냐하면 상징은 약속 자체를 확고히 하고 인치며, 주님이 어떻게 우리의 빈약한 능력에 적절히 대비하시는지를 우리에게 더욱 잘 알려주기 때문이다. 왜냐하면, 우리의 믿음은 너무도 부족하고 연약해서 사방에서 떠받쳐지고 모든 수단을 다해서 지탱되지 않을 경우, 요동하고 흔들리며 비틀거리기 때문이다.

우리의 믿음은 공적으로 고백되고 하나님을 찬양하도록 일으켜질 때, 성례들에 의해서 사람들 가운데서 훈련된다.

27. 성례란 무엇인가?

그러므로 성례란 주님이 우리의 연약한 믿음을 떠받치시기 위해 우리를 향한 자기의 선하신 뜻을 표상하고 증거하는 데 쓰시는 외적인 표호(sign, *signum*)이다. 간명히 표현하자면, 성례란 외적 상징에 의해 우리에게 선언된, 하나님의 은혜의 증거이다. 기독교회는 오직 두 가지 성례만을 사용한다.[22]

---

[22] 두 가지 성례는 이어지는 내용인 세례와 성찬이다. -역주

28. 세례

세례는 하나님이 우리에게 주신 것인데, 그 목적은 다음과 같다.

첫째, 하나님 앞에서 우리의 믿음을 돕기 위함이다.

둘째, 사람들 앞에서 우리의 신앙고백을 돕기 위함이다.

믿음은 약속을 바라보는데, 긍휼이 많으신, 우리의 하나님 아버지는 우리가 그리스도로 옷을 입음으로 말미암아 그의 모든 유익에 참여하도록 이 약속에 의해서 자기의 그리스도와 교통하게 하신다.

특히, 세례는 두 가지를 표상한다.

첫째, 우리가 그리스도의 피 안에서 얻게 되는 정결함이다.

둘째, 우리가 그의 죽으심으로부터 얻는 우리 육신의 죽임이다.

왜냐하면, 주님은 자기에게 속한 사람들이 죄 사함을 위해 세례를 받도록 명령하셨기 때문이다.

그리고 바울은 교회가 신랑이신 그리스도에 의해 거룩하게 되었고 (엡 5:29), 물로 씻음으로써, 즉 생명의 말씀 안에서 정결하게 되었다고 가르친다. 다시금, 바울은 우리가 새 생명 가운데서 행하도록 그리스도의 죽음 안에서 그와 함께 장사되어 세례를 받았다고 말한다(롬 6:4).

이 말씀들이 의미하는 바는 정결함 또는 중생을 야기하는 원인이나 효과적 사역이 물에 내재한다는 것이 아니라, 우리가 주님에 의해서 우리에게 주어졌다고 믿는 것을 받고, 얻고, 소유한다고 말해질 때, 그때 우리는 처음 그것을 인정하든 또는 그것에 대하여 이전에 인정했던 것보다 더 확실하게 감화되든 이 성례 가운데서 그러한 선물들(gifts, *donorum*)에 관한 지식을 받아들인다는 것이다.

이렇게 세례는 사람들 가운데서 우리의 신앙고백을 돕는다. 실로, 세례는 우리가 모든 경건한 사람과 함께 동일한 종교 안에서, 하나이신 하나님을 예배하고자 하나님의 백성 가운데 속하기를 원한다는 것을 공개적으로 고백하는 하나의 표지(a mark, *nota*)이다.

주님이 우리와 맺으신 언약은 주로 세례에 의해 재가되었으므로, 우리가 영원한 언약의 공유자들인, 우리의 유아들에게 세례를 베푸는 것은 올바른 일이다. 그 영원한 언약으로써 주님은 우리의 하나님뿐만 아니라 우리 후손들의 하나님도 되실 것이라고 약속하셨다.

29. 성찬

성찬에 덧붙여진 약속은 성찬의 신비가 어떤 목적으로 제정되었고 어떤 목표를 내다보는지를 분명히 선포한다. 즉, 주님의 몸이 단번에 우리에게 넘겨져서 이제는 우리의 것이 되고 영속적으로 우리의 것이 될 것이라는 것과 그의 피가 단번에 우리를 위해 흘려져서 항상 우리의 것이 될 것임을 우리에게 확증한다.

그 상징들은 빵과 포도주인데, 주님은 이것들 아래에서 자기의 몸과 피에의 참된 교통을 제시하신다(exhibits, *exhibet*). 그러나 이것은 그의 성령의 끈으로 충족된 영적 교통으로서 살이 빵 아래에 또는 피가 잔 아래에 갇혀 있거나 둘러싸이는 현존을 요구하지 않는다.

왜냐하면, 하늘로 올라가신 그리스도는 우리가 나그네로서 살고 있는 이 땅에 거하시기를 중단하셨어도, 공간적 거리는 그의 능력이 신자들에게 그를 먹이는 것을, 그리고 이곳에 계시지 않은 그와 늘 현재적 교통을 누리도록 작용하는 것을 못하게 할 수 없다.

성찬에서 그리스도는 이 일에 대한 매우 확실하고 분명한 증거를 제공하심으로써, 현존하는 자신이 마치 우리 눈앞에 보이고 손으로 만져지듯이 자기의 모든 부요함과 함께 우리에게 제시된다는 것을 의심의 여지 없이 확립해 주신다.

그리고 이 현존은 [매우 능력이 있고][23] 매우 효과적이어서 우리의 마음에 영생에 대한 의심할 수 없는 확신을 줄 뿐만 아니라 우리 육체의 불멸성에 대해 확신하게 한다. 실로, 우리의 육체는 이제 그의 [불멸하는 육체][24]에 의해 살리심을 받고 [모종의 방식으로 그의 불멸성과 교통한다.][25]

따라서 살과 피가 빵과 포도주 아래에서 표상된다. 그리하여 우리는 빵과 포도주가 우리 자신의 것일 뿐만 아니라 우리를 위한 생명과 양식이라는 것도 배우게 된다.

그러므로 우리는 빵이 그리스도의 몸 안에서 성별되는 것을 볼 때, 이런 유사점(comparison, *similitudo*)을 즉시 파악해야 한다. 즉, 빵이 우리 몸의 생명에 영양분을 공급하고 그 생명을 지탱하며 유지하듯이, 그리스도의 몸은 우리의 영적 생명의 양식이자 보호물이다. 포도주가 피의 상징으로서 주어질 때, 우리는 포도주가 몸에 주는 유익들에 대해 숙고해야 하고, 그럼으로써 동일한 것들이 영적으로 그리스도의 피에 의해 우리에게 주어

---

23 이 어구는 원문에는 있으나 영역본에는 누락되었다. "*tanta virtute.*" -편주
24 영역본에는 이 부분이 "his immortality"(그의 불멸성)라고만 되어 있으나 원문은 다음과 같다. "*immortali eius carne.*" -편주
25 이 어구는 원문에는 있으나 영역본에는 누락되었다. "*et quodammodo eius immortalitati communicat.*" -편주

진다는 것을 깨달아야 한다.

이제 이 신비는 우리를 향하신 하나님의 크신 너그러움의 증거이므로 또한 그러한 아낌없는 친절에 대해 배은망덕하지 않도록, 오히려 마땅한 찬양들로 그 친절을 선포하며 감사함으로 칭송하도록 우리에게 권고해야 한다. 그리고 우리는 동일한 몸의 지체들을 그들 가운데서 묶어 연결시키는 연합 안에서 서로를 포용해야 한다.

왜냐하면, 그리스도는 자신을 우리에게 주시는 모범을 통해 우리가 서로에게 희생하고 우리 자신을 주도록 초대하실 뿐만 아니라 자기 자신을 우리 모두에게 공통으로 주시듯이 우리 모두를 그 자신 안에서 하나로 만드시는데, 이보다 우리 가운데 서로를 향한 사랑을 불러일으키도록 더 날카롭게 우리를 자극할 수 있는 것은 아무것도 없기 때문이다.

30. 교회의 목사들과 그들의 권세

주님은 말씀과 성례들 둘 모두가 인간의 사역에 의해서 베풀어지기를 원하셨으므로, 순수한 교리로 사람들을 공적으로 그리고 사적으로 교육하고, 성례들을 거행하며, 거룩함과 삶의 순결에 관한 최고의 모범을 통해 그들을 가르치도록 교회에는 목사가 세워져야 한다. 이러한 권징과 이러한 질서를 거부하는 자들은 사람이 아닌 하나님을 비방하는 자들인데, 왜냐하면 이들은 이러한 종류의 사역이 없이는 결코 설 수 없는 교회 공동체로부터 자신들을 파당적으로 분리하기 때문이다.

목사들을 영접할 때 주님을 영접하는 것이고, 마찬가지로 목사들을 거부할 때 주님을 거부한다는 것을 주님이 단번에 증거하셨다는 사실(마 10:40)은 매우 중요하다. 그리고 목사들의 사역이 경멸당하지 않도록, 목사들은 매고 푸는 것에 관한 주목할 만한 명령(마 16:19)과 함께 그들이 땅에서 매고 푸는 것은 무엇이든지 하늘에서도 매고 풀릴 것이라는 약속(요 20:23)을 가지고 있다. 그리스도는 다른 곳에서 "매는 것"을 가리켜 "죄들을 그대로 두는 것"으로, "푸는 것"을 가리켜 "죄들을 용서하는 것"으로 해석하신다.

그리고 사도는 복음을 모든 신자의 구원을 위한 하나님의 능력이라고 가르칠 때(롬 1:16), 푸는 것의 방식이 무엇인지를 설명하고 있다. 반면에, 그는 모든 불순종에 대해 준비된 형벌이 사도들의 손에 있다고 말할 때(고후 10:6), 매는 것의 방식이 무엇인지를 설명하고 있다.

실로, 복음의 요체는 죄와 사망의 노예들인 우리가 예수 그리스도 안에 있는 구속을 통해 풀려나고 자유롭게 된다는 것이다. 그리고 그리스도를 구속주로서 받아들이지 않는 이들은 새롭고 더 무거운 정죄의 끈들에 의해 매여 있다.

그러나 성경에서 목사들에게 주어진 권세는 말씀의 사역에 전적으로 매여 있다는 것을 상기하도록 하자.

왜냐하면, 그리스도는 이러한 권세를 명확하게 사람들이 아닌 자기의 말씀에 주셨고, 사람들을 이 말씀의 사역자들로 삼으셨기 때문이다.

그러므로 목사들은 하나님의 말씀에 의해서 모든 것을 담대히 행할 수 있는데, 왜냐하면 이 말씀의 청지기로 임명되었기 때문이다. 목사들은 모든 세상의 권세와 영광과 지혜와 고상함이 하나님의 위엄 앞에 엎으려 복종하게 해야 한다. 그것을 통해서 목사들은 가장 높은 일로부터 가장 낮은 일에 이르기까지 모든 것을 명령해야 한다.

목사들은 그리스도의 가족을 세우고 사탄의 왕국을 무너뜨려야 하고, 양들을 먹이고 이리들을 죽여야 하며, 가르침을 받을 만한 사람들을 가르치고 권면해야 한다. 목사들은 반항적이고 완고한 자들의 잘못을 지적하고, 그들을 책망하며, 복종시켜야 한다.

그러나 목사들이 이것을 등지고 그들 자신의 꿈과 그들 자신의 머리에서 나온 가공의 것들로 돌아선다면, 그때는 더이상 목사들로 간주되서는 안 되고, 오히려 내쫓아야 할 해로운 이리들로 여겨져야 한다. 왜냐하면, 그리스도는 하나님의 말씀에서 취한 것을 우리에게 가르치는 사람들 외에 다른 이들의 말을 들어서는 안 된다고 명령하시기 때문이다.

31. 인간의 전통들

우리에게는 교회에서 모든 일을 품위 있게 하고 질서 있게 하라는 바울의 보편적 진술이 있다(고전 14:40). 그리스도인의 모임에서 질서와 예법을 유지해 주는 끈들인 시민적 규례들(civil observances, *civiles observationes*)은 인간적 전통들로 분류되어서는 결코 안 되고, 오히려 사도의 저 규범을[26] 가리키는 것으로 보아야 한다. 단, 이 시민적 규례들이 구원에 필수적이라거나, 종교에 의해서 양심을 구속한다거나, 하나님께 대한 예배와 관련된다

---

26 앞 문장에 언급된 "모든 일을 품위 있게 하고 질서 있게 하라"를 가리킨다. -역주

거나, 이러한 것들 안에 경건성을 부여한다고 믿지 않는 때에만 그렇다.

그러나 우리는 마치 하나님을 예배하는 데 필수적인 양, "영적인 법들"이라는 명목으로 양심을 구속하는 규정들에 대해서는 단호히 저항해야 한다. 왜냐하면, 이것들은 그리스도가 우리를 위해 획득하신 자유를 전복할 뿐만 아니라 참된 종교를 흐리게 하고, 자기의 말씀을 통해 우리의 양심 안에서 홀로 다스리기를 원하시는 하나님의 존엄을 더럽히기 때문이다.

그러므로 만물이 우리의 것이지만 우리는 그리스도의 것(고전 3:23)이라는 사실이 확립된 원리가 되게 하라.

인간의 계명을 교훈으로 삼아 가르치며 하나님을 예배하는 것은 실로 헛되다(마 15:9).

32. 출교

출교란 공개적인 간음자들, 간통자들, 도둑들, 살인자들, 구두쇠들, 탐욕스러운 자들, 사악한 자들, 다투는 자들, 폭식가들, 술꾼들, 파당을 짓는 자들, 방탕한 자들이 권고를 받고서도 여전히 회개하지 않아 주님의 계명에 따라 밖으로[27] 내쫓기게 되는 일이다.

교회가 그들을 영원한 파멸과 절망으로 던지는 것이 아니라, 그들의 삶과 행위를 정죄하고 (그들이 회개하지 않으면) 그들이 이미 정죄 받았다는 것을 확실히 해 주는 것이다. 이러한 권징이 신자들 가운데 필수적인데, 왜냐하면 교회는 그리스도의 몸이기에 머리를 수치스럽게 만드는 부정한 일

---

27 교회의 교제 밖을 가리킨다. -역주

원들에 의해 더럽혀지거나 비방을 받아서는 안 되기 때문이다. 따라서 성도들은 이런 종류의 사악한 이들과 교제함으로써—이것은 흔히 일어나는 일이다—오염되어서는 안 된다.

또한, 그들은 자기들의 사악함으로 인해 징계를 받는 것이 자기들에게 유익한데, 왜냐하면 그들은 관대하게 받아들여질 경우 더욱 강퍅해질 뿐이기 때문이다. 그들은 수치를 받아 절망하게 될 때 회개하는 법을 배우게 된다. 이 일이[28] 이루어지면, 교회는 그들을 그들이 배제되었던 교제 안으로, 그리고 하나 됨에 참여하도록 친절하게 받아들인다.

주님은 누구도 교회의 심판을 완고하게 거부하거나 자신이 신자들의 심판에 의해 정죄되었다는 사실을 무시하지 못하도록 신자들의 그러한 심판이 하나님 자신의 판결을 선언하는 것이며 신자들이 지상에서 행한 것은 하늘에서 재가된 것이라고 증언하신다.

왜냐하면, 신자들은 사악한 자들을 정죄하기 위한 하나님의 말씀을 가지고 있고, 회개하는 자를 은혜 안으로 받아들이기 위한 하나님의 말씀을 가지고 있기 때문이다(마 18:18).

33. 통치자의 직분

주님은 통치자의 직분을 인정하시고 수용하실 뿐만 아니라 가장 영예로운 칭호로 그것의 위엄을 세우시고 놀랍게도 그것을[29] 우리에게 권하신

---

28 출교자의 회개를 가리킨다. -역주
29 통치자를 가장 영예로운 칭호로 불러 그 위엄을 세우는 것을 가리킨다. -역주

다. 그리고 실로 여호와는 자기 지혜의 사역을 다음과 같이 확언하신다.

> 왕들이 치리하며 방백들이 공의를 세우며 재상과 존귀한 자(잠 8:15-16, 개역개정과 다름).[30]

그리고 다른 곳에서 여호와는 그들을 "신들"(gods, *deos*)이라고 부르시는데, 왜냐하면 그들이 주님의 일을 수행하기 때문이다(시 82:6). 또한, 다른 곳에서 그들은 사람이 아니라 하나님을 대신하여 재판한다고 말해진다(신 1:17). 그리고 바울은 하나님의 선물들 가운데서 "다스리는"을 언급한다(롬 12:8[31]).

그러나 바울이 이 문제들에 관해 더욱 길게 논의할 때, 그들의 권세는 하나님이 정하신 것이라고, 더 나아가 그들은 선을 행하는 자들에게는 칭찬으로, 악을 행하는 자들에게는 진노로 보응하는 하나님의 사역자들이라고 분명하게 가르친다(롬 13:4).

따라서 군주들과 통치자들이 할 일은 자기들이 자기들의 직분으로 섬기고 있는 분이 누구인지를 깊이 생각하고 하나님의 사역자들과 대리자들에게 합당하지 않은 일을 맡지 않는 것이다. 더욱이 그들은 종교의 공적 형태가 부패하지 않은 채 유지되고, 사람들의 삶이 최고의 법들에 의해 형성되며, 공적으로 그리고 사적으로 영토의 안녕과 평화를 돌보는 데 자기들의 모든 관심을 쏟아야 한다.

---

30 여호와의 지혜가 인격화되어 표현된 "나로 말미암아"(개역개정)는 생략되었다. -편주
31 *CO* 5.353에서는 "롬 12:7"로 표기되었다. -편주

그러나 이 일들은 선지자가 강력하게 추천하는 두 가지, 즉 공의와 심판에 의해서만 이루어져야 한다(렘 22:2 이하). 실로, 공의는 무죄한 자들을 안전하게 지키고, 품으며, 보호하며, 옹호하며, 자유롭게 해 주는 것이다. 그러나 심판은 불경건한 자들의 뻔뻔함을 거부하고, 그들의 폭력을 억제시키며, 그들의 비행을 벌하는 것이다.

반면에, 백성의 의무는 자기들의 지도자들을 존중하고 존경할 뿐만 아니라 자기들의 기도를 통해 지도자들의 안전과 번영을 주님께 구하고, 지도자들의 권위에 자발적으로 복종하며, 지도자들의 칙령과 헌법에 기꺼이 따르며, 지도자들이 지운 짐들이 세금이든, 공물이든, 다른 어떤 것이든 이러한 짐들에서 벗어나려 하지 않는 것이다.

우리는 자신들의 직무를 마땅한 대로 바르고 신실하게 수행하는 지도자들에게 순종적으로 행해야 할 뿐만 아니라 자신들의 권력을 오만하게 오용하는 지도자들을, 합법적인 질서에 의해 그들의 멍에에서 벗어나게 될 때까지 견디는 것이 타당하다. 왜냐하면, 선한 군주가 인간의 복지를 지키기 위한 하나님의 자비하심의 증거이듯이, 나쁘고 사악한 통치자는 백성의 죄를 징계하시는 하나님의 채찍이기 때문이다.

그러나 우리는 이러한 권세가 하나님에 의해 각 통치자에게 주어진다는 것과 그들에게 저항하는 것은 하나님이 정하신 것에 저항하는 것임을 보편적인 진리로서 주장해야 한다.

그러나 우리는 통치자들에게 복종할 때, 언제나 한 가지 예외를 두어야 한다. 즉, 그러한 복종이 우리를 하나님께 대한 복종에서 떠나도록 해서는 안 된다는 것인데, 왜냐하면 모든 왕의 명령들은 하나님의 명령에 복종해야 하기 때문이다.

그러므로 주님은 왕 중의 왕이시다. 따라서 주님이 자기의 거룩한 입을 여실 때, 다른 어떤 인간의 말보다도 먼저 오직 주님의 말씀만이 경청되어야 한다. 주님 다음으로, 우리는 우리를 다스리는 사람들에게 복종해야 하지만, 오직 주님 안에서만 그러해야 한다. 그들이 주님을 대적하는 어떤 것을 명령한다면, 그러한 명령은 존중받아서는 안 된다.

오히려 다음의 말씀을 우리의 금언으로 삼도록 하자.

사람보다 하나님께 순종하는 것이 마땅하니라(참조. 행 5:29).

- 끝 -

제2부

『제1차 신앙교육서』(1538년)에 대한 신학적 해설

제1장 서 론
제2장 참된 종교 그리고 하나님을 아는 지식(제1-3항)
제3장 추가적 상설: 성경의 권위—성령의 내적 증거
제4장 하나님을 떠난 우리가 처한 곤경(제4-7항)
제5장 하나님의 율법과 그리스도인의 삶의 모습(제8-11, 17항)
제6장 추가적 상설: 그리스도인의 자유(제31항)
제7장 선택과 예정(제13항)
제8장 믿음(제12, 14-21항)
제9장 사도신경 1(제20항)
제10장 사도신경 2(제20항)
제11장 기도(제22-25항)
제12장 성례들(제26-29항)
제13장 교회의 성격과 표지들(제30, 32항)
제14장 통치자와 시민 정부(제33항)

제1장

서 론

1. 역사적 배경

존 칼빈은 1536년 8월에 처음 제네바에 온 후, 이 도시에서 개혁 운동을 개시했던 기욤 파렐(Guillaume Farel)과 함께 교회를 체계화하기 시작했다. 이것이야말로 제네바에 가장 절실하게 필요한 일이었다.

왜냐하면, 칼빈의 친구인 파렐과 피에르 로베르(Pierre Robert), 피에르 비레(Pierre Viret), 그리고 다른 종교개혁가들이 1531년 이후로 이곳에서 설교도 하고 복음을 증거하기도 했지만, 그럼에도 이 도시가 공식적으로 종교개혁을 지지하여 선택하게 된 것은 불과 세 달 전, 즉 1536년 5월이었기 때문이다.

제도적으로 제네바는 이제 복음주의적인 도시였고, 파렐의 지도하에서 시민들은 복음주의적인 설교를 열정적으로 듣고 있었다. 그러나 교회는 혼돈 상태에 놓여 있었고, 파렐 자신은 교회를 체계화하고 지도할 만한 재능이 부족하다는 것을 인정했다. 8월 어느 여름날 밤에 파렐은 칼빈이 제네바에 잠시 들렀다는 것을 알고서 칼빈에게 제네바에 남아 새로운 종교개혁의 지도자가 되도록 권했던 이유가 바로 이것이다.

사실 파렐은 저항하는 칼빈에게 이런 제안을 거절할 경우 하나님의 심판이 임할 거라고 위협했다. 이렇게 해서 수줍음이 많고 소심한 성격을 가진 프랑스 출신의 젊은 학자(칼빈은 겨우 27살이었다)는 제네바의 "그" 종교개혁가("the" reformer)가 되었다.

칼빈이 느끼기에, 체계가 잘 잡혀진 교회에 없어서는 안 되는 것이 세 가지였다. 먼저, 신앙고백서였다. 이 고백서를 작성한 사람이 칼빈인지, 아니면 파렐인지는 분명치 않지만(아마도 공동의 노력의 산물이었을 것이다), 어쨌든 이것은 같은 해(1536년) 11월에 시 의회에 제출되었다. 이 고백서가 승인을 받는 데에는 어려움이 없지 않았는데, 무엇보다 가장 큰 걸림돌은 모든 사람이 이것에 서명해야 한다고 두 종교개혁가가 주장한 것이었다.

다음 해 초, 정확히 말해서, 1537년 1월 16일에 칼빈과 파렐은 의회에 『제네바교회와 예배의 조직에 관한 지침서』(Articles Concerning the Organization of the Church and of Worship at Geneva)를 제출했다. 이것은 훨씬 더 강력한 저항에 부딪혔고, 칼빈은 몇 가지 문제에서 타협을 해야 했다.

첫째, 성찬을 매주 실시해야 한다는 그의 요구였다.

둘째, 교회가 교회에 대한 치리를 행해야 한다는 그의 바람이었다. (당시에 독일의 루터파 중심지든, 취리히와 바젤 같은 개혁파 도시든 시 당국이 출교를 포함한 교회 치리를 자기들의 일차적인 책무로 간주하는 것은 흔한 일이었다).

혹자는 신앙고백서와 교회 제도가 있으면, 교회를 체계화하는 과제가 완성된 것으로 생각할지도 모른다. 그러나 칼빈에게 세 번째 것 역시 교회의 신앙과 삶에 똑같이 필수적이었는데, 그것은 새로운 복음주의적 신앙에 관한 간략한 개요서였다. 개혁파 전통에 있는 자신의 후계자들처럼, 칼빈은 신앙이 지성에 의해 떠받쳐지고 자양분을 공급받아야 하며, 그렇지 않을 경우 잠시 꽃을 피우다가 시들어 죽게 될 것이라고 확신했다.

칼빈은 한 해 전에 바젤에서 자기의 유명한 작품인 『기독교 강요』(*Institutes of the Christian Religion*)를 이미 출판했었다. 하지만, 칼빈은 이 책이 대부분의 일반인에게, 특히 젊은이에게는 너무 두껍고 어려운 책임을 깨달았다. (『기독교 강요』 초판은 오늘날 영어로 된 최종판인 1559년 판의 분량에 비해 아주 적었다는 것을 염두에 두어야 한다. 1536년의 초판은 6장으로, 1559년 판은 80장으로 이루어져 있었다!)

그 결과, 1537년 초에 칼빈은 또한 『신앙교육』(*Instruction in Faith*)이란 제목으로 프랑스어로 된 자신의 첫 신앙교육서를 출판했다. 이것은 제네바의 젊은이들을 교육하는 데 일차적인 목적이 있었다.

그다음 해에 칼빈은 이 『신앙교육』을 더 많은 독자가 접할 수 있도록 라틴어로 번역했다. 칼빈은 또 하나의 목적, 즉 교회의 일치를 위한(ecumenical) 목적이 있었다. 평생 교회의 일치를 추구하면서, (교리적 일치보다는 조직적 일치에 더 집중하는, 교회의 일치를 위한 노력과는 매우 달리) 칼빈의 첫 번째 접근은 교리적 진술들을 공유하는 것이었다.[1]

칼빈은 라틴어 판의 부제와 서문(preface, *epistola*)에서 이것을 분명히 하는데, 이 라틴어 판에 이제 단순히 "신앙교육서"(*Catechism*)라는 이름 붙이고, 다음과 같이 말한다.

---

[1] 교회일치협의회(the Consultation on Church Union)의 발기인들이 본래 취한 접근이 바로 이것이었다.

복음 안에서 최근에 새롭게 태어난 제네바교회가 공동으로 승인하여 수용하였고, 과거에 모국어로 출판되었으나 이제는 각지의 다른 교회들에도 그 믿음의 순전함을 명확히 드러내고자 라틴어로도 출판된 『신앙교육서 혹은 기독교의 강요』.[2]

후에, 칼빈은 자기의 서문에서 라틴어 판을 내게 된 교회일치적 동기부여에 관해 훨씬 더 분명히 밝힌다.

특별히 모든 교회가 서로를 사랑하는 가운데 서로를 받아들이는 것이 우리에게 유익함을 알기에, 이것에 이르는 가장 좋은 길은 모든 교회가 주님 안에서 서로 간에 확증한 합의서에 서약하는 것입니다. 우리의 정신을 하나로 묶는 데 이보다 더 튼튼한 끈은 없습니다. … 우리가 가장 쉽게 이것에 이르는 최고의 지름길은 우리의 교리에 대한 확실한 검증, 또는 오히려 우리의 교리에 대한 보편적 증거를 공적으로 제시하는 것이라고 여기기에, … 신앙교육서를 다른 교회들 가운데서도 출판해야 하고 그리하여 그 교회들은 본서를 하나의 보증으로 받아들임으로써 우리와 자기들의 연합에 대해 더욱 확신할 수 있게 된다고 생각했습니다.[3]

---

2 포드 루이스 배틀즈(Ford Lewis Battles)의 번역이다. 『1538년 신앙교육서』(*John Calvin: Catechism, 1538*)는 본래 1972년에 피츠버그에서 개인적으로 출판되었다. 필자는 1979년 11월 22일, 배틀즈가 소천하기 불과 며칠 전에 필자에게 준 이 번역의 최종판에서 인용하고 있다.

3 John Calvin, *John Calvin: Catechism, 1538*, i, iii.

다행히, 우리는 현재 배틀즈가 번역한 1538년 라틴어 판과 1537년의 프랑스어 판을 모두 영어로 가지고 있는데, 이 프랑스어 판은 본래 고인이 된 폴 펄만(Paul T. Fuhrmann)이 1949년에 웨스트민스터출판사를 통해 출판한 것이었다. 펄만의 프랑스어 판 번역은 거의 30여 년 동안 품절되었고, 배틀즈의 라틴어 판 번역은 일반 대중이 결코 접할 수 없었다.

이 작은 고전 역서는 선임자인 원서가 겪었던 것과 유사한 운명을 겪을 위험이 있었다. 왜냐하면, 이 작은 책자가 지닌 의의를 칼빈 자신이 매우 높이 평가했음에도 불구하고, 이 책은 출판된 후 얼마 안 가서 사라지게 되었고, 1877년이 되어서야 원래 판본이 파리에서 발견되었기 때문이다.

곧 이 책은 제네바와 독일에서 재출판되었고, 후에는 이탈리아에서 1935년에 재출판되었으나, 어떤 설명할 수 없는 이유로 인해 영어 번역은 훨씬 후에야 나타나게 되었는데, 원래 판본이 출판된 후 무려 400년이 넘어서였다!

2. 역사적, 신학적 의의

칼빈 학자들과 보다 초기 세대들의 개혁파 지도자들이 이 초기 신앙교육서에 신경 쓸 필요가 없다고 생각했을지도 모를 한 가지 이유는 칼빈이 후에 또 하나의 신앙교육서(1541년의 프랑스어 판, 1545년의 라틴어 판)를[4] 출판했

---

4 전자의 영어 번역은 *The School of Faith: The Catechisms of the Reformed Church*에서 발견할 수 있는데, 이것은 토랜스(T. F. Torrance)에 의해 번역되고 편집되었다(London: James Clarke, 1959). 후자의 영어 번역은 다음에서 접할 수 있다. *Calvin: Theological Treatises*,

다는 사실에 있었다. 소위 『제네바 요리문답』으로 알려진 이 책은 칼빈이 스트라스부르에서 짧은 "망명"의 기간을 보내고 돌아온 후에 기록되었다.

칼빈의 지적에 따르면, 그 기록 이유는 그의 첫 신앙교육서(first Catechism, 저자는 이 표현으로 프랑스어 판[1537년]과 라틴어 판[1538년]을 통칭하므로 이것을 이후로는 『제1차 신앙교육서』로 표기하고 특정 판본은 괄호 안의 연도로 구별한다. -편주)가 아이들에게는 너무 어려웠기 때문이다. 여기에서 칼빈도 전통적인 문답 형식을 사용하지만 그의 첫 번째 시도에서는 보다 더 주제적인 접근을 사용한다.

그러나 오늘날 칼빈 학자들은 칼빈의 『제1차 신앙교육서』을 매우 높이 평가하고, 이것이 지닌 많은 유익에 관해 아주 열정적으로 말한다. 칼빈 학자 중 한 명인 존 맥닐(John T. McNeill)은 이 『제1차 신앙교육서』를 "『기독교 강요』(1536년)의 주요 가르침들을 뛰어나게 요약한 것"이라고 말하며 다음과 같은 결론을 내린다.

> 이 책은 집약과 단순성의 걸작으로 남아 있고, 칼빈의 가르침에 대한 열쇠로서 이 책을 능가할 만한 것은 없다.[5]

프랑스어 판의 역자인 폴 펄만은 훨씬 더 격정적으로 이 책을 칭송한다.

---

trans. J. K. S. Reid, *Library of Christian Classics*, vol. XXII (Philadelphia: Westminster Press, 1954).

5 John T. McNeill. *The History and Character of Calvinism* (New York: Oxford Univ. Press, 1954), 140.

이 『신앙교육』(*Instruction in Faith*)은 칼빈 자신을 이해하는 데 가장 큰 도움이 된다. 왜냐하면, 이것은 그의 종교에 관한 초기의 초보적이고 명확한 핵심을 제공하기 때문이다. 이 열쇠로 우리는 이제 초기 개혁파 성소를 열고 그것의 단순한 미와 커다란 능력을 볼 수 있다. … 더 나아가, 독자는 이 『신앙교육』의 사상이 분명하고 명확하다는 것을 발견할 것인데, 이것들은, 그 당시에 정신을 조명해 주고 마음을 뜨겁게 해 주었던 저 신앙과 비교해 볼 때 매우 흐릿하고 냉랭한 현재의 개신교주의에 몹시도 필요한 성질들이다.[6]

배틀즈에게 이 『제1차 신앙교육서』가 지닌 특별한 의의는 더욱 유명한 『기독교 강요』 초판(1536년)과 두 번째 판(1539년) 사이에서 이것이 차지하는 중심적 위치다. 『기독교 강요』 두 번째 판은 칼빈에게 주요한 돌파구를 나타내는데, 여기에서 칼빈은 비로소 자신을 독립적인 신학자로서 자리매김하게 된다.

『기독교 강요』 두 번째 판은 영어 번역이 없으므로(또한, *Opera Selecta Calvini*에서도 접할 수 없다), 이 『제1차 신앙교육서』는 젊은 칼빈의 사상을 발견하는 데 가치 있는 실마리다. 배틀즈 덕분에 『기독교 강요』 초판의 주석이 달린 영역본을 가지고 있다는 것은 우리에게 매우 다행스럽다.[7]

---

6 Paul T. Fuhrmann, *Introduction in Faith* (1537), 9-10.
7 John Calvin, *Institution of the Christian Religion* [본래, 바젤에서 1536년에 출판됨](Atlanta: John Knox Press, 1975). 이것은 포드 루이스 배틀즈가 번역하고 주석을 달았다. 이것은 1975년에 '존 녹스 출판사'에 의해 출판되었고, 1986년에 어드만출판사에 의해 새로운 판으로 출판되었다. 배틀즈는 『1538년 신앙교육서』에 관한 자신의 역자 서문에서 『기독교 강요』 초판(1536년)부터 1537-38년 신앙교육서들을 거쳐 『기독교 강요』 두 번째 판(1539년)에 이르기까지 칼빈 사상의 발전을 추적한다.

이 모든 것이 칼빈 학자들과 진지한 학생들에게는 매우 관심을 끄는 일이다. 그러나 비전문가들뿐만 아니라 일반인들에게 이 『제1차 신앙교육서』는 특별히 가치가 있는데, 왜냐하면 이 책은 펄만이 앞에서 지적했듯이 『기독교 강요』 전체를 공부해 볼 만한 시간이 없거나 의향이 없는 사람들에게 칼빈 사상을 간략하고 명료하며 간결하게 소개해 줄 것이기 때문이다. 이곳에서 우리는 나무들로 인해 숲을 놓치지 않을 것이다.

칼빈 사상을 이렇게 철저하게 축약한 책에 우리 자신을 한정할 경우 무언가가 빠져 있다는 것을 인정하게 된다. 예를 들어, 이곳에서 우리는 하나님의 말씀 권위에 관한 성령의 내적 증거에 관한 칼빈의 가르침이나, 선지자와 제사장과 왕으로서의 그리스도의 사역에 관한, 칼빈의 최초의 논의 등과 같은 칼빈의 독특한 기여들을 놓치게 된다.

동시에, 우리는 『기독교 강요』에 나오는, 대부분은 별로 건덕적이지 못한 논박적인 부분들과 씨름을 하지 않아도 된다. 어쨌든, 『제1차 신앙교육서』의 간극들을 보충하고자 한다면, 더 두껍고 더 완전한 『기독교 강요』를 언제든 참고할 수 있다(맥닐-배틀즈 판을 추천한다). 그리고 필자는 비록 간략하긴 하지만 필자의 해설을 통해 이러한 간극의 대부분을 메꿨다.

3. 구조와 특징들

『기독교 강요』 초판처럼 이 『제1차 신앙교육서』는 루터의 신앙교육서들의 기본 계획을 따르고 있다. 따라서 (사도신경에 기초한) 신앙에 관한 가르침은 율법에 관한 조항 다음에 나온다. (이러한 순서가 『기독교 강요』의 이후 모든 판에서는 바뀌었다.) 그 다음에, 기도와 복음주의적 성례 두 가지에 관한 논의가 뒤따른다.

그러나 중요한 차이들도 존재한다. 루터가 자기의 신앙교육서들에서 다섯 개의 구별된 부분으로 나누었지만, 칼빈은 이 『제1차 신앙교육서』에서 그렇게 하지 않는다. 더욱 중요한 점으로, 칼빈을 특징짓는 것은 칼빈이 하나님을 아는 지식을 논하는 것으로 시작해서 시민의 통치자에 관한 조항으로 마친다는 점이다. 이러한 점들이 칼빈에게만 있는 강조점들이다. 그리스도인의 소망(제21항), 목회 사역(제30항), 그리고 출교(제32항)와 같은 주제들을 다루는 부분이 있다는 것 역시 주목할 만하다.

특히 흥미로운 것은 이 『제1차 신앙교육서』 안에 선택과 예정에 관한 간략한 논의(제13항)가 있는 반면, 이후의 『제네바 요리문답』 안에는 이 교리에 관한 어떤 명시적 진술도 전혀 없다는 점이다. 신앙교육서의 구조 안에서 이 교리의 위치는 또한 신학적 의의를 가지고 있는데, 왜냐하면 이 교리가 신론이나 창조와 관련하여 이론적으로 논의되고 있는 것이 아니라 단순히 신자들과 비신자들의 태도와 관련한 경험적 사실을 논의하고 있기 때문이다.

칼빈은 특히 두 가지로 유명한데, 체계를 이루는 데 있어서의 그의 천재성과 그의 타협할 줄 모르는 엄격한 개성이다. 그러나 그의 글들, 특히 그의 주석들과 설교들과 편지들을 면밀히 검토해 보면, 이것이 이 위대한 종교개혁가의 한 면에 불과하다는 것이 드러난다.

칼빈은 "냉랭한 사변"을 극히 싫어했고, 언제나 교리의 관련성과 "유용성"을 보여 주고자 했다. 이런 핵심어들이 『제1차 신앙교육서』 안에는 종종 나타나지 않지만,[8] 『기독교 강요』에는 이런 용어들이 많다. 예를 들어, 칼빈은 하나님의 자기 계시 안에서가 아니라 "자기들의 육욕적인 어리석음의 척도"에 따라서 자기들의 허영과 교만 가운데 하나님을 알고자 하는 사람들을 언급하면서, 다음과 같이 불평한다.

> 이렇게 그들은 호기심으로부터 공허한 사변들에로 빠져든다(『기독교 강요』 I. 4. 1).

더욱이 믿지 않는 자들뿐만 아니라 경건한 자들까지도 그러기 쉽다. 그 이유는 다음과 같다.

> 경건의 규칙은 우리의 독자들이 필요 이상으로 깊이 사변함으로써 신앙의 단순성에서 벗어나 방황해서는 안 된다는 것이다.

이와 달리, 하나님의 성령은 건덕적이고 유익이 될 수 있는 것들을 가르치신다(I. 14. 3).[9]

---

[8] 그러나 제3항에는 우리의 정신이 "헛되고 공허한 사변들에 … 매다는" 데 있지 않도록 "하나님의 사역 안에서 하나님을 찾고 그 흔적을 추적해야 한다"는 권면이 있다.

[9] 참조. "모든 종교적 가르침에서처럼, 여기에서 우리는 겸손(modesty)과 절제(sobriety) 라는 한 가지 규칙을 고수해야 한다는 것을 기억하도록 하자. 즉, 하나님의 말씀에 의해 우리에게 주어진 것 외에 모호한 어떤 것에 관해 말하거나, 추측하거나, 심지어 알려고 하지도 말아야 한다. 더 나아가, 성경을 읽을 때 우리는 끊임없이 건덕을 세우는 것들을 찾고 그것들에 관해 묵상하려고 애써야 한다. 호기심이나 유익이 되지 않는 것들에 관한 탐구에 빠지지 않도록 하자. 그리고 주님은 열매 없는 질문들이 아닌, 건전한 경건함 안에서, 자기의 이름에 대한 경외심 안에서, 참된 신뢰 안에서, 그리고 거룩함의 의무들 안에서 우리를 가르치시기를 원하시므로, 이러한 지식에 만족하도록 하자. 그렇기 때문

또한, 칼빈은 깊은 감정과 따뜻한 인격적 신앙을 지닌 사람이었다. 그는 심오할 정도로 종교적인 사람으로서, 그의 경건성은 각 장을 통해서 빛을 발한다.[10] 이 역동적이고 인격적인 신앙의 예를 제1항의 다음과 같은 마지막 문장에서 발견할 수 있다.

에, 우리는 정말로 현명하고자 한다면, 나태한 이들이 천사들의 본성과 계급과 수에 관해 하나님의 말씀과 상관없이 가르친 저 공허한 사변들을 버려야 한다"(『기독교 강요』 I. 14. 4).

이 마지막 문장은 얼마나 선지자적인가! 오늘날 우리에게는 천사들 및 천사와의 만남들에 관한 뉴에이지(New Age)의 공상적 이야기들과 사변들이 쏟아져 나오고 있기 때문인데, 이것들 대부분은 성경 안에 아무런 근거가 없다. 그러나 칼빈의 말은 여기에서 단순히 천사들에 관한 사변을 넘어서 그보다 훨씬 더 넓은 관련성을 지니고 있다.

10 배틀즈가 번역한 『기독교 강요』 LCC(the Library of Christian Classics) 판의 편집자인 존 맥닐보다 이 점을 더욱 웅변적으로 표현한 사람은 없다. 따라서 이 『기독교 강요』(LCC 판)에 관한 그의 서론을 다음과 같이 길게 인용할 만한 가치가 있다.

"칼빈의 대작을 다음과 같은 선입견, 즉 그 저자의 정신은 교리적 논리를 산뜻하게 연결한 구조물의 부분들을 생산하고 조립하는 일종의 효율적인 공장이라는 선입견을 가지고 접하는 사람은 이런 가정이 도전을 받게 되고 박살나게 된다는 것을 즉시 알게 될 것이다. 분별 있는 독자라면, 저자의 지성만이 아니라 그의 모든 영적, 감성적 존재가 그의 작업 안에 들어 있다는 것을 즉시 깨닫게 된다. 칼빈이 필립 시드니 경(Sir Philip Sidney)에 의해서 후에 멋지게 만들어진 표현인, '심장을 들여다보라. 그리고 글을 쓰라'는 생각을 가졌다는 것은 당연한 일이다. 칼빈은 고대 격언인 '심장이 신학자를 만든다'의 모범을 잘 보여 준다. 칼빈은 전문 신학자는 아니었지만, 체계적으로 생각하기 위한 천재성을 소유했고, 자신의 신앙이 함의하는 바들을 글로 쓰고자 하는 충동에 따랐던 심히 종교적인 사람이었다고 우리는 말할 수 있다. 칼빈은 자기의 책을 '신학 대전'(a summa theologiae)이 아니라 '경건 대전'(a summa pietatis)이라고 부른다. 그의 정신적 에너지의 비결은 그의 경건성에 있다. 이런 경건성의 산물이 그의 신학이다. 그의 신학은 길게 서술된 그의 경건성이다. 그의 과제는 (원래의 제목대로 표현하자면) '경건의 총체와 그것이 무엇이든 구원에 관한 가르침에서 알아야 할 필요가 있는 것'을 설명하는 것이다. 칼빈이 자기의 마지막 라틴어 판 서문에서, 이것을 준비하는 과정에 있어 자신의 유일한 목적은 '경건함에 관한 순수한 가르침을 유지함으로써 교회에 유익을 끼치는 것'이었다고 확언하는 것은 정말 당연한 일이다"([Philadelphia: Westminster Press, 1960], li-lii).

그러므로 우리의 삶의 제일가는 관심과 주의는 하나님을 찾고, 전심으로 하나님을 열망하며, 오직 하나님 안에서만 안식하는 것이어야 한다(제1항).

또는 제14항에 나오는 신앙에 관한 그의 아름다운 정의를 들 수 있다.

우리는 기독교 신앙을 머리만 요란하게 할 뿐 마음에는 전혀 영향을 끼치지 않는 하나님에 관한 공허한 지식이나 성경에 관한 공허한 이해로 생각해서는 안 된다. … 오히려 기독교 신앙은 마음의 확고부동한 확신이다. 바로 이런 확신 때문에 우리는 복음을 통해 우리에게 약속된 하나님의 자비하심 안에서 안전하게 안식한다(제14항).[11]

이 두 개의 인용문이 시사하고 있고 신앙에 관한 칼빈의 논의에서 명확하게 될 것은, 이 제네바 종교개혁가의 명백한 지성적 재능들에도 불구하고, 그는 머리와 지성의 신학자이기보다 마음과 감정의 신학자였다는 것이다. 그러므로 그의 신앙의 상징은 불타는 심장의 신앙이었다는 것은 매우 적절하다.[12]

---

11 "머리만 요란하게 할 뿐 마음에는 전혀 영향을 끼치지 않는" 지식이란 표현은 『기독교 강요』에서 다양한 형태로 반복되는데, 『기독교 강요』 I. 5. 9에서 창조주 하나님을 아는 지식과 관련하여, 그리고 III. 2. 36에서 참된 신앙과 관련해서다. "하나님의 말씀이 믿음으로 받아들여질 때는 그 말씀이 뇌 위에서 날아다니는 것이 아니라 마음속 깊이에 뿌리를 받을 때이다." 핵심 동사들인 "요란하게 하다"(rattle around)와 "날아다니다"(flits about)는 둘 다 같은 라틴어 동사인 *volutatur*의 번역어다.
12 칼빈은 자기의 친구이자 과거 제네바의 동료였던 (그리고 이제는 뇌샤텔[Neuchatel]의 목사인) 파렐에게 제네바로 돌아가기 바로 전에 스트라스부르에서 편지를 쓴다. 파렐은 칼빈이 제네바로 돌아가는 것에 대해 분명하게 경고했고, 칼빈은 보낸 편지에서, 개인적으로 자신이 스트라스부르에 머물고 싶어 한다는 것을 인정한다. "그러나 내 자신

이런 정신으로 이 작은 보물을 추상적인 교리서로서가 아니라 기독교 신앙의 부요함으로 이끄는 안내서로서 읽고 연구하자.

칼빈 자신의 말처럼,

> 신학자의 과제는 잡담으로 귀를 즐겁게 하는 것이 아니라 참되고, 확실하며, 유익이 되는 것들을 가르침으로써 양심을 강화하는 것이다(『기독교 강요』 I. 14. 4).

이와 같이 위대한 신학자인 칼빈이 이 책을 쓴 것은 우리를 더 좋은 신학자로 만들기 위해서가 아니라(비록 이 작은 책자를 제대로 소화하는 사람은 신학자로서의 자격을 갖출 수 있다 할지라도!), 신앙에 관한 우리의 이해를 깊게 하고, 그럼으로써 우리를 우리의 신앙의 대상이자 우리의 구원의 원천이신 그리스도께 더욱 가까이 이끌기 위함이다.[13]

이 나의 것이 아님을 기억할 때, 나는 주께 제물로 드려진 나의 심장을 바칩니다"(Letter no. 12 in *Letters of John Calvin*, selected from the Bonnet edition [Carlisle, Pa.: Banner of Truth Trust, 1980], 66).

[13] 배틀즈는 *Analysis of the Institutes of the Christian Religion of John Calvin*에 관한 서론에서 『기독교 강요』에 관해 유사하게 말한다. "언제나 칼빈의 눈앞에는 우리가 오늘날 '구원사'(salvation history)—아무리 단순한 경험이라 할지라도, 모든 그리스도인이 스스로 경험해야 하는 역사—라고 부르는 것에 관한 장들이 놓여 있다"([Grand Rapids: Baker Book House, 1980], 19).

칼빈신학의 본질적인 성격은 성도들의 양육을 대비하고자 하는 영적인 목적이 있다는 브라이언 암스트롱(Brian Armstrong)의 논제를 참조하라. "*Duplex cognitio Dei*, Or? The Problem and Relation of Structure, Form and Purpose in Calvin's Theology," in *Probing the Reformed Tradition: Historical Studies in Honor of Edward A. Dowey, Jr.*, ed. by Elsie Anne McKee and Brian C. Armstrong (Louisville, Ky.: Westminster/John Knox Press, 1989), 138.

┌─ 제2장 ─────────────────────────────────┐
│   │
│   # 참된 종교 그리고 하나님을 아는 지식   │
│   │
│   (제1-3항) ─┘

1. 인간 존재의 목적

칼빈은 자기의 『제1차 신앙교육서』를 곧바로 인간 존재에 관한 근본 질문을 갖고 시작한다.

"나는 왜 여기에 있는가?"

"삶의 목적은 무엇인가?"

이에 대한 답이 제1항의 제목 안에 있다.

> 모든 인간은 종교를 위해 태어났다(제1항; 더 이른 프랑스어 판 제목은 "모든 인간은 하나님을 알기 위해 태어났다"이다).

몇 줄 후에 칼빈은 이 논제를 확장한다.

> 우리 모두는 우리 창조주의 위엄을 인정하도록, 그리고 그 인정된 것을 모든 경외와 사랑과 존경으로 우러러보고 예배하도록 창조되었다(제1항).

이것은 『웨스트민스터 대요리문답』(Westminster Larger Catechism, 1648)의 유명한 첫 번째 문답에서 반복된다.

> 문: 인간의 제일가는 최고의 목적은 무엇입니까?
> 답: 인간의 제일가는 최고의 목적은 영원히 하나님을 영화롭게 하고 그를 충만히 즐거워하는 것입니다.[1]

다시 칼빈에게로 돌아가자면,

> 우리의 삶의 제일가는 관심과 주의는 하나님을 찾고, 전심으로 하나님을 열망하며, 오직 하나님 안에서만 안식하는 것이어야 한다(제1항).[2]

요컨대, 이것이 삶이 의미하는 바이다. 하나님 없이는, 삶은 의미가 없다. 그 이유는 다음과 같다.

> 종교가 없다면 우리는 잔인한 짐승의 수준을 넘지 못한 채 매우 비참한 삶을 살 것임을 …(제2항).

---

1 웨스트민스터 신학자들(Westminster divines)은 적어도 이 답변에 있어서 칼빈에게 의존해 있을 수 있다. 예를 들어, 『칼빈 주석』 렘 9:23에서 칼빈은 다음과 같이 쓴다. "하나님을 아는 것이 인간의 제일가는 목적이며, 인간의 존재를 정당화한다."
2 후반부의 표현은 어거스틴이 자기의 『고백록』(Confessions) I. 1에서 했던 유명한 말을 살짝 변형시킨 것일지도 모른다. "당신은 당신 자신을 위해 우리를 만드셨습니다. 그래서 우리의 마음은 당신 안에서 쉴 때까지 쉼이 없습니다. 오! 하나님."

하나님과 자신을 아는 지식에 관한 질문으로 시작되는 『기독교 강요』
와 비교할 때, 『제1차 신앙교육서』에서 최초의 초점은 인간 존재의 목적
에 대한 보다 폭넓은 목적에 맞추어져 있는데, 여기에는 창조주의 위엄에
대한 인정과 그에게 바쳐진 삶뿐만 아니라 "불멸성에 관한 묵상"도 포함
된다.[3]

칼빈에게 이 주제는 참된 종교에 관한 질문과 뗄 수 없을 정도로 엮
여 있다.

제1항의 제목인 "모든 인간은 종교를 위해 태어났다"를 떠올려 보라.

여기에서 우리는 "종교" 대신에 "하나님"이라고 해도 된다.

이것은 자연스럽게 제2항의 주제인 "참된 종교와 거짓 종교의 차이"로
이끈다. 아직 칼빈은 『기독교 강요』를 시작하는 주제인 하나님을 아는 지
식의 문제를 다루지 않는데, 이 문제는 제3항에 가서야 다루어진다. 그러
나 『기독교 강요』에는 종교에 관한 장 자체가 없고, 오직 그것에 관한 언
급만이 여기저기 흩어져 있을 뿐이다.

참된 종교와 거짓 종교 간의 차이는 한편으로 "참된 경건(godliness, *pietas*)"과 하나님께 대한 예배이고, 다른 한편으로 "하나님께 대한 진지한 경
외에 의해 별다른 감동을 받지 않"으며, "그들 자신의 마음에 있는 꿈들과
광란들"(제2항)을 숭배하는 자들이다.

칼빈은 모든 사람이, 아무리 무지하거나 야만적이라 하더라도, 어떤 의
미에서 종교적이라는 것을 당연시한다. 모든 사람에게는 하나님에 대한

---

[3] 이것은 『기독교 강요』 III에 나오는 그리스도인의 삶을 논의하는 장 전체의 주제가 된
다. "미래 삶에 관한 묵상"(III. 9).

어떤 희미한, 혼동된 개념과 하나님의 존재에 대한 의식이 있다. 그 이유는 다음과 같다.

> 아무리 야만적이거나 전적으로 미개하다 하더라도, 종교에 대한 인식(awareness, *sensu*)이 전혀 없는 사람을 발견할 수는 없다(제1항).[4]

심지어 하나님을 거부하는 자들까지도,

> 그들이 원하든 원하지 않든, 그들은 자기들이 서거나 넘어지도록 결정을 내리는 어떤 신(a divinity, *divinitatem*)이 있다는 생각에 의해서 조금씩 반복해서 양육된다(제1항).

그런데도,

> 그들은 … 매우 타락한 삶을 살고, 하나님의 심판에 대한 경멸 속에서 철저한 무관심을 드러낸다(제1항).

왜냐하면, 그들은 하나님을 그의 무한한 위엄에 의해서가 아니라 그들 자신의 본성의 어리석고 우둔한 허망함으로써 판단하기 때문이다(제2항). 이 주제는 『기독교 강요』 I. 3, 4에서 발전된다. 이곳에서 우리는 하나님이

---

[4] "인간의 지성 안에, 그리고 실로 자연적 본능에 의해, 하나님에 대한 인식(an awareness of divinity, *Divinitatis sensum*)이 있다"(『기독교 강요』 I. 3. 1).

자기의 형상대로 인간을 창조하셨고(창 1:26, 27; 약 3:9를 보라), "종교의 씨앗"(the seed of religion, *semen religionis*)을 모든 사람 안에 심으셨으나,[5] 이러한 형상은 인간의 반역과 타락 때문에 절단되고 손상되어서 세상에서는 참된 종교를 전혀 발견할 수 없다(『기독교 강요』 I. 4. 1). 그런데도 종교와 우상숭배가 넘쳐 나는 이유는 누구도 완전히 끌 수 없는, 인간 안에 있는 자연적 빛 때문이다(I. 4. 2).[6]

그러므로 참된 종교와 거짓 종교의 차이는 사람들이 거짓 종교 안에서 그들 자신의 상상에 따라 하나님을 알고자 하고, 그리하여 "죽어 속빈 우상"(a dead and empty idol; I. 4. 2)을 만든다는 것이다. 참된 종교 안에서 사람들은 "하나님이 자기가 어떤 분이신지를 보여 주고 선언하시는 대로 하나님을 생각한다"(제2항).

다시 말해서, 우리는 우리 "자신의 육욕적인 우둔함"의 표준에 의해서가 아니라 하나님이 스스로 자기의 말씀 안에서 우리에게 자신을 제시해 주시는 대로 하나님을 판단해야 한다(『기독교 강요』 I. 4. 1).[7]

---

5 참조. "본성상 자신 안에 심어진 종교의 씨앗을 지니지 않은 사람은 하나도 없으나, 사람들은 그들의 불신앙에 의해 그것을 질식시키거나, 그들이 만들어낸 것들에 의해 그것을 타락시키거나 더럽힌다"(『칼빈 주석』 사 46:8).

6 이 맥락(『기독교 강요』 I. 4. 2)에서, 칼빈은 자기의 논제를 논박하는 것처럼 보일지도 모르는 시편의 한 구절, 즉 그들의 마음에 "하나님이 없다"(시 14:1; 53:1)라고 말하는 어리석은 자들에 대한 구절을 주석하고 있다. 후에 칼빈은 II. 2에서 또 하나의 관련 구절인 요 1:5("빛이 어둠에 비치되 어둠이 이기지 못하더라")를 길게 논한다. 이 점에 관해서는 다음 장에서 더욱 자세히 다룰 것이나, 여기에서 칼빈이 이 구절에 관한 자신의 주석에서 "타락한 본성 안에 여전히 남아 있는 … 모든 인간 안에 심겨진 종교의 씨앗"에 관해 다시 말한다는 것에 주목할 필요가 있다.

7 알렉산더 가녹치(Alexandre Ganoczy)에 따르면, "'참된 종교'를 지지하기 위한 칼빈의 계획은 아주 분명하다. 신실한 개인과 공동체는 둘 다 영과 진리 안에서 하나님을 예배하는 데 경외심과 사랑으로 자신들을 바치기 위해 성경의 '규범들'을 순종적으로 따르

2. 경건: 참된 종교의 기초

『제1차 신앙교육서』의 다음 주제(이것이 『기독교 강요』의 첫 번째 주제, 즉 하나님을 아는 지식이다)로 나아가기 전에, 칼빈의 신앙생활을 특징짓고 있으며 그의 신학 전반에 스며 있는 핵심 개념, 즉 piety나 godliness로 번역 될 수 있는 *pietas*에 특별히 주목해 보는 것이 도움이 될 것이다.[8]

이 단어는 처음 두 장에서 다양한 맥락 속에 등장한다. 칼빈의 글들을 주의 깊게 읽는 독자라면, "경건"과 이 계통의 단어들이 매우 다양한 맥락 속에서 반복하여 등장한다는 것을 곧 발견하게 될 것이다.

> 경건(*pietas*)은 그의 신학에 있는 단지 하나의 주제라기보다는, 그의 모든 신학적 방향과 목표였다고 말할 수 있다.[9]

고, 성경의 한계들로 돌아가서 그것들에 머물러 있으며, 본질적인 것에 만족하고, 불필요하고 미신적인 여분의 모든 것을 부정해야 한다"(*The Young Calvin*, trans. David Foxgrover and Wade Provo [Philadelphia: Westminster Press, 1987], 207).

[8] 배틀즈는 *pietas*란 단어가 "번역 불가능한" 단어라고까지 말한다. 그는 경건(piety)에 관한 친숙한 정의 중 일부를 인용하고 있지만, 그럼에도 piety나 godliness를 통해 칼빈이 의미하는 것을 이해하는 최고의 방법은 "*pietas*를 칼빈 자신의 말들과 행위들 안에서 정의하는" 것이라고 확신한다(p. 17). 그러므로 칼빈의 경건에 관한 배틀즈의 아름다운 책의 대부분은 원 자료들로 이루어져 있는데, 여기에는 배틀즈가 "칼빈 신앙의 핵심"이라고 부른 것에 관하여, 신선하고도 각 절이 동일한 음악적인 번역들이라 할 수 있는, 기독교적 삶에 관한 칼빈의 견해와 기도에 관한 칼빈의 견해가 포함되어 있다. *The Piety of John Calvin: An anthology of the Spirituality of the Reformer*, trans. and ed. by Ford Lewis Battles, music ed. by Stanley Tagg (Grand Rapids: Baker Book House, 1978), 13. 보다 더 역사적-신학적 분석을 위해서는 로마 가톨릭 신학자인 뤼시앙 조제프 리샤르(Lucien Joseph Richard)의 권위 있는 연구서를 보라. Lucien Joseph Richard, *The Spirituality of John Calvin* (Atlanta: John Knox Press, 1974).

[9] S. Y. Lee(이수영), "Calvins's Understanding of *Pietas*," 1994년 에딘버러의 국제 칼빈 학술 대회(International Calvin Congress)에 제출된 출판되지 않은 세미나 논문, 1.

우리는 『제1차 신앙교육서』 제2항에서 이미 이에 대한 암시들을 갖고 있다. 위에서 우리는 참된 종교와 거짓 종교의 차이로서 전자는 진정한 "경건과 하나님께 대한 예배"로 특징지어지는 반면, 후자는 미신과 우상숭배로 특징지어진다는 것을 보았다.

필자는 "진정한"(genuine)이란 표현을 덧붙이는데, 왜냐하면 칼빈은 모든 사람이 어떤 형태든 경건과 예배의 모양을 가지고 있지만, 많은 사람이 하나님을 진실로 경외하지(fear[reverence]) 않고, 따라서 자기중심적이고 타락한 삶을 살고 있다는 것을 인정하기 때문이다.[10] 칼빈은 이들의 우상숭배적 예배를 "참된 경건(godliness)"(또는 piety)과 대조시키는데, 그는 참된 경건에 관하여 다음과 같이 말한다.

> 참된 경건은 하나님의 심판에서 벗어나기를 원함에도 피할 수 없기에 공포에 떠는 그런 두려움에 있지 않다. 참된 경건(godliness, *pietas*)은 오히려 하나님을 주님으로서 두려워하고 숭배하는 것만큼이나 그를 아버지로서 사랑하고 그의 의를 받아들이며 그를 성나시게 하기를 죽기보다 두려워하는 신실한 감정에 있다(제2항).

---

10 "나는 경건의 씨앗들이 전 세계에 언제나 흩뿌려져 있다는 것을 인정하며, 하나님이 철학자들과 세속적 저술가들의 손을 통해, 즉 그들의 글 안에 존재하는 고상한 진술들을 통해 심으셨다는 것을 인정한다. 그러나 이 씨앗은 뿌리에서부터 더럽혀졌으므로, 그리고 (비록 그 뿌리가 좋지도 않고 참되지도 않다 할지라도) 이 뿌리에서 나올지도 모르는 그 열매는 수많은 오류에 의해서 질식되었으므로, 그렇게 해로운 부패를 씨앗을 뿌리는 것에 비유하는 것은 어리석은 짓이다"(『칼빈 주석』 요 4:36).

하나님을 아는 지식을 다루는 다음 항에서, 칼빈은 불경건한 자들과 그들의 "헛되고 공허한 사변들"을 "우리 안에서 온전한 경건, 즉 경외심과 결합한 믿음을 … 낳고 기르며 강화하는" 하나님의 계시와 대조한다 (제3항).

형식적인 정의가 하나 더 있는데, 이것은 『기독교 강요』에서 나온다. 이것은 "하나님을 아는 것이 무엇이며, 하나님을 아는 지식이 어떠한 목적에 이바지하는지"(『기독교 강요』 I. 2의 제목)에 대한 맥락에서 나온다. 칼빈은 먼저 "제대로 말하자면," 하나님은 "종교 또는 경건이 전혀 없는 곳에서는" 알려지지 않는다고 지적한다(I. 2. 1).[11] 그 다음에, 칼빈은 하나님의 위엄과 긍휼을 칭송하며 다음과 같이 결론을 내린다.

> 왜냐하면, 하나님의 능력들(*virtutum Dei*)에 관한 이런 지식은 우리에게 종교가 태어나는 경건을 위한 적절한 교사이기 때문이다. 나는 하나님이 주시는 유익들에 관한 지식이 이끌어 내는 하나님께 대한 사랑과 결합된 이러한 숭배(reverence)를 "경건"이라 부른다(I. 2. 1).[12]

---

11 이곳에서 『기독교 강요』(LCC 판)의 편집자들은 다음과 같은 각주를 달고 있다. "경외와 하나님께 대한 예배가 결합되는 곳인 경건은 하나님을 아는 참된 지식에 앞서서 필수적으로 요구된다는 것이 칼빈이 선호하는 강조점이다"(p. 39, n. 1).
12 이와 정반대의 것 역시 사실이다. 다시 말해서, 하나님을 아는 참된 지식이 없는 곳에서 "어떤 참된 경건도 세상에 남아 있지 않다"(『기독교 강요』 I. 4. 1). 또한, "하나님에 관한 혼동된 지식은 종교의 원천이 되는 경건과는 다른데, 이것은 오직 신자들의 가슴에만 스며들어 있다"(I. 5. 4). 『기독교 강요』 I. 9의 제목을 참조하라. "성경을 계시들로 대체하는 광신자들에 의해 전복된 경건의 모든 원리들"(trans. Beveridge).

이런 정의들로부터 우리는 칼빈이 경건이란 말로 의미하는 바가 무엇인지를 보기 시작할 수 있다. 경건은 "사랑과 결합된 숭배"다. 경건은 때로 하나님께 대한 참된 예배와 동일시된다. 경건은 "하나님을 아버지로서 사랑하며, 그를 주님으로서 경외하고 숭배하는 신실한 감정"이다. 경건은 참된 종교와 하나님을 아는 바른 지식의 기원이며 이것들을 낳는다. 경건은 하나님에 관한 공허하고 헛된 사변들 및 하나님에 관한 혼동된 지식과 정반대되는 것이다.

그러나 이것은 시작에 불과하다. 앞에서 보았듯이, 경건에 관한 언급들이 칼빈의 글 도처에서 발견되기 때문인데, 이것들이 언제나 위에 요약한 것과 일치하는 것은 아니다. 한편으로, 경건은 "신자들의 가슴에 스며들어 있는" 어떤 것(I. 5. 4)이다. 다른 한편으로, 우리는 "경건을 향해 나아"갈 수 있는데, 그 첫걸음은 하나님이 "우리를 지켜보시고, 다스리시며, 양육하시는 우리의 아버지"라는 것을 인정하는 것이다(II. 6. 1).

더 나아가, 경건은 또한 "회개의 열매" 중 하나, 즉 거룩함 안에서 이루어지는 평생에 걸친 성장이다. 여기에서 경건은 이웃 사랑보다는 율법의 첫 번째 돌판—하나님 사랑—에 더 잘 부합한다(III. 3. 16).[13]

그러나 십계명에 관한 논의에서 칼빈은 다음과 같이 말한다.

율법의 계명들에서 우리는 경건과 사랑에 대한 모든 의무를 지고 있다.

---

13 "하나님께 대한 사랑은 여기에서[시 18:1] 참된 경건의 주요한 부분을 구성하는 것으로 제시된다. 왜냐하면, 하나님을 사랑하는 것보다 하나님을 섬기는 더 좋은 방법은 전혀 없기 때문이다"(『칼빈 주석』 시 18:1).

여기에서 칼빈은 특히 율법의 두 돌판 모두를—그리고 디모데전서 1:5, "율법의 목적은 순수한 양심과 거짓 없는 믿음에서 나오는 사랑이거늘" (개역개정과 다름)을—언급하며, 그다음에 다음과 같이 결론을 내린다.

여기에 사랑의 원천이 되는 참된 경건이 있다(II. 8. 51).

그 밖의 다른 곳에서 경건은 교회의 맥락 속에서 순수한 교리로부터 나오는 신실한 삶을 함축할 수 있다(IV. 1. 6, 12). 그리고 『기독교 강요』의 마지막 장에서, 즉 시민 정부에 관한 장에서, 경건은 "정부의 첫째가는 관심사"로 간주하는데, 이것은 공의와 의로움에 관한 관심을 의미한다(IV. 20. 9).[14] 그러나 다른 맥락들에서 칼빈은, 마치 이 개념이 성경의 계시 전반을 포함하고 있는 것인 양, 단지 "경건에 관한 가르침"이라고 말한다(IV. 1. 5; IV. 20. 15).

『제1차 신앙교육서』와 『기독교 강요』(그리고 각주들에 있는 주석들)에 나타난 경건에 관한 언급들의 이 간략한 실례들은 칼빈의 용례의 부요함과 다양성을 보여 준다. 때로, 경건은 신앙, 사랑, 숭배, 그리고 하나님을 아는 참된 지식과 예배의 원천이다.

그러나 또 때로, 경건은 위에서 언급한 것들 각각 또는 모두와 동의어다. 경건은 분명 기독교적 삶에 근본적인—칼빈이 "경건은 기독교적 삶의 시작이요 중간이요 끝이고, 경건이 온전히 이루어진 곳에는 부족함이 전

---

14 군주들과 다른 통치자들은 "자기들의 경건과 의로움과 정직이 하나님의 인정을 받도록 하는 데[참조. 딤후 2:15] 힘써야 한다"(『기독교 강요』 IV. 20. 10). 조금 후에, 경건은 "사랑의 영원한 의무이자 계율들"과 동일시된다(IV. 20. 15).

혀 없다"라고 말할 수 있을 정도로 근본적인—어떤 것을 가리키는 포괄적 용어다.[15]

이래서 아마도 칼빈이 『기독교 강요』 첫 번째 라틴어 판(1536년)과 첫 번째 프랑스어 판(1541년)의 제목을 다음과 같이 잡은 것으로 보인다.

『기독교 강요』
구원에 관해 알아야 할 제반 사항과 경건 전반을 거의 모두 다룸.
경건에 열심 있는 사람 모두가 반드시 읽어볼 만한 저서임.[16]

칼빈은 『기독교 강요』의 모든 판에 첨부된 "프랑스 왕 프랜시스 1세에게 드리는 글"에서 이 작품을 쓰는 이유를 다음과 같이 직접 진술한다.

저의 목적은 오직 종교에 대한 열정을 조금이라도 지닌 사람들이 참된 경건을 형성될 수 있게(might be shaped to true godliness, *formarentur ad veram pietatem*) 하는 방편이 되는 초보적인 것들을 전해 주는 것이었습니다.[17]

---

15 "[행 10:2에서] 누가는 하나님께 대한 경외와 기도를 경건의 열매들이자 하나님께 대한 예배로 간주한다"(『칼빈 주석』 행 10:2); "경건은 사람들에 대한 선한 양심과 하나님께 대한 숭배뿐만 아니라 신앙과 기도를 포함한다"(『칼빈 주석』 딤전 4:8).
16 영어로 번역된 표제지 전체 내용은 배틀즈가 번역한 『기독교 강요』 초판(1536년)에서 발견할 수 있다([Grand Rapids: H. H. Meeter Center for Calvin Studies and Wm. B. Eerdmans Publishing Co., 1975], iii)..
17 『기독교 강요』(LCC 판), 9.

경건에 관한 칼빈의 이해와 실천은, 불행히도 종종 "경건주의"(pietism)와 연관되는 것과는 아무런 상관이 없다는 점을 지적할 필요는 전혀 없을 것이다. 칼빈의 경건은 교회 및 세상과 분리된 신비적 내면성—신앙에 관한 칼빈의 이해 안에 이런 요소가 있다 할지라도—이나 개인적인 헌신적 삶이 전혀 아니다.

> 칼빈주의적 경건은 가족과 이웃, 교육과 문화, 일과 정치에서 이루어지는 일상적인 삶의 모든 관심사를 아우른다.[18]

따라서 경건은 또한 "영성"(spirituality)에 관한 오늘날의 이해보다 더욱 넓고, 더욱 역동적인 개념이다.[19] 경건이란 이런 것—하나님께 대한 헌신과 교제의 삶—이지만, 그러나 분명 훨씬 더 그 이상의 것이다. 왜냐하면, 경건은 감사로 가득한 섬김의 삶을 통해 하나님을 영화롭게 하는 것이기 때문이다.[20]

---

[18] John T. McNeill, "Introduction," *John Calvin: On God and Political Duty* (New York: Liberal Arts Press, 1950/56), vii.

[19] 15, 16세기 동안에 유행했던, 그리고 어느 정도는 칼빈에게도 분명 영향을 미쳤던 중세의 가톨릭 경건 또는 소위 '새로운 헌신'(*devotio moderna*)에 관해서도 똑같이 말할 수 있다. 이 운동의 창시자(the father)는 "북쪽 지방 (즉, 저지대 나라들)의 복음주의자"인 헤르하르트 흐로테(Gerhard Groote)다. 이 운동의 가장 유명한 대표자가 보통 『그리스도를 본받아』(*The Imitation of Christ*)의 저자로 여겨지는 토마스 아 켐피스(Thomas à Kempis)였다. 이 운동에는 칼빈과 어울리는 많은 것이 있었지만, 이 운동이 지닌 개인주의나 반지성주의(anti-intellectualism)는 칼빈과 어울리는 것이 아니었다. 비록 칼빈 역시 무미건조한 스콜라주의적 지성주의에 반대했지만 말이다. 그러나 칼빈은 공동생활형제회(the Brethren of the Common Life, 흐로테가 설립한 단체. -역주)와는 더욱 가까웠을 것인데, 이 단체는 묵상적 삶을 적극적인 삶과 결합시켰다. 이 주제 전반에 관해서는 다음을 보라. Lucien Joseph Richard, *The Spirituality of John Calvin*, 제1장, 제6장.

[20] "칼빈의 영성은 섬김의 비결이었다. … 칼빈의 영성 안에는 땅에서의 더 많은 활동에 대

3. 하나님을 아는 지식

칼빈은 『제1차 신앙교육서』의 참된 종교에 관한 항을, 제3항("우리가 하나님에 관해 알아야 하는 것")으로 자연스럽게 전이시켜 주는 문장으로 결론을 내린다. 왜냐하면, 참된 경건을 부여받은 사람들은 그들 자신의 상상력을 통해 성급하게 신을 만들지 않고, 오히려 "참된 하나님을 아는 지식을 하나님께로부터 구하고, 하나님이 자기가 어떤 분이신지를 보여 주고 선언하시는 대로 하나님을 생각"(제2항)하기 때문이다.

이와 연관하여 칼빈에게 핵심 구절은 요한복음 4:23이다.

> 아버지께 참되게 예배하는 자들은 영과 진리로 예배할 때가 오나니 곧 이 때라 아버지께서는 자기에게 이렇게 예배하는 자들을 찾으시느니라 (요 4:23).

칼빈은 다음과 같이 주석한다.

> 이것은 기억할 만한 문장이며, 우리가 종교에서 성급하게 또는 닥치는 대로 뭔가를 시도해서는 안 된다는 것을 가르쳐 주는데, 왜냐하면 지식이 없다면 우리가 예배하는 하나님은 하나님이 아니라 환영이나 우상이기 때문이다.[21]

한 요구와 하나님의 영광을 위해 세상을 정복하고자 덤벼드는 것이 있었다"(Richard, *The Spirituality of John Calvin*, 177).
21 『칼빈 주석』 요 4:23.

따라서 칼빈에게는 진정한 경건, 참된 종교 또는 예배, 그리고 하나님을 아는 고유한 지식 사이에 논리적이고 친밀한 연결 고리가 있다.

1) 창조에 나타난 하나님 영광의 거울

『제1차 신앙교육서』에 나타난 이 간략한 항에서 우리의 호기심을 자극하는 것은 칼빈이 여기에서 하나님을 아는 지식을 창조에서의 하나님을 아는 지식으로 제한한다는 것이다. 칼빈은 다음과 같이 단언함으로써 시작한다.

> 하나님의 위엄은 그 자체로 인간 지성의 능력을 훨씬 넘어서며, 심지어 인간 지성에 의해 전혀 이해될 수 없기에, … 우리는 하나님의 위엄의 고상함을 조사하기보다는 숭배하는 것이 적합하다(제3항).

이것은 신학을 포기하라는 요구처럼 들릴지도 모르겠다!
그리고 사실상, 칼빈은 여기에서 처음에 우리에게 성경을 집어 들도록 권면하기보다는 오히려 다음과 같이 권면한다.

> 우리는 성경에서 "보이지 않는 것들에 관한 숙고"[롬 1:20 암시]라고 불리는, 하나님의 사역 안에서 하나님을 찾고 그 흔적을 추적해야 한다(제3항).

칼빈은 분명 로마서 1:19-20에 나타난 사도 바울의 노선을 따라서 생각하고 있다. 왜냐하면, 칼빈은 우리가 피조된 질서 안에서 묵상하는 것들, 즉 하나님의 불멸성, 능력, 지혜, 선하심, 의로움, 긍휼을 계속 열거하기 때문이다.[22] 칼빈은 바울을 넘어서 하나님의 선하심과 의로움과 긍휼 역시 창조 사역들 안에서 계시된다고 주장하지만 말이다.

바울의 논증과 칼빈의 논증 사이에는 또 다른 차이가 있다. 사도 바울은 하나님의 "영원하신 능력과 신성"이 창조 안에 계시되어 있고, "불의로 진리를 막는"(롬 1:18b) 이방인들에 의해서도 지각될 수 있다고 말한다. 그러나 종교개혁가 칼빈은 타락이 없었더라면, 하나님의 모든 속성이 명백히 드러났을 것이라고 말한다. 왜냐하면, 칼빈은 재빨리 다음과 같이 덧붙이기 때문이다.

> 이런 커다란 빛이 우리의 우둔함을 눈멀게 하지 **않았더라면** 우리는 이 모든 것으로부터 하나님이 어떤 분이신지를 우리에게 충분할 정도로 풍성하게 배웠어야 **하는 것이 당연하다**(제3항; 강조는 필자의 것이다).

우리가 영적으로 눈이 멀게 된 결과로서, 하나님의 선한 창조가 걸림돌이 된다. 그 이유는 다음과 같다.

> 우리는 눈이 멀게 되어서 죄를 범할 뿐만 아니라 매우 사악하여 하나님의 사역을 평가할 때 모든 것을 나쁘게 그리고 잘못되게 해석하고 하나님의 사역 안에서 선명하게 빛나는 모든 천상적 지혜를 완전히 뒤엎는다(제3항).

---

[22] 칼빈은 우주에서 우리에게 계시된 이런 것들을 각각 열거한 후, 다음과 같은 간략한 표현을 덧붙인다. "이 거대한 만물의 틀을 형성하셨으며 이제는 그것을 지탱하시는 하나님의 능력 … 우리를 회개하도록 만들기 위해서 큰 온유하심으로 우리의 악행들을 관용하시는 하나님의 자비"(제3항). 이 긴 문장은 『기독교 강요』 I. 5. 1에서 거의 그대로 반복된다.

칼빈은 『기독교 강요』에서 정확하게 동일한 태도를 보이지만, 훨씬 더 정교한 방식으로 그렇게 한다. 『제1차 신앙교육서』 제3항에 있는 것은 창조주 하나님에 관한 서술인데, 이것은 『기독교 강요』 I의 주제이다.[23]

제3항의 제목이 "우리가 하나님에 관해 알아야 하는 것"임에도 불구하고, 이곳에는 그리스도에 관한 언급은 전혀 없다. 우리가 나중에 보게 되듯이, 칼빈은 우리가 성경의 심장과 영혼과 목적과 끝이신 예수 그리스도 없이는 하나님을 알 수 없다고 주장한다.

그러므로 이것이 하나님을 아는 지식에 칼빈이 접근하는 방식의 독특함 중 하나인데, 이로 인해 칼빈 해석자들이 다소 놀라움을 금치 못했다는 것은 당연한 일이다.[24]

---

[23] 칼빈은 『기독교 강요』에서 창조주 하나님을 아는 지식(I)과 구속자 하나님을 아는 지식(II-IV)을 구분한다. 따라서 어떤 의미에서, 『기독교 강요』 전체가 하나님을 아는 지식과 관련이 있다. 창조주 하나님을 아는 지식을 통해 칼빈이 의미하는 바는 자연에서, 그리고 무엇보다, 성경 전체에서 계시된 하나님의 창조적 활동 및 섭리에 관한 지식이다. 구속주 하나님의 계시를 통해 칼빈이 의미하는 바는 그리스도 안에서, 그리고 구원의 선물을 얻는 데 있어서의 성령의 사역 안에서, 그리고 성례들을 지닌 교회 안에서 나타난 하나님의 계시이다. 이것들이 『기독교 강요』 II. 3. 4의 주제이다.

[24] 『기독교 강요』의 구조에 관한 질문과 관련하여 칼빈신학에 나타난 하나님을 아는 지식에 관해 동시에 책을 썼던 미국의 학자와 영국의 학자 사이에 다소 날카로운 논쟁도 있었다. 전자에 관해서는 다음을 보라. Edward A. Dowey, *The Knowledge of God in Calvin's Theology* (New York: Columbia Univ. Press, 1952; 3rd ed., Wm. B. Eerdmans Publishing Co., 1995). 후자에 관해서는 다음을 보라. T. H. L. Parker, *Calvin's Doctrine of the Knowledge of God*, rev. ed. (Grand Rapids: Wm. B. Eerdmans Publishing Co., 1959). 다우위(Dowey)가 이 주제에 관해 분명 최종적인 결말을 지었다. 그의 *The Knowledge of God in Calvin's Theology*의 제3판에 첨부된 그의 논문 "The Structure of Calvin's Thought as Influenced by the Twofold knowledge of God"을 보라.

2) 자연적 지식의 실패

어쨌든, 칼빈은 『기독교 강요』에서 "휘황찬란한 극장"과[25] "하나님의 영광을 드러내는 것"인 하나님의 창조의 영광들을 칭송한 후, 우리의 타락한 상태의 분별없음, 무지, 어둠으로 인해 "지금까지 자신을 위하여 하나님 자리에 우상이나 망령을 만들지 않은 사람이 단 한 명도 없었다"(『기독교 강요』 I. 5. 12)는 것을 슬프지만 인정한다.

그렇다면 하나님의 창조의 모든 영광을 그렇게 세밀히 서술하고자 왜 그리 애쓰는가?

그 답은 칼빈이 우리에게 계시의 방편으로서의 하나님의 피조된 질서의 명료성과 충분성에 관해, 그리고 그러한 질서가 인간에게서 끌어냈어야 하는 감사의 반응에 관해 상기시키기를 원하기 때문으로 보인다.[26]

그러므로 문제의 근원은 하나님 편이 아닌, 우리 편에 있다. 창조에 나타난 하나님의 계시는 창조주를 아는 참된 지식을 위해 분명히 명료하고 충분하다. 따라서 실패는 우리에게 있는 것이지, 하나님이 아니다.

---

25 칼빈은 창조를 하나님의 영광의 극장이라고 말한다. 다음을 참조하라. 『기독교 강요』 I. 14. 20; II. 6. 1; III. 9. 2. "이 세계는 주님이 우리에게 자기의 영광의 놀라운 광경을 보여 주시는 극장과 같다"(『칼빈 주석』 고전 1:21).

26 "우리 자신을 아는 지식은, 우리의 본성적 탁월함이 오염되지 않은 채 남아 있었더라면 그것이 얼마나 대단한 것인지를 알기 위해, 제일 먼저 창조 시에 우리에게 주어진 것과 하나님이 얼마나 관대하게 우리에게 계속해서 호의를 베푸시는지를 생각하는 데 있다"(『기독교 강요』 II. 1. 1). 칼빈이 어떤 의미에서 자연 신학을 가르치는지에 관한 문제에 관해서는 다음을 보라. David Steinmetz, *Calvin in Context* (New York: Oxford Univ. Press, 1995), 제2장 "Calvin and the Natural Knowledge of God."

그러나 이 중요한 『제1차 신앙교육서』의 진술 안에 있는 "하는 것이 당연하다"(ought)를 떠올려 보라.

창조 안에 나타난 하나님의 능력과 선하심과 의로우심으로부터 "우리는 … 풍성하게 배웠어야 하는 것이 당연하다"(제3항). 이와 유사하게, 『기독교 강요』에서 자주 인용되는 구절에서, 칼빈은 창조주 하나님을 아는 이런 지식이 사실상 죄로 인해서 가정적(hypothetical) 지식임을 지적한다. 이 논의의 초기부터 계속 칼빈은 다음과 같이 설명한다.

> **아담이 온전한 상태로 남아 있었더라면**, 자연의 질서가 우리를 인도했을 첫째가는 단순한 지식에 관해서만 언급하겠다(『기독교 강요』 I. 2. 1; 강조는 필자의 것이다).[27]

그러나 바로 이것이 문제다!

아담은 온전한 상태로 남아 있지 않았고, 그러므로 계시의 목적은 수포로 돌아간다. 그러나 창조에 나타난 계시에 대해 실패로 끝나 버린 이런 반응으로부터 나올 수 있는, 이렇게 표현해도 된다면, "유익"이 있다. 즉, 창조에 나타난 계시는 우리로 하여금 변명의 여지가 없도록 만든다는 것

---

27 브라이언 암스트롱(Brian Armstrong)은 이 가정적 지식에서 칼빈신학에 관한 근본적 실마리를 발견한다. 암스트롱은 이 어구―"아담이 온전한 상태로 남아 있었더라면"―와 『기독교 강요』에 나오는 유사한 가정적 주장들을 기초로 다음과 같이 결론을 내린다. "이 점에서 주의 깊게 주목해야 할 것은 이 유형이 … 이후로 계속해서 나오게 되는 유형이라는 것이다. 다시 말해서, 칼빈은 언제나, 죄에 의해 생겨난 파괴 및 왜곡과 대비하여 하나님이 완벽하게 행하신 것에 대해 죄가 발생하지 않았더라면 가능했을 것을 전개한다"("*Duplex cognitio Dei*, Or? The Problem and Relation of Scripture, Form and Purpose in Calvin's Theology," in *Probing the Reformed Tradition*, 143).

이다. 여기에서 다시 칼빈은 자기의 사고에 있어서 바울적("그러므로 그들이 핑계치 못할지니라"[롬 1:20b])이다.

> 우리에게 순수하고 명료한, 하나님을 아는 지식에 이를 만한 자연적 능력이 결여되어 있다 할지라도, 우둔함의 잘못이 우리 안에 있으므로 변명의 여지가 없다(『기독교 강요』 I. 5. 15).[28]

3) 성경이라는 안경

우리의 눈멂과 곡해로 인해 창조에 나타난 하나님의 자기 계시를 이와 같이 파악하지 못함으로 말미암아, 특별한 치유책이 요구된다.

> 그러므로 우리는 하나님의 말씀에 이르러야 하는데, 그 말씀에서 하나님은 자기의 사역으로부터 우리에게 표현되신다. 한편 사역 자체는 우리 판단의 타락으로부터가 아니라 영원한 진리의 규범으로부터 숙고된다(제3항).

다양한 맥락에서 말씀에 관해 부차적으로 수없이 언급하고 있긴 하지만, 이것이 『제1차 신앙교육서』 안에서 성경 자체의 기능에 관해 언급하는 유일한 경우다. 『제1차 신앙교육서』 안에서 칼빈은 성경의 권위와 영

---

28 "그러므로 우리는 그의 피조물 가운데서 자신의 영광을 알리시는 하나님의 계시(the manifestation of God)가, 그 자체의 빛과 관련되는 한에서, 충분할 정도로 명료하다는 것을 분명히 해야 한다. 그러나 우리의 눈멂 때문에 이 계시는 부적당하다. 하지만, 우리는 패역함을 깨닫지 못한 채로 무지에 호소할 수 있을 정도로 눈멀지 않았다"(『칼빈 주석』 롬 1:20).

감을 그저 전제한다.

칼빈은 『기독교 강요』에서 세 장을 이 주제에 할애하며, 성경이 하나님의 말씀이라는 것을 믿어야 할 궁극적인 기초로서 성령의 비밀한 내적 증언에 관한 자기의 논제를 전개한다.²⁹

그러나 『기독교 강요』에서도 성경은 논증에 있어 정확히 동일한 지점에서 소개된다. 다시 말해서, 칼빈은 "그의 사역들의 거울," 즉 창조에 나타난 하나님의 계시의 영광들과, 죄로 인해 적절하게 반응하는 데 대한 인간의 실패를 상술하는 데 다섯 장을 할애한 후, 『기독교 강요』 VI을 다음과 같은 제목으로 시작한다.

> 성경은 창조주 하나님께 오고자 하는 사람을 위한 안내자와 교사로서 필요하다.³⁰

피조된 세계의 아름다움과 빛남을 통해 죄된 인간이 하나님을 창조주이자 주님으로 인정하게 되는 것은 아니다. 그러므로,

> 우리를 우주의 창조주에게로 향하게 하는 데는 또 하나의 더 좋은 조력자가 더해질 필요가 있다(『기독교 강요』 I. 6. 1).

---

29 『기독교 강요』 I. 7. 4-5. 이 주제에 관한 논의를 위해서는 본서의 제3장 "추가적 상설: 성경의 권위—성령의 내적 증거"를 보라.

30 미첼 헌터(A. Mitchell Hunter), 니젤(W. Niesel), 그리고 방델(F. Wendel)이 쓴 칼빈에 관한 표준적인 저서들 외에, 성경의 영감과 권위에 관한 칼빈의 견해를 위해서는 특히 다음을 보라. Dowey, *The Knowledge of God*, 37 이하, 86-124; 그리고 Donald K. McKim, "Calvin's View of Scripture," in *Readings in Calvin's Theology*, ed. by D. K. McKim (Grand Rapids: Baker Book House, 1984).

이 "더 좋은 조력자"가 성경에 나타난 하나님의 계시인데, 이 계시를 칼빈은 안경에 비유한다. 이 유비를 제대로 알기 위해서 우리는 죄로 인해 눈이 먼 것에 관한 칼빈의 빈번한 언급을 지나치게 문자적으로 취해서는 안 된다.

다시 말해서, 우리는 한편으로 "무지에 호소할 수 있을 정도로" 눈이 먼 것은 아니며, 다른 한편으로는 저 안경이 우리를 도울 수 없을 정도로 눈이 먼 것도 아니다. 눈이 먼 사람에게 안경은 아무 쓸모가 없다. 그러므로 성경이라는 안경의 기능은 우리가 언제나 보았어야 하는 것, 즉 하나님의 능력 및 위엄과 선하심과 은혜를 볼 수 있도록 우리의 약해진 시력을 선명하게 하는 것이다.

노안인 사람들과 약한 시력을 가진 사람들이 그러하듯이, 그들 앞에 당신이 매우 아름다운 책을 내민다면, 그들은 그것이 어떤 책이라는 것 정도만 알 뿐, 두 낱말조차 해석할 수 없겠지만, 안경의 도움을 받는다면 선명하게 읽어 내려가기 시작할 것이다.

이와 마찬가지로, 성경은 그것이 없을 경우 혼동을 일으킬 하나님을 아는 지식을 우리의 정신 안에 축적해 줌으로써, 그리고 우리의 우둔함을 제거함으로써 참된 하나님을 우리에게 분명하게 보여 준다.

그러므로 성경은 특별한 선물인데, 이곳에서 교회를 가르치기 위해 하나님은 말없는 교사들을 사용하실 뿐만 아니라 그 자신의 가장 신성한 입술을 여신다.[31]

---

31 칼빈은 『기독교 강요』 I. 6. 2에서 동일한 점을 다소 다르게 지적한다. "인간이 이 가장 영광스러운 극장에서 하나님의 사역들을 보는 관객의 자리에 앉아 있으므로, 그의 눈을 돌려서 하나님의 사역들을 진지하게 묵상하는 것이 얼마나 적절하겠는가. 더 좋은 유익

칼빈이 『기독교 강요』의 다음 두 장에서 자신의 성경론을 상술할지라도 『기독교 강요』와 『제1차 신앙교육서』 둘 모두에서 성경의 최초의 목적은 우리를 도와 그의 창조에 나타난 하나이신 참된 하나님을 명료하게 보도록 하는 것과 우리의 원 상태를 포함하여 그 창조주를 제대로 적절하게 인식할 수 있도록 하는 것임을 명심하는 것이 중요하다.

왜냐하면, 미신과 우상숭배를 초래하는 헛된 사변들 대신에, "우리의 본성적 탁월함이 더럽혀지지 않은 채 남아 있었다면 그것이 얼마나 위대할 것인지를 알기 위해," 우리는 "창조에서 주어진" 것과 "하나님이 얼마나 관대하게 우리를 향해 지속해서 호의를 베푸시는지를" 보기 때문이다 (『기독교 강요』 II. 1. 1).

그러나 이것은 하나님을 아는 참된 지식에 이르는 첫걸음에 불과하다. 그 이유는 다음과 같다.

> 이 모든 것이 하늘과 땅의 각 부분에서 아주 명백하게 나타나 있다 할지라도 우리가 이 모든 것이 우리에 대해 갖는 진정한 목적과 가치와 참된 의미를 마침내 이해하게 되는 때는 오직 우리 자신에게로 내려와서 주님이 어떤 방식으로 주님의 생명과 지혜와 능력을 우리 안에서 드러내시며 우

을 얻기 위해 말씀(the Word)에 귀를 기울이는 것이 적절하다. 그러므로 어둠 속에서 태어난 자들이 그들의 무감각 속에서 더욱더 강퍅해지는 것은 전혀 놀랄 일이 아니다. 왜냐하면, 한계를 넘지 않기 위하여 가르침을 잘 받을 정도로 하나님의 말씀에 열중하는 자가 거의 없고, 오히려 그들 자신의 허영에 기뻐 날뛰기 때문이다. 이제, 참된 종교는 우리에게 비추기 위해 천상의 교리에서 시작해야 하며, 누구든지 성경의 생도가 되지 않고서는 바르고 건전한 교리를 눈곱만큼도 맛볼 수 없다고 우리는 주장해야 한다. 그러므로 참된 이해의 시작은 바로 하나님이 하나님 자신에 관해 증거하는 바로 그곳에서 우리가 하나님을 기쁘시게 하는 것을 공손하게 받아들일 때라"(『기독교 강요』 I. 6. 2).

리를 향하여 주님의 의와 선과 자비를 베푸시는지를 깊이 숙고할 때뿐이다(제3항).³²

4) 하나님을 아는 지식과 자신을 아는 지식

『제1차 신앙교육서』 제3항의 마지막 문장은 우리를 『기독교 강요』를 시작하는 유명한 문장으로 안내한다. 그 문장은 모든 신학 작품에서 가장 많이 인용되는 것 중 하나이다.³³

> 우리가 가진 모든 지혜는, 즉 참되고 건전한 지혜는 하나님을 아는 지식과 우리 자신을 아는 지식, 둘로 이루어져 있다(『기독교 강요』 I. 1. 1).³⁴

칼빈에게 이러한 관계는 단순한 문제가 아닌데, 왜냐하면 그는 즉시 다음과 같이 덧붙이기 때문이다.

> 그러나 많은 끈으로 연결되어 있지만, 어느 것이 앞서고 어느 것이 뒤따르는지를 분별하기란 쉽지 않다(I. 1. 1).

---

32 이 문장은 『기독교 강요』 I. 5. 10에서 거의 그대로 반복된다.
33 이 문장은 칼빈 전문가들은 말할 것도 없이, 다음과 같이 다양한 신학자에 의해 인용된다. 칼 바르트(Karl Barth)와 에밀 브루너(Emil Brunner), 존 베일리(John Baillie)와 폴 틸리히(Paul Tillich), 오토 베버(Otto Weber)와 라인홀드 니이버(Reinhold Niebuhr), 위르겐 몰트만(Jürgen Moltmann)과 앨리스터 맥그래스(Alister McGrath).
34 『기독교 강요』(LCC 판)의 편집자들은 각주(p. 36, n. 3)에서 여기에 나타난 칼빈의 기본 개념은 알렉산드리아의 클레멘트(Clement of Alexandria), 어거스틴(Augustine), 그리고 아퀴나스(Aquinas)에게서 그 선례들을 발견하게 된다고 지적한다. 비록 그것들 중 어느 것도 칼빈이 하는 방식으로 그렇게 이 문제를 진술하고 있지는 않지만 말이다.

한편으로, 진지하게 자신을 살피는 이들은 우리로 하여금 "힘입어 살며 기동하며 존재"(행 17:28)케 하시는 하나님에 관해 생각하지 않을 수 없다. 또한, 칼빈은 우리가 빠진 "비참한 멸망"으로 인해 "우리는 위를 쳐다보지 않을 수 없을" 것이라고 확신한다. 그러므로,

> 우리는 우리 자신에 대해 불만족하기 시작하고 나서야 비로소 하나님을 진지하게 갈망할 수 있다. … 따라서 우리 자신을 아는 지식은 우리로 하여금 하나님을 찾도록 할 뿐만 아니라 우리의 손을 이끌어 하나님을 발견하도록 한다(『기독교 강요』 I. 1. 1).

지금까지는 우리 자신을 아는 지식이 하나님을 아는 지식에 앞서는 것처럼 보인다. 그러나 칼빈은 즉시 돌아서서 정반대의 것을 확언한다.

> 인간이 먼저 하나님의 얼굴을 보고, 그 다음에 자신을 꼼꼼히 살피고자 하나님을 묵상하는 데서부터 시작하지 않는다면, 자신에 관한 명료한 지식을 결코 얻지 못한다는 것이 확실하다(I. 1. 2).

사실상, 이 둘의 관계는 순환적인 것으로 보이지만, 논리적으로 하나님을 아는 지식이 우선한다.

> 하나님을 아는 지식과 우리 자신을 아는 지식이 서로 연결되어 있다 할지라도, 바른 가르침의 순서상 우리는 전자를 먼저 논하고, 그 다음에 후자를 다루는 것이 좋다(I. 1. 3).

더욱 중요한 질문은 우리가 우리 자신에 관해 무엇을 알 필요가 있는 지와 우리 자신을 아는 이 지식을 우리가 어떻게 얻게 되는지에 관한 것이다.

우리는 위에서 인용된 『제1차 신앙교육서』 제3항의 마지막 문장에서 칼빈이 창조에 나타난 하나님의 계시의 "참된 의미"를 이해하기 위해, 하나님의 말씀을 필요로 할 뿐만 아니라 "우리 자신에게로 내려와서" 주님이 우리 안에서 자신을 계시하시는 방식들을 "깊이 숙고"해야 한다고 말했다는 것을 떠올려 보라.

이것은 『기독교 강요』와 다른 곳에서 몇 번 반복된다.[35] 일반적으로, 칼빈은 이 표현을 사용하여 "우리가 하나님과, 그리고 동시에 우리의 죄성과 대면하게 되는 철저한 자기 검증"을 행하도록 제안한다.[36] 또한, 이것은 단순히 보다 일반적인 내적 성찰을 의미할 수도 있다.

> 하나님이 우리를 꾸짖으실 때, 우리의 양심으로 내려가는 것보다 더 좋은 것은 없다.[37]

---

35 『기독교 강요』 I. 1. 2에서 이미 인용되었으며, I. 5. 3, 10과 IV. 17. 40을 참조하라. IV. 17. 40에서 그 맥락은 성찬(Lord's Supper)이다. 여기에서 칼빈은 신자에게, 『기독교 강요』 I에서처럼 자기의 죄성을 발견하기 위해서가 아니라 "자신이 그리스도가 사신(purchased) 구원을 마음의 내적 확신을 가지고 의지하는지에 관해서 스스로 숙고하기" — 그리고 기타 등등을! — 위하여 "자기 자신에게로 내려가도록" 권고한다.
36 『기독교 강요』(LCC 판), 54, n. 11. 그러나 필자가 앞의 각주에서 지적했듯이, 이것이 항상 그런 것은 아니다.
37 『칼빈 주석』 암 7:16. "따라서 하나님의 심판들이 떠오를 때마다, … 신중하게 우리 자신 안으로 들어가도록 하자. 그리고 각자가 자기 자신을 보도록 하자. 왜냐하면, 하나님의 심판들이 그대로 묻힌 채로 전혀 언급되지 않아서는 안 되고, 오히려 각 사람은 그것들을 자기 자신과 자신의 특별한 용례에 적용해야 하기 때문이다"("칼빈 설교" no. 111, 욥 31:1-4).

하지만, 양심이 언제나 믿을 만한 안내자인 것은 아니다. 그러므로 이러한 자기 검증이 열매를 맺고자 한다면, 보다 객관적인 규범인 말씀이 요구된다. 더욱 특별하게, 이 자기 검증은 하나님의 율법에 비추어 행해져야 한다.

우리 자신을 다른 인간들과 단순히 비교하는 것은 쓸모가 없다. "왜냐하면 눈이 먼 사람들 가운데서 한 쪽 눈이 온전한 사람은 제대로 보는 것 같고, 흑인들 가운데서 얼굴이 가무잡잡한 사람은 자신을 백인으로 여기기 때문이다."[38]

따라서 율법은 하나님이 우리를 보시듯이, 우리가 우리 자신을 볼 수 있는 거울과 같다. 그 결과는 절망이 아니라 경건한 겸손이어야 한다(『기독교 강요』 I. 1. 1). 그 이유는 다음과 같다.

자신의 재앙, 가난함, 벌거벗음을 알고서 철저히 내던져지고 압도당한 사람은 누구든지 자기 자신을 아는 지식에서 훨씬 더 나아갔다(II. 2. 10).

이러한 자기 자신을 아는 지식(self-knowledge)은 매우 부정적이다. 그러나 하나님을 아는 참된 지식을 위해서는, 우리가 앞에서 보았듯이, 다른 것들 가운데서 숭배와 신앙, 사랑을 포함하는 진정한 경건이 있어야 한다

---

38 William J. Bouwsam, *John Calvin: A Sixteenth Century Portrait* (New York: Oxford Univ. Press, 1988), 178. 이 인용문은 『칼빈 주석』 갈 6:4에서 온 것이다.

(I. 2. 1). 우리는 "공허한 사변에 만족하여 단지 머리에서만 떠돌다 사라지는 것이 아니라 우리가 제대로 인식하기만 한다면, 그리고 그것이 마음에 뿌리를 내리기만 한다면, 건전하고 열매를 맺게 될" 하나님을 아는 지식으로 부름을 받았다(I. 5. 9).

여기에서 머리와 마음의 대조에 주목하라.

이것은 지식 일반에 관한 칼빈의 견해와 무엇보다 믿음에 관한 그의 견해, 둘 모두를 이해하는 데 중요하다. 우리가 나중에 보다 자세히 살피겠지만,[39] 칼빈이 신앙을 지식으로 규정한다 하더라도, 이 지식은 머리보다는 마음(heart)의 지식, 즉 지성보다는 감정(affections)의 지식이다(III. 2. 8). 따라서 하나님을 아는 참된 지식은 말씀에 의해 얻게 되는 것이라 할지라도 지성적 지식이기보다는[40] 인격적, 실존적(personal, existential) 지식이다.[41]

---

[39] 본서 제8장을 보라.
[40] 칼빈이 하나님을 아는 지식을 이해하는 이런 측면에 대한 더욱 철저하고 전문적인 분석을 위해서는 다음을 보라. Richard A. Muller, "*Fides* and *Cogitio* in Relation to the Problem of Intellect and Will in the Theology of John Calvin," in *Calvin Theological Journal* 29/2 (Nov. 1994). 멀러(Muller) 역시도 하나님을 아는 지식에 관한 칼빈의 견해를 "이론적"이기보다는 "실존적"인 것으로 언급한다(p. 364-65).
[41] 다우위(Dowey)는 하나님을 아는 참된 지식을 "실존적"인 것으로 말하기를 선호하는데, 이것은 그의 *The Knowledge of God in Calvin's Theology*가 처음으로 쓰이던 시기(1951—그리고 에밀 브루너의 지도하에서)를 반영하는 것이다.

더욱 최근에—다시금 시대정신(독: Zeitgeist)을 반영해서—이런 유형의 지식은 "관계적"(relational)인 것으로 표현되어 왔다. 따라서 벤자민 라이스트(Benjamin Reist)는 "칼빈에게 하나님과 인간에 관한 유일하게 가능한 이해는 관계적 이해이다"라고까지 주장한다(*A Reading of Calvin's Institutes* [Louisville, Ky.: Westminster/John Knox Press, 1991], 10).

이와 유사하게, 영국 학자인 노들(T. A. Noble)은 "하나님에 관한 우리의 지식에 있어서 중심을 차지하는 이러한 특징을 가리키는 데 사용될 수 있는 모든 가능한 용어 중 최고의 것은, 내가 생각하기에, **관계적**이란 용어다. 하나님에 관한 우리의 지식은 하나님이 자기의 은혜 속에서 세우신 인격적 관계 내에서 발생한다"라고 말한다("Our

또한, 칼빈은 "말씀으로만 얻게 되는 신앙에 관한 지식과, 우리가 말하듯이, 그것의 효과에 의존하는 경험에 관한 지식"을 대조한다. 이 경우에, 요엘 선지자는 이스라엘 사람들이 야훼가 (말씀에 의해) 자기들의 하나님이심을 알았지만, 그를 그러한 분으로서 진실로 경험하지 못했다고 인정한다. 그러므로 요엘 선지자는 다음과 같이 말한다.

그런즉 너희가 나는 ⋯ 너희 하나님 여호와인 줄 알 것이라(욜 3:17a).

칼빈은 다음과 같이 결론을 내린다.

그들은 틀림없이 효과적으로(by effect) 하나님이 자기들의 아버지이심을 느끼지 못한다. 그러므로 요엘 선지자가 그들에게 하나님이 계시다는 것을 알 것이라고 말할 때, 그는 진정한 지식(knowledge, *notitia*)에 관해 말한다. 그들은 어떻게 이것을 알 수 있을까?
당연히, 경험에 의해서다.[42]

Knowledge of God according to John Calvin," in *The Evangelical Quarterly* 54/1 [Jan.-March, 1982]: 5).
    이에 앞서서, 토랜스(T. F. Torrance)는 이런 지식을 오캄주의자들(the Ockhamists)의 "추상적"(abstract) 지식과 대비하여 "직관적"(intuitive) 지식, 다시 말해서 "직접적인 경험을 통해서 우리가 얻게 되는 객관적 실재들에 관한 지식"으로 특징지었다("Calvin and the Knowledge of God," in *The Christian Century* [27 May, 1964]): 697).
[42] 『칼빈 주석』 욜 3:17. 칼빈은 『칼빈 주석』 슥 2:9에서 믿음의 지식(the knowledge of faith)을 실험적 지식(experimental knowledge, *scientia experimentalis*)과 대조하여 경험적(experiential) 지식으로 규정한다. 따라서 그 의미가 때때로 바뀐다. 이런 맥락에서 그는 다음과 같이 말한다.
    "두 종류의 지식—믿음의 지식(*scientia fidei*)과 이른바 실험적 지식(*scientia experimentalis*)—이 있다. 믿음의 지식은 경건한 자들이 믿음으로 하나님은 참되시다는 것을—하

그러나 하나님을 아는 지식에 관한 칼빈의 개념을 완전히 이해하는 데는 아직도 한 가지가 빠져 있으며, 이것을 위해서 우리는 다시 『기독교 강요』로 돌아가야 한다. 『기독교 강요』 I. 6. 2에는 칼 바르트에게 특히 깊은 인상을 준 진술이 있다.[43]

하나님을 아는 모든 올바른 지식은 순종에서 태어난다(I. 6. 2).

우리는 하나님의 뜻을 행하고자 기꺼이 추구하지 않는다면, 하나님을 진정으로 알 수 없다.

참된 종교의 기초는 순종이다. ··· 우리가 하나님의 음성에 순종하지 않는다면, 하나님은 참되게 섬김을 받으실 수 없다.[44]

나님이 약속하신 것은 확실하다는 것을—느끼는 방편이 되는 지식이다. 그리고 이러한 지식은 동시에 세상을 넘어서까지 관통하고 하늘들을 훨씬 넘어서까지 나아감으로 말미암아 숨겨진 것들을 알 수도 있다. 왜냐하면, 우리의 구원은 감추어져 있기 때문이다. 우리가 소망하는 것은 눈에 보이는 것들이 아니라고 사도는 말한다[롬 8:24]. 따라서 신실한 자들은 그리스도가 아버지에 의해 보냄을 받았다는 것을 실제로 또는 경험적으로 알 것이라고 스가랴 선지자는 말한다"(『칼빈 주석』 슥 2:9).

이 인용들에 대해 필자는 찰스 파티(Charles Partee)에게 빚을 지고 있다. 더 나아가서, 이 문제에 관한 그의 논의를 보라. "Calvin and Experience," in *Scottish Journal of Theology* 26/2 (May 1972): 특히 174 이하. 다음을 참조하라. Willem Balke, "The Word of God and *Experientia* according to Calvin," in *Calvinus Ecclesiae Doctor*, ed. W. H. Neuser (Kampen, Netherlands: J. H. Kok, 1980).

43 그의 다음 책을 보라. *Church Dogmatics* I/1 (Edinburgh: T & T. Clark, 1936), 19.
44 『칼빈 주석』 렘 7:33.

하나님에 관한 우리 지식의 실재성(reality) 검증은 우리가 하나님에 **관해**(about) 얼마나 많이 아는지가 아니라 우리가 그를 사랑하는지에 있다. 왜냐하면, 하나님을 사랑하는 자들은 그의 길들 안에서 걷고 그의 계명들을 지키기 때문이다(요일 2:3-6). 요컨대,

> 삶의 경건과 거룩함이 참된 믿음을 하나님에 관한 거짓되고 죽은 지식과 구분해 준다.[45]

믿음의 지식을 언급하는 것들을 제외하고, 이 모든 것에서 염두에 두어야 할 것은 『제1차 신앙교육서』와 『기독교 강요』 둘 모두에서 칼빈은 자신을 의도적으로 창조주 하나님을 아는 지식에 제한하고 있다는 것이다. 어떤 의미에서 이것은 단지 형식적 장치인데, 왜냐하면 예수 그리스도 없이 하나님을 아는 참된 지식이란 있을 수 없기 때문이다. 그 이유는 다음과 같다.

> 그리스도가 없는, 하나님을 아는 모든 지식은 우리의 모든 생각을 즉시 집어 삼키는 거대한 심연이다.[46]

그러므로 창조주와 구속주로서 하나님을 아는 이중적 지식에 관한 더욱 자연스러운, 그리고 더 좋은 균형 잡힌 접근은 『칼빈 주석』 창세기에

---

45 『칼빈 주석』 요일 2:3.
46 『칼빈 주석』 벧전 1:21.

관한 칼빈의 유명한 "개론"(Argument)에서 발견된다.⁴⁷ 여기에서 칼빈은 창조의 영광들을 전례가 없을 정도로 웅장하게 서술하지만, 동시에 우리가 오직 "그의 형상 안에서," 즉 예수 그리스도 안에서, "참되고 유일하신 하나님을 묵상"할 수 있다고 주장한다.⁴⁸

---

47 이 "개론"을 "유명"하다고 표현한 것이 과도해 보일지 모르지만, 이것은 적어도 널리 알려져 있으며, 바르트, 니젤, 다우위, 폴 레만(Paul Lehmann), 방델, 크루쉐(Krusche), 파커(Parker), 반 데어 꼬이(Van der Kooi)와 같은 많은 신학자와 칼빈 학자들 가운데서는 높이 평가된다.
48 『칼빈 주석』 창세기, "Argument," 63.

┌─ 제3장 ─────────────────────────────┐
│ # 추가적 상설: 성경의 권위—성령의 내적 증거 │
└────────────────────────────────────┘

1. 『제1차 신앙교육서』에 있는 생략에 관해

어떤 설명할 수 없는 이유로 칼빈은 자신의 『제1차 신앙교육서』나 이후의 『제네바 요리문답』에서 성경에 관해 별도로 다루지 않는다. 이것은 이상한 일인데, 왜냐하면 칼빈(그리고 개혁파 신앙고백서들)은 루터(와 루터파 신앙고백서들)보다 훨씬 더 성경의 권위를 강조하기 때문이다.

그 한 가지 이유는 아마도 칼빈은 자기의 독자들이 『제네바 신앙고백서』(the Geneva Confession)도 읽을 것이라고 추정했기 때문으로 보인다. 『제네바 요리문답』는 『제1차 신앙교육서』에 앞서 기록되었으며, 『제1차 신앙교육서』의 일부 판본들에 첨부되었다.

『제네바 신앙고백서』 제1항은 "주님의 말씀"(The Lord's Word)이란 제목을 달고 있다. 그 다음에 이 말씀의 권위에 관해 한 문장으로 된 단순한 정의가 뒤따른다.

첫째, 우리는 성경만을 우리의 신앙과 종교의 규범으로서 따르기 원한다고 선언한다. 그리고 우리는 하나님의 말씀과 상관이 없이 인간의 지각에 의해 생각된 어떤 것도 성경과 섞이는 것을 허용하지 않는다. 또한, 우리는 이 말씀에서 취해진 것 외에 다른 어떤 교리도 우리의 영적 다스림을 위해 수용하지 않는데, 이는 하나님이 우리에게 금하도록 가르치신 바대로, 어떤 것도 성경에 더해지거나 성경에서 제거되지 않도록 하기 위함이다.[1]

그러나 이것이 타당한 추론이라 하더라도, 칼빈이 '오직 성경'(*sola scriptura*)이라는 종교개혁의 교리를 보다 명시적으로 진술할 필요가 있다고 생각하지 않은 것으로 보이는 점은 여전히 이상하다. 칼빈이 이 교리를 믿었고 매우 중요하게 여겼다는 것은 틀림없다. 예정 교리 역시 마찬가지인데, 이것 역시 『제네바 요리문답』에서 다루어지지 않고 있다. 이것의 경우에, 칼빈은 이 교리가 아이들에게는 너무 어렵다고 느꼈을지도 모르겠으나, 성경의 권위는 그렇지 않을 것이다.

이러한 생략에 관한 가장 좋은 설명은 아마도 간략함과 단순함에 대한 칼빈의 관심으로 보인다. 왜냐하면, 『제1차 신앙교육서』에서의 그의 접근은 『기독교 강요』의 접근과 유사하기 때문이다.

---

[1] 포드 루이스 배틀즈의 번역. 아마도 칼빈과 파렐 둘 모두에 의해 쓰여진 이 신앙고백서는, 배틀즈가 피츠버그에서 개인적으로 출판하고 소천할 때까지 계속 개정되었던 『1538년 신앙교육서』(*Catechism 1538*)의 초기의 배틀즈 판들에 첨부되었다. 또한, 이 판들은 라틴어 원문과 풍부한 설명(notes) 및 주석(annotations)을 담고 있다. 『제네바 신앙고백서』는 The Library of Christian Classics의 제22권인 *Calvin: theological Treatises*에서 접할 수 있다.

칼빈은 『기독교 강요』에서 네 장에 걸쳐 말하는 것을 『제1차 신앙교육서』에서만 한 문장으로 말한다!

『제1차 신앙교육서』 제3항("우리가 하나님에 관해 알아야 하는 것")에서, 칼빈은 창조에 나타난 하나님의 계시를 지적함으로써 시작한다. 우주에는 하나님의 권능과 지혜와 선과 의와 긍휼에 대한 풍부한 증거가 있다. 이 모든 것은 하나님이 어떠한 분이신지를 우리에게 가르치는 데 적합**해야** (should) 하지만, 우리의 영적 눈멂과 사악함으로 인해 우리는 하나님의 사역들 안에서 "빛나는 모든 천상적 지혜를 완전히 뒤엎는다." (여기까지의 논증은 『기독교 강요』 I. 5의 논증과 같다.)

이 지점에서 칼빈은 성경의 필연성과 관련된 한 진술을 『제1차 신앙교육서』 안에 끼워 넣는다.

> 그러므로 우리는 하나님의 말씀에 이르러야 하는데, 그 말씀에서 하나님은 자기의 사역으로부터 우리에게 표현되신다. 한편 사역 자체는 우리 판단의 타락으로부터가 아니라 영원한 진리의 규범(the eternal rule[*regula*] of truth)으로부터 평가된다(제3항).[2]

이 진술은 『기독교 강요』 I. 6에서 확대되는데, 이 장의 제목은 다음과 같다.

---

[2] 거의 같은 표현인 "영원한 진리의 규범"(the rule of eternal truth)이 『기독교 강요』 I. 6. 3에 나타난다.

창조주 하나님께 오고자 하는 자에게 성경은 안내자와 교사로서 필요하다 (I. 6; 구속주 하나님을 아는 데는 훨씬 더 그러할 것이다!).

다른 곳에서처럼, 여기에서 칼빈은 자기의 실천적 관심, 즉 우리가 우리 자신의 지혜로 하나님을 알고자 혼자 힘으로 돌아다녀서는 안 된다는 것을 보여 준다. 우리의 인간적 경향은 하나님이 우리에게 설정하신 한계를 넘어서고 싶어 한다. 그러므로 하나님은 "우리가 잘못된 길에서 어떤 불확실한 신성을 찾지 않도록" 우리의 "둘레에 울타리를 치"셔야 한다(『기독교 강요』I. 6. 1). 그 이유는 다음과 같다.

한계를 넘지 않고, 가르침을 잘 받을 정도로 하나님의 말씀에 열중하는 자가 거의 없다(I. 6. 2).[3]

칼빈의 관심은, 하나님의 말씀에 나타난 그의 계시에 제한되기를 싫어하는 새로운 신학들을 고려할 때 시의적절한 관심이다. 신학의 역사는 신학자들이 "창조적"이고 당면한 문제와 관련되기를 추구함으로써 말씀의 경계를 넘어서는 방식들의 역사이다.[4]

종교들의 역사 역시 이러한 진리를 예증한다. 일본과 미국 두 나라 모두에서 빈번히 발생하는 새로운 종파들과 이교들(cults)은 "끊임없이 새롭고 인위적인 종교들을 만들어 내고자 하는 욕구가 얼마나 큰지"(I. 6. 3)에

---

3 이것은 칼빈이 계속 반복해 사용하는 표현이다.
4 이에 대한 실례들에 관해서는 다음을 보라. Donald K. McKim, *What Christians Believe About the Bible* (Nashville: thomas Nelson, 1985).

대한 칼빈의 관찰을 확증해 줄 뿐이다.

치유책은 말씀의 "곧은 길"을 통해 "앞으로 나아가고자 애쓰는 것"이다. 또는, 비유를 바꾸자면, 우리는 절반 정도 눈이 멀어서 넘어지는 것을 피하기 위해 성경이라는 "안경"의 도움을 필요로 한다(『기독교 강요』 I. 6. 1).

> 왜냐하면, 노령이나 시력의 약화, 또는 어떤 다른 결함으로 우리의 눈이 안경의 도움을 받지 않고서는 아무것도 분명하게 식별하지 못하듯이, 우리의 연약함이 그것과 같아서 성경이 하나님을 찾는 데 있어 우리를 인도하지 않는다면, 우리는 바로 혼란에 빠지게 되기 때문이다(I. 14. 1).

칼빈의 성경관으로 나아가기 전 한 가지 더 지적해야 하겠다. 그것은 '맞추심'(accommodation)이라는 중요한 개념이다. 필연적으로, 하나님은 인간의 말들로, 그리고 "보잘것없고 비천한 말들"로 우리와 교통하셔야 한다. 그 이유는 다음과 같다.

> 만약 그것들이 더욱 빛나는 웅변으로 장식되었다면, 불경건한 자들은 비웃으면서 성경의 능력은 웅변의 영역에만 있다고 주장했을 것이다(I. 8. 1).

칼빈은 보잘것없고 비천한 말들로 하나님이 우리에게 말씀하신다는 것을 불쾌하다거나 걸림돌로 여기기보다, 성경의 이 변변치 않은 형태 안에서 그것의 "꾸밈없는 그리고 거의 조야한 단순성"을, 즉 말씀의 내재적 능력에 관한 증거를 본다. 바울이 고린도 교인들에게 상기시키듯이, 그들의 신앙은 "사람의 지혜"가 아니라 "하나님의 능력에," 그리고 "설득력 있는 지혜의 말이 아니라 다만 성령의 나타나심과 능력에"(고전 2:4-5, 개역개정과 다름) 놓여 있었다.

성경도 마찬가지라고 칼빈은 말한다. 성경은 그 자체의 능력과 권위를 세련된 인간적 웅변에서가 아니라 "스스로를 뒷받침하는 역할을 하는" 그 것들의 내용(subject matter)으로부터 끌어낸다(『기독교 강요』 I. 8. 1).

성경과 관련하여, 하나님이 우리의 능력에 자신을 맞추어 주신다는 표준구(標準句, locus classicus)가 『기독교 강요』 I. 13. 1에서 발견된다. 여기에서 칼빈은 "우리 자신의 감각들에 의해" 하나님의 본질과 무한성을 "측량하고자" 하는 것에 대해 경고한다. 우리의 "우둔한 정신이 땅으로 향해" 있으므로, 하나님은 신인동형론을 사용할 필요가 있으시다. 예를 들어, 성경이 하나님을 입, 귀, 눈, 손을 가진 분으로 언급할 필요가 있다. 그러나 이로 인해서 우리는 하나님이 몸을 지니셨다고 생각해서는 안 된다.

> 약간의 지성을 지닌 사람이라고 한다면, 보모가 흔히 유아에게 그리 하듯이, 하나님이 우리에게 말씀하실 때는 어느 정도 "옹알거리듯이 말씀하는 것"(lisp, babultire)에 익숙하시다는 것을 이해하지 못할 사람이 누가 있겠는가?
>
> 이와 같이, 이런 식으로 말하는 방식들은 하나님이 어떠한 분이신지를 분명하게 표현하기보다는 하나님을 아는 지식을 우리의 빈약한 능력에 맞추어 준다. 이렇게 하기 위해서 하나님은 자기의 지고하심보다 훨씬 낮은 저 아래로 내려오셔야 한다(I. 13. 1).

이러한 맞추심 개념을 칼빈은 다양한 맥락에서 폭넓게 사용한다.[5] 그러나 이 한 가지 예증만으로도 칼빈이 이 중요한 해석학적 원리를 어떻게 사용하는지를 보여 주기에 충분하다.[6] 칼빈에게 있어서, 성육신에서 절정에 이르는 구원의 전체 역사(the whole history of salvation)는 우리가 구속을 받고 우리의 창조주요 주님이신 분과 함께 교제를 즐길 수 있도록 하고자, 천지의 창조주가 어떻게 우리의 제한된 인간 능력에 자신을 맞추러 내려오시는지에 대한 실증이다.

2. 성경을 높이 평가하는 칼빈의 견해

칼빈은 성경의 영감에 관한 공식적 교리를 가지고 있지 않지만, 그럼에도 성경을 하나님의 바로 그 말씀(the very Word of God)으로 간주했다는 데는

---

[5] 칼빈은 특히 창조와 천사들에 관한 논의에서 신적 맞추심의 또 다른 예를 본다. "틀림없이, 모세는 일반 백성의 무식함에 자신을 맞추어, 창조의 역사에서 우리 자신의 눈으로 볼 수 있는 것들 외에 하나님의 다른 사역들을 전혀 언급하지 않는다"(『기독교 강요』 I. 14. 3). 칼빈은 창세기의 창조 기사에서 모세가 어떻게 "상식을 지닌 모든 일반인이 가르침을 받지 않고서도 이해할 수 있는 대중적 형식으로" 글을 썼는지에 대한 "많은 예증을" 본다(『칼빈 주석』 창 1:16).

[6] 이 주제에 관한 획기적 연구는 포드 루이스 배틀즈의 논문인 "God Was Accommodating Himself to Human Capacity"인데, 이것은 처음에 *Interpretation* 31 (Jan. 1977)에 기고되었으며, *Readings in Calvin's Theology*에 재출판되었다. 더욱 앞서서, 에드워드 다우위(Edward Dowey)가 자신의 *The Knowledge of God in Calvin's Theology* (New York: Columbia Univ. Press, 1952)에서 이 주제를 다루었다. 다우위는 "하나님을 아는 모든 지식의 맞추어진 성격"(The Accommodated Character of All Knowledge of God)이란 제목의 하위 섹션에서 자신의 연구를 시작한다(p. 3 이하). 이 주제에 관한 보다 최근의 논의는 다음 논문에서 데이비드 라이트(David F. Wright)에 의해 이루어진다. "Calvin's 'Accommodation' Revisited," in *Calvin as Exegete*, ed. by Peter De Klerk (Grand Rapids: Calvin Studies Society, 1955).

의심의 여지가 없다.⁷ 칼빈은 성경의 인간적인 면을 인정했고, 자기의 주석들에서는 심지어 저자들 사이에 사소한 모순들이 있다는 것도 시인한다.⁸

그러나 동시에 칼빈은 성경 말씀을 "하나님의 말씀이지, 인간의 말이 아니"라고 말한다.⁹ 하나님의 말씀은 "절대적 진리이며 하나님 자신의 살아 있는 형상이다."¹⁰

성경의 저자들은 "성령의 발성기관들"이었다.¹¹ 사도들은 "성령의 확실하고 참된 기록자들이었다"(『기독교 강요』 IV. 8. 9). 그러므로 우리는 성경

---

7 칼빈은 자주 성경을 "하나님의 말씀"(the oracles of God)이라고 말하며, "성경이 말하듯이"라고 하는 대신에 "성령이 말씀하시듯이"라고 말하곤 한다. 때로, 칼빈은 심지어 구술(dictation)이란 용어를 사용하기까지 한다. 예를 들어, 『기독교 강요』에서 칼빈은 구약성경의 다양한 부분을 "성령의 구술하에서 구성된" 것이라고 말한다(『기독교 강요』 IV. 8. 6). 잠시 후에 칼빈은 구약성경에 관한 사도들의 글과 설명들을 다음과 같이 말한다. "그럼에도 사도들은 주님으로부터가 아니면, 다시 말해서 말씀들을 어느 정도로 구술하는 선행자로서의 그리스도의 성령(in a certain measure dictating the words, *verba quodammodo dictante Christi spiritu*)과 함께하지 아니하고서는 이것을 할 수 없었다"(『기독교 강요』 IV. 8. 8). "어느 정도로"라는 수식어구는 중요하다. 영감에 관한 칼빈의 견해라는 문제에 관해서는 다음을 보라. McKim, *What Christians Believe About the Bible*, 62-64.

성경 무오 논쟁에서, 부분적으로, 풀러신학교(Fuller Seminary)의 입장을 변호하고자 기록된 맥킴과 잭 로저스(Jack Roger)의 책인 *The Authority and Interpretation of the Bible: An Historical Approach* (1979)를 보수적 입장에서 비판하는 이안 해밀턴(Ian Hamilton)은 적어도 이 점에 관해, 즉 칼빈이 기계적인 구술 이론을 가르치지 않는다는 점에 관해서는 그들과 의견을 같이 한다. "때때로 ⋯ 칼빈이 '구술'이란 단어를 성경을 주신 것과 관련하여 사용했다 할지라도, 그가 기계적 구술 이론—명망 있는 개혁파 신학자 중 누구도 인정한 적이 없는 이론이자, 복음주의자들이 결코 받아들인 적이 없는 이론!—을 옹호하고 있지 않았다"(*Calvin's Doctrine of Scripture: A Contribution to the Debate* [Edinburgh: Rutherford House, 1984], 9).
8 『칼빈 주석』 민 25:9, 26; 마 10장 이하; 마 27:9; 행 7:14, 16; 그리고 롬 10:6을 보라. 더 많은 예증들을 위해서는 다음을 참조하라. Ronald S. Wallace, *Calvin's Doctrine of the Word and Sacrament* (Grand Rapids: Wm. B. Eerdmans Publishing Co., 1957), 111 이하.
9 『칼빈 주석』 히 3:7.
10 『칼빈 주석』 고전 2:11.
11 『칼빈 주석』 마 3:7.

안에 "하늘의 가르침"(I. 6. 2, 3)을 가지고 있는데, 이 가르침은 우리가 "마치 하늘에서 하나님의 살아 있는 말씀을 들은 양, 성경을 하늘에서 발원한 것으로 간주할" 때, 오직 우리 가운데서 "온전한 권위"를 가진다(I. 7. 1).

우리가 성경의 저자들은 전적으로 수동적이었고 하나님이 그들에게 구술하신 것을 단순히 받아 적었다고 믿지 않는다면, 성경에 관하여 이보다 더 높이 평가하는 견해를 발견하기란 어려울 것이다.

칼빈의 주된 관심은 여기에서 다시 실천적인 것—확실성에 관한 관심—이다. 우리의 신앙에 대한 확고하고 단단한 기초를 갖기 위해, 우리에게는 "어떠한 인간의 판단보다 더 높고 강한 확실성"이 필요하다(I. 8. 1). 이것이 "하나님이 자기의 말씀으로써 모든 의견보다 마땅히 더 뛰어난, 영원히 의심이 스며들 수 없는 신앙을 주신" 이유이다(I. 6. 2).

그러나 이런 확실성을 얻는 데는 성경의 많은 내재적인 덕조차 충분하지 못할 것이다.

> 인간 이성이 작용하는 한, 성경의 신빙성을 확립하는 데 충분할 정도로 확실한 증명들이 있다(I. 8의 제목).

예를 들어, 성경의 고대성, 확증된 예언들, 하나님의 종들에 의해 수행된 이적들, 이 고대 글들의 보전, 그리고 복음의 메시지와 편지들의 "천상적 위엄" 등이다.[12] 이 모든 특징은 중요하고, "유익한 도움들"이다.[13] 이것들

12　이와 유사한 목록이 『웨스트민스터 신앙고백서』(*Westminster Confession*) 1.5에서 발견된다.
13　그러므로 빌헬름 니젤(Wilhelm Niesel)은 이 논증들이 "별 가치가 없다"고 말하면서 각주에서 『기독교 강요』 I. 8의 논증 전체를 부정할 때, 오도하고 있다(*The Theology of*

은 성경의 권위에 대한 "놀라운 확증"을 제공한다.

하지만, 다음을 잘 주목하라.

이것들이 그 자체로 "성경의 확실성을 우리의 정신 안에 심어 주고 확고히 해 줄 정도로 강력하지는 않다"(I. 8. 1).

3. 성령의 내적 증거[14]

이런 절대적이고 필수적인 확실성은 오직 하나님 자신에게서 직접 올 수 있다. 그 결과, 칼빈은 『기독교 강요』 I. 8에서 성경의 신적 기원 및 권위에 관한 확증적 논증들과 "증명들" 모두를 제시하기에 앞서서, "모든 의심을 떨쳐 낼"(『기독교 강요』 I. 7. 1) 권위의 궁극적 원천, 즉 "성령의 비밀한 증거"(I. 7. 4)에 한 장을 할애한다. 그 이유는 다음과 같다.

Calvin, 27, n. 1). 파커(T. H. L. Parker) 역시 동일한 노선을 취한다. 파커는 칼빈이 I. 8에서 제시하는 "증명들"은 "오늘날에는 역사적으로 무가치하고, 1559년에는 신학적으로 무가치했다"라고 주장한다. 그 다음에, 파커는 오늘날의 근본주의자들을 신랄히 비판하는데, 이것은 매우 불공평하다. "어떤 [증명들]은 다른 것들보다 분명 무게가 있다. 그러나 강하든, 약하든 이러한 증명들 모두는 하나님의 말씀에 관한 칼빈의 교리에 하나의 오점을 이루는데, 이러한 오점은 그 후손을 근본주의자들로 만들어 성경의 진리를 발견하고 선포하는 것을 무시한 채, 성경의 진리를 입증하는 데 분주하도록 만들었다"(*Calvin's Doctrine of the Knowledge of God*, 74).

14 이 주제를 가장 잘 다루고 있는 책은 다음과 같다. Bernard Ramm, *The Witness of the Spirit: An Essay on the Contemporary Relevance of the Internal Witness of the Holy Spirit* (Grand Rapids: Wm. B. Eerdmands Publishing Co., 1959). 72: "탁월한 증인(the witness *par excellence*)으로서의 성령의 역할을 분명하게 보고, 그리고 성령이 모든 증거의 저자라고 가르친 사람은 바로 칼빈이었다."

오직 성경의 확실성이 성령의 내적 확신에 토대를 두고 있을 때에만, 성경은 하나님의 구원하는 지식으로서 궁극적으로 충분할 것이다(I. 8. 13).

이처럼 성경은 자증(*autopistos*)한다.

성경의 확실성(the certainty of Scripture, 독: Schriftgewissheit)에 대한 객관적 기초는 성경 자체에 있는 것이지, 외부 법정의 판단에 있지 않다.[15]

아무리 많은 논증도 성경이 하나님의 말씀이라는 것을 누구에게든 종국적으로 확신시키지 못할 것이다.

논쟁을 통해 성경에 대한 확고한 믿음을 세우고자 애쓰는 자들은 본말을 전도시키고 있다(I. 7. 4).

우리의 정신에 증거하시는 성령 외에 어떤 것도 성경이 받아 합당한 이런 확실성을 줄 수 없다. 그 이유는 다음과 같다.

성경의 증거는 모든 이성보다 탁월하다. 왜냐하면, 하나님만이 자기의 말씀 안에서 자기 자신에 대한 적합한 증인이듯이, 말씀 역시 그것이 성령의 내적 증거에 의해 인쳐지기 전에는 인간의 마음에서 받아들여질 수 없을 것이기 때문이다(I. 7. 4).

---

15 Werner Krusche, *Das Wirken des Heiligen Geistes nach Calvin* (Göttingen: Vandenhoeck & Ruprecht, 1957), 206.

단순히 논쟁에서 뛰어난 법률적 정신을 지닌 사람이라는, 칼빈에 대한 옛 묘사—그리고 공통된 오해—에 비추어 볼 때, 이것은 놀라운 결론이다. 어떤 이는 이성적 증명들에 훨씬 더 의존하기를 기대할 것이다. 왜냐하면, 그런 것이 17세기 스콜라주의와 당대의 일부 보수적인 복음적 변증가들을 더욱 전형적으로 특징짓기 때문이다.

대신에, 칼빈은 경험에, 소위 오늘날 우리가 실존적 확실성이라 부르는 것에 호소한다. 『기독교 강요』 I. 7. 5의 고전적 문장이 이것을 가장 분명하게 보여 준다.

> 그러므로 이 점을 고수하자.
> 즉, 성령에 의해 내적으로 가르침을 받은 사람들은 진정으로 성경에 의존한다. 그리고 성경은 실로 자증적이고, 그리하여 성경을 증명과 추론에 복종시키는 것은 옳지 않다.
> 그리고 성경에 대해 우리가 마땅히 가져야 할 확실성은 성령의 증거에 의해 획득된다. 왜냐하면, 성경이 그 자체의 위엄에 의해서 큰 존중을 받는다 할지라도, 그것이 우리에게 진지하게 영향을 미치는 것은 오직 그것이 성령을 통해서 우리의 마음에 인쳐질 때뿐이기 때문이다.
> 그러므로 우리는 성령의 능력에 의해 조명을 받을 때, 성경이 하나님으로부터 온 것임을 우리 자신의 판단이나 다른 어떤 이의 판단을 통해 믿지 않고, 오히려 인간의 판단을 넘어서 (마치 우리가 하나님 자신의 위엄을 응시하고 있는 것인 양) 아주 확실하게 성경이 인간의 사역을 통해 하나님의 입으로부터 우리에게 흘러왔다고 확언한다. 우리는 우리의 판단이 기댈 수 있는 진정성에 대한 어떤 증명도, 어떤 표지도 구하지 않는다.

오히려 우리는 모든 추측을 훨씬 뛰어넘는 것에 관하여 우리의 판단과 지혜를 성경에 복종시킨다!

우리는 어떤 알려지지 않은 것, 즉 좀 더 면밀히 검토해 볼 경우 자기들을 불쾌하게 하는 어떤 것을 파악하는 데 익숙한 사람들로서 이렇게 하는 것이 아니라 공격의 대상이 될 수 없는 진리를 붙잡고 있다는 것을 충분히 의식하고 있는 사람들로서 이렇게 하는 것이다. 또한, 우리는 습관적으로 자기들의 정신을 미신의 노예상태에 종속시키는 저 비참한 사람들로서 이렇게 하는 것도 아니다.

오히려 우리는 의심의 여지가 없는 그의 신적 위엄의 능력이 거기에 살아 있으며 호흡하고 있다는 것을 느낀다.

이 능력에 의해 우리는 알면서 그리고 의지적으로, 그럼에도 불구하고 또한, 단순한 인간의 의지나 앎에 의해서 그러한 것보다 더욱 생생하게 그리고 더욱 효과적으로 그에게 복종하도록 이끌리고 부추김을 받는다!

4. 순환 논증

이런 접근에 관해 의문들이 제기되어 왔다는 것은 놀랄 일이 아니다. 좌우를 막론하고 보다 이성적인 성향의 사람들은 이런 논증을 지나치게 주관적이라고 여긴다. 우파 칼빈주의자들인 정통주의자들은 존경받는 "아버지"(father, 칼빈을 가리킨다. -역주)에게 감히 직접 도전하지 못한다. 대신에, 그들은 그의 주장에 있는 강세를 살짝 바꾼다. 예를 들어, 17세기 웨스트민스터 요리문답의 저자들은 칼빈의 순서를 바꾼다.

첫째, 그들은 "성경이 스스로 하나님의 말씀이라고 풍성하게 증거하는 방편이 되는, 말씀의 불가해한 탁월성들"에 대한 목록을 작성한다.

둘째, 그들은 끝에 성경의 "무오한 진리와 신적 권위에 대한 우리의 온전한 신념과 확신"은 "성령의 내적 사역"에서 온다고 덧붙인다(『기독교 강요』 I. 5).

보수적인 개혁파 신학자들이 따른[16] 이런 접근은 아퀴나스의 자연과 은혜의 구조의 변형태이다. 다시 말해서, 어떤 이는 성령의 증거에 관한 이성적 주장과 호소를 최종적인 방책으로서만 사용한다.

그러나 정반대의 접근, 즉 성경에 있는 이른바 믿음의 근거들에 대해 모든 가치를 부정해야 한다는 접근도, 우리가 칼빈을 따르고자 한다면 피해야 한다. 우리는 이미 니젤이 이런 식의 접근을 한다는 것을 보았다. 여기에서—종종 그러하듯이—그는 오직 바르트만을 따르는데, 바르트는 칼빈이 『기독교 강요』 I. 8에서 성경의 신적 성격을 지지하기 위해 이런 부차적인 논증들을 덧붙인 것이 "불행한" 일이라고 느낀다.[17]

16　주목할 만한 예가 존경할 만한 청교도 신학자인 토마스 왓슨(Thomas Watson)인데, 그의 "베스트셀러"인 *A Body of Divinity*(본래 1692년에 출판되었으나, 1965년 Banner of Truth Trust에 의해 재출판되었다) 안에서 나타난다. 그 신학의 윤곽은 표면상 『웨스트민스터 소요리문답』(*Westminster Shorter Catechism*)에 기초하고 있으나, "성경"(The Scriptures)이란 장에서 왓슨은 "그것[성경]이 하나님의 말씀이라는 것을 증명하는"(다수가 칼빈의 것과 동일한) "7개의 설득력 있는 논증을 제시한다"(p. 27). 주목할 만한 점은 그가 성령의 내적 증거를 성경이 하나님의 말씀이라는 궁극적인 확증으로 결코 다루지 않는다는 것이다.

17　Barth, *Church Dogmatics* I/2, 536. 이 문제에 관해서는 클라스 루니아(Klaas Runia)의 통찰력 있는 논의를 보라. Klaas Runia, *Karl Barth's Doctrine of Scripture* (Grand Rapids: Wm. B. Eerdmans Publishing Co., 1962), 15 이하.

자유주의적 관점에서 볼 때, 성경의 권위에 대한 궁극적 근거로서 성령의 내적 증거에 대한 이런 호소는 "개신교 체계의 치명적 급소(Achilles' heel)"이다(다비드 프리드리히 슈트라우스[David Friedrich Strauss]). 왜냐하면, 모두가 인정하듯이, 우리가 하나님 자신에게 호소할 때 하나님의 말씀으로서의 성경에 대한 믿음을 위한 어떠한 합리적인 "객관적" 기초도 없기 때문이다. 비록 이것은 칼빈이 성령의 증거에 호소함으로써 "무지의 피난처"(*asylum ignorantiae*)로[18] 도피한다는 것을 의미하는 건 아니지만 말이다.

이 논증은 다음과 같이 분명 순환적이다.

'우리는 성경이 왜 하나님의 말씀이라고 믿는가?

그 이유는 하나님이 성령을 통해 이 진리를 우리에게 확신시켜 주시기 때문이다.

하나님은 이 일을 어떻게 행하시는가?

성경을 통해서 행하신다.'

우리는 이런 순환적 추론을 피할 수 있을까?

칼빈뿐만 아니라 우리 시대 최고의 신학적 지성 중 일부도 (예를 들어, 헤르만 바빙크[Herman Bavinck], 칼 바르트, 오토 베버) "아니요"라고 답한다. 유일한 대안은 어떤 외적 권위에 호소하는 것이다.

그러나 그렇게 한다면 성경은 온갖 종류의 회의주의적, 합리주의적 비판에 쉽사리 노출될 것이다. 여기에서 바르트는 칼빈과 의견을 같이한다. 즉, 성령의 내적 증거 교리는,

---

18 이 표현은 다음에서 빌려 온 것이다. Krusche, *Das Wirken*, 210.

그것이 지닌 가장 큰 약점에서—여기에서 그것은 인정하고 고백할 수 있을 뿐이다—그것이 지닌 파괴할 수 없는 최고의 강점을 지니고 있다.[19]

더구나 이런 접근은 성경 자체가 따르고 있는 접근이다(다음을 보라. 요 8:13이하. 그리고 요일 5:6-7. 참조. 고전 2:11; 롬 8:16).

성경은 그 자신의 권위를 변호하고자 어느 곳에서든 어떠한 외적 권위에도 호소하지 않는다. 오히려 성경은 하나님 자신에게 직접 호소하며 자신을 하나님의 말씀으로 나타낸다. … 성경이 하나님의 말씀이라면, 성경만이 그 자체의 증명을 제공할 수 있다.[20]

이 논증은 분명 순환적이지만, "논리적 순환"이다.[21] 이로 인해 우리가 실존적 주관주의나 심리학적 신비주의에 빠지는 건 아니다. 『기독교 강요』I. 9에서 칼빈이 애써 지적하듯이, 성령에 대한 호소는 말씀과 분리될 수 없다.

왜냐하면, 우리로 하여금 하나님의 얼굴을 묵상하도록 하시는 성령이 비추일 때 완벽한 말씀의 종교가 우리의 마음에 머물도록, 그리고 역으로 우리가 그 자신의 형상 안에서, 즉 말씀 안에서 그를 알아볼 때 속임을 당하게 될 거라는 두려움 없이 성령을 받아들이도록, 일종의 상호적 끈에 의해

---

19 Barth, *Church Dogmatics* I/2, 537.
20 Runia, *Karl Barth's Doctrine of Scripture*, 8.
21 Barth, *Church Dogmatics* I/2, 535.

서 주님은 그의 말씀의 확실성["확실성"이라는 핵심어에 다시 주목하라!]과 그의 영의 확실성을 함께 결합하셨기 때문이다(『기독교 강요』 I. 9. 3).[22]

이처럼 주관적인 것과 객관적인 것이 융합된다. 오토 베버가 지적하듯이, "객관적"인 것으로 보이는 것(성경)은 그 본질상 또한 "주관적인" 것(성경의 신적 기원에 대한 확신)이다.

성령의 증언은 성경적 증인들의 증언 안에서 우리와 만나고, 그럼으로써 "대상과 주체의 양극성이 극복된다."[23] 그 결과는 (칼빈의 말을 빌자면) 다음과 같다.

어떠한 추론도 필요하지 않은 확신이고, 최고의 이성이 동의하는 지식이다. 즉, 정신은 어떠한 추론들 안에서보다 이러한 지식 안에서 더욱 안전하게 그리고 변함없이 안식을 누린다(『기독교 강요』 I. 7. 5).

따라서 성령의 내적 증거에 관한 이 교리는,

성경의 권위가 (영감이라는 고전적 교리란 의미에서) 객관적으로도, (우리 자신의 경험이란 의미에서) 주관적으로도 확보될 수 있는 것이 아니라 오히려 오직 성령 하나님이, 즉 우리의 자유와 우리의 속박 둘 모두를 초래하시는 분으

---

22 추론의 순환성에 관한 모든 반론은, 지각된 신성(divinity)이 성경에 속한(resident in) 것이지, 성령이 우리를 감화하실 때 우리가 경험하는, 신성에 대한 어떤 종류의 심리적 느낌(psychic aura)에 속한 것이 아니라는 것을 보지 못하고 있다.
23 Otto Weber, *The Foundations of Dogmatics*, vol. 1 (Grand Rapids: Wm. B. Eerdmans Publishing Co., 1981), 244.

로서 자기의 자유 가운데 계신 하나님이 성경 말씀을 통해 우리에게 도달하실 때에만 우리가 성경의 권위에 대해 확신하게 될 것이라는 발견을 선언한다. 성경의 '신적 영감'(*theopneustia*)은 성경의 수동적 특징이 아니라 오히려 생생한 구원하는 활동(a vital saving activity)이다.[24]

이것을 신자에 관한 성령의 증거가 없이는 성경이 내재적 권위를 지니고 있지 않다는 것을 의미하는 것으로 받아들여서는 안 된다. 다시 말해서, 성령은 성경에 권위를 부여하시는 것이 아니라 성경이 이미 소유하고 있는 권위를 우리의 마음에 확증하신다.

> '증거'(*testimonium*)는 성경의 신성(divinity)에 대한 증명이 아니다. 증거는 성경 권위의 **근거**가 아니다. 성경은 **자증적**(autopistic)이다. 다시 말해서, 성경은 그 자체로 하나님의 말씀이다. … '증거'는 정신의 눈을 밝게 하여 이러한 신성을 보게 한다.[25]

『기독교 강요』에서의 칼빈의 논증의 요지는 "우리의 마음이 존경심을 가지고 그것[성경의 권위]을 받도록 준비시키는 것뿐만 아니라 모든 의심을 제거하는 것"(I. 7. 1)이다. 이 과정에서 성경의 역할은 우리의 마음에 하나님의 진리를 성경에 계시된 것으로서 인치는 것이다.[26] 이 진리는

---

[24] Weber, *The Foundations of Dogmatics*, vol. 1, 245.
[25] Ramm, *The Witness of the Spirit*, 107.
[26] "성경은 하나님의 진리가 우리에게 증거되는 방편이 되는 인(a seal)과 같다"(『칼빈 주석』 요일 2:27). "그러므로 내적 증거의 기능은, 결국, '내적'이라는 용어가 함의하는 것, 즉 성경이 내재적으로 무엇인 바(what Scripture intrinsically is)에 맞는 설득, 신념,

객관적으로 거기에 있다. 하지만,

> 그것은 그것의 증거에 있어서 … 성령의 내적 증거가 없이는 침묵한 채로 남아 있다.²⁷

이 사실에서 칼빈에 의해 발전된 성경의 내적 증거라는 이 중요한 개념의 중대성이 유래한다.

확신으로 향하게 되는, 우리의 정신[필자는 "마음"<heart>이 더 적절하다고 여긴다] 안에서의 작용이다"(John Murray, *Calvin on Scripture and Divine Sovereignty* [Grand Rapids: Baker Book House, 1960], 49).

27 Paul J. Achtemeier, *The Inspiration of Scripture: Problems and Proposals* (Philadelphia: Westminster Press, 1980), 138.

제4장

하나님을 떠난 우리가 처한 곤경

(제4-7항)

1. 타락의 결과들

칼빈은 인간 본성과 그것의 능력들에 관한 비판적 견해로 유명하다. 그러나 전적 타락 교리는 이후의 칼빈주의에 있어서도 그러하듯이 그렇게 칼빈을 특징짓는 것이 아니다.[1] (전적 타락 교리는 1619년 네덜란드의 도르트 종교회

---

[1] 칼빈은 인간의 타락에 관해 자주 말하지만, 필자가 아는 한, "전적 타락"이라는 용어를 전혀 사용하지 않는다. 두 가지 예를 보자.
  "인간의 본성 전체는 타락으로 물들어 있어서 그는 스스로 바르게 행할 능력이 전혀 없다"("Necessity of Reforming the Church," in *Calvin: Theological Treatises*, ed. J. K. S. Reid [Philadelphia: Westminster Press, 1954], 198).
  "성령은 우리의 정신의 눈멂이 매우 심하여 마음의 감정들이 타락하고 비뚤어져 있으며, 우리의 본성 전체가 더럽혀져서, 성령이 우리 안에서 새로운 의지를 형성하실 때까지는, 죄 외에 아무것도 행할 수 없다고 성경에서 우리에게 가르치신다"(『칼빈 주석』 베드로전서, "Dedication," in Torrance 편집 판, 223-34).
  그러나 토랜스(T. F. Torrance)가 *Calvin's Doctrine of Man* (London: Lutterworth Press, 1949)에서 그렇게 하듯이, 칼빈의 인간론과 관련하여 "전적 타락"에 관해 말하는 것이 정확하지 않은 건 아니다. 토랜스는 "전적 타락"이라는 표현을 제7장과 제8장의 제목으로 사용한다. 또한, 우리는 이후에 생겨난 두 개의 개혁파 신앙고백—『도르트 신경』(*Canons of Dort*, 1618-19)과 『웨스트민스터 신앙고백서』(*Westminster Confession*, 1646)—안에서도 이 표현을 발견할 수 없다. 비록 이것들 역시 죄에 관해 똑같이 근본

의에서 선언된 이른바 칼빈주의 5대 교리 중 하나이다.)

칼빈은 어떤 면에서 인간 본성에 관해, 예를 들어, 이성에 대한 태도에 있어서, 루터만큼 부정적이지 않았다.[2] 이것은 부분적으로 칼빈의 인문주의적 배경에 기인하는데, 왜냐하면 칼빈은 그리스 철학자들뿐만 아니라 키케로와 세네카 같은 저술가의 글까지도 폭넓게 읽었기 때문이다.[3]

그러나 『제1차 신앙교육서』에서 인문주의의 영향은 명백하지 않다. 여기에서 타락한 인간에 관한 진술은 상당히 어둡다. 제4항("인간")에서 칼빈은 영적 영역에서의 본성적 능력들에 관해 매우 부정적인 태도를 보인다. 인간은 자기들의 죄와 반역의 결과로서, "하나님의 모든 은사들이 벗겨"졌고,[4] "육신의 냄새만을 풍기"게[5] 되었다(제4항). 이것은 그들의 지성

적인(radical) 견해를 갖고 있지만 말이다. 이 문제에 관한 더 충분한 논의를 위해서는 필자의 다음 책을 보라. John Hesselink, *On Being Reformed: Distinctive Characteristics and Common Misunderstandings*. 2nd ed. (New York: Reformed Church Press, 1988), 제7장.

2   루터는 일부 맥락에서 "이성의 창녀"에 관해 말했는데, 그러나 이것이 전반적인 상황을 보여 주는 건 아니다. 균형 잡힌 연구를 위해서는 다음을 보라. Brian Gerrish, *The Grace of Reason: A Study in the Theology of Luther* (Oxford: Clarendon Press, 1962).

3   하이코 오버만(Heiko Oberman)이 최근 논문에서 지적했듯이, "적어도 단수로된 '인문주의'나 '종교개혁' 같은 건 없었다. 그리고 이러한 단일 운동들(these monoliths)이 존재했다면, 칼빈은 '중간 입장'을 취하려 하지 않았을 것이다! 그럼에도 불구하고, 특히 미국에서, 쿼리니우스 브린(Quirinius Breen, 1896-1975)으로부터 윌리엄 부스마(William Bouwsma)에게까지 이르는 르네상스에 관한 학문적 연구는 칼빈의 사역 안에 나타난 인문주의적 차원을 확언해 주고, 명확히 보여 주며, 그 윤곽을 서술해 주는 합의를 발전시켰다"("The Pursuit of Happiness: Calvin between Humanism and Reformation," in *Humanity and Divinity in Renaissance and Reformation: Essays in Honor of Charles Trinkaus* [Leiden: E. J. Brill, 1993], 253-54).

4   이것은 『제1차 신앙교육서』의 프랑스 판 영어 번역(『신앙교육』[*Instruction in Faith*])이다("stripped of all of God's gifts"; 프랑스어: despouille de tous les dons de Dieu. -편주). 배틀즈의 라틴어 번역은 "하나님의 모든 은총을 빼앗겨"("deprived of all God's benefits"; 라틴어: *omnibus Dei beneficiis ... spoliari*. -편주)이다.

5   여기에서 "육신"(flesh)은 하나님께 저항하는 인간 본성의 부분을 의미하는 바울적 의미

과 의지뿐만 아니라 그들의 육체적인 힘에도 영향을 미치는데, 이 육체적인 힘은 타락하고 부패하게 되었다.

그 결과, 우리는 인간의 어디를 둘러보든 하나님께 불결하고 불경하며 혐오스러운 것 외에는 아무것도 볼 수 없다(제4항).

성경적 용어를 사용하자면, 본성상 우리는 "죄의 종"이며, 죄의 지배 아래 있다(롬 6:12-22).[6] 이와 같이, "죄의 독에 깊이 젖어든" 인간의 마음은 "죄의 열매들 외에 아무것도 맺을 수 없"다(제5항).[7]

로 사용된다. 다음을 보라. 예를 들어, 롬 7:5; 8:3, 6; 갈 2:20; 5:16.

[6] 참조. "그러나 나는 죄 아래서 노예로 팔린 육신에 속해 있다"(but I am of the flesh sold into slavery under sin, 롬 7:14b, NRSV). 그리고 다음을 참조하라. 요 8:34; 벧후 2:19. 칼빈은 『칼빈 주석』 롬 7:14에서 죄의 **전체성**(totality)을 서술한다. 하지만, "전적 타락"이란 표현을 사용하지 않는다. "우리는 죄의 능력에 의해 완전히 내몰려서 우리의 정신 전체, 우리의 마음 전체, 그리고 우리의 행동 전체가 죄로 기울어 있다." 그 다음에, 칼빈은 중대한 구분을 한다. 즉, "강제를 나는 언제나 배제한다. 왜냐하면, 우리는 우리 자신의 자유의지로 죄를 범하기 때문이다. 죄가 자발적이지 않다면 죄는 죄가 아닐 것이다. 그러나 우리는 죄에 중독되어 있어서 죄 외에는 자발적으로 아무것도 할 수 없다"(『칼빈 주석』 롬 7:14).

[7] 우리는 칼빈이 쓴 이후의 글들에서 이와 유사한 부정적 판단들을 발견할 수 있다.
다음은 『기독교 강요』에서의 예들이다. "저주 받아 마땅한 것들만이 인간의 부패한 본성에서 나온다"(『기독교 강요』 II. 3의 제목). "우리는 본성의 모든 부분에서 타락하고 왜곡되어졌는데, 이러한 부패로 인해 우리는 마땅히 하나님 앞에서 정죄되어 유죄 판결을 받은 채로 있다"(II. 1. 8).
다음은 『칼빈 주석』에서의 예이다. "주님으로부터 떨어짐으로써," 아담은 "자신 안에서 부패하게 되고, 오염되고, 타락하게 되었으며, … 우리의 본성을 파멸시켰다. 그러므로 우리는 모두 죄를 범했는데, 이는 우리가 본성적 부패로 물들었기 때문이며, 이런 이유로 우리는 사악하고 왜곡되어져 있다"(『칼빈 주석』 롬 5:12).
다음은 "칼빈 설교"로부터의 예다. "인간들 안에 무엇이 남아 있는가? 이제, 그들의 용기에도 불구하고, 그들은 해충이요 썩은 것일 뿐이다"("칼빈 설교" no. 94, 욥 25:1-6; trans. Nixon, 151).

2. 기본적인 구분

『제1차 신앙교육서』에서 칼빈은 이 지점에서 멈춘 채, 예술과 과학의 영역에서의 인간 능력에 관해서는 논하지 않는다. 그러나 『기독교 강요』에서 칼빈은 "천상의 것들"의 영역에서의 인간 능력과 대조하여, "지상의 것들"의 영역에서 이루어지는 인간의 지식과 성취 사이를 구분한다(『기독교 강요』 II. 2. 13).[8]

"지상의 것들"의 영역에서, 도움을 받지 않은 인간의 능력들은 아무것도 아니다. 영적 통찰력과 관련하여, "가장 위대한 천재들"까지도 "두더지들보다 더 눈이 멀어 있다!"(II. 2. 18). 하나님의 성령의 도움이 없다면, 우리는 "신적인 문제들에 있어서 완전히 눈이 멀어 있으며 어리석다"(II. 2. 19).[9]

그러나 이것은 전체 그림의 한 부분일 뿐이다. 칼빈은 우리가 오늘날 이른바 문화적 또는 세속적 영역이라 부르는 것에서의 본성적 능력에 관해 훨씬 더 긍정적인 견해를 취한다. 타락에도 불구하고, 인간은 여전히

---

[8] 칼빈은 이와 관련된 구분이 어거스틴에게서 온 것임을 감사함으로 인정한다. 즉, "자연적 선물들은 죄로 인해서 인간 안에서 부패했다. 그러나 그의 초자연적 선물들은 그에게서 박탈되었다"(『기독교 강요』 II. 2. 12). 자연적 선물들 가운데에는 이성, 지성, 의지가 있다. 여기에서 특히 우리는 칼빈의 진술들을 맥락에 비추어 읽어야 하는데, 왜냐하면 그는 한편에서 "인간 지성은 본성상 진리에 대한 사랑의 포로가 되어 있으므로, 어느 정도의 지각 능력을 소유하고 있다"라고 말하지만 다른 한편으로 다음과 같은 경고문을 덧붙이기 때문이다. "그럼에도 불구하고 진리에 대한 이런 열망—변변치 못한 열망—은 얼마 못가서 허영에 빠짐으로 인해 경주를 시작하기도 전에 시들고 만다"(II. 2. 12).

[9] "우리가 천상의 비밀들을 이해하도록 우리의 지성을 조명하시는 것은" 하나님의 "특별한 직무"이다. "우리에게 최고의 예리함(the greatest acuteness, *summo acumine*)—이것 역시 하나님의 선물이다—이 자연적으로 주어져 있음에도 불구하고 우리는 이것을 제한된 선물이라 부를 것인데, 왜냐하면 이것이 천상에 도달하지 못하기 때문이다"(『칼빈주석』 단 2:30).

정부, 가정 살림, 기계를 다루는 기술, 인문 교양(the liberal arts) 등에서의 일반적 능력뿐만 아니라 어느 정도의 양심, 상식, 자연적 본능, 이성, 정의감, 공평, 그리고 정치적 질서를 소유하고 있다(II. 2. 13).[10]

"정치적 질서의 씨앗이 모든 인간 안에 심겨져 있다"는 사실은 "… 현세의 삶을 사는 데(in the arrangement[*constitutione*] of this life) 있어서 이성의 빛이 없는 사람은 아무도 없다는 충분한 증거이다"(II. 2. 13). 이것을 이후에 네덜란드 칼빈주의자들이 일반은총이라 부른다.[11] 그러므로 칼빈이 "지상적 탁월성에 대한 인문주의적 관심을 완전히 거부했다"[12]라고 주장하는 것은 완전히 거짓이다.

그러나 죄된 인간의 업적과 능력을 인정하는 데 있어서 칼빈의 목적은 그들에게 교만이나 자기 확신에 대한 어떤 근거를 주는 데 있지 않다. 이런 면에서 칼빈은 르네상스 및 대부분의 인문주의자들의 정신과는 다른데, 이들은 사람들이 자력으로 자신을 고양시킬 수 있다고 느꼈기 때문이다.

오히려 칼빈은 하나님이 본래 아담과 하와에게 주셨던 선물들의 이런 잔재를 타락한 인간이 간직하도록 허락하신 하나님의 무한한 긍휼과 친절에 대해 하나님께 영광을 돌리길 원한다. 그러므로 우리의 태도는 교만이 아니라 겸손한 감사의 태도여야 한다(II. 2. 15).[13] 하나님의 은혜가 없었다

---

10 "예술들의 발견이나 체계적 전수, 또는 이 예술들에 관한 내적이고 더욱 뛰어난 지식—이것은 아주 소수의 사람들만의 특징이다—이 공통된 분별력을 충분히 증명해 주는 것은 아니다. 그럼에도 불구하고 이것은 경건한 사람과 불경건한 사람 모두에게 차별 없이 주어지므로, 자연적 선물들 가운데 넣는 것이 옳다"(『기독교 강요』 II. 2. 14).
11 칼빈은 이런 표현을 사용하지 않지만, 이와 관련하여 "하나님의 일반은총"(the general grace of God, *generalem Dei gratiam*[『기독교 강요』 II. 1. 17])을 언급한다. 더 많은 정보를 위해서는 『기독교 강요』(LCC 판)에 있는 이 절에 첨부된 각주 63과 64를 보라.
12 Will Durant, *The Reformation* (New York: Simon & Schuster, 1957), 165.
13 "우리가 어떤 것을 칭송할 만하다거나 고상한 것으로 여기는 동시에 그것이 하나님께

면, 우리는 우리의 반역과 타락으로 인해 잔인한 짐승들과 다른 바 없었을 것이다(II. 2. 17).

다른 한편에서, 칼빈은 보통 세상, 세상의 지혜, 그리고 세상의 업적에 대한 청교도적 또는 경건주의적 거부로 간주되는 것에 대해 경고한다.[14] 이교도나 세속 철학자들, 시인들 그리고 예술가들의 업적은 "비록 타락하고 왜곡되어 있을지라도, 인간 지성이 하나님의 탁월한 선물들로 옷 입혀져 있으며 장식되어 있다"는 것을 우리에게 보여 준다.

> 만약 우리는 하나님의 성령을 진리의 유일한 원천으로 간주한다면, 진리 자체를 거부하지 않을 것이고, 진리가 출현하는 곳마다 그것을 경멸하지도 않을 것이다. 우리가 하나님의 성령을 모욕하고 싶어 하지 않는다면 말이다(II. 2. 15).

이것은 매우 주목할 만한 진술로서, 이후의 많은 칼빈주의자가 무시해

로부터 온다는 것을 인정하지 않아야 할까? 그러한 배은망덕을 부끄러워하자"(『기독교강요』 II. 2. 15).

14 이 문제에 있어 칼빈의 실제적인 적대자들은 십중팔구 재세례파들이었는데, 이들은 세상을 부정하는 경향이 있었다. "자연 세계에 대한 그리스도인의 참여에 관한 칼빈의 진술 중 다수는, 다시 한 번, 재세례파의 완전주의적이고 분리주의적인 주장들에 맞서는 것이었다. 칼빈은 이런 '새로운 도나티우스주의자들'에 맞서서, 인간의 사회 참여를 정죄하는 어떠한 고립주의도 거부했다"(Susan E. Schreiner, *The Theater of His Glory: Nature and Natural Order in the thought of John Calvin* [Durham, N.C.: Labyrinth Press, 1991], 92). 이런 말은 시민 정부를 높이 평가하는 칼빈의 견해와 시민 정부에 대한 그리스도인의 참여 의무에도 적용될 수 있다(참조. 제16장). 네덜란드 학자에 의해 이루어진 칼빈과 재세례파 간의 관계에 관한 철저한 연구를 참조하라. Willem Balke, *Calvin and the Anabaptist Radicals* (Grand Rapids: Wm. B. Eerdmans Publishing Co., 1981).

온 정신의 개방성과 폭을 드러내 주며,[15] 칼빈의 비방자들 대부분에게는 친숙하지 않은 진술이다.

3. 하나님 형상의 상실?[16]

『제1차 신앙교육서』 제4항의 한 진술은 잘못된 인상을, 즉 타락한 인간 안에 있는 하나님의 형상이 전적으로 상실되었다는 인상을 남길 수 있

---

15 그러나 이것이 취리히의 츠빙글리(Zwingli)의 계승자이자 『제2차 헬베틱 신앙고백서』(*the Second Helvetic Confession*, 1566)의 저자인 하인리히 불링거(Heinrich Bullinger)에게는 해당될 수 없다. 칼빈을 따라서, 불링거는 수직적 영역과 대비되는 수평적 영역에 대한 인간의 능력들을 구분한다. 전자의 영역에서, "아직 중생하지 않은 인간은 선에 대한 어떠한 자유의지도, 선한 것을 수행할 어떠한 힘도 없다." 여기에서 불링거는 고전 2:14, 고후 3:5, 요 8:34, 롬 8:7과 같은 구절을 인용한다. 그러나 지상의 것들과 관련하여, "타락한 인간은 지성에 있어서 전적으로 결핍된 것은 아니다." 이것은 특히 예술들에 있어서 그러한데, 이곳에서 "하나님은 우리에게 우리의 자연적 재능들을 기르도록 명령하시고, 또한 은사들과 성공 둘 모두를 더해 주신다." 그러나 일반은총의 이 영역에서조차 "우리는 하나님의 복 없이는 모든 예술에서 아무런 진보를 이루지 못한다"(제9장, *Book of Confessions*, Presbyterian Church [U.S.A.], 5.045-6).

16 『제1차 신앙교육서』에서 이 주제에 보인 미미한 주목을 고려할 때, 이 주제에 부당한 지면이 주어진 것처럼 보일지도 모르겠다. 그러나 다양한 칼빈 학자들이 주목했듯이, 이 주제는 칼빈에게 기초적인 교리이고, 따라서 그냥 지나치며 생각해야 할 게 아니다. 토랜스는 칼빈의 인간론에 관한 선구적 저서에서 다음과 같이 논평한다. "인간 안에 있는 '하나님의 형상'(*imago dei*)에 관한 칼빈의 교리는 인간과 하나님 간의 이러한 관계 전체를 요약한다"(*Calvin's Doctrine of Man* [London: Lutterworth, 1949/52], 59).

참조. Brian Gerrish, "The Mirror of God's Goodness: A Key Metaphor in Calvin's View of Man," in *Reading in Calvin's theology*, 110: "칼빈신학에 있는 신적 형상 개념은 그것[『기독교 강요』]의 도입부에서 조심스럽게 다루어지는 것이 시사하는 바보다 훨씬 큰 중요성을 지니고 있다. 왜냐하면, 칼빈이 그것을 해석하는 방식은, 그 어떤 것보다 더욱 잘, 인간과 세계에서의 인간의 위치에 관한 칼빈의 이해의 중심을 열어 밝혀 주고 있기 때문이다. 더 나아가, 그것은 전체 체계의 다른 부분들과의 중요한 고리를 구성한다."

다. 칼빈은 "하나님의 형상과 모양"에 관한 언급으로 제4항을 시작하는데, 형상과 모양은 칼빈에게 기본적으로 동일한 것이다.[17]

인간은 처음에 하나님의 형상과 모양으로 만들어졌는데, 이는 그가 하나님이 자기에게 찬란하게 빛나도록 입혀 주신 자기의 장식들 안에서 자기의 창조주를 공경하며 합당한 감사로 예배하도록 하기 위함이었다(제4항).

여기에서 칼빈은 "하나님이" "입혀 주신" 그 "장식들"에 관해 상세히 다루지 않는다. 하지만, 칼빈은 이 문제에 관해 『기독교 강요』에서 조금 상세히 논한다. 요컨대, 몇 가지 독특한 "외적인 표지들"(externis notis)에도 불구하고, 하나님의 형상은 기본적으로 영적이다.

왜냐하면, 하나님의 영광이 우리의 겉사람 안에서 빛난다 할지라도 그의 형상의 적절한 좌소는 영혼 안에 있다는 데 의심의 여지가 없기 때문이다 (『기독교 강요』 I. 15. 3).[18]

---

17 칼빈은 창 1:26의 "형상"과 "모양"을 미세하게 구분하는 학자들에 대해 불평한다. 칼빈은 "'모양'은 설명의 방식을 통해 추가되었다"라고 올바르게 지적하는데, 왜냐하면 "우리는 반복들이 히브리인들 가운데서는 흔한 일이었고, 이를 통해 그들이 같은 것을 두 번 표현한다는 것을 알기 때문이다"(『기독교 강요』 I. 15. 3)라고 덧붙인다. 칼빈은 이런 견해를 『칼빈 주석』 창 1:26에서 반복하고, 다른 이들 중에서 어거스틴이 "인간 안에 있는 삼위일체(a Trinity in man)를 만들어 낼 목적으로 지나칠 정도로 섬세하게 사변한다"라고 불평한다.
18 "신적 형상의 일차적인 좌소가 지성과 마음 안(in the mind and heart), 또는 영혼과 그것의 능력들 안이었다 할지라도, 인간의 어떤 부분도, 심지어 몸 자체까지도 그 안에서 약간의 불꽃(some sparks)이 빛나지 않는 곳은 하나도 없었다"(『기독교 강요』 I. 15. 3). 몸이 얼마나 하나님의 형상을 반영하는지에 관한 질문에 관해서는 다음을 보라. Mary Potter Engel, *John Calvin's Perspectival Anthropology* (Atlanta: Scholars Press, 1988), 42-47.

하나님의 이런 형상이나 모양의 성격은,

> 모든 종류의 생물을 능가하게 하는, 인간의 본성의 탁월성 전체에까지 미친다. 따라서 아담에게 주어진 완전성은, 그가 올바른 지성을 온전히 소유했을 때, 이성의 한계 내에 자기의 감정들을 두었을 때, 다시 말해 자기의 모든 감각들을 올바른 질서로 조율했을 때, 그리고 자기의 탁월함이 자기의 창조주가 자기에게 주신 예외적인 선물들에 기인한다고 여겼을 때, 하나님의 형상이라는 이 단어에 의해 표현된다(『기독교 강요』 I. 15. 3).

이것은 하나님의 형상에 관한 다소 화려하고 세련된 서술이다. 칼빈은 다른 곳에서, 에베소서 4:24과 관련하여 다음과 같이 말한다.

> 아담이 처음에 하나님의 형상으로 창조되었는데, 이것은 그가 거울처럼 하나님의 의를 반영하도록 하기 위함이다.[19]

하나님의 형상에 관한 서술이 다르기 때문에, 칼빈 학자들은 하나님의 형상이 이성과 의지—이것들은 자연적 선물들이다—안에 있는지, 아니면 참된 예배와 경건—이것들은 초자연적 선물들이다—안에 있는지에 관해 논쟁한다.[20] 형상은 둘 다로 이루어진 것처럼 보인다.

---

19 『칼빈 주석』 엡 4:24.
20 두 견해의 지지자들에 관해서는 다시금 다음을 보라. Engel, *John Calvin's perspectival Anthropology*, 48-50. 엥겔(Engel)은 관점주의적 접근을 사용함으로써 이 문제를 해소한다. "하나님의 관점에서 형상은 초자연적 선물로 보인다. 인간의 관점에서는 자연적 선물로 보인다"(p. 50).

어쨌든, 『제1차 신앙교육서』에서 칼빈은 형상이 전적으로 상실되었다는 인상을 준다. 아무런 제한도 없이 칼빈은 "하나님의 형상이 지워졌으므로"(제4항)라고만 말한다.[21] 다른 곳들에서, 각각의 경우에 그 맥락과 정확한 표현을 고려해야 하겠지만, 칼빈은 동일한 인상을 준다.

칼빈은 "초자연적 선물들"—믿음, 사랑, 의—에 관해 말하고 있는가?

아니면, 이성, 의지, 지성이라는 보다 자연적인 선물들—이것들은 죄로 물들었든 아니든, 인간 됨의 본질적인 특징들이다—에 관해 말하고 있는가?

관련된 언급들의 부정적 측면에서, 다음을 주목해 보라.

타락으로 인해, "천상적 형상이 그의 [인간] 안에서 지워졌다(obliterated, *obliterata*)"(『기독교 강요』 II. 1. 5).

아담이 타락한 후, 그리고 우리가 지녔던 "최초의 가치"(primal worthiness)를 상실한 후, 하나님의 형상의 특질들인 겸손의 덕목들과 미래 삶에 관한 묵상의 열정이 "전적으로 그리고 완전히 상실되"었다(II. 1. 1).

아담은 "주님으로부터 떨어짐으로써, 그 자신 안에서 우리의 본성을 부패시키고, 오염시키며, 타락시키며, 파괴했다. 하나님의 형상을 상실함으로써 말이다(having lost the image of God, *abdicatus a Dei similitudine*)."[22]

하나님의 형상은, "**죄에 의해서 지워졌으므로**, 이제 그리스도 안에서 회복되어야 한다"(강조는 필자의 것이다).[23]

21　프랑스어 판 역시 똑같이 강력하다. "하나님에 대한 이러한 닮음이 우리 안에서 **말살되었으므로**." 『신앙교육』(*Instruction in Faith*), 21(강조는 필자의 것이다).
22　『칼빈 주석』 롬 5:12.
23　『칼빈 주석』 엡 4:24. "복음의 목적은 죄에 의해 삭제된 하나님의 형상을 우리 안에서 회복하는 것이다"(『칼빈 주석』 고후 3:18).

이 모든 것은 다음과 같은 한 가지 결론으로 이끄는 것 같다. 죄로 인해서 하나님의 형상이 말살되고, 지워지고, 완전히 상실되었다. 그러나 칼빈이 이런 극단적인 진술들을 완화시키는 다른 곳들—그리고 때로는 동일한 문맥에서—이 있다. 예를 들어, 『기독교 강요』에서 하나님의 형상에 관해 주로 논할 때(I. 15. 3-4), 칼빈은 "보다 신중한 공식(formula)"[24]을 사용한다.

> 하나님의 형상이 그의 [아담] 안에서 **전적으로 소멸되고 파괴된 것은 아니**었지만, 그럼에도 그것은 매우 부패하여서 남아 있는 것은 무엇이든지 놀라울 정도로 흉하게 되었다. … 하나님의 형상이란 아담의 일탈 전에 그의 안에서 빛났던 인간 본성의 탁월성이다. 하지만, 이러한 탁월성은 후에 매우 **오염되고 거의 다 지워져서** 파멸 후에는 혼란되고, 훼손되고, 병에 찌든 것 외에는 아무것도 남아 있는 것이 없다(『기독교 강요』 I. 15. 4; 강조는 필자의 것이다).

유사한 구분들과 제한들이 칼빈의 다른 글들에서 발견된다. 예를 들어, 칼빈은 『칼빈 주석』 다니엘 2:22에서 다음과 같이 쓰고 있다.

> 하나님의 선하심은 인간의 일반적인 사려깊음에서—왜냐하면 공의와 불의를 분별할 수 없을 정도의 사람은 없기 때문이다—뿐 아니라 하나님

---

24 이 표현은 방델(Wendel)의 것이다. François Wendel, *Calvin: Origins and Development of His Religious thought* (New York: Harper & Row, 1963), 185. 또한, 『칼빈 주석』 창 1:26의 표현을 주목하라. "[처음에 아담 안에서 발견되었던] 이 형상의 흐릿한 흔적들이 우리 안에서 여전히 발견된다. 그럼에도 불구하고, 이것들은 매우 오염되고, 망가져서 파괴되어 있다고 **말해질 수도 있다**(they may be said)"(『칼빈 주석』 창 1:26). 칼빈은 여기에서 이것들이 사실상 파괴되어 있다(they actually are destroyed)고 말하지 않는다는 것을 잘 주목하라.

의 지혜를 더욱 놀랍게 만들어 주는 비상함을 지닌 선지자들 안에서도 눈에 띈다.

더욱이 우리에게는 "약간의 상식"이 선물로 주어졌다. 그렇지 않다면, "우리는 막대기나 돌맹이 같을 것이다." 또한, 우리는 "선과 악을 분별할 수 있게 하는 일반적인 예지(foresight)로 장식되어" 있다. 이것은 "인간 본성의 일반적 수준"(the ordinary level of human nature, *communem naturam*)에서조차 그러하다. 그러나 신자들은 이에 더하여 "조명을 받아 우리의 [자연적] 능력들을 훨씬 넘어서는 것들을 이해할 수 있다."[25]

특별히 빛을 비추어 주는 한 구절이 도덕률 폐기론자들(the Libertines)에 대한 칼빈의 반박 글에서 발견된다. 여기에서 특정한 주제는 영혼이지만, 칼빈의 논평은 하나님의 형상이 상실되었는지, 그리고 그렇지 않다면, 어떤 의미에서 하나님의 형상이 타락에도 불구하고 남아 있는 것인지의 문제를 직접적으로 언급한다.

> 인간에 관하여, 성경은 우리에게 그가 하나님으로부터 돌아선 그때로부터 그의 영혼이 악에 넘겨지고 억압을 받으며 연약함으로 인해 자취를 감추게 됨으로 말미암아, 그의 영혼은 무지와 허영으로 가득 차 있다고, 즉 하나님에 맞선 사악함과 반역으로 가득 차 있다고 분명하게 가르친다. 그럼에도 불구하고, 성경은 인간을 하나님이 그의 안에 두신 자연적 조건들을 그의 안에 소유하고 있는 하나님의 피조물이라고 계속해서 부른다. 그 모

---

25 『칼빈 주석』단 2:22.

든 것이 죄로 말미암아 부패하고 타락하지 않는 한에서 말이다.

그 결과, 성경에 따르면, 인간의 영혼은 이해하고 판단을 내리기 위해 감각과 이성을 부여받은, 그리고 그의 삶이 원하는 것들을 선택하고 바라도록 의지도 부여받은 영적 실체이다.[26]

진실로, 성경은 우리의 지성이 죄로 인해 왜곡되었다―우리가 눈이 멀 정도로, 그리고 우리의 의지가 부패할 정도로, 심지어 그것에서는 죄만이 흘러나올 정도로―고 직접적으로 가르친다. 그럼에도 불구하고, 영혼은 그것의 본질을 계속 유지하며, 하나님이 세우신 질서에 따라서 그것의 본성의 분리할 수 없는 성질들을 계속 간직하고 있다.[27]

그러므로 타락한 인간 안에 있는 하나님의 형상은 매우 오염되고 부패하여 선한 것이 별로 남아 있지 않다 할지라도, 전적으로 상실된 것은 아니다.

그러나 "천상적인 것들"의 영역과 대비하여, "지상적인 것들"의 영역에 있어서 "자연인의"(『기독교 강요』 II. 2. 13) 능력들 간에 있는, 앞서 논의한 핵심 구분을 떠올려 보라.

---

[26] 칼빈은 『칼빈 주석』 시편에서 영혼을 아주 달리 규정한다. 제임스 드 영(James A. De Jong)은 자기의 논문인 "An anatomy of All Parts of the Soul: Insights into Calvin's Spirituality from His Psalms Commentary"에서 "시편 주석 자체에 있는 핵심 구절들에 비추어볼 때, 칼빈에게 영혼은 신자의 주관적 감정과 태도와 반응과 신념의 살아 있는 핵(core)이다. 그가 선호하는 용어는 '감정'(affection)이며 ⋯ 마음이 의미하는 바에 더욱 가깝다"라고 지적한다(*Calvinus Sacrae Scripturae Professor: Calvin as Confessor of Holy Scripture*, ed. Wilhelm H. Neuser [Grand Rapids: Wm. B. Eerdmans Publishing Co., 1994], 4-5). 참조.『칼빈 주석』 시 34:2.

[27] *John Calvin: Treatises against the Anabaptists and the Libertines*, trans. Benjamin Wirt Farley (Grand Rapids: Baker Book House, 1982), 236-37.

전자의 영역에서, "가장 뛰어난 천재들조차 두더지들보다 더 눈이 멀었다"(II. 2. 18). 그 이유는 다음과 같다.

> 하나님을 아는 지식과 관련하여, 인간 정신의 날카로움은 눈이 먼 것에 불과하다(II. 2. 19).

그러나 "지상적인 것들"의 영역에서, 타락에도 불구하고 모든 인간 안에는 "하나님의 형상의 일부 흔적들이 남아 있는데, 이것들이 인간을 다른 피조물과 구별해 준다"(II. 2. 17). 이런 "흔적들"이 중요하지 않은 건 아니다. 왜냐하면, 이것들 가운데에는 예술과 학문의 영역에 있는 다른 선물들 및 능력들과 함께 "본성상 인간 안에 심겨져" 있는 "이성과 지성의 보편적 이해력"이 포함되기 때문이다.[28]

더욱이 이교도 시인들 및 키케로와 같은 고전 작가들과 함께, 이 맥락—죄에 관한 논의—에서 철학자들에 대한 칼빈의 빈번한 부정적 언급들에도 불구하고, 이 종교개혁가는 이 "자연인들"(고전 2:14을 보라)에게 "보다 열등한 것들을 탐구하는 데 있어서 실로 날카로운 통력이 있었다"는 것을 기꺼이 인정한다. 칼빈은 즉시 다음과 같이 덧붙인다

> 따라서 이들의 예를 통해 인간 본성에서 인간적 선이 박탈된 후 주님이 얼마나 많은 선물을 그 본성에 남겨 두셨는지를 배우도록 하자(II. 2. 15).

---

28 『기독교 강요』 II. 2. 17과 II. 2. 12-16을 참조하라. 이 모든 선물이 하나님의 성령으로부터 비롯되었다는 것을 상기하라.

특히, 리샤르 스토페르(Richard Stauffer)와 같은 일부 칼빈 학자들이 이 진술들의 비일관성으로 인해서 이와 같이 명백한 모순들을 해결하기가 불가능하다고 주장한다 할지라도,[29] 위에서 인용된 표면상 충돌하는 진술들을 다소나마 이해하는 것은 가능한 일이다. 칼빈 자신이 몇 가지 실마리를 제공한다. 하나는 자연적 선물과 초자연적 선물에 대한 그의 구분이다. 칼빈은 다음과 같은 중세적 주장을 인정하며 인용한다.

> 인간 안에 있는 자연적 선물들은 부패했지만, 초자연적 선물들은 강탈되었다(II. 2. 4).[30]

좀 더 나갈 수 있다. 왜냐하면, 자연적이든 초자연적이든, 인간에게 주어진 다양한 선물과는 별도로, 또한 각 사람을 존경받아 마땅하도록 만드는, 하나님의 형상으로 창조된 인간 존재 안에 내재하는 무엇인가가 있기 때문이다. 예를 들어, 사람들의 다양한 소명과 능력은 그들이 하나님의 형상으로 창조되었다는 표지들이다.

---

29 스토페르(Stauffer)의 다음 책을 보라. *Dieu, la creation et providence dans la predication de Calvin* (Berne: Peter Lang, 1978), 201. 데이비드 케어른스(David Cairns), 니젤, 토랜스, 다우위, 그리고 게리쉬(Gerrish)의 입장에 관해서는 다음을 보라. Engel, *John Calvin's perspectival Anthropology*, 38, 67, n. 68, 71-72, n. 95.

30 노블(T. A. Noble)은 보다 넓은 의미의 하나님의 형상과 보다 좁은 의미의 하나님의 형상을 구분한다. 전자는 "'자연적 선물들,' 즉 그것들이 없이는 인간이기를 멈추고 동물로 돌아가게 되는 영혼의 속성들—이성과 의지—을 가리킨다." 후자는 "하나님의 말씀에 대한 살아 있는 지성적 반응의 기능인 '초자연적 선물들'을 가리킨다"("Our Knowledge of God according to John Calvin," in *The Evangelical Quarterly*, 54/1 [Jan.-March 1982]: 8).

우리는 이러한 다양성 안에서 하나님의 형상의 남아 있는 일부 흔적을 보는데, 이것들이 인간을 다른 피조물과 구분해 준다(II. 2. 17).

더욱이 영혼이 인간을 특별하게 해 주는 다양한 선물의 특정한 좌소라 할지라도, 인간의 육체적 형태 역시 어떤 의미에서 하나님의 형상과 모양을 반영한다.[31] 여기에서 라인홀드 니이버(Reinhold Niebuhr)는 일부 칼빈 전문가보다 통찰력이 있다. 왜냐하면, 그는 다음과 같이 보기 때문이다.

> 칼빈은 하나님의 형상을 인간 본성의 독특한 구조와, 본래적이지만 지금은 상실된, 인간 성격(character)의 완벽성 둘 모두와 관련하여 규정한다.[32]

그러나 여기에서 빠져 있는 것은 하나님의 형상의 참된 본성을 그것이 그리스도 안에서 회복된다고 하는 것을 제쳐두고서는 이해될 수 없다는 점인데, 이 점을 우리는 간략하게 다룰 것이다.

하나님의 형상이 모든 인간 안에 있는 지울 수 없는 특징이라는 것은 서로를 사랑하라는 명령에 관한 칼빈의 해석에서 확언된다. 여기에서 칼

---

[31] 앞에서 인용한 『기독교 강요』 I. 15. 3 외에, 다음의 『칼빈 주석』 창 1:26을 참조하라. "신적 형상의 주요 좌소는 그의[아담의] 정신과 마음 안이었는데, 이곳에서 하나님의 형상은 매우 탁월했다. 그럼에도 불구하고, 그에게는 하나님의 형상의 어떤 표지들이 빛을 발하지 않는 부분이 전혀 없었다." 후반부 문장에 칼빈은 몸도 포함시킨다. 왜냐하면, 칼빈은 다음과 같이 설명하기 때문이다. "정신 안에서 완벽한 지성이 번성하고 다스렸으며 … 모든 감각이 이성에 마땅한 복종을 하도록 준비되었고 만들어졌다. 그리고 몸 안에는 이 내적 질서에 적절히 상응하는 것이 있었다"(『칼빈 주석』 창 1:26).

[32] Reinhold Niebuhr, *The Nature and Destiny of Man*, vol. 1 (New York: Charles Scribner's Sons, 1947), 159.

빈은 주목할 만한 관점을 보여 준다. 두 번째로 큰 계명—네 이웃을 네 몸과 같이 사랑하라—을 논하면서, 칼빈은 "만약 인간이 그들 자신의 공로로 판단을 받는다면," 그들 대부분은 "자격이 없다"는 것을 인정한다.

그러나 칼빈은 다음과 같이 믿고 있다.

> 우리가 인간들이 스스로 세운 바 공로에 따라 어떤 대우를 받아 마땅한지를 생각할 것이 아니라 모든 인간 안에 있는 하나님의 형상—우리는 이 형상에 모든 영예와 사랑을 돌린다—을 바라보아야 한다고 성경이 우리에게 가르친다(III. 7. 6).

모두가 인정하다시피,

> 그것[하나님의 형상]이 그리스도의 성령을 통해 새로워지고 회복되었다면, 믿음의 가족의 지체들 가운데서(갈 6:10) 더욱 주의 깊게 목격되어야 한다.

하지만, 이것이 어떤 이에게 대하여 "그는 낯선 사람이다"라거나, "그는 경멸을 받아 마땅하고 무가치하다"라고 생각해도 된다는 것을 보증하는 건 아니다. 그 이유는 다음과 같다.

> 주님은 그가 자기가 그 자신의 형상의 아름다움을 주기로 설계하신 그 사람이라는 것을 보여 주신다(III. 7. 6).

그다음에 칼빈은 훨씬 더 웅변적으로 표현된 유사한 정서로 이 절을 마무리한다.

확실히, 단지 어려운 것만이 아니라 인간 본성에 전적으로 거슬리는 것을 성취하는 방법은 하나밖에 없다. 즉, 우리를 미워하는 사람들을 사랑하는 것, 그들의 악한 행위들을 은혜(benefits)로 되갚아 주는 것, 비난들을 축복으로 되돌려 주는 것이다[마 5:44]. 이것은 우리가 인간의 악한 의도를 생각할 것이 아니라 그들의 죄들을 지우고 삭제하는, 그리고 하나님의 형상의 아름다움과 존엄으로 우리를 매혹하여 그들을 사랑하고 받아들이도록 하는, 그들 안에 있는 하나님의 형상을 보아야 한다는 것을 기억하는 것이다.

『칼빈 주석』 창세기 9:6에서, 칼빈은 이와 유사하게 말하지만 중요한 제한을 두고 있는데, 이것이 우리에게 하나님의 형상에 관하여 칼빈에게서 표면적으로 드러나는 모순된 견해를 해결할 수 있는 가치 있는 실마리를 제공해 준다.

존경의 근거가 그들 자신에게 있다면, 인간은 하나님의 돌봄을 받을 가치가 없다. 그러나 그들은 자기들에게 새겨진 하나님의 형상을 지니고 있으므로, 하나님은 그들의 인격(person) 안에서 자기 자신이 더럽혀진다고 간주하신다. 따라서 비록 그들이 하나님의 호의를 받을 만한 어떤 것도 스스로 소유하고 있지 않다 할지라도, 하나님은 그들 안에 있는 자기 자신의 선물들을 바라보시며, 이로 인해 그들을 사랑하시고 돌보신다. 그러나 하나님 자신에게 상처를 입히지 않고서는, 누구도 자기 형제에게 상처를 입힐 수 없다는 이 가르침을 주의 깊게 살펴야 한다. … **이 신적 형상이 삭제되었다고 누군가 반론을 제기한다면, 그 해결책은 쉽다.**
첫째, 하나님의 형상의 잔재가 아직 존재하며, 그리하여 인간은 적지 않은 존엄을 지니고 있다.
둘째, 인간이 아무리 부패했다 할지라도, 천상적 창조주 자신은 원창조에 대한 자기의 목적을 여전히 염두에 두고 계신다. 그리고 그의 모범에 따라, 우리는 그가 어떤 목적으로 인간을 창조하셨는지를, 나머지 다른 생물보다 더 우월한 어떤 탁월성을 인간에게 주셨는지를 생각해야 한다(강조는 필자의 것이다).[33]

죄된 인간 안에서조차 여전히 "하나님의 형상의 잔재가 존재"한다는 말 외에도, 죄 많은 인간 존재들에게 "존경의 근거가 그들 자신에게 있다면"이라는 표현과 우리의 부패에도 불구하고 하나님이 "원창조(original creation)에 대한 자기의 목적을 여전히 염두에 두고 계신다"라는 표현 사이에 중요한 대비가 있다. 이런 대비는 딜레마에서 벗어나는 길을 시사한다.

한편, 그 자체로 우리는 전적으로 부패했고, 하나님으로부터 전적으로 소원하며, 그러므로 하나님의 형상을 전적으로 박탈당했다. 이런 견지에서는 하나님의 형상이 삭제되고 상실되었다고 말하는 것이 적절하다. 하나님

---

[33] 『칼빈 주석』 창 9:6[원서에는 인용 출처가 "『칼빈 주석』 창 1:26"로 표기되어 있지만, 이것은 참조 자료로 여겨진다. -편주]. 토랜스와 포터 엥겔(Potter Engel)가 하나님의 형상을 다룰 때 『기독교 강요』, 『칼빈 주석』, "칼빈 설교"들에서 넘칠 정도로 인용을 하면서, 『기독교 강요』 III. 7. 6에 있는 중요한 문장 또는 『칼빈 주석』 창 9:6의 이 글을 인용하거나 언급하지 않는다는 것이 이상하다. 아마도 단순히 못보고 지나친 것만은 아닌 것 같다.

의 형상은, 남아 있는 형상의 잔재들에도 불구하고, 단순히 손상되거나 망가진 것이 아니다.

그러나 우리의 창조와 우리를 다른 모든 피조물로부터 구별해 주는 바로 그 인간성의 본래 목적에 비추어볼 때, 우리는 모든 인간이 그들의 상태와 상관없이 하나님의 형상으로 창조되었다고 봐야 한다.34 사람들은 막대기도 돌멩이도 아니고, 짐승도 아니다.35 왜냐하면 그들은 피조된 질서 안에서 그들에게 매우 탁월한 자리를 부여하는 불멸하는 영혼을 소유한 까닭이다.36

---

34 이런 "해결책"은 포터 엥겔의 관점주의적 접근과 다소 유사하지만 그녀는 이것을 지나치게 교조주의적인 형태로 적용하고, 그 결과 다음과 같은 의심스러운 주장을 한다. "우리는 칼빈이 자연적 선물들이 구속주 하나님의 판단에는 아무 쓸모가 없으므로, 모든 영적 선물과 함께 모든 자연적 선물이 전적으로 상실되었다고 믿는다는 것을 이미 보여 주었다."

35 "칼 바르트는 에밀 브루너와의 초기 논쟁에서조차, '심지어 죄인으로서 인간은 인간이지 거북이가 아니다'라는 데 의견을 같이 한다. 칼빈은 이것을 더 잘 말할 수 없었을 것이다. 내재적으로 활동적인 인간의 본성은 자신을 죄 안에서뿐만 아니라 남성과 여성이 그들의 자연적, 사회적 삶 속에서 수행하는 활동들과 판단들과 기여들에서도 드러난다"(Schreiner, *The Theater of His Glory*, 70).

36 "영혼이 인간은 아니지만, 그럼에도 인간의 영혼과 관련하여 인간을 하나님의 형상으로 부르는 것은 터무니없지 않다. … 그[인간]의 형상의 적절한 좌소는 영혼 안이다"(『기독교 강요』 I. 1. 3). 『칼빈 주석』 창 2:7을 참조하라. "인간 창조에서 세 단계를 주목해야 한다. 즉, 그의 죽은 몸이 티끌로 형성되었다는 것, 이것에 영혼이 주어지고, 그리하여 죽은 몸이 살아 움직이게 되었다는 것, 그리고 이 영혼에 하나님이 그 자신의 형상을 새기셨고, 이 영혼에 불멸성이 부가되었다는 것이다"(『칼빈 주석』 창 2:7).

영혼과 특히 영혼의 불멸성에 관한 역사적 배경 및 칼빈의 견해를 다루는 보다 상세한 논의를 위해서는 다음을 보라. Schreiner, *The Theater of His Glory*, 60 이하. 그리고 그녀의 결론에 관해서는 p. 72를 보라. 그리고 다음을 보라. Engel, *John Calvin's Perspectival Anthropology*, 44 이하와 제5장. 포터 엥겔이 지적하듯이, "영혼의 불멸성에 관한 칼빈의 견해는 복잡한데, 이는 그가 자기가 말하고 있는 맥락에 따라 불멸성을 부인하기도 하고 긍정하기도 하기 때문이다"(Engel, *John Calvin's Perspectival Anthropology*, 152-53). 어쨌든, "불멸성은 칼빈에게 인간 영혼이 타고난 특징이 아니라 영혼에 새겨지지만 얼마 안 가서 그러나 하나님의 형상의 본질은 실체적이라기보다 관계적인데,[37] 그 이유는 다음과 같다.

> 칼빈은 피조된 인간을 "하나님과의 교통 속에" 있는 것으로, 그리고 타락한 인간을 "하나님으로부터 소원해진" 것으로 묘사함으로써 성경의 이야기와 어휘를 따르고자 한다.[38]

그러나 우리는 하나님으로부터 소원해지고 타락했음에도 여전히 우리의 기원과 우리의 미래의 잠재성에 대한 흔적(imprint)뿐 아니라 우리가 여전히 하나님과 독특하게 관계하고 우리를 다른 모든 피조물과 구별해 주는 "존엄"과 "탁월성"을 갖고 있다는 사실에 대한 흔적도 지니고 있다. 어떤 의미에서 하나님의 형상이 손상되고 삭제되었다고 말할 수 있을지라도, 인간이 된다는 것은 하나님의 형상을 지니고 있다는 것이다.[39]

그것의 모든 연약함 속에 노출되는 (부가된!) 하나님의 형상의 타고난 특징이다"(Oberman, "The Pursuit of Happiness: Calvin between Humanism and Reformation," 269).

[37] 이것이 토랜스의 책의 주제지만, 그는 지나치게 멀리 나가서 하나님의 형상의 실체적 측면들을 부인한다. *Calvin's Doctrine of Man*, 39, 51. 여기에서 포터 엥겔은 균형을 더욱 잘 잡고 있다. 다음을 참조하라. "요컨대, 칼빈이 보기에, 인간 안에 있는 하나님의 형상은 선물(an endowment)에 불과한 것이 아니라 관계성이기도 하다"(Brian Gerrish, "The Mirror of God's Goodness," 115).

[38] Oberman, "The Pursuit of Happiness: Calvin between Humanism and Reformation," 265. 그러나 필자는 오버만이 방금 인용한 문장 다음에 나오는 논평, 즉 "이 패러다임 변화는 '존재론으로부터 심리학으로'라는 공식에 의해 가장 잘 포착될 수 있다"(p. 265)라는 논평에서 칼빈을 너무나 지나치게 현대화하고 있다고 생각한다.

[39] "하나님의 형상은 단지 인간 안에 있는 어떤 한 가지가 아니라 인간이 하나님과 맺고 있는 관계 전체를 가리키며, 그의 존재 전체와 관련되어 있다. … 하나님이 인간을 만드셨으므로, 하나님의 형상은 인간에게 본질적이고 그의 인격 전체를 구성한다. … 그러므로 하나님의 형상은 인간에게 외적인 것이 아니고, 또한 그것은 추가적으로 덧붙

그러나 하나님의 참된 형상이 타락 전 아담과 이브 안에서가 아니라 예수 그리스도 안에서 보인다는 것을 주목하지 않고서는, 하나님의 형상에 관한 어떤 논의도 완전하지 않다. 왜냐하면, 하나님은 "자기의 생생한 형상이신 그리스도 안에서가 아니라면, 알려질 수 없으시기" 때문이다.[40]

칼빈은 심지어 『칼빈 주석』 창세기 1:26—"우리의 형상과 모양대로"—에서 다음과 같은 말을 진리로 인정한다.

> 하나님의 형상은 인간이 자기의 완전에 이르게 될 때까지 인간 안에서 어렴풋이 보였을 뿐이었다.

비록 "모세가 이러한 종류의 어떤 생각을 했다"라고 칼빈이 믿고 있지는 않지만 말이다. 칼빈은 "또한 그리스도가 하나님 아버지의 유일한 형상이라고 참되게 말할 수 있다"는 것 역시 동의한다. 하지만, 다시 칼빈은 이것을 창세기 본문에 집어넣어서 읽으려 해서는 안 된다고 덧붙인다.[41]

그러나 칼빈은 에베소서 4:24에서 이 진리를 보는 데 주저하지 않는다.

> 하나님의 모양을 따라 참된 의와 거룩함으로 창조된 새로운 본성을 입으라(엡 4:24, RSV).

여긴 어떤 것도 아니다. 하나님의 형상은 참된 인간 본성에 절대적으로 본질적인 것이다"(Torrance, *Calvin's Doctrine of Man*, 86).
40 『칼빈 주석』 요 1:8.
41 『칼빈 주석』 창 1:26.

아담은 처음에 하나님의 형상으로 창조되었고, 그리하여 그는 거울처럼[42] 하나님의 의를 반영할 수 있다. 그러나 이 형상이 죄로 인해 완전히 지워졌으므로, 이제 이 형상은 그리스도 안에서 회복되어야 한다. 경건한 자들의 중생은, 고린도후서 3:18에서 말씀되듯이, 그들 안에서의 하나님의 형상의 재형성 외에 다른 게 아니다. 그러나 처음 창조보다 이 두 번째 창조 안에 훨씬 더 부요하고 강력한 하나님의 은혜가 있다.[43]

이것은 칼빈이 『기독교 강요』 I. 15. 4에서 말하는 것과 유사하다. 이곳에서 칼빈은 다음과 같이 인정하지만 말이다.

하나님의 형상이 그[아담] 안에서 전적으로 파괴된 것은 아니었다(『기독교 강요』 I. 15. 4).

그런데도,

구원에 대한 우리의 회복의 시작은 우리가 그리스도를 통해서 얻는 회복 안에 있다(I. 15. 4).

---

42 특히, 토랜스(Torrance)는 하나님의 형상에 관한 칼빈의 견해를 이해하는 데 있어 거울 이미지의 중요성을 강조한다. "칼빈은 형상(*imago*)에 관해 생각할 때, **언제나** 거울과 관련시킨다는 것은 의심의 여지가 없다"(*Calvin's Doctrine of Man*, 36; 강조는 필자의 것이다. "빈번하게"라는 표현이 "언제나"를 가장 잘 대체할 수 있다).
43 『칼빈 주석』 엡 4:24. 다음을 참조하라. "우리 주 예수는 두 번째 아담이시듯이, 우리에게 하나의 본(a pattern, *patron*)과 같은 것이어야 하고, 우리는 그와 같이 되기 위해서 그와 그의 형상을 따라 형성되어야 한다"("칼빈 설교』 엡 4:23-26).

칼빈은 자기의 주석에서처럼 여기에서도 우리의 원창조에서보다 "중생에서 더 부요한 은혜"를 보는데, 중생의 목적은 다음과 같다.

그리스도는 우리를 하나님의 형상으로 재형성(reform)하셔야 한다(I. 15. 4).

그러므로 참된 형상은 아담 안에서보다, 심지어 그의 최초의 상태에서보다 그리스도 안에서 더욱 분명하게 보인다. 또한, 신자들은 회복된 본래의 형상을 회복하는 과정에 있을 뿐인데, 이 회복된 형상은 궁극적으로 회복일 뿐만 아니라 저 최초의 형상의 향상(enhancement)일 것이다. 그 이유는 다음과 같다.

아담에게 새겨진 탁월함은 그것이 무엇이든지 간에 그가 독생자를 통해 그의 창조주의 영광으로 나아갔다는 사실에서 생겨났다(II. 12. 6).

"그때조차," 즉 태초에 "그리스도는 하나님의 형상이셨다"(II. 12. 6).

우리가 다 수건을 벗은 얼굴로 거울을 보는 것 같이 주의 영광을 보매 그와 같은 형상으로 변화하여 영광에서 영광에 이르니 곧 주의 영으로 말미암음이니라(고후 3:18).[44]

---

[44] 칼빈은 종종 우리가 하나님의 형상으로 새롭게 된다는 것에 관해 논할 때 이 본문을 언급한다. 이 본문과 관련하여 칼빈은 다음과 같이 주석한다. "복음의 목적은 우리 안에 죄로 인해 삭제된 하나님의 형상을 회복하는 것인데, 하나님은 자기의 영광이 우리 안에서 조금씩 비추도록 하시는 까닭에, 이 회복은 점진적이며 우리의 인생 내내 이루어진다"(『칼빈 주석』 고후 3:18).

4. 의지, 속박되어 있는가 아니면 자유한가?

"자유의지"란 제목이 붙은 다음 절(제5항)은 『제1차 신앙교육서』에서 가장 짧다. 그럼에도 이것은 신학사에서 가장 논쟁이 뜨거운 논제들 중 하나이다.[45] 심지어 청년 칼빈은 의심할 바 없이 자기 시대 이전에 있었던, 노예의지/자유의지에 관한 두 개의 유명한 논쟁에 관해 알고 있었는데, 하나는 4세기가 지나갈 무렵에 있었던 어거스틴과 펠라기우스 및 그의 추종자들 사이의 논쟁이었고,[46] 다른 하나는 루터와 에라스무스 사이의 논쟁이었다.[47]

어거스틴, 루터, 칼빈이 이 문제를 다루는 방식에는 차이가 있지만, 이들은 모두 한 가지 근본적인 문제에 관해서는 의견을 같이 한다. 죄된 의지는 노예화된 의지이며 하나님의 은혜의 도움을 얻기까지는 악을 선택하는 데서만 자유롭다는 것이다. 칼빈은 죄된 존재를 가장 어둡게 묘사하고 있는 자기의 서두 문장에서 이것이 ("자유의지"라는 그의 제목에도 불구하고) 자신의 결론이 될 것이라는 데 의문을 남기지 않는다.

---

[45] 필자는 이 문제를 새롭게 취하여, 앞으로 나올 다음 책에서 이것을 역사적이면서도 신학적인 관점에서 검토했다. John Hesselink, *Sovereign Grace and Human Freedom. How They Coalesce* (Grand Rapids: Wm. B. Eerdmans Publishing Co., 1998).

[46] 어거스틴은 몇 개의 논문에서 이 문제를 논한다. 그의 *Grace and Free Will*과 *The Spirit and the Letter* (412년)를 참조하라. 더 이른 시기의 작품으로서 395년에 쓰여진 *On Free Will*은 어거스틴의 종국적인 입장을 표현하고 있지 않다.

[47] 루터의 유명한 논쟁적 논문인 *De servo arbitrio*(The Bondage of the Will, 노예의지론)는 에라스무스의 공격에 대한 답변으로 1525년에 기록되었다. 두 논문 모두 다음의 책에서 읽을 수 있다. *Luther and Erasmus: Free Will and Salvation*, ed. Gordon Rupp and Philip Watson, Library of Christian Classics (Philadelphia: Westminster Press, 1969).

성경은 인간이 죄의 노예가 되었다고 반복해서 증거한다. 이것이 의미하는 바는 인간의 본성이 하나님의 의로부터 멀어짐으로 말미암아 인간은 불경건하고 왜곡되고, 악하거나 순결하지 않은 것 외에는 아무것도 생각하거나 바라거나 추구하지 않는다는 것이다. 왜냐하면, 죄의 독에 깊이 젖어든 마음은 죄의 열매들 외에 아무것도 맺을 수 없기 때문이다(제5항).

필자가 주장한 바와 같이, 결론이 어떠할지는 예견 가능하다. 죄된 인간에게는 "사람들이 '자유의지'라고 부르는, 선과 악을 선택하는 자유로운 능력이 인간에게 주어져 있"지 않다(제5항).

그러나 이러한 결론을 위한 준비를 하는 칼빈의 서두적 진술과, 자유의지가 단순히 부정되고 있는 마지막 행 사이에서, 칼빈이 중요한 구분을 한다는 것에 주목하라.

모든 사람이 타락 이후 죄에 빠져 필연적으로 죄를 범한다고 해서, 그들이 자기들의 죄된 행위들에 대해 책임을 질 수 없다고 결론을 내려서는 안 된다. 본성상 우리가 "죄의 독에 깊이 젖어" 있어서, 우리의 마음은 "죄의 열매들 외에 아무것도 맺을 수 없"다는 사실에도 불구하고, 칼빈은 재빨리 다음과 같이 덧붙인다.

이런 이유로 인간이 강박적 필연에 의해서 죄로 내몰렸다고 추측해서는 안 된다(제5항).

오히려,

인간은 전적으로 죄에 빠지기 쉬운 의지로부터 죄를 짓는다(제5항).

이것은 실천적인 의미가 별로 없는 미묘한 스콜라적 구분처럼 보일지 모르겠지만, 칼빈에게―그리고 노예의지 상태라는 견해를 주장하는 모든 이에게, 즉 어거스틴에서부터 조나단 에드워즈, 그리고 그 이상의 사람들에게까지―이것은 엄청나게 중요하다. 왜냐하면, 인간이라는 것은 책임을 진다는 것이요, 자유롭다는 것이며, 자신이 통제할 수 없는 외적 힘들에 의해서 내몰리지 않는다는 것이기 때문이다. 그러므로 이러한 필연의 문제는 전체 논쟁에 매우 중요하다.

칼빈이 지나가면서 이 문제를 언급하는 구절을 앞에서 인용했었다. 여기에서 칼빈은 『제1차 신앙교육서』에서 자신이 한 진술, 즉 우리는 "강박적 필연에 의해서 죄로 내몰"(*violenta necessitate coactu*)리지 **않는다**는 진술을 어느 정도 분명히 한다. 로마서 7:14("나는 육신에 속하여 죄 아래에 팔렸도다")과 관련하여,[48] 칼빈은 다음과 같이 말한다.

> 우리는 죄의 힘에 의해 완전히 내몰려서, 우리의 모든 정신, 우리의 모든 마음, 우리의 모든 행위가 죄로 기울어 있다. 강제(Compulsion)를 나는 언제나 배제한다. 왜냐하면, 우리는 우리 자신의 자유의지로 죄를 범하기 때문이다. 만약 죄가 자발적인 게 아니라면, 그것은 죄가 아닐 것이다.
> 그러나 우리는 죄에 중독되어 있어서, 죄 외에는 자발적으로 아무것도 할 수 없다. 우리 안에서 지배하는 사악함이 우리를 죄로 내몬다. 그러므로

---

48 이것은 RSV에 상응하는 칼빈 번역이다. NRSV는 "나는 육체에 속하여 죄 아래에서 노예로 팔렸도다"(I am of the flesh, sold into slavery under sin)라고 번역하고 있다.

이러한 비유는, 사람들이 말하듯이, 강제된 속박을 의미하는 것이 아니라 타고난 노예상태가 우리로 하여금 기울어 향하게 하는 자발적인 복종을 의미한다.[49]

한편에서, 우리는 "죄에 중독되어 있어서, 죄 외에는 자발적으로 아무것도 할 수 없다." 반면에, 우리는 죄를 범하도록 강제되지 않는다. 왜냐하면, "우리는 우리 자신의 자유의지로 죄를 범하기 때문이다." 로마서 7:15("내가 원하는 것은 행하지 아니하고 도리어 미워하는 것을 행함이라")과 관련하여, 칼빈은 이 문제를 다소 다르게 표현한다.

육적인 사람은 정신이 완전히 기울어져 있어서 죄를 짓고자 하는 욕망 속으로 뛰어들기 때문에, 마치 자신을 지배하는 자기 능력 속에 있는 것과 같은 자유로운 선택을 통해 죄를 범하고 있는 것처럼 보인다.

그리고 같은 주석에서 조금 후에 다음과 같이 말한다.

그러므로 잘 알려진 것처럼, 육적인 사람은 영혼 전체의 동의와 협력하에 죄 속으로 뛰어든다.[50]

---

49 『칼빈 주석』롬 7:14. 다음을 참조하라. "칼빈은, 우리가 자발적으로 선택함으로써 강제되지 않고 스스로 결정하는 의지를 가지고 있다는 의미에서, 의지가 자유롭다고 기꺼이 확언한다"(A. N. S. Lane, "Introduction" to the new translation of Calvin on *The Bondage and Liberation of the Will*, trans. G. E. Davies and ed. Lane [Grand Rapids: Baker Book House, 1996], xix).
50 『칼빈 주석』롬 7:15. 첫 번째 진술에서 칼빈은 **정신**(the mind)으로 죄를 짓는다고 말하지만 두 번째 진술에서는 **영혼**(the soul)으로 죄를 짓는다고 말한다는 점에 주목하라.

이러한 진술들이 어떻게 조화될 수 있을까?

이 복잡한 질문에 관한 단순한 대답이 전혀 없지만 이를 위해서 우리는 『기독교 강요』로 돌아가야 한다. 그러나 『기독교 강요』 II. 2의 제목은 칼빈의 근본 입장에 대해 의심의 여지를 남겨 두지 않는다. 즉,

인간은 선택의 자유를 박탈당했으며 비참한 노예 상태에 넘겨져 속박되어 있다(『기독교 강요』 II. 2).

칼빈은 "인간"에게 본래 선을 택할 자유가 주어졌다고 확언함으로써 자신의 논의를 시작한다. 그 이유는 다음과 같다.

하나님은 악과 선을, 그른 것과 바른 것을 구별하는, 그리고 안내자로서의 이성의 빛을 가지고 피해야 할 것과 따라야 할 것을 구별하는 정신을 주셨다(I. 15. 8).

그러므로 최초의 온전한 상태에서, "인간은 자유의지에 의해, 자기가 그렇게 원하기만 한다면 영생에 이를 수 있는 능력이 있었다." 따라서 아담은 "오직 자기의 의지로 넘어진 것이므로, 자기가 원했다면, 타락하지

칼빈은 앞서 『칼빈 주석』 롬 7:14에서, "우리의 모든 **정신**(our whole mind), 우리의 모든 **마음**(our whole heart), 그리고 우리의 모든 행위가 죄로 기울어 있다"라고 말했다. 이것은 칼빈이 인간 심리학을 다루는 데 있어서 섬세함이 부족하다는 것을 보여 주는 또 하나의 예다. 정신, 마음, 영혼은 모두 자아, 즉 우리의 존재의 내적 중심을 가리킨다. 그러나 칼빈은 『기독교 강요』 I. 15. 7에서 영혼이 "지성과 의지라는 두 기능으로 이루어져 있"는데, 지성이 "영혼의 지도자이자 통치자"인 반면, 의지는 "언제나 지성의 명령에 신경을 쓰며, 그 자신의 욕망들 속에서 지성의 판단을 기다리고 있다"라고 말한다.

않을 수 있었을 수도 있다"(I. 15. 8).

그들이 말하듯이, 나머지는 역사이다. 아담에게는 "변함없이 인내할 수 있는 불변성"이 없었고, 그래서 "너무도 쉽게 넘어졌다"(I. 15. 8). 그 결과, 의지는 악을 선택하는 쪽으로만 자유롭다. 이 지점에서 칼빈은 철학자들만이 아니라 초기 교부들까지도 타락이 의지에 미친 영향을 분명하게 보지 못했다고 슬퍼한다. 중세 후기 신학자들과 스콜라주의자들은 이 점에서 어거스틴에게 충성을 고백했으나, 이들 역시 곁길로 나갔다.[51]

그러나 칼빈은 세 종류의 자유—필연으로부터의 자유, 죄로부터의 자유, 그리고 비참으로부터의 자유—에 관한 스콜라주의적 구별을 받아들인다. 첫째 것은 "본성상 인간 안에 내재하므로 제거될 수 없으나, 나머지 둘은 죄로 인해 상실되었다." 그러나 여기에서 다시금 칼빈은 자기가 『제1차 신앙교육서』에서 하는 구별을 한다. 칼빈은 다음과 같이 덧붙인다.

나는 필연이 강제와 혼동되는 경우를 제외하고는, 이런 구분을 기꺼이 받아들인다(『기독교 강요』 II. 2. 5).

여기에서 칼빈은 특히 피터 롬바르드(Peter Lombard, d. 1160)에 관해 생각하고 있는데, 롬바르드의 『명제집』(Sentences)은 여전히 로마 가톨릭 신학을

---

51 칼빈은, 이 문제에 관해 "모호하게" 서술한 사람들로서 교부들 가운데서는 오리겐(Origen)뿐만 아니라 그가 좋아했던 인물 중 하나인 크리소스톰(Chrysostom)을 인용한다. 칼빈이 존경했던 끌레르보의 베르나르드(Bernard of Clairvaux) 역시 마찬가지이다. 유일한 예외가 어거스틴인데, 피터 롬바르드(Peter Lombard)와 토마스 아퀴나스(Thomas Aquinas)는 어거스틴을 호의적으로 인용한다. 하지만, 롬바르드와 아퀴나스는 자기들의 사상을 혼란된 형태로 발전시켜 나간다. 다음을 보라. 『기독교 강요』 II. 2. 4-5.

위한 표준서였다. 롬바르드는 우리가 선이나 악을 똑같이 선택할 수 없다는 데 동의했을지라도 우리가 자유의지를 가지고 있다고 믿었다. 그러나 롬바르드에 따르면, 우리가 강제로부터 자유로운 한에서, 우리의 의지는 자유롭다.[52]

칼빈은 우리가 강제에 의해 죄를 범하지 않는다는 점에 동의하지만, 롬바르드에게 반대하는 이유는 우리가 본성상 죄를 범하는 것을 피할 길이 없으며 필연적으로 죄를 범하게 될 것임을 롬바르드가 보지 못했기 때문이다. 더 큰 문제는, 롬바르드가 우리의 의지가 자유롭다고 여전히 주장한다는 것이다. 이에 관해 칼빈은 조롱하듯 다음과 같이 말한다.

> 정말 딱 맞는 말이다.
> 하지만, 그런 사소한 것에 교만한 이름을 붙여 봐야 무슨 쓸모가 있겠는가?
> 얼마나 고귀한 자유인가!
> 인간은 죄를 범하도록 강제되지는 않지만, 그럼에도 자기의 의지가 죄의 차꼬에 매여 있는 그러한 자발적인 노예가 되니 말이다(II. 2. 7).[53]

분명, 칼빈에게 "자유의지"란 표현은 입에 올려서는 안 될 말이다. 칼빈

---

52 이것이 적어도 『기독교 강요』 II. 26에 나타난 롬바르드에 관한 칼빈의 해석이다. 참조. 『기독교 강요』(LCC 판), 264, n. 36.
53 칼빈은 여기에서 말꼬리를 잡고 늘어지는 것처럼 보이는 것에 대해 변명하지만 다음과 같이 묻는다. "그러나 그들이 인간에게 부여된 자유의지에 관해 들을 때, 즉각적으로 자기가 그 자신의 정신과 의지의 주인이라고, 그래서 그 자신의 힘으로 선이나 악을 행할 수 있다고 생각하지 않을 사람은 거의 없지 않은가?"(『기독교 강요』 II. 2. 7)

은 이 점에 대해 어떠한 타협도 용인하지 않을 것이다. 동시에, 칼빈은 인간의 자유를 부정하는 것이 도덕적 책임을 없애는 결정론을 함의한다는 비난에 민감하다.

이 문제에 관해 칼빈에게 특별히 도전했던 한 사람이 네덜란드 가톨릭 신학자인 알베르트 피기우스(Albert Pighius, d. 1542)였다. 칼빈은 다른 무엇보다 자기가 비이성적이라는 피기우스의 공격에 답하면서, 자유의지란 용어가 **제대로 이해되기만 한다면**, 그 용어를 기꺼이 허용한다.

> 누군가가 강제(coercion, *coactio*[원문: *coactioni* -편주])와 반대되는 자유에 관해 말한다면, 나는 의지가 자유롭다고 고백하고 언제나 확언하며, 이와 다르게 생각하는 사람을 이단자로 간주한다. 다시 말하자면, 의지가 어떤 외적 운동에 의해 폭압적으로 강제되거나(coerced, *coagatur*) 이끌리지 않고 자발적으로 행동한다면(acts of its own accord, *sponte agatur sua*), 나는 아무런 이의도 제기하지 않는다.[54]

그러나 피기우스는 롬바르드를 넘어서, "인간은 자신의 권세 가운데 선과 악을 가지고 있고, 이러한 능력(capacity, *virtus*)으로부터 둘 중 하나를 선

---

54 *De servo arbitrio*[원제: *Defensio doctrinae de servitute humani arbitrii contra A. Pighium*. -편주](*CO* 6:279), 이것은 다음에서 인용되고 있다. A. N. S. Lane, "Did Calvin Believe in Freewill?" in *Vox Evangelica* 12 (1981): 79. 이것은 영어로 된 이 주제에 관한 가장 철저한 연구이며, 이 문제를 더 깊이 연구하고자 하는 사람이라면, 이것을 참고해야 한다. 피기우스의 입장에 관한 요약과 분석은 책으로 출간된 다음 논문에서 발견될 수 있다. L. F. Schulze, *Calvin's Reply to Pighius* (Potchefstroom, South Africa: Pro-Rege Press, 1971). 이 작품의 완전한 본문을 위해서는, 데이비스(G. E. Davies)가 번역하고, 레인(A. N. S. Lane)이 편집한 새 번역서를 보라(n. 50에서 인용됨).

택할 수 있다"는 기본적으로 펠라기우스적 입장을 취했다.⁵⁵ 그 결과, 칼빈은 자유의지란 용어를 사용하지 않는 것을 선호했다.

핵심적인 구별은 필연과 강제 사이에 있는데, 이것은 칼빈이 『기독교 강요』 II. 3. 5에서 행하는 구별이기도 하다.⁵⁶ 이 둘을 구별할 수 없는 사람은 그의 입장을 오해할 수 밖에 없다고 칼빈은 단언한다.

> 따라서 이런 구분의 요지는 타락으로 부패한 인간이 마지못해서 또는 강제에 의해서가 아니라 기꺼이, 강요된 강제에 의해서가 아니라 그의 마음의 가장 열정적인 성향에 의해서, 외부로부터의 강제에 의해서가 아니라 그 자신의 욕망의 자극에 의해서 죄를 범했다는 것이어야 한다. 그럼에도 불구하고, 인간의 본성은 심히 타락하여 인간은 악으로만 향하거나 내몰릴 수 있다. 하지만, 이것이 사실이라면, 그때 인간은 죄를 범하게 되는 필연에 틀림없이 복종하고 있다고 우리는 분명하게 표현할 수 있다(II. 3. 5).

요컨대,

---

55 *De servo arbitrio* (CO 6:279).
56 루터는 의지에 관해 에라스무스와 논쟁하며 유사한 구별을 했었다. 다음을 보라. 『기독교 강요』(LCC 판), 295, n. 10. 일찍이 칼빈은 자기의 『제1차 신앙교육서』에서 "강제적 필연"이란 개념을 거부했으며, 『칼빈 주석』 로마서에서는 더 나아가 죄에 대한 우리의 자연적(natural), 다시 말해서 필연적(necessary) 성향―이것은 자발적이다―과 『제1차 신앙교육서』에서 언급된 "강박적 필연"에 상응하는 강제 또는 "강제된 속박"을 구별했다. 이 모든 문서가 같은 시기에 나온다는 것은 흥미로운 일이다. 즉, 『제1차 신앙교육서』는 1538년에, 『칼빈 주석』 로마서와 『기독교 강요』 제2판(이것은 최종판에서도 반복된다)은 1539년에, 그리고 피기우스에 대한 답변들은 1542년에(이것들은 1543년에 출판되었는데, 이때는 이미 피기우스가 사망한 후였다) 나왔다. 피기우스의 공격은 『기독교 강요』 1539년 판에 기초를 두었고, 따라서 칼빈의 변증은 거기에서 표현된 견해 중 일부를 명료하게 하는 것이었다.

인간은 자기의 의지에 반해서가 아니라 자기의 의지로, 강제에 의해서가 아니라 성향에 의해서, 외적 강제에 의해서가 아니라 욕망에 의해서 죄를 범한다.[57]

또는, 라인홀드 니이버의 말을 사용하자면, 죄된 자아는 불가피하게 죄를 범하지만 책임을 짊어진다.[58] 니이버의 원죄관은 칼빈의 원죄관과 같지 않다. 또한, 칼빈의 접근은 니이버의 접근만큼 변증법적이지 않지만, 이들의 견해들에는 어떤 유사성이 있다. 다음은 그 한 예다.

죄의 불가피성과 죄에 대한 인간의 책임에 관해 겉으로 보이는 모순적 주장들을 지닌 기독교적 원죄론은, 인간의 자아 사랑과 자아 중심적임이 불가피하지만 자연적 필연의 범주에 일치하는 방식으로 그러한 것은 아니라는 사실을 정당하게 다루는 변증법적 진리이다. 인간이 죄를 범하는 것은 그의 자유 내에서, 그리고 그의 자유에 의해서다. 마지막 역설은 죄의 불가피성 발견이 자유에 대한 인간의 최고의 주장이라는 것이다.[59]

결국, 칼빈은 어떤 식으로든 의미 있게 자유의지를 허용했는가?

---

57 이것이 칼빈의 입장에 관한 베르까우어(G. C. Berkouwer)의 요약이다. 참조. *Man: The Image of God* (Grand Rapids: Wm. B. Eerdmans Publishing Co.), 319, n. 13.
58 Niebuhr, *The Nature and Destiny of Man*, vol. 1, 255, 262-63.
59 Niebuhr, *The Nature and Destiny of Man*, vol. 1, 263. 몇 가지 차이에도 불구하고, 니이버(Niebuhr)는 칼빈의 입장이 루터의 입장보다는 더욱 균형이 잡혀 있으며 성경적이라는 것을 발견한다. "루터는 더욱 큰 일관성을 위해, 그러나 역설의 한 요소, 즉 인간의 책임의 요소를 위험에 빠뜨리는 대가로서 어거스틴주의적 교리를 강화하는 것으로 보인다"(p. 244).

그 답변은 우리가 자유의지란 용어를 어떻게 정의하느냐에 달렸다. 우리가 보았듯이, 이 용어를 사용해서 우리가 도덕적 영역에서 선이나 악을 선택할 수 있다고 주장할 경우, 칼빈은 이 용어를 거부한다.

그러나 일상의 삶의 결정들과 관련해서, 칼빈은 우리의 자유를 긍정하는 데 전혀 주저하지 않는다. 그의 글 중 어느 것에도 운명론이나 결정론의 흔적은 전혀 없다.

이 문제에 관한 보다 최근의 논의들에서, 심리학적 자유와 도덕적 자유 사이에 때로 구분이 이루어진다. 칼빈이 후자를 거부한다는 것은 분명하지만 전자는 적어도 일반 활동 영역에서는 긍정한다고 말할 수도 있겠다.

그러나 베르까우어는 롬바르드의 입장에 대한 칼빈의 날카로운 거부가 이것을 배제한다고 확신한다. 동시에, 베르까우어는 칼빈에게 (그리고 신약성경에 있어서) 참된 인간 자유에 관해 말하는 것이 타당하지만 그것이 그리스도 안에서 회복되었을 때에만―그리고 이생에서는 완전하지 않게―그러하다고 주장한다.

헨드리쿠스 베르코프(Hendrikus Berkhof)는 "심리학적 관찰"―여기에서는 "인간의 자유의지와 책임을 강조하는 것"이 적절하다고 그는 말한다―과 "개인적 고백"―이것이 종교개혁가들이 이 문제를 다루었던 방식이다―사이를 구분한다.

> 그들에게 자유의지의 철학적 개념은 자명했으나, 그들은 이것을 사소한 진리로 여겼다. 인간은 하나님과 대면하여 자기의 자유의지를 고백하지

못하고 자유의지의 완전한 오용을 고백한다.⁶⁰

존 리스(John Leith)는 "지상의 것들"의 영역과 대비되는 천상의 것들의 영역과 관련된 타락한 인간의 능력에 관하여 칼빈이 한 것과 유사한 구분을 한다(『기독교 강요』 II. 2. 13). 즉, 칼빈이 자유의지 상실에 관해 말할 때, "그것을 자세히 읽어 보면, 이것은 칼빈이 자아가 깊이 관련된, 그리고 특히 하나님과 자아의 관계에 관련된 어떤 특정한 상황들에서 선택 능력으로서의 자유의지를 부인할 뿐"이라는 것을 보여 준다. 그러나 우리가 앞에서 보았듯이, 예술과 사회과 정치의 영역에서 "칼빈은 타락한 인간의 업적에 대해 열정적이다."⁶¹

영국의 칼빈 학자인 토니 레인(Tony Lane)은 "칼빈은 자유의지를 믿었는가?"(Did Calvin Believe in Freewill?)라는 논문의 일부를 이렇게 결론짓는다.

이 질문에 답하는 것은 자유의지란 용어가 분명하게 일치된 의미를 갖고 있다는 것을 전제로 하는 것이다. 그런데 이 용어는 일치된 의미를 갖고 있지 않다. 이 질문에 대한 답은 칼빈이 어떤 의미에서(이 의미를 칼빈은 분명하게 정의한다) 자유의지를 믿었고, 다른 의미에서(이 의미 역시도 칼빈은 분명하게 정의한다) 자유의지를 믿지 않았다는 것임에 틀림없다. 이것이 "자유

---

60 H. Berkhof, *The Doctrine of the Holy Spirit* (Richmond, Va.: John Knowx Press, 1964), 71. 그 다음에, 베르코프는 『기독교 강요』 II. 7. 2의 구절을 인용하는데, 이곳에서 칼빈은 자유의지에 관한 롬바르드의 이해를 경시하며, "그런 사소한 것에 교만한 이름을 붙여 봐야 무슨 쓸모가 있겠는가?"라고 묻는다.

61 John Leith, "The Doctrine of the Will" in *Institutes of the Chrisitan Religion: Essays on Calvin and the Reformation in Honor of Ford Lewis Battles*, ed. by B. A. Gerrish in collaboration with Robert Benedetto (Pittsburgh: Pickwick Press, 1981), 53.

의지"에 관한 독자 자신의 이해와 일치하는가, 그렇지 않은가 하는 것은 독자가 스스로 결정해야 할 몫이다.[62]

이 질문에 어떤 식으로 답하든 간에, 이와 밀접하게 연관된 원죄 및 예정의 문제와 더불어, 이 문제는 궁극적으로 하나님의 은혜와 영광에 대한 것임을 명심하는 것이 중요하다. 이 은혜가 반(半)자율적인(semiautonomous) "자유로운" 인간과 주권적인 하나님 간에 이루어지는 어떤 형태의 협력에 의해 훼손을 당한다면, 칼빈과 관련된 한에서, 하나님의 영광에 타협이 이루어진다.[63]

칼빈에게 이것은 16세기 종교개혁과 중세 말 로마 가톨릭주의 사이의 근본적 차이 중 하나였다. 그러므로 칼빈은 로마의 타협들을 여기에서 "사탄이 하나님의 은혜를 모호하게 하고자 시도해 온 핑계들"이라고 부른다. 칼빈은 "그들이 우리와 함께 인간은 부패한 존재로서 하나님을 위한 어떤 의무를 행하고자 손가락 하나도 까딱할 수 없다고 주장한다"라고 인정하지만 그들은 두 가지 점에서 오류를 범하고 있다.

첫째, 그들은 정신과 의지 둘 모두가 심지어 하나님과 관련해서도 어떤 온전함을 가지고 있다고 주장한다.

---

62 Tony Lane, in *Vox Evangelica*, 80.
63 "이 논의 전반에서 칼빈의 일차적인 신학적 관심은 하나님께 영광을 올리는 것이다. … 칼빈은 특히 구원 사역을 나누어서 그것의 일부는 하나님께, 일부는 인간에게 돌리는 것처럼 보이는 모든 신학적 전략을 거부하고 싶어한다." 모든 게 다 하나님께로부터 온다. 그러나 의지의 회심에 있어서, "하나님은 의지를 움직이실 때, 의지의 온전성을 의지로서 존중하는 그러한 방식으로, 그리고 회심한 의지의 사역들(the works)이 하나님의 사역일 뿐만 아니라 진실로 의지의 사역들이라고 하는 그러한 방식으로, 의지를 움직이신다"(Leith, "The Doctrine of the Will," 57). 참조. 『기독교 강요』 II. 5. 5.

둘째, 그들은 "성령의 은혜가 우리의 자유로운 선택의 동의나 협력이 없이는 효과적이지 않다"고 가르친다.

그 결과는 다음과 같다.

> 그들은 성령의 은혜를 다룰 때, 사람들이 구원의 확신에 대하여 불안해하도록 놓아둔다.[64]

신앙고백적인 수준에서, 난처한 점들이 일부 남아 있을지라도 오늘날 이 "오랫동안 이어져 온 질문"은 더 이상 개신교도들과 가톨릭교도들 사이에 주요 문제가 아니다. 그러나 이 질문은 개신교도들과 가톨릭교도들을 나누는 것만큼이나, 아니 그 이상으로 개신교도들 가운데서 그들을 나누는 보편적인 문제이다.

오늘날 우리는 이 문제를 다른 말로 진술하고자 할지 모른다. 왜냐하면, 우리는 16세기 이래로, 인간의 행위에 관해 많은 것을 배웠고, 새로운 성경적 통찰들을 얻었기 때문이다. 여전히 기본적인 문제는 남아 있다.

즉, 우리의 구원의 시작과 마지막은 어디에 있으며, 누가 그 영광을 받아 마땅한가?

그는 바로 하나님이시라는 칼빈의 대답은 많은 기독교권에서 수용될 것이다.

---

64 『칼빈 주석』 겔 11:20(trans. Foxgrover and Martin). 다음을 참조하라. "사람들이 하나님의 은혜와 섞으려고 애쓰는 혼합된 자유의지의 능력은 부패한 은혜에 불과하다. … 의지 안에 선한 것이 있다 할지라도, 그것은 성령의 자극에서 온다"(『기독교 강요』 II. 5. 15).

5. 구원에 이르는 지식

다음 두 항은[65] 보다 간략하게 다룰 수 있다. 이 두 항은 단지 간접적으로만 관련된 것 같은데, 제6항은 "죄와 죽음"에 관한 것이며, 제7항은 "어떻게 우리는 구원과 생명으로 회복되는가?"라는 이러한 제목을 달고 있기 때문이다. 그러나 이 두 항의 공통점은 두 경우 모두에서 우리의 죄와 우리의 절망적인 곤경에 관한 지식이 우리가 예수 그리스도 안에서 드러난 하나님의 은혜와 긍휼을 받아들이도록 준비케 한다는 것이다.

우리는 그리스도 안에 나타난 하나님의 은혜 및 성경의 도우심 없이는, 인간 본성의 부패로 인해 지속해서 "더욱 무거운 심판을 우리 자신 위에 쌓"고 있다. 매일 우리는 죽음에 가까워지는데, 이것은 모든 인간적인 꿈과 열망의 종국을 의미한다(제6항).

하이데거의 표현을 빌자면, 인간 존재 위에는 언제나 구름이 드리워져 있는데, 인간 존재는 "죽음에 이르는 존재"(독: Sein zum Tode)이기 때문이다. 또는, 키에르케고어의 용어를 빌자면, 우리는 "죽음에 이르는 병"을 앓고 있다.

그러나 우리는 스스로 이런 깨달음에 결코 이르지 못할 것이다. 칼빈이 반복해서 지적하듯이, 자기 자신을 아는 참된 지식은 하나님을 아는 지식

---

[65] 여기(제6, 7항 -편주)에 상응하는 논의들은 『기독교 강요』 II. 1, 2에 나온다. 그러나 여기에서 칼빈은 추가적인 주장을 한다. 자기 자신을 아는 참된 지식(True self-knowledge)은 우리의 죄된 상태뿐만 아니라 우리의 원상태, 즉 "창조 시에 우리에게 어떤 것들이 주어졌는지와 우리의 자연적 탁월성이 더럽혀지지 않은 채 남아 있었더라면, 그것이 얼마나 위대할 것인지를 알도록 하고자 하나님이 얼마나 관대하게 우리에게 자기의 호의를 지속적으로 베푸시는지"(『기독교 강요』 II. 1. 1)에 관한 지식을 포함해야 한다.

없이는 불가능하다. 그러나 칼빈은 이 제6, 7항에서 전자에 초점을 맞춘다. 우리는 우리가 필멸의 존재―이것은 우리의 죄성의 종국적 결과다―라는 것을 알아야 할 뿐만 아니라 우리가 "죄들의 거대한 무게 아래 짓눌"(제6항)린다고 느낄 정도로 우리의 죄들에 대한 하나님의 진노를 의식해야 한다.

이러한 지식이 인간을 공포로 사로잡고 절망으로 압도함에도 불구하고 우리에게 필요한 것은, 우리가 우리 자신의 의를 박탈당하고 우리 자신의 능력에 대한 확신을 잃으며 삶에 대한 모든 기대를 빼앗김으로써, 우리 자신의 가난함과 비참함과 수치에 관한 지식을 통해 하나님 앞에 엎드리는 것을 배우고 우리 자신의 사악함과 무력함과 파멸에 대한 인식을 통해 거룩함과 능력과 구원을 오직 하나님께만 돌리기 위함이다(제6항).

칼빈은 자신의 주장을 보여 주었다!
자기 자신을 아는 지식은 죄와 무가치함에 관한 심오한 의식을 낳아야 한다. 그러나 이 모든 것은 서론(prolegomena), 즉 어떤 의미에서 칼빈이 하고 싶은 주장을 위한 무대를 만드는 것인데, 그러한 지식은 우리를 하나님을 아는 지식으로 데려가기 위한 준비이다.

우리 자신을 아는 이 지식은 우리의 마음에 진지하게 자리 잡는다면 우리가 아무것도 아니라는 것을 보여 주는데, 이 지식을 통해 하나님을 아는

더욱 참된 지식을 향한 준비된 접근이 제공된다(제7항).[66]

그러나 『제1차 신앙교육서』에서 칼빈은 우리가 이 지식을 어떻게 얻는지를 상술하지는 않는다. 또한, 칼빈은 자기 자신을 아는 이런 지식이 어떻게 우리를 절망 가운데 남겨 두는 것만은 아닌지도 설명하지 않는다. 칼빈은 오직 "이 지식은 우리의 마음에 진지하게 자리 잡는다면"[67]이라는 단서만을 덧붙인다.

그러나 다른 곳에서, 칼빈은 "우리의 본성의 비참한 상태"가 "이중적 마음 상태를 낳을" 수 있다고 말한다. 한편에서, 그것은 "오직 두려움, 피곤, 불안, 절망을 낳을 수 있다." 다른 한편에서,

> 우리가 철저하게 낮아지고 깨져서, 마침내 그[하나님]를 부르게 된다는 것은 진실로 우리에게 유익이다.

그 이유는 다음과 같다.

> 자기점검을 통해 품게 되는 이런 두려움이 우리 마음으로 하여금 그의 선하심을 의지하는 것을 방해하지 않기 때문이다.[68]

---

66 "그리스도의 참된 호의를 알기 위해, 우리 각자는 주의 깊게 우리 자신을 살펴야 하며, 그리스도에 의해 변호를 받기까지 각자는 자신이 정죄를 받는다는 것을 알아야 한다"(『칼빈 주석』 사 53:6).
67 프랑스어 판 번역은 다음과 같다. "의식적으로 우리 마음에 들어온다"(consciouly enters our hearts, 프: a bon esciant elle est entree en noz cueurs. -편주).
68 『칼빈 주석』 롬 11:19.

칼빈은 『기독교 강요』에서 유사한 말을 하지만[69] 여기에서도 그는 우리의 비참함에 관한 지식이 우리의 교만을 사라지게 하고, 그럼으로써 우리로 하여금 하나님의 도우심을 찾도록 돕는다고 생각하는 듯 보인다. 간략히 보겠지만, 자기 자신과 하나님을 아는 이런 지식은 말씀에 관한 지식과 성령의 도우심을 통해서만 가능하다. 그러나 칼빈의 글 대부분에서, 그는 이런 요소들을 당연하게 여기는 것으로 보인다.

어쨌든, "하나님을 아는 더욱 참된 지식"으로 이끄는, 자기 자신을 아는 이런 지식은 "두 개의 가장 해로운 역병, 즉 하나님의 심판을 전혀 염려하지 않은 채 무시해 버리는 것과 우리 자신의 능력을 거짓되게 확신하는 것을 내던지게 되었을 때, 하나님 나라로 들어가는 첫 관문을" 열어젖힌다(제7항).

이 지식은 "**첫** 관문"일 뿐이라는 데 주목하라.[70] 또한, 칼빈은 "단계들"을 언급하는데, 주님은 그 단계들에 의해서 "우리를 우리의 약함에서 벗어나게 … 우리를 오류에서 바른길로, 죽음에서 생명으로, 재앙에서 안전으로, 마귀의 지배에서 그 자신의 나라로 돌아오도록 부르신다." 그러나 "[주님이] 황송하게도 천상의 생명을 상속하도록 회복시키시는 모든

---

69 "아담의 타락 이후 우리의 비참한 상태"에 관한 우리의 지식으로부터 "… 참된 겸손뿐만 아니라 우리 자신에 대한 혐오와 불쾌감이 생겨난다. 그리고 이것에 의해 하나님을 찾고자 하는 새로운 열정에 불이 붙는데, 이는 우리가 철저하게 그리고 완전히 상실했던 선한 것들을 우리 각자가 하나님 안에서 회복하고자 함이다"(『기독교 강요』 II. 1. 1). 참조. II. 2. 10.
70 칼빈은 아주 다른 맥락에서—칭의와 행위에 관한 논의에서—전혀 다른 방식으로 동일한 비유를 사용한다. "우리가 성도들을 위해서 하나님 나라에 이르는 관문을 열어 주는 첫 번째 원인을 찾는다면, … 즉시 우리는 다음과 같이 대답한다. 주님이 자기의 긍휼에 의해서 그들을 단번에 양자로 삼으셨기 때문에 …"(『기독교 강요』 III. 17. 6).

이를 위한 이 첫 단계(first step, *primum gradum*)"는 율법에 관한 지식 안에서 "훈련"되는 것인 반면(제7항), 이 과정에서의 "첫 관문"은 고유한 "겸손"이다.

『제1차 신앙교육서』에서 칼빈은 우리가 하나님께로 회복되는 데 있어서의 장벽들("두 개의 가장 해로운 역병")을 하나님의 심판에 대한 무시와 거짓된 자기 확신이라고 말한다. 하지만, 『기독교 강요』와 그 밖의 곳에서 칼빈은 이 두 장벽을 하나의 긍정적인 덕목, 즉 겸손 안에서 결합한다. 칼빈은 다음과 같이 기록한다.

> 우리의 철학의 토대가 겸손이라는 크리소스톰의 말은 언제나 나를 매우 기쁘게 했다(『기독교 강요』 II. 2. 11).

칼빈은 어거스틴의 말을 변형해서 다음과 같이 덧붙였다.

> 만약 당신이 나에게 기독교의 가르침에 관해 묻는다면, 첫째도, 둘째도, 셋째도 겸손이요, 그리고 언제나 나는 겸손이라고 답할 것이다(II. 2. 11).

겸손은 "모든 덕목 중 최고의 덕목이며 … 뿌리이고 어머니이기" 때문이다.[71] 그리고 이런 겸손의 덕목은 자기 자신을 아는 참된 지식과 뗄 수 없을 정도로 연결되어 있다. 우리의 가난함과 비참함에 대한 인식으로부

---

71 "칼빈 설교" 욥기 no. 80. 다음에서 재인용했다. 『기독교 강요』(LCC 판), 269, n. 50. 편집자들은 다음과 같이 덧붙인다. "칼빈은 수도적이며 스콜라주의적인 도덕주의자들과 같이, 교만을 최고의 악으로, 그리고 겸손을 가장 탁월한 덕으로 간주한다."

터 "우리는 겸손을 배울 것이"며, 동시에 "위를 쳐다볼 수"밖에, 즉 하나님께 도움을 구할 수밖에 없게 된다.[72]

"우리 자신의 질병들"에 대한 인식은 우리가 "하나님의 선한 것들"을 묵상하도록 해야 한다. 하지만,

> 우리가 우리 자신을 기뻐하지 않게 되기 전에는 하나님을 진심으로 열망할 수 없다(『기독교 강요』 I. 1. 1).

그러나 우리 자신을 발견하는 바로 그 지점에서, "그때 우리는 과거에 땅에 고정되었던 우리의 고개를 들고 하늘을 바라보기 시작"하고, "자기를 확고하게 의지하고 있던 우리가 이제 주님을 갈망"할 것이다(제7항).

그런데도 우리는 스스로 이런 일을 이루거나 열망하는 데 결코 도달하지 못할 것이다. 칼빈이 특징적으로 강조하듯이, 자기 자신을 아는 참된 지식은 하나님 없이는 불가능하다. 그리고 하나님은 특별계시와 성령의 은혜가 없이는 알려질 수 없으시다.[73] "신적 심판의 기준에 따라 자신들을 자세히 살피고 검토하는 사람들만이" 자기 자신과 하나님의 뜻에 관한 이런 지식에 이를 것이다(『기독교 강요』 II. 1. 3).

성경 전체는 이런 목적에 이바지한다. 하지만, 이와 연관해서 특별한

---

72 "우리가 하나님을 향해 일어설 때, 우리 자신에 대한 저 확신은 삽시간에 사라져 소멸된다"(『기독교 강요』 III. 12. 2).
73 "하나님을 아는 바른 지식은 인간의 이해가 포괄할 수 있는 것을 훨씬 넘어서는 지혜이며, 그러므로 누구도 성령의 비밀한 계시가 없이는 그것에 도달할 수 없다"(『칼빈 주석』 히 8:11). "성령이 눈이 먼 사람들의 눈을 여실 때까지 빛이 어둠 속에서 빛난다"(『칼빈 주석』 고전 2:11).

역할을 하는 것은 "기록된 율법의 규범"이다.[74] 하나님의 율법의 거울과 마주하여, 우리는 "우리가 하나님의 뜻에 순응하는 것에서 얼마나 멀리 떨어져 있는지"뿐만 아니라 우리가 율법의 요구를 전적으로 성취할 수 없다는 것도 배운다(II. 8. 3).

> 따라서 마침내 인간은, 영원한 죽음—이 죽음을 인간은 그 자신의 불의로 인해 자신을 정당하게 위협하는 것으로 여긴다—에 관해 알고서 완전히 놀라게 되어 안전을 위한 유일한 도피처로서 하나님의 긍휼에만 의지한다. 이와 같이, 인간은 자신이 율법에 빚지고 있는 것을 지불할 능력이 없음을 깨달음으로써, 그리고 스스로 절망함으로써 마음이 움직여 또 다른 방면으로부터 도움을 찾으며 기다리게 된다(II. 8. 3).[75]

긍휼의 아버지가 이 "방면"(quater)이신데, 그는 우리가 받아 마땅한 대로 우리를 다루시지 않으시고, 오히려 "자기의 형언할 수 없는 친절하심으로 말미암아, 이렇게 괴로움과 고통에 찌든 우리에게 기꺼이 자신을 주신다"(제7항).

---

74 이따금 이런 목적에 이바지하는 율법을 언급하는 대신에, 칼빈은 우리에게 "우리의 정신이 하나님의 심판좌를 향하게 하여," 우리의 의가 "우리 자신의 작은 측량에 의해서"가 아니라 "우리를 위해 성경에 표현된 천상의 심판에 따라 우리의 의를 측량하도록 권면한다(『기독교 강요』 III. 12. 1).
75 이것이, 즉 우리의 무력함을 알게 하여 우리가 예수 그리스도 안에 있는 은혜와 죄 사함을 위해 하나님께로 돌아서게 하는 것이 칼빈에게는 율법의 첫 번째 용법이고, 루터에게는 두 번째 용법이다. 율법의 이런 용법이 제11항의 주제이다. "율법은 그리스도를 향해 나아가는 단계이다." 그러나 칼빈에게 있어서 율법의 주요한 용법이나 기능은 신자를 위한 규범이자 안내이다. 율법의 용법들에 관해서는 제5장을 보라.

제5장
하나님의 율법과 그리스도인의 삶의 모습
(제8-11, 17항)

율법은 특히 이런 기능을 수행하는 데 적합하도록 되어 있는데, 율법 안에서 우리는 "율법이 주님의 영원한 뜻이라고 불려야 하는 최고의 이유인 모든 의의 가장 완전한 규범(rule, *regula*)에" 마주한다(제8항). 율법에 관한 칼빈의 깊은 존중은 이후의 항(제10항)에서 실증되는데, 이곳에서 칼빈은 율법을 "의롭고 거룩한 삶의 참된 유형(pattern, *exemplar*), 심지어 의 자체의 가장 완전한 형상"으로 묘사한다.

하나님의 율법은 우리의 삶을 측량하는, 신적으로 주어진 규범이나 기준에 그치는 것이 아니다. 그것은 또한 "생명의 길"과 참된 의를 "보여 준다."

그러나 슬프도다!

우리의 죄로 인해 우리 중 누구도 율법의 요구들을 성취할 수 없다. 그러므로 이 단계에서 율법은 일차적으로 부정적인 임무를 수행한다. 율법은 "우리의 죄를 폭로하고," 우리를 "더 큰 죄"로 빠지게 하며, 따라서 우리가 하나님께로부터 "더 무거운 심판"을 받아 마땅하다고 판결한다(제10항).

남은 것이라곤 저주와 죽음뿐이다!¹

1. 율법의 용법들²

따라서 거룩하고, 의롭고, 영적인 하나님의 선한 율법이 우리의 죽음을 위한 계기가 되는 일이 발생한다(롬 7:5-14을 보라).³ 그러나 이 부정적 기능은 "여호와는 율법을 통해 우리의 연약함과 불결함 둘 모두에 대해 경고하신 후에 자기의 능력과 자비의 신실하심으로써 우리를 위로"하시는 방편일 뿐이다(제11항. 이 항은 『기독교 강요』 II. 7. 8에서 거의 문자 그대로 반복된다). 역설적인 것처럼 보일지라도, 율법의 형벌적 기능을 통해 하나님은

---

1   중생하지 못한 자들에게 "율법은 거울과 같다. 우리는 율법 안에서 우리의 연약함을, 그 다음에 이로부터 생겨나는 죄를, 그리고 마지막으로 이 둘 모두에게서 오는 저주를 묵상한다. 마치 거울이 우리에게 우리 얼굴의 점들을 보여 주듯이 말이다"(『기독교 강요』 II. 7. 7). 그다음에, 칼빈은 성경을 인용한다. "율법으로는 죄를 깨달음이니라"(롬 3:20); "율법이 들어온 것은 죄를 더하게 하려 함이라"(롬 5:20); "그러므로 율법은 진노를 이루게 하는 '죽게 하는 경륜'(the dispensation of death)이다"(고후 3:7; 롬 4:15). 이것은 율법의 첫 번째 용법일 뿐이라는 것을 염두에 두어야 한다.
2   율법의 용법들에 관한 보다 충실한 논의를 위해서는 필자의 다음 책을 보라. John Hesselink, *Calvin's Concept of the Law* (Allison park, Pa.: Pickwick Publications, 1992), 제5장. 제4장의 "율법과 복음" 역시 이 논의와 관련되어 있다.
3   칼빈은 시편 기자가 시 119편에서 기뻐하는 율법과 신명기에서 나타난 사랑의 법이 사도 바울에게는 어떻게 죄와 죽음의 법이 되는지를 다양한 맥락에서 논한다. 한 가지 해결책은 저주와 죽음을 가져오는 율법이 "좁은 의미에서의 순전한 율법"이며, 이것은 "값없는 양자 됨의 언약으로 옷 입지" 않았다(『기독교 강요』 II. 7. 2)는 것이다. 또 다른 방식은 "그리스도가 율법 안에 포함되어 있는 한에서, 태양이 구름들을 뚫고 빛을 비추어 주어서 인간은 자기들이 사용하기에 충분할 정도의 빛을 가지게 되지만, 그리스도가 율법으로부터 분리되는 곳에서는 오직 암흑만이 남거나, 인간의 눈을 돕는 대신에 눈을 부시게 하는 빛의 거짓된 외양만이 남아 있을 뿐이다"라는 것이다(『칼빈 주석』 고후 4:3).

우리 안에서 자기의 구원 사역을 수행하실 수 있다.

바로 율법의 요구를 통해 우리는 우리 자신의 의로 하나님을 만족케 하고자 하는 것이 쓸모없음을 깨달을 것이기 때문이다. 우리는 모든 변호, 모든 변명을 박탈당하지 않으면 안 된다. 오직 그때에 우리는 "벌거벗은 채로 그리고 빈손으로 그의 긍휼에로 도망하고, 그의 긍휼을 전적으로 의지하며, 그의 긍휼 안에 깊숙이 숨으며, 의와 공로를 위해 그의 긍휼만을 붙잡을"(『기독교 강요』 II. 7. 8) 것이다. 칼빈은 동일한 취지로 어거스틴을 인용한다.

> 율법은 이런 목적을 위해 주어졌다. 즉, 위대한 당신을 아무것도 아닌 것으로 만들기 위해, 당신이 자신 안에 의를 얻을 힘을 가지고 있지 않다는 것을 보여 주기 위해, 그리고 이렇게 무력하고, 가치 없고, 궁핍한 당신이 은혜에로 도망치게 하려고 말이다(『기독교 강요』 II. 7. 9).

여기에서 율법은 간접적으로만 우리의 유익을 위해 작용한다. 왜냐하면, 회개하고 믿음 안에서 하나님의 긍휼을 찾길 거부하는 사람들에게, 율법은 비난하고, 정죄하는 역할을 계속하기 때문이다. 그러나 율법의 저주로부터 자유로워진 그리스도인들에게(롬 6:14과 갈 3:13을 보라), 율법은 여전히 타당하다. 왜냐하면, 율법은 두 가지 면에서 유용한 것으로 판명되기 때문이다.

① 율법은 우리의 삶을 위한 하나님의 뜻에 관해 계속해서 우리를 가르친다.

② 율법은 우리가 하나님께 복종하고 악을 버리도록 계속해서 우리를 자극하는 권면의 도구로서 계속 이바지한다.

칼빈은 이것을 "율법의 적절한 사용에 더욱 밀접하게 속해 있는 세 번째의, 그리고 주요한 용법"이라고 부른다(『기독교 강요』 II. 7. 12). 『제1차 신앙교육서』에서 칼빈은 소위 율법의 삼중적 용법 혹은 기능을 가르치지 않는다.

우리에게 우리의 죄성과 구원자의 필요를 알게 하는 첫 번째 용법은 위에 그리고 『기독교 강요』 II. 7. 6-9에 서술되어 있다.

두 번째 기능은 정치적 또는 시민적 용법으로 불리고, 또한 『기독교 강요』 II. 7. 10에 서술되어 있다. 그러나 『제1차 신앙교육서』에서조차, 칼빈은 율법의 세 번째 용법에 접근하는데, 이것은 십계명에 관한 해설 바로 전인 다음과 같이 말할 때이다.

그러므로 율법의 말씀을 듣도록 하자.
그런 후에 우리는 율법에서 어떤 열매들을 거두어야 하는지뿐만 아니라 어떤 종류의 가르침을 붙잡아야 하는지를 보게 될 것이다(제8항).

2. 십계명

그러나 우리는 구체적으로 하나님의 뜻이 무엇인지를 어떻게 알 수 있는가?

구약성경과 신약성경은 둘 다 명령들과 금지 명령들, 권고들과 경고들로 가득 차 있다. 그렇다면 우리는 어떻게 "이것이 내 삶을 향한 하나님의 뜻이다. 이것이 신적 기준이다"라고 단순히 말할 수 있을까?

칼빈에게—그리고 루터에게도—그 답은 다행히도 하나님이 우리에게 십계명 안에 율법을 순서대로 요약해 두셨다는 것이다. 더 나아가, 십계명은 두 개의 목록으로 나누어질 수 있다. 즉, 하나님을 사랑하라는 요구(제1-4계명)와 우리의 이웃을 사랑하라는 요구(제5-10계명)이다.[4]

율법을 이처럼 두 부분으로 나누는 것은 하나님과 이웃을 사랑하라는 두 개의 커다란 명령(마 22:35-40. 예수님은 여기에서 단순히 신 6:5과 레 19:18을 인용하고 계실 뿐이다)과 함께 전통적으로 두 "돌판"(출 24:12; 고후 3:3)이 언급된 데 기초하고 있다. 이 두 개의 큰 명령은 "율법의 모든 계명이 향하는 방향"(제9항)을 가리킨다고 칼빈은 덧붙인다.

> 첫째로 우리의 영혼은 전적으로 하나님께 대한 사랑으로 가득차야 한다. 이로부터 이웃에 대한 사랑이 따라 나온다(『기독교 강요』 II. 8. 51).[5]

루터가 보통 율법을 믿음의 의에 대립하는 행위의 의와 동일시했음에

---

[4] 십계명을 두 개의 목록으로 나누는 데에는 여러 방법이 있다. 로마 가톨릭과 루터교회는 전통적으로 세 개의 명령을 첫 번째 목록에, 그리고 나머지 일곱 개를 두 번째 목록에 두었다. 이것은 십계명을 두 부분으로 나누어서 첫 번째 계명과 두 번째 계명을 함께 묶었기 때문이다. 요세푸스는 십계명을 공평하게 각각 다섯 개씩 나누었다. 칼빈의 접근(『제1차 신앙교육서』 제4-6항)은 유대인들과 대부분의 개신교 전통들이 일반적으로 받아들인 것이다. 다음을 보라. 『기독교 강요』 II. 8. 12와 LCC 판, 378-79, n. 16-21.
[5] 칼빈은 『기독교 강요』 II. 8. 51-55과 자기의 『모세의 책 마지막 네 권의 조화』(*Harmony of the Last Four Books of Moses*)에서, 율법에 관한 예수님의 요약적 의미를 상세히 다룬다.

도 불구하고, 십계명에 대한 그의 존중은 칼빈의 존중만큼이나 큰 것이었다는 점은 굉장히 흥미롭다. 루터는 자기의 요리문답들에서 십계명에 많은 지면을 할애했으며, 종종 이것에 관해 설교했다. 루터는 자기의 『대요리문답』(Large Catechism) 서문에서 다음과 같이 말한다.

> 나는 매일 아침 그리고 그 외에 시간이 있을 때마다 주기도문, 십계명, 사도신경, 시편 등을 읽고 한 자, 한 자 암송한다.

이후에 다시금 같은 서문에서 다음과 같이 말한다.

> 십계명을 아는 사람은 누구든 성경 전체를 완벽하게 안다. …
> 시편 전체가 제1계명에 기초한 묵상들이라는 것 외에 다른 무엇이겠는가?

그다음에, 루터는 각 계명에 관한 해설의 결론에서 다음과 같이 쓰고 있다.

> 따라서 여기에 우리는 십계명에 관해, 즉 우리의 삶 전체가 하나님을 기쁘게 해드리기 위해 우리가 무엇을 해야 하는지에 관한 신적 가르침에 관해 요약하고 있다. 그것들은 모든 선한 행위들이 솟아나는 참된 샘, 모든 선한 행위들이 흐르는 참된 수로이다. 이 십계명을 제쳐두고, 어떤 행동도, 어떤 행위도 선할 수 없고 하나님을 기쁘시게 할 수 없다. 세상이 보기에

그것이 아무리 위대하고 값진 것이라 할지라도 말이다.⁶

이 문장을 길게 인용하는 이유는 두 가지다.

첫째, 루터가 율법의 세 번째 용법을 가르치지 않았다고 주장하는 일부 루터파 학자들이 율법과 복음의 관계에 관한 칼빈과 루터의 견해에 관해 이 둘 사이의 차이를 크게 과장해 왔기 때문이다. 칼빈과 루터의 전반적인 접근에는 중요한 차이가 있지만, 많은 루터파 신학자가 이것을 확대해 왔다.⁷

둘째, 십계명에 표현된 하나님의 율법에 대한 이런 존중을 미국의 대부분 교회에서는 눈에 띌 정도로 찾아보기 어렵다. 그러나 유럽에서는 대부분의 아이들이 십계명을 배우고, 종종 이것들에 관한 설교도 행해진다. 이와 같이 십계명을 무시하는 이유들을 찾기란 어렵지 않다. 율법주의에 대한 두려움, 근본주의와 자유주의의 어떤 형태들이 미친 영향, 율법에 관한 사도 바울의 부정적인 언급들에 관한 피상적 이해, 십계명을 은혜언약의 맥락에서 보지 못한 것 등등이다.

그러나 잘 기억해 두자!

칼빈도, 루터도 우리에게 십계명을 문자적으로 그리고 율법주의적으로 해석하도록 요구하지 않는다. 칼빈이 자기의 『제1차 신앙교육서』에서 율법을 다루는 것(제8항)을 이해하기 위해서는 그가 『기독교 강요』 II. 8. 6-11에서 제시하는 세 가지 해석 규칙을 검토할 필요가 있다.

---

6 *The Book of Concord*, trans. and ed. Theodore G. Tappert (Philadelphia: Fortress Press, 1959), 359-61, 407. 마지막 진술의 반향을 칼빈의 『제네바 요리문답』 230문과 『하이델베르크 요리문답』(*Heidelberg Catechism*) 91문에서 발견하게 된다.

7 특히 다음을 보라. Werner Elert, *Law and Gospel* (Philadelphia: Fortress Press, Facet Books, 1967); Gerhard Ebeling, *Word and Faith* (Philadelphia: Fortress Press, 1963).

첫째, 율법은 영적(롬 7:14)이다. 그러므로 그 명령들은 영적으로 이해되고 해석되어야 한다. 즉, 십계명은 외적 행위보다는 "내적이고 영적인 의"를 요구한다. 하나님은 "영적 율법수여자"이시고, 그러므로 "외적 모습보다는 마음의 순수함"에 관심을 가지신다(『기독교 강요』 II. 8. 6). 여기에서 칼빈은 자신이 "최고의 율법해석자"이신 그리스도의 모범을 따를 뿐이라고 주장한다(II. 8. 7).

둘째, 십계명은 매우 부정적이고, 하나님의 뜻을 표현하는 데 있어서 필연적으로 제한되어 있다. 그러므로 우리는 각 계명에서 하나님의 의도를 발견하고, 그 다음에 그것을 긍정적으로 해석하려고 애써야 한다. 이런 주장의 함의와 결과는 굉장히 중요하다. 왜냐하면, 칼빈은 다양한 계명을 신약성경에 비추어 해석하기 때문이다.

따라서 칼빈은 계명들을 문자적으로 해석하는 것을 피하며—"율법에 관한 이해를 협소한 의미의 단어들 내에 한정하려 하는 자는 비웃음을 받아 마땅하다"(II. 8. 8)—각각의 부정적 명령이 지닌 긍정적 함의들을 찾는다. 칼 바르트가 『교회 교의학』(*Church Dogmatics*)에서 계명들을 다룰 때 행하는 일이 바로 이것이다.[8] 예를 들어, "살인하지 말지니라"라는 명령은 "생명에 대한 존중"과 "생명 보호"(참조. 『기독교 강요』 II. 8. 9)라는 제목하에 다루어진다.

셋째, 십계명은 두 개의 커다란 명령의 관점에서 고찰되어야 하는데, 이 명령들은 우리를 한편에서 하나님께 대한 존경과 경외와 사랑으로, 그리고 다른 한편에서 이웃에 대한 사랑과 봉사로 이끈다. 요컨대, 율법은

---

8 Karl Barth, *The Doctrine of Creation*, III/4 (Edinburgh: T. & T. Clark, 1961), 324 이하.

이와 같이 우리의 수직적 관계와 수평적 관계 둘 모두에서 삶 전반을 포괄한다(II. 8. 11, 12).

칼빈이 해석의 이런 세 가지 규칙 속에서 행하고 있는 것은 십계명을 예수 그리스도의 눈으로 보는 것이라는 데 주목하라.

칼빈은 십계명에 관한 자기의 해설을 그리스도의 가르침에 비추어 율법의 원리들에 관한 논의(『모세의 책 마지막 네 권의 조화』[Harmony of the Last Four Books of Moses]와 『기독교 강요』 II. 8. 51-59 둘 모두에서)로 끝맺을 뿐만 아니라 십계명에 관한 그의 논의 전반은 산상수훈의 정신으로 가득 차 있다. 그러므로 이것은, 종종 주장되듯이, "구약 종교," 즉 성경에 대한 율법주의적 접근이 아니라 정반대다.

칼빈이 거듭 강조하듯이, 그리스도는 율법의 심장이자 영혼이시고, 생명이자 정신이시며, 목적이시며, 종국이시며, 성취이시다.[9] 그러므로 율법이—그리고 성경 전반이—그리스도와 별개로 해석된다면, 성경은 엄청나게 잘못 이해되고 왜곡된다(『기독교 강요』 II. 7. 1, 2).

그러므로 『기독교 강요』 II. 8(십계명 해설)은 산상수훈을 별도로 전혀 다루고 있지 않을지라도(또한, 오늘날 대부분 교의학에서도 마찬가지이다), 사실상 산상수훈의 주제를 많이 다루고 있다. (사실, 『기독교 강요』 II. 8에서, 특히 마 5장에 관한 언급이 많다. 특히, II. 8. 7, 26, 57, 59를 보라.)

따라서 예수님과 달리 "그[칼빈]는 성경적 율법주의의 관점에서 하나님의 뜻을 생각했으며 율법주의적인 도덕률을 세웠다"라고 선언하는 것

---

9 『칼빈 주석』 고후 3:16, 17; 롬 10:4을 보라.

은 아주 부당하다.¹⁰ 그리고 "삶에 관한" 그의 "모든 견지는 그리스도보다 모세의 정신으로 물들어 있다"라고 주장하는 것도 똑같이 터무니없다.¹¹ 오히려 정반대의 불평을 하는 것, 다시 말해 칼빈이 율법을 그리스도화함으로 말미암아¹² 십계명보다는 예수님의 가르침이 그리스도인의 삶의 규범이라고 불평하는 것이 훨씬 더 적절할 것이다.

어쨌든, 칼빈은 그리스도에 대립하는 율법이나, 산상수훈에 대립하는 십계명과 같은 양극화를 인정하지 않을 것이다. 폴 레만(Paul Lehmann)은 다음과 같이 말한다.

> 실로, 율법의 내적 의미를 기초로 산상수훈과 십계명 사이의 내재적 평행을 보았다는 점에서 종교개혁가들은 옳았다.¹³

여기에서 십계명 모두에 관한 칼빈의 해석을 논하는 것은 불가능하다. 더 자세한 논의가 칼빈 자신을 통해—『제네바 요리문답』 136-216문과 『기독교 강요』 II. 8. 13-50에서—이루어진다. 그러나 세 가지만 특별히 언급하겠다.

예를 들어, 칼빈에게 있어서 출애굽기 20:2, 3(『제1차 신앙교육서』 제8항)에 있는 십계명의 서론이 지닌 중요성에 주목하라.

---

10 Georgia Harkness, *John Calvin, the Man and His Ethics* (Nashville: Abingdon Press, 1958), 63.
11 Harkness, *John Calvin, the Man and His Ethics*, 113.
12 이것이 한때 바젤대학교 신학 교수였던 파울 베른레(Paul Wernle)가 다음 책에서 행한 비판이다. *Der Evangelishe Glaube*, Band III (Tübingen: J. C. B. Mohr, 1919).
13 Paul Lehmann, *Ethics in a Christian Context* (New York: Harper & Row, 1963), 78.

이 서론의 의의는 율법이 십계명의 선포에 선행하는 하나님의 위대한 구속 행위(애굽에서 구출함)에 비추어 해석되어야 한다는 것이다.

> 나는 너를 애굽 땅, 종 되었던 집에서 인도하여 낸 네 하나님 여호와니라 (출 20:2).

이 말씀은 "율법 전체에 관한 일종의 서론"이다. 칼빈은 여기에서 이 계명들에 복종하기 위한 이중적 기초를 본다.

첫째, 하나님은 명령들을 내리고 순종을 요구할 권리를 가지신 여호와이시기 때문이다.

둘째, 그러나 더욱 중요한 것은, 하나님은 또한 자기의 백성을 구속하셨고, 따라서 그들의 감사를 받아 마땅한 은혜로우신 아버지이시기 때문이다.

> 이런 친절하심을 통해 과거에 유대 백성을 애굽의 속박에서 자유롭게 하셨고, 동일한 친절을 통해 또한 자기의 모든 종을 신자들의 영원한 "애굽," 즉 죄의 권세에서 자유롭게 하시기 때문이다(제8항).[14]

---

14 칼빈은 동일한 생각을 『기독교 강요』에서 다소 다르게 표현한다. "하나님은 제일 먼저 자신이 명령할 권리를 가지신 분이시며 복종을 받아 마땅한 분이시라는 것을 보여 주신다. 그 다음에, 하나님은 오직 필연에 의해서 사람들을 강요하는 것처럼 보이지 않도록, 또한 자신을 교회의 하나님이라고 선언하심으로써 사람들을 다정하게 매혹하신다"(『기독교 강요』 II. 8. 14). 애굽에서의 속박의 한 유형인 영적 포로상태에 관해 칼빈은 『기독교 강요』 II. 8. 15에서 열변을 토한다. 칼빈은 이 절을 다음과 같이 사랑스럽게 마무리한다. "내가 말하건대, 율법수여자를 받아들이기 위해 포로가 될 필요가 없는 사람은 아무도 없는데, 사람들은 그의 계명들을 준수하는 데서 특별한 기쁨을 얻도록 배워야

율법과 은혜는 대립적인 게 아니다. 정반대다.

왜냐하면, 율법은 무엇보다 요구가 아니라 은혜의 선물이기 때문이다!

그러나 율법을 은혜언약이라는 그것의 적절한 문맥에서 떼어내 보라.

그러면 율법은 시들어서 낡아빠진 도덕주의적 교훈이 되고 만다.

안식일 계명에 관한 칼빈의 해석은 특히 흥미롭다. 개혁파 전통에서 이 계명은 종종 주일의 행위에 율법주의적으로 적용됐고, 일부 불행한 결과를 초래했다. 그러나 이것은 칼빈의 잘못이 아니다. 칼빈에게 있어서 안식과 예배를 위한 특별한 날을 갖는 것보다 훨씬 더 중요한 것은 안식일 개념의 영적, 상징적 의미이다. 안식일의 일차적 목적은 우리가 "여호와가 자기의 성령을 통해 우리 안에서 일하시도록 우리가 우리의 일에서 벗어나는 영원한 안식에 관해 묵상하게"(제8항) 하는 것이다.[15]

마지막으로, 십계명 해설에 나타난 두 가지 언급, 즉 "사랑의 규범"과 "사랑의 법"에 관한 언급에 주목하라(참조.『기독교 강요』III. 7. 5, 7).

궁극적으로, 이것은 율법이 의미하는 것, 즉 사랑이다. 이것은 칼빈의 『모세의 책 마지막 네 권의 조화』에서 특별히 두드러진다. 칼빈은 『제1차 신앙교육서』에서처럼 이곳에서 여러 계명에 관한 해설을 완료한 후, 율법

하고, 그의 친절하심으로부터 모든 선한 것의 풍부함과 불멸하는 생명의 영광 둘 모두를 기대하며, 그의 놀라운 권세와 긍휼에 의해 자신이 죽음의 손아귀에서 자유하게 된다는 것을 안다."

15 참조.『기독교 강요』II. 8. 28-30. 폴 주이트(Paul K. Jewett)는 자기의 책『주님의 날』(The Lord's Day)에서 칼빈이 "구속사의 통일성, 신약 교회에서의 안식일적 시간 구분의 연속성을 제대로 인식하지" 못했다고 흠잡는다(Grand Rapids: Wm. B. Eerdmans Publishing Co., 1971), 105. 여기에서 칼빈에게는 율법주의적 안식일주의에 관한 책임이 아닌 정반대의 책임, 즉 신학적 전제들보다 편의가 지배하는 접근을 취했다는 책임이 주어진다!

의 요약을 다룬다. (여기에서, 신 6:5; 레 19:18; 마 27:37을 인용하는 것 외에도, 칼빈은 또한, 신 12, 13장과 딤전 1:5; 롬 13:8; 골 3:14, 그리고 갈 5:14을 인용한다.)

그러나 사랑은 단순한 정서나 감정으로 잘못 생각되어서는 안 된다. 칼빈에게 사랑은 "놀라운 애정"과 "뛰어난 열정"(『제1차 신앙교육서』 제8항)일 뿐만 아니라 하나님을 향한 경외와 숭배 및 이웃에 관한 사심 없는 관심을 낳는 것이기도 하다. 요컨대, 사랑은 믿음의 순종을 표현하는 또 하나의 방식으로서, 이 믿음은 예수 그리스도 안에 나타난 하나님의 은혜에 관한 감사로 가득한 반응이다(『기독교 강요』 II. 8. 49-55).

3. 칼빈이 말하는 그리스도인의 삶의 모습

우리는 칼빈이 다양한 관계들 속에서 어떻게 율법을 하나님의 뜻의 표현이라고 말하는지, 또는 단지 우리의 활동 모두를 그리스도인의 삶의 궁극적이고 가장 포괄적인 규범으로서의 하나님의 뜻으로 향하게 하는지를 보았다. 다음의 진술은 전형적이다.

> 자신을 주님께 온전히 맡김으로써 자기의 삶의 모든 부분이 하나님의 뜻에 따라 지배되도록 하는 사람만이 진실로 자신을 부인하는 사람이다(『기독교 강요』 III. 7. 10).

이것은 거의 자명해서 좀처럼 논쟁점이 되지 않을 것이다. 왜냐하면, 그리스도인이 가능한 한, 하나님의 뜻에 일치하여 살아야 한다는 데 일반적으로 의견을 같이하기 때문이다. 그러나 하나님의 뜻이 어디에서 그리고 어떻게 알려지는지를 결정하고자 할 때—특히 어렵고, 종종 모호한 윤리적 결정들에 직면해 있을 때—문제가 더욱 복잡해지고 어려워진다. 그런데도 칼빈에게 그 답변은 상대적으로 단순해 보이는데, 왜냐하면 그는 단지 다음과 같이 확언하기 때문이다.

> 율법의 교훈들이 … 하나님의 뜻을 포함하고 있다(I. 17. 2).

> 하나님은 자기의 뜻을 율법 안에서 드러내셨다(II. 8. 59).

율법 안에서 하나님은 자신의 성품을 표현하셨다(『기독교 강요』II. 8. 51). 다시 말해, 여기에서 그의 뜻이 우리 눈앞에 놓여진다.[16] 더욱이, 하나님은 율법 안에서 자기가 어떤 분이신지를 드러내실 뿐만 아니라 "우리에게 무엇을 요구하시는지를, 그리고 요컨대 알려져야 할 필요가 있는 모든 것을 제시하신다."[17]

위에 언급한 것 중 일부에서 "율법"이란 단어는 모세 계시 또는 모세오경을 가리킬 수도 있다. 그런데도 칼빈은 십계명에 포함된 도덕법에 관해서도 동일한 방식으로 말하기를 주저하지 않는다.[18] 율법은 "의의 완벽한 유형"을 담고 있으므로, 그것은 "좇아 살아야 할 영원하고 변하지 않는 규범"(『기독교 강요』II. 7. 13)이다.

---

16 『칼빈 주석』렘 9:15.
17 『칼빈 주석』사 8:20.
18 다음을 보라. 『기독교 강요』II. 8. 5; 『제네바 신앙교육서』130-32문.

다른 종교개혁가들뿐만 아니라 칼빈도 종종 비판을 받는 지점이 바로 여기다. 왜냐하면, 그들은 특히 자기들의 요리문답들에서 그리스도인의 삶을 위한 유일한 규범은 십계명이라는 인상을 주기 때문이다. 산상수훈, 사도적 권면들과 금지 명령들 등에 관한 아무런 고찰이 없이, 하나님의 뜻을 이처럼 십계명으로 "환원"하는 것은 이전의 가톨릭 전통에서 온 불행한 잔존물이라고 주장된다.

더욱이, 예수 그리스도보다 구약 율법이 그리스도인의 삶의 유일한 원천과 규범이라고 선언되므로, 이런 접근은 비성경적이라고 단언된다. 이러한 비판들은 요리문답 교육에서 십계명에 관한 해설을 중심적인 자리에 두는 모든 전통에 대해 비판적인, 휴고 로트리스베르거(Hugo Rothlisberger)의 출판된 박사 논문『교회와 시내산: 십계명에 관한 기독교적 가르침』(Kirche am Sinai: Die Zehn Gebote in der christlichen Unterweisung)에서 발견된다.[19]

그러나 칼빈과 관련하여, 로트리스베르거는 『기독교 강요』 안에 있는 서로 다른 접근을 지적하는데, 이곳에서 그는 그리스도인의 삶을 위한 **두 개의 규준**(norms), 즉 율법과 그리스도를 발견한다.[20] 이것이 칼빈의 접근에 관한 적절한 이해가 아니라는 것이 아래에서 보여질 것이다.

에밀 브루너(Emil Brunner) 역시 신약에서 십계명이 좀처럼 기독교회를 위한 규범으로 보이지 않는다는 사실을 종교개혁가들이 간과했다고 꾸짖는다.[21] 또한, 브루너는 다음과 같이 선언한다.

---

19 Hugo Rothlisberger, *Kirche am Sinai: Die Zehn Gebote in der christlichen Unterweisung* (Zurich: Zwingli Berlag, 1965), 130 이하, 143 이하.
20 Rothlisberger, *Kirche am Sinai*, 101.
21 Emil Brunner, *The Christian Doctrine of Creation and Redemption. Dogmatics*, vol. 2 (Philadelphia: Westminster Press, 1952), 219.

신약은 율법의 세 번째 용법에 관해 아무것도 알지 못한다.[22]

그러므로 던져야 할 질문은 칼빈이 하나님의 뜻에 관한 지식을 율법으로 제한하고 있는지, 더 나아가 칼빈이 무의식적으로 두 개의 규범(율법과 그리스도)을 가지고 작업을 하는지이다. 이와 연관된 질문은 칼빈이 율법의 세 번째 용법을 다루면서 복음에 관한 새로운 통찰들과 그리스도를 사실상 간과하고 있는지에 관한 것이다.

요컨대, 하나님의 뜻의 구체적인 내용은 무엇인가?

이런 질문들에 단순한 답변은 없지만, 우리가 『기독교 강요』 III에 나타난 그리스도인의 삶에 관한 칼빈의 해설에서 규범적인 것을 검토하는 것과 더불어, 앞의 "2. 십계명"에서 서술된 십계명에 관한 칼빈의 해석을 떠올린다면, 이 질문들에 관해 적어도 잠정적인 답변이 가능할 것이다.

4. 보다 정확한 원리[23]

우리가 보았듯이, 율법의 세 용법이 『기독교 강요』 II에서 간략하게 논의된다. 그러나 시민적 또는 정치적 용법이 IV. 20("시민 정부")에서 다시

---

22 Brunner, *The Christian Doctrine of the Church, Faith, and the Consummation.* Dogmatics, vol. 3, 301.

23 이 단락의 실질적 내용은 앞서 필자의 논문인 John Hesselink, "Christ, the Law, and the Christian," in *Reformatio Perennis: Essays on Calvin and the Reformation in Honor of Ford Lewis Battles*, ed. Brian Gerrish (Pittsburgh: Pickwick Press, 1981), 11-26에서 나타났으며, *Readings in Calvin's Theology*, ed. Donald McKim 179-91에 재수록되었다.

다루어지지만, 세 번째의 "주요한 용법"은 IV. 20. 12, 13에서 간략히 다루어진 후 빠지는 것으로 보인다. (또한, 『기독교 강요』 III. 19. 2에 율법의 이런 기능에 관한 암시가 있다.) 그러나 사실은 그렇지 않다.

왜냐하면, 칼빈은 특히 『기독교 강요』 III. 6, 7에서 그리스도인의 삶에 관해 논의하면서 다시금 율법의 세 번째 용법을 다루기 때문이다. 우리는 이 두 장의 어디에서도 율법의 세 번째 용법에 관한 명시적 언급을 전혀 발견하지 못하지만 그런데도 칼빈이 『기독교 강요』 II. 7에서 율법에 관한 논의를 전제로 하고 있다는 것을 보여 주는 이 두 장 모두의 서두에서 율법에 관한 부차적인 언급들을 발견하게 된다.

폴 제이콥스(Paul Jacobs)는 다음과 같이 지적한다.

> 성화론에 관한 논의, 이른바 칼빈의 윤리는 "율법의 세 번째 용법"(*tertius usus legis*)을 펼치는 것이다.[24]

칼빈은 그리스도인의 삶과 관련된 다양한 성경 자료를 모으는 곳인 III. 6에서 중생의 목적에 주목한 후, 다음과 같이 진술한다.

> 하나님의 율법은 그의 형상이 우리 안에서 회복될 수 있게 하는 방편인 저 새로움을 그 자체 안에 담고 있다(『기독교 강요』 III. 6. 1).

---

24 Paul Jacobs, *Prädestination und Verantwortlichkeit bei Calvin* (Darmstadt: Wissenschaftliche Buchgesellschaft, 1968, a reproduction of the 1st ed. of 1937), 103.

그러나 이것이 이 장에서 율법에 관한 마지막 언급이다!

칼빈은 계속해서 다음과 같이 말한다.

> 그러나 우리의 나태함은 많은 자극과 도움이 필요하므로, 진심으로 회개하는 사람들이 자기들의 열심에서 잘못을 범하지 않도록 성경의 다양한 구절로부터 우리의 삶의 규정(the regulation of our life, *rationem vitae formandae*)을 위한 계획을 짜는 것이 유익할 것이다(III. 6. 1).

칼빈은 짧은 한 장 안에서 이 주제를 제대로 다루는 것이 가능하지 않다는 데 동의하고, 따라서 신자가 "바르게 질서 잡힌 삶"(III. 6. 1)을 살도록 도와주는 "보편적 규범(rule, *regulam*)"을 발견하고자 한다. 우리는 하나님과 조화롭게 살도록 그에 의해 자녀들로 입양되었으므로, 첫 번째 원리는 우리 편에서 의 또는 거룩함의 사랑이어야 한다. 우리의 소명의 목적은 우리의 하나님이 거룩하시듯이 우리도 거룩해야 한다는 것이다(레 19:2; 벧전 1:15, 16; 『기독교 강요』 III. 6. 2).

> 바르게 사는 것의 시작은 영적인 삶인데, 이 영적 삶에서 마음의 내적 감정은 거룩함과 의를 기르기 위해 꾸밈 없이 하나님께 바쳐진다(III. 6. 5).

그러나 칼빈은 계속하여 이 장에서 또 하나의 중요한 단서를 단다. 참으로 칼빈은 성경의 많은 곳에서 우리는 의롭게 살도록 권면을 받는다고 지적하지만 그리스도의 구속 사역 안에서 거룩한 삶을 위한 보다 강력한 동기를 발견한다. 따라서,

성경이 보여 주는 바는, 우리를 더욱 효과적으로 깨우기 위해 우리를 그리스도 안에서 자신에게로 화목케 하신 하나님 아버지는 우리가 닮아야 할 형상을 우리를 위해 그리스도 안에서 새기셨다는 것을 보여 준다(III. 6. 3).

후에, 칼빈은 이신칭의 교리가 선한 일을 위한 열심을 질식시킨다는 비난을 논박하면서 우리의 소명을 성취하도록 우리를 일깨우기 위한 성경적 동기들을 열 개가 넘게 적고 있다. 첫 번째는 "먼저 우리를 사랑하신" 분(요일 4:19; 『기독교 강요』 III. 16. 2)의 사랑에 보답하는 감사의 동기다. 왜냐하면, 그리스도의 공로에 의해서만 우리가 의롭게 된다는 교리를 먼저 "받아들이지" 않으면, 누구도 진실로 거룩함을 추구하지 못할 것이기 때문이다.

그러므로 그리스도인의 삶을 위한 첫째가는 동기는 예수 그리스도 안에서 우리가 받은 은혜와 용서다. 또한, 그리스도는 그리스도인의 삶의 모델이시다. 그리스도는 "우리의 삶에서 우리가 그의 형상(image, *formam*; 프: l'image)을 표현해야 하는 모범(example, *exemplar*)으로서 우리 앞에 제시되셨다"(『기독교 강요』 III. 6. 3).

그러면 칼빈은, 로트리스베르거가 주장한 대로, 율법과 그리스도라는 두 개의 규준을 가지고 작업하는가?

절대 그렇지 않다. 칼빈은 『기독교 강요』 III. 6. 1에서 하나님의 형상이 **율법**을 통해 우리 안에서 회복되도록 우리가 자녀들로서 입양되었다고 말하고, III. 6. 3에서는 "우리의 삶이 우리의 양자 됨의 끈이신 **그리스도**를 표현해야(express, *repraesentet*) 한다"는 조건으로 자녀들로서 입양되었다(동일한 용어 사용에 주목하라)고 말하는 것은 맞다. 그러나 여기에 아무런 모순이 없다.

율법은 그 모든 부분에 있어서 그리스도와 관련이 있다. … 실로, 율법의 모든 가르침, 모든 명령, 모든 약속은 언제나 그리스도를 가리킨다.[25]

왜냐하면, 그리스도는 율법의 "바로 그 영혼"(very soul, *vere anima*)과[26] 생명과[27] 율법의 목표와 종국(성취)[28]이시기 때문이다.

그러므로 그리스도는 율법의 최고 해석자이실 뿐만 아니라 율법의 실질적 내용(substance)이요 성취이시다. 따라서 칼빈에게 있어서 경건한 삶의 규준(norm)이나 규범으로서 그리고 하나님의 뜻을 표현하는 것으로서 어떤 때는 율법을, 그리고 다른 때는 그리스도를 언급하는 데 아무런 비일관성도 없다. 그런데도 칼빈이 그리스도인의 삶에 관한 논의에서 하나님이 우리가 따르도록 한, 그리고 그의 삶을 우리가 모방해야 할 모델과 형상으로서 율법보다는 그리스도를 언급하기를 선호한다는 것은 의미가 없지 않다.

우리는 『기독교 강요』 III. 7에서 다음과 같은 동일한 접근을 발견한다.

　　　　그리스도인의 삶의 요체: 자기 부인.

다시 칼빈은 율법에 관한 언급(세 번째 용법)으로 시작하고, 그다음에 다시금 재빨리 "훨씬 더 정확한 계획"(an even more exact plan, *accuratiore etiamnum*

---

25 『칼빈 주석』 롬 10:4.
26 『칼빈 주석』 행 7:30; 다음을 참조하라. 『칼빈 주석』 요 1:11과 5:38.
27 『칼빈 주석』 고후 3:17.
28 『칼빈 주석』 롬 10:4; 『기독교 강요』 II. 7. 2.

ratione)으로 넘어간다.

주님의 율법이 인간 삶을 구성하는(ordering a man's life, *constituendae vitae*) 최고의 가장 좋은 방법을 제공한다 하더라도, 천상의 교사(the Heavenly Teacher)에게는 자기가 자신의 율법 안에 세운 규범(rule, *regulam*)에 맞도록 훨씬 더 정확한 계획(또는 정확한 원리)에 의해 자기의 백성을 형성하는 것이 좋은 것처럼 보이셨다(『기독교 강요』 III. 7. 1).

『기독교 강요』 III. 6의 서두에서처럼, 여기에서도 율법이 최고의 표현으로 말해진다는 것에 주목하라. 칼빈은 율법을 잊지 않았다. 또한, 칼빈은 대립적이라 주장되는 신약의 어떤 통찰이나 원리를 선호하여 율법을 거부할 생각이 전혀 없다. 칼빈은 둘 중 어느 한쪽을 택하는 것—구약이냐 신약이냐, 율법이냐 그리스도냐—에 관해 전혀 알지 못한다. 그러나 동시에 칼빈은 율법 안에서 우리는 우리의 삶을 향하신 하나님의 뜻이 지닌 의미와 목적을 모두 다 가진 것은 아니라는 것을 암묵적으로 인정한다.

그러므로 『기독교 강요』 III. 6, 7에서, 율법에 관한 찬양이 있고 난 뒤, 중요한 단서가 따라 나온다. 칼빈은 III. 6에서 하나님이 우리를 "더욱 효과적으로"(III. 6. 1) 일깨우시는 방편에 관해 말했고, III. 7에서는 "보다 정확한 계획"에 관해 말한다(III. 7. 1).

『기독교 강요』 III. 7에서 "이 계획의 시작"(beginning of this plan, *principium rationis*)은 로마서 12:1-2에서 발견된다. 칼빈에게 이것은 특별한 중요성을 지닌 프로그램적 본문(a programmatic text)이다.

그러므로 형제자매인 여러분에게 여러분의 몸을 하나님 앞에 거룩하고 받으실 만한 살아 있는 희생제물로 드리시기를 호소합니다. 이것이 여러분의 영적 예배입니다. 이 세상에 순응하지 말고, 하나님의 뜻이 무엇인지를 분별하도록 여러분의 마음을 새롭게 함으로써 변화되십시오(롬 12:1-2, NRSV; 『기독교 강요』 III. 7. 1).

이 구절을 인용한 후, 칼빈은 반복된 대조에 의해 그리스도인의 삶의 본성을 상술하는 데로 나아간다.

우리는 우리 자신의 것이 아니라 … 주님의 것이다(롬 14:8; 고전 6:19을 보라).

이것이 칼빈의 "기독교 철학"(Christian philosophy, *Christiana philosophia*)인데, 이 철학은 "이성에게 명령하여 성령께 길을 내주고, 복종하고, 복속하게 한다. 이는 사람이 더 이상 스스로 살지 않고 자기 안에 살고 다스리시는 그리스도를 품게(bear, *ferat*) 하기 위함이다"(갈 2:20; 『기독교 강요』 III. 7. 1).
또한, 칼빈은 『기독교 강요』 III. 7. 1에서 에베소서 4:23을 언급하는데, 이는 그리스도인의 삶에 관한 그의 이해에 있어서 또 하나의 핵심적인 본문이다. 왜냐하면, 칼빈은 에베소서 4:22-24에서 그리스도인의 삶의 기본적인 두 원리, 즉 옛 본성을 벗는 것과 새 본성을 입는 것을 발견하기 때문이다. (이것들은 또한 회개의 두 요소, 즉 죽임[mortification]과 살림[vivification]이다.)[29]

---

29 칼빈은 회개의 이 두 측면을 『기독교 강요』 III. 5-9에서 논한다. 『하이델베르크 요리문답』 88문에 나타난 유사한 이해를 참조하라.

이 구절과 관련하여, 칼빈은 경건하고 거룩한 삶을 위한 두 개의 규범을 언급한다.

첫째, "자기 부인과 성령의 중생."

둘째, "우리 자신의 영에 의해서가 아니라 그리스도의 성령에 의해 사는 것." 여기에서 다시 『기독교 강요』 III. 7. 1이 반향 된다.[30]

칼빈이 "잘 질서 잡힌 삶"(well-ordered life, *vitae bene compositae*)을 사는 데 중요하다고 여기는 본문들에는 이것들만 있는 것이 아니다. 또한, 칼빈은 『기독교 강요』에서 디도서 2:11-14(III. 7. 3)과 고린도전서 13:4, 5에서 발견되는 "사랑의 규범"(III. 7. 5-7)을 지적한다. 그러나 마음에 간직해 두어야 할 중요한 것은 이것이 칼빈이 율법의 세 번째 용법이란 말로 의미하는 바라는 점이다.[31]

---

30 『칼빈 주석』 엡 4:22-3. 다음을 참조하라. 『기독교 강요』 III. 7. 10.
31 율법에 관해 칼빈이 다루고 있지만, 여기에서는 다룰 수 없는 또 하나의 차원이 있는데, 그것은 바로 하나님의 뜻을 분별하기 어려운 특별한 상황들 속에서 인도하시는 성령의 역할이다. 필자의 다음 책이 마지막 장에서 이것을 간략히 다루고 있다. John Hesselink, *Calvin's Concept of the Law*, 282 이하. 그리고 다음 논문에서 좀 더 길게 다루고 있다. "Governed and Guided by the Spirit: A Key Issue in Calvin's Doctrine of the Holy Spirit," in *Reformiertes Erbe. Festschrift für Gottfried W. Locher*, Band 2, hrsg. von Heiko Oberman, Ernst Saxer et al. (Zurich: TVZ, 1993).

제6장
추가적 상설: 그리스도인의 자유
(제31항)

1. 칭의, 자유, 기도

칼빈은 그리스도인의 삶에서 규범과 안내자로서의 역할을 하는 율법의 세 번째 용법을[1] 강조했으므로, 칭의와 그리스도인의 자유에 부차적인 역할을 맡긴 것으로 종종 추정된다. 칼빈은 그리스도인의 삶에서의 성장과 진보에 관해 사실 루터보다 더 많은 관심이 있었으나, 이신칭의를 "종교를 좌우하는 문지도리"(the main hinge on which religion turns, *praecipuum esse sustinendae religionis cardinem*)라고 똑같이 강조해서 확언했다.

이것은 하나님께 대한 우리의 관계와 경건의 삶, 둘 모두의 토대이다 (『기독교 강요』 III. 11. 1). 우리가 믿음으로 하나님께 처음 돌아서는 것과 마

---

[1] 칼빈신학에서의 율법의 용법들에 관해서는 본서 제5장과 필자의 다음 책을 보라. John Hesselink, *Calvin's Concept of the Law*, 제5장. 제인 뎀프시 더글라스(Jane Dempsey Douglass)는 특히 세 번째 용법에 관해서 다음과 같이 말한다. "칼빈이 신중을 기해서 진술했음에도 불구하고, 여러 해 동안 칼빈은 반복해서 '율법주의자'로 불려왔는데, 보통은 율법에 대한 그의 세 번째 용법을 이해하지 못하는 개신교도들에 의해 경멸적으로 그렇게 불려왔다"(Jane Dempsey Douglass, *Women, Freedom, and Calvin* [Philadelphia: Westminster Press, 1985], 109).

찬가지로, 매일매일의 회개와 새로워짐은 하나님의 사역이고 그의 은혜의 결과이다.²

그리스도인의 자유에 관해서 칼빈은 루터만큼 관심이 있다.³ 칼빈은 자기의 『제1차 신앙교육서』 제31항 "인간의 전통들"에서 이 주제를 간략하게 다루고,⁴ 『기독교 강요』 III. 19 전체를 이 주제에 할애한다.

> 복음의 가르침을 요약하고자 하는 사람은 이 주제에 관한 설명을 빠뜨려서는 안 된다. … 이 자유가 이해되지 않으면, 그리스도는 복음의 진리가 아닐 뿐만 아니라 영혼의 내적 평화도 바르게 알 수 없는 까닭이다(III. 19. 1).

『기독교 강요』 III. 19에 관해 파울 베른레(Paul Wernle)는 다음과 같이 말한다.

> 그리스도인의 자유에 관한 이 간략한 절은 『기독교 강요』의 보석이다. … 이 장을 더 자주 읽었더라면, 칼빈의 율법주의(legalism, 독: Gesetzlichkeit)에 관한 말은 훨씬 줄어들었을 것이다.⁵

---

2 『칼빈 주석』 행 5:31.
3 이 주제에 관한 루터의 고전적 논의는 그의 1520년 논문인 "그리스도인의 자유"(The Freedom of a Christian)이다. 이 논문의 번역서들이 많지만, 특히 다음의 번역서를 보라. W. A. Lambert, revised by Harold J. Grimm in *Luther's Works*, vol. 31, *Career of the Reformer*, part 1, ed. by Harold Grimm (Philadelphia: Muhlenberg Press, 1957). 여기에서 루터의 "그리스도인은 모든 군주로부터 완전하게 자유로워 누구에게도 복종하지 않는다. 그리스도인은 모든 이에게 복종하는, 모든 이의 완전하게 충실한 종이다"라는 유명한 논제를 발견할 수 있다(p. 344).
4 이 항의 제목이 가리키듯이 여기서 강조점은 시민적인 것이든 교회적인 것이든 "양심을 구속하는," 즉 그리스도 안에서 우리의 자유를 훼손하는 규정들이나 전통들에 있다.
5 Paul Wernle, *Der evangelische Glaube nach den Hauptschriften der Reformatoren*, vol. 3,

이 중요한 장의 내용으로 들어가기 전, 『기독교 강요』의 구조에서 이것이 차지하는 자리에 주목하는 것이 중요하다. 이것은 칭의에 관한 장들 다음에 나오는 반면, 기도에 관한 장에 앞서 나온다. 처음부터 칼빈은 칭의와의 관계를 분명히 한다.

> 자유는 특별히 칭의의 부가물(appendage, *appendix*)이며, 자유의 능력을 이해하는 데 적잖게 유용하다(III. 19. 1).

칼빈은 『기독교 강요』 초판(1536년)에서부터 그리스도인의 자유의 중요성을 강조한 반면, 위에서 방금 인용한 문장은 최종판(1559년)이 나오기 전까지는 들어 있지 않았다. 벤자민 라이스트(Benjamin Reist)가 다음과 같이 추측할 때, 정곡을 찌르고 있는 것일지도 모른다.

> 칼빈은 이 모든 것[칭의와 자유의 관계]에 관해 더 오래 숙고할수록, 칭의가 죄책감의 마비로부터 양심을 자유케 하는 데 있어 중요한 의미가 있다는 것을 더 많이 이해하게 되었다.[6]

칭의와 기도의 관계는 이것만큼 분명하지는 않다. 칼빈은 이와 관련하여 특정한 말을 하지 않지만, 여기에서도 다음과 같은 라이스트의 확신이 옳을지 모른다.

Calvin (Tubingen, J. C. B. Mohr [Paul Siebeck], 1919), 131.

[6] Benjamin Reist, *A Reading of Calvin's Institutes* (Louisville, Ky.: Westminster/John Knox Press, 1991), 67.

그리스도인의 자유에 관한 칼빈의 위대한 장에 이어서 똑같이 기억할 만한 기도에 관한 장이 따라 나온다는 것은 우연이 아니다.

라이스트는 참된 경건에 대한 칼빈의 끊임없는 관심이 그리스도인의 자유에 관한 그의 이해에 있어서 기저에 있는 동기이고 이것은 다시 "믿음의 주요한 훈련인"(기도에 관한 III. 20의 제목의 일부) 기도와 분리될 수 없다고 판단한다.[7]

그리스도인의 자유에 관한 구체적인 면들로 나아가기 전, 한 가지 더 주목해야겠다. 우리의 자유는 하나님의 자유에 토대를 두고 있고 그것에서 파생된다.

칼빈이 보는 바와 같이, 그리스도인의 자유는 하나님의 자유에 뿌리를 두고 있다. 하나님의 자유는 첫 인간들의 자유에서 반영되고 있으며 성육신하신 그리스도의 사역을 통해 인간을 재창조하고자 하시는 하나님의 뜻 안에서 표현된다. 자유하게 하는 자이신 그리스도는 죄에 대한 속박과 하나님의 주권을 찬탈하는 독재적 인간 제도들에 대한 속박에서 타락한 인간을 자유하게 하셨다.[8]

7　Reist, *A Reading of Calvin's Institutes*, 69. 따라서 라이스트(Reist)는 다음과 같이 설명한다. "요즘 '영성'에 관해 말들을 많이 하는데, 자유, 고통 받는 양심으로부터의 구원, 그리고 하나님의 은택을 지속적으로 매일 받는 것, 이 모든 것은 기도에 관한 칼빈의 주목할 만한 이해에 생기를 불어넣는다."

8　Dempsey Douglass, *Women, Freedom, and Calvin* (Philadelphia: Westminster Press, 1985), 23.

2. 율법에서의 자유

『기독교 강요』 III. 19의 절반 이상이 율법에서의 자유와 양심의 자유를 다룬다.

더욱이 II. 7에 있는 율법의 세 번째 용법에 관한 논의에서, 칼빈은 그리스도인을 위한 율법의 의미에 관한 긍정적 해명에 할애하는 것보다 더 많은 공간을 율법의 폐기와 그리스도인의 자유에 관한 논의에 할애한다!

명확한 이유는 II. 8에서 십계명에 관한 해명으로 나아가기 전, 칼빈은 한 가지를, 즉 하나님의 의의 규범을 담고 있는 십계명은 화목케 되고 의롭게 되며 **자유하게 된** 사람에게만 "유용"하다는 것을 분명히 하고 싶어 한다는 것이다.

그러나 우리는 어떤 의미에서 그리스도인이 율법으로부터 자유로운지를 이해해야 한다. 칼빈은 다음과 같이 말한다.

> 바울은 율법이 폐기되었다는 것을 매우 분명하게 가르친다(II. 7. 14).

그러나 이로부터 "율법이 폐기되었을 때, 하나님이 자기의 율법 안에서 승인하시는 의가 폐지되었다고 결론을 내리는 것"은 비극적인 잘못일 것이다.

> 그러나 이 폐기는 우리에게 바르게 사는 법을 가르치는 교훈들에는 전혀 적용되지 않는데, 그리스도가 그것들을 확증하시고 재가하시기 때문이다. 반론에 대한 적절한 대답은 율법에서 제거된 유일한 부분은 그리스도의

은혜 너머에 있는 모든 사람이 당하는 저주라는 것이다.[9]

그 결과, 바울이 우리가 "율법에 대해 죽었"다(롬 7:4)고 말할 때, 칼빈에 따르면 이것은 우리가 율법의 권세에서 자유롭게 되었다는 것을 의미한다.

바울은 여기에서 모세 시대에 고유한 율법의 저 직분만을 언급하고 있다는 것이다. 우리는 하나님이 우리에게 가르쳐 주신 올바른 것과 명령하신 것을 담고 있는 십계명과 관련하여 어떤 식으로든 율법이 폐기되었다고 상상해서는 결코 안 되는데, 왜냐하면 하나님의 뜻은 영원히 서 있어야 하기 때문이다. 여기에서 언급된 풀려남은 율법이 가르친 의에서 풀려남이 아니라 율법의 엄격한 요구들과 그것의 요구들로부터 나오는 저주에서 풀려남이라는 것을 주의 깊게 주목해야 한다. 그러므로 폐기된 것은 율법이 규정하고 있는 바르게 사는 것에 관한 규범이 아니라 우리가 그리스도로 말미암아 얻게 된 자유에 반하는 성질, 즉 절대적 완전에 대한 요구이다.[10]

3. 양심의 자유

요컨대, 율법이 저주로 양심을 위협하고 구속할 수 있는 한에서, 율법은 단번에 폐지되었다. 신자는 사망의 두려움으로 신음하는 양심의 "끝없는

---

[9] 『칼빈 주석』 롬 6:15.
[10] 『칼빈 주석』 롬 2:2. 다음을 참조하라. 『칼빈 주석』 갈 4:4.

속박"의 짐에서 자유하게 되었다(『기독교 강요』 II. 7. 14, 15).

이것이 옛 시대와 새 시대의 주요한 차이 중 하나이다. 옛 시대 아래에서 "양심은 두려움과 떨림으로 괴로워" 했으나, 새 시대의 유익은 "양심이 해방되어 기쁨을 얻게 되었다는 것이다. 옛 [시대]는 양심을 속박의 멍에로 구속했다. 새 시대는 그것이 지닌 자유의 정신을 통해 양심을 해방하여 자유하게 한다"(II. 11. 9).[11]

양심의 자유는 복음의 주요한 선물 중 하나이다. 이것은 오로지 모든 복종으로부터의 면제를 주장하실 권리를 지니신 하나님의 아들 그리스도가 자발적으로 율법에 복종하셨기 때문에 가능하다.

그리스도는 왜 이렇게 하셨는가?

> 우리의 이름으로 그가 우리를 위해 자유를 얻기 위해서다.[12]

따라서 "그것의 법적 요구들로 우리를 대적했던 증서"가 무효가 되었다(골 2:14).

> 이것이 온전한 자유로서, 그리스도가 자기의 피로 우리의 죄뿐만이 아니라 우리가 하나님의 심판에 노출되어 있다고 선언할지 모르는 모든 법조문을 완전히 제거하셨다. … 왜냐하면 그리스도가 십자가에 우리의 저주, 우리의 죄, 그리고 우리가 받아 마땅한 형벌을, 그리하여 또한 율법과 양

---

11 참조. 『칼빈 주석』 롬 8:15.
12 『칼빈 주석』 갈 4:4.

심을 구속하기 쉬운 모든 것의 속박을 십자가에 못 박으셨기 때문이다."[13]

그러므로 "그리스도 안에서 양심을 평화롭게 하는 데 필요한 모든 것을 발견하기 때문에" 우리는 그리스도께로 돌아선다.[14] 칭의와 관련하여 우리가 율법과 더 아무런 관련이 없듯이, 우리의 양심 역시 "하나님의 긍휼만을 받아들이고, 우리의 시선을 우리 자신에게서 돌려 오직 그리스도만을 바라본다. … 하나님 앞에서의 그들의 칭의를 위한 확신을 찾을 때, 신자들의 양심은 모든 율법의 의를 잊어버리고 율법 위로 올라, 율법을 넘어서 나아가야 한다"(III. 19. 2).[15]

이것이 그리스도인의 자유의 첫 번째 측면이다. 우리는 율법의 법적 요구들에서 자유롭게 되었다. 우리의 의는 그리스도 안에서 발견된다. 그리스도만이 양심의 평화를 주실 수 있다.

더 나아가, 칼빈은 자기의 『제1차 신앙교육서』에서 우리가 인간 전통들에서도, 시민적 관습에서든 교회의 규정에서든 자유하게 되었다고 강조한다. 여기에서 칼빈이 로마 가톨릭 규범들과 규정들을 염두에 두고 있다는 것은 분명하다.

---

13 『칼빈 주석』 골 2:14. 다음을 참조하라. 『기독교 강요』 II. 7. 17.
14 『칼빈 주석』 히 9:15. 칼빈에게서 나타나는 율법과 관련한 양심의 자유에 관한 문제에 관해서는 다음 저자의 최근 연구를 보라. Randall C. Zachman, *The Assurance of Faith: Conscience in the Theology of Martin Luther and John Calvin* (Mineapolis: Fortress Press, 1993), 224-43.
15 "율법이 칭의의 은혜에 기여하는 바가 전혀 없음에도 불구하고, 율법은 기능적으로 성화의 은혜와 관련이 있다. 그러므로 양심이 하나님 앞에서의 칭의와 관련하여 율법에서 자유하게 되었다 할지라도, 그것의 성화와 관련해서는 자유하게 되지 않았다. 왜냐하면, 율법은 여전히 신자들로 하여금 그들의 소명의 목적에 일치하도록 권면하고 가르치기 때문이다"(Zachman, *The Assurance of Faith*, 225).

그러나 우리는 마치 하나님을 예배하는 데 필수적인 양, "영적인 법들"이라는 명목으로 양심을 구속하는 규정들에 대해서는 단호히 저항해야 한다. 왜냐하면, 이것들은 그리스도가 우리를 위해 획득하신 자유를 전복할 뿐만 아니라 참된 종교를 흐리게 하고, 자기의 말씀을 통해 우리의 양심 안에서 홀로 다스리기를 원하시는 하나님의 존엄을 더럽히기 때문이다(제31항).

그러나 칼빈은 자유에 관한 단순한 형식적, 부정적 정의에 만족하지 않았다. 또한, 칼빈은 무엇을 위해 그리스도인이 자유하게 되는지를 보여 주는 데 관심이 있었다. 또한, 칼빈은 『기독교 강요』에서 양심과 관련하여 긍정적인 면에서 자유에 관한 논의를 계속한다. 그리고 이것은 그를 다시금 율법의 세 번째 용법(third use of the law, *usus tertius legis*)으로 데려간다.

4. 하나님의 뜻에 복종하도록 자유하게 됨

칼빈은 자유의 두 번째 측면에 관해서 다음과 같이 말한다.

> 양심은 마치 율법의 필연에 의해 강제된 것처럼 율법을 지키는 것이 아니라 율법의 멍에에서 자유하게 되어 기꺼이 하나님의 뜻에 순종한다는 것이다. 왜냐하면, 양심은 율법의 지배 아래 있는 한 영구적인 두려움 속에 거하므로, 양심에게 이런 자유가 이미 주어져 있지 않을 경우, 절대로 열심을 다해 하나님께 순종하려 하지 않을 것이기 때문이다(『기독교 강요』 III. 19. 4).

하나님이 바라시는 자기 뜻에 의한 자발적인 순종은 자유로운 사람에게만 가능하다.

하나님의 뜻에 대한 순종은 율법 아래서뿐만 아니라 복음 아래서도 요구된다. 율법의 명령들에 대한 엄격한, 정밀한 준수는 더 요구되지 않지만, 순종하고자 하는 성향이 요구된다. 그리스도는 자기의 완벽한 순종으로써 율법의 요구를 이루셨고, 그리하여 그리스도 안에 있는 사람에게는 순종하고자 하는 **의지**(will)만으로 족하다.

그러므로 우리가 믿음으로 그리스도와 연합되어 있기만 하다면, "우리가 율법에 규정된 삶의 형태(the form of living, *vivendi formam*)를 추구할 경우," 그것으로 충분하다. 그 이유는 다음과 같다.

> 우리가 완전에서 멀리 벗어나 있을지라도, 주님이 부족한 것을 우리에게 주실 것이다(『제네바 요리문답』[1545] 225문).

우리의 선한 행위들이 "그리스도께 대한 사랑에서 나올" 때, 그것들이 아무리 불완전할지라도, "하나님은 이런 목표를," 즉 그리스도께 대한 사랑에서 그의 계명들을 지키고자 하는 목표를 "신실하게 열망하는 사람들의 순종을 기뻐하신다."[16]

이것이 복음의 자유의 영광이다!

율법의 엄격한 요구들이 더 우리의 행위를 측량하는 것이 아니라 은혜로우신 아버지가 우리를 관대하게 판단하신다. 이런 위로와 확신이 없다

---

16 『칼빈 주석』 요 14:22.

면, 누구도 큰 열심을 갖고 하나님을 섬기려 하지 않을 것이다. 그러나 신자들이 "율법의 이런 심각한 요구로부터 자신들이 하나님의 부성적 온화함을 통해 부름을 받은 것을" 듣는다면, "그들은 환호하며 큰 열정을 갖고 답하고 하나님의 인도하심을 따를 것이다"(『기독교 강요』 III. 17. 10).

빌헬름 니젤(Wilhelm Niesel)은 개혁교회에서 발전한 "행위의 칭의"라는 이 교리에 관해서 다음과 같이 말한다.

> [행위의 칭의 교리는] 윤리에서 가장 중요하다. 이것은 그리스도께 속한 사람이 지속적인 자책(remorse)의 먹이가 될 필요가 없다는 것을 분명히 해준다. 반대로, 그는 자기 일상의 일을 확신과 기쁨에 차서 행하고 다닌다.[17]

칼빈이 율법의 세 번째 용법을 가르치는 것은 바로 이런 정신에서 그리고 이런 토대에서이다. 하나님이 받으실 만한 유일한 순종과 섬김은 자발적이고 자유로운 순종과 섬김이다. 그것은 사랑과 감사에서 나오는 것이 아니라면, 믿음의 순종이 아니다. 그리스도인들은 하나님께 순종하며 그의 뜻을 행하고자 하는데, 왜냐하면 그렇게 해야 하기 때문이 아니라 그렇게 하기를 원하기 때문이다.

이런 기쁨의 순종이 가능한 것은 오직 그들이 율법의 강제와 속박에서 자유롭기 때문이다. 이제 그리스도인들은 진실로 자유로우므로, 자유롭게 사랑하고 자유롭게 순종하며 자유롭게 성령의 인도하심에 따른다.

---

17 Wilhelm Niesel, *The Gospel and the Churches* (Philadelphia: Westminster Press, 1962), 221. 영국 판 제목은 *Reformed Symbolics*이다.

요컨대, 율법에 대해 불신자가 맺는 관계와 신자가 맺는 관계의 차이는 노예와 아들의 차이이다. 전자는 율법의 멍에에 의해 주인에게 매여 있다. 불신자들은 자기들이 맡은 일을 수행하도록 엄격하게 요구받는다. 아버지에 대한 아들의 관계는 완전히 다르다. 자녀들의 불완전하고 결점이 있는 일들까지도 그들의 아버지는 받아들인다. 그 일들이 진지한 노력의 정신으로 이루어지는 한에서 말이다.

아버지는 자기가 사랑하는 자들의 결점들을 동정하는 마음으로 넘어가 주신다(『기독교 강요』 III. 19. 5). 그러므로 율법과 관련하여, 모든 것은 자녀가 되어 하나님의 가족으로 받아들여지므로 생겨난 변화에 의존한다.

> 우리는 율법에 바르게 순종하기 위해 율법수여자와 개인적으로 관계를 맺어야 한다. 가족 내에는 순종이 있어야 한다.[18]

자유는 자율성도, 무정부 상태도 아니다. 자유는 참된 주인을 발견하는 것이다.

> 주님, 저를 포로로 만드소서. 그리고 **그때** 저는 자유하게 될 것입니다.

또는, 칼빈이 루터를 반향하듯이 그리스도인의 자유는 "자유로운 노예 상태요 섬기는 자유"(a free servitude and a serving freedom, *libera servitus, et serva*

---

18 C. F. H. Henry, *Christian Personal Ethics* (Grand Rapids: Wm. B. Eerdmans Publishing Co., 1957), 362.

libertas)라고 말한다.[19] 참된 자유는 순종 안에서의 자유이다.

> 하나님을 섬기는 사람들만이 자유하다. … 우리는 하나님께 더 신속하게 그리고 더 기꺼이 순종하고자 자유를 얻는다.[20]

5. "아디아포라"의 영역

그리스도인의 자유의 세 번째 부분은 중립적인 또는 "무관심한 것들"(*adiaphora*)에 있는데, 이것은 로마서 14장과 고린도전서 8장; 10:14 이하에서 사도 바울이 다루고 있다. 이것들은 외적이며 그 자체로 좋은 것도, 나쁜 것도 아니다. 그러므로,

> 우리가 때로 그것들을 사용하지 못하도록 하거나, 때로는 무관심하게 그것들을 사용하지 않는 어떠한 종교적 책무에 의해서도 우리는 하나님 앞에서 매여 있지 않다(『기독교 강요』 III. 19. 7).

『기독교 강요』 III. 19. 7-16에서 이 주제가 길게 다루어지는 데에서 분명히 드러나듯이, 칼빈은 이 문제를 매우 중요하게 여긴다. 칼빈 자신이 다른 곳에서 다음과 같이 주목한다.

---

19 『칼빈 주석』 벧전 2:16.
20 『칼빈 주석』 벧전 2:16. 다음을 참조하라. 『기독교 강요』 III. 17. 1.

현명하고 경험이 풍부한 사람들은 이것이 구원론에서 가장 중요한 문제 중 하나라는 것을 안다.[21]

그러나 이 점에서 우리의 자유에는 한 가지 제한이 있다. 이 자유는 단순하고 연약한 동료 그리스도인이 넘어지는 걸림돌이나 원인이 되어서는 절대 안 된다. (이와 관련하여, 칼빈은 『기독교 강요』 III. 19. 11에서 롬 14:1, 13; 15:1, 2; 고전 10:25, 29; 갈 5:13 등을 인용한다.)

우리의 자유는 우리의 나약한 이웃들에게 거슬리도록 주어진 것이 아니다. 사랑은 우리를 모든 것에서 그들의 종으로 만들기 때문이다. 오히려,

> 우리의 자유는 우리의 마음에서 하나님과 화평함으로써, 우리가 사람들과도 화평하며 살도록 하기 위함이다(『기독교 강요』 III. 19. 11).

인간의 양심적 가책들, 관습, 의견에서의 자유는 무슨 일이 있어도 보존되어야 하지만, 동시에 이 자유는 언제나 동료 그리스도인들에 대한 사랑에 의해 조절되어야 한다.

우리의 자유가 우리 이웃의 건덕을 초래하도록 사용되어야 하지만, 자유가 우리의 이웃을 돕지 못한다면, 그때 우리는 자유 없이 지내야 한다는 것, 이 규범보다 더 분명한 것은 없다. 외향적인 문제들에 있어서의 자유로운 능력이 경건한 이에게 주어진 것은 그가 모든 사랑의 의무를 행하는

---

21 『칼빈 주석』 갈 5:1.

데 더 잘 준비되도록 하기 위함이라는 것을 깨닫는 이들은 경건한 이들 중에 일부이다(III. 19. 12).

헨드리쿠스 베르코프는 이 모든 것을 다음과 같이 간략하게 요약한다.

자유는 사랑을 위해 존재한다. 그리고 사랑은 자유를 통해 가능하게 된다.[22]

그러나 '아디아포라'의 영역에서 우리의 자유를 사용하는 데 있어 우리를 인도해야 하는 훨씬 더 높은 규범이 있다. 즉,

우리의 자유가 사랑에 종속되듯이, 다시 사랑 자체는 신앙의 순결성 아래에 거해야 한다(III. 19. 13).

다시 말해서, 이웃 사랑을 핑계 삼아, 우리는 하나님을 거역하게 되는 어떤 것도 해서는 안 된다. 왜냐하면, 하나님의 권위는 타협되어서는 안 되기 때문이다. 또한, 우리 양심의 권위 역시 타협되어서는 안 된다. 더 연약한 형제자매에 대한 관심에 있어서, 우리는 또한 바리새인들의 주장과 비난을 범하지 않도록 주의해야 한다(III. 19. 11, 12). 어떤 상황에서도 우리는 타인이 우리의 양심을 지배하게 해서는 안 된다. 그 이유는 다음과 같다.

---

22 Hendrikus Berkhof, *Christian Faith*, rev. ed. (Grand Rapids: Wm. B. Eerdmans Publishing Co., 1986), 462. 베르코프(Berkhof)는 나중에 갈 5장; 롬 6:15-23; 고전 10:23 이하 등을 언급하는데, 이 구절들은 자유와 사랑의 연합을 가리킨다. 그리고 그 다음에 베르코프는 롬 14:13; 고전 8:1-13; 10:25-33 등을 추가한다. "바울은 자유를 더 이상 사랑을 위한 통로가 아니라 걸림돌로 사용하는 것에 대해 경고한다"(p. 463).

만약 타인이 우리의 양심을 구속하도록 한다면, 우리는 매우 가치 있는 복을 빼앗길 것이며, 동시에 자유의 수여자이신 그리스도를 모욕하게 될 것이다.[23]

이것은 분명 복잡하고 어려운 문제이다. 우리가 우리 가운데 있는 연약한 그리스도인들의 연약함과 양심의 가책들에 민감하다면, 하나님의 말씀이 아니라 그들이 우리의 결정과 행위를 지배할 위험이 있기 때문이다. 그때 우리는 새로운 속박에 빠지기 쉽다. 칼빈은 외적 활동들과 자유로운 양심을 구분함으로써 이 어려움을 해결한다(III. 19. 16). 갈라디아서 5:13—"너희가 자유를 위해 부르심을 입었으나 …"—과 관련하여, 칼빈은 다음과 같이 말한다.

> 자유는 양심에 놓여 있으며 하나님을 바라본다. 자유의 사용은 외적인 것들에 있고 하나님뿐만 아니라 사람들을 다룬다.[24]

로날드 월레스(Ronald Wallace)는 다음과 같이 말한다.

> 우리가 우리 양심의 자유의 외적 표현을 사랑(charity)의 법에 복종시킬 때조차, 우리의 양심은 동시에 하나님 앞에서 자유로운 상태로 있으며 우리

---

[23] 『칼빈 주석』 갈 5:1.
[24] 『칼빈 주석』 갈 5:13. 갈 5:13의 후반 구절—"사랑으로"—에 관해 칼빈은 다음과 같은 결론을 내린다. "한마디로, 우리는 사랑으로 서로를 섬긴다면, 언제나 건덕을 고려할 것이다. 그리하여 우리는 방종하지 않고, 하나님의 은혜를 그의 영예와 우리 이웃의 구원을 위해 사용할 것이다."

의 외적 행위에 의해 속박될 수 없다.²⁵

칼빈은 성경의 서로 다른 구절에 나타난 서로 다른 강조점에 매우 민감하다. 따라서 칼빈은 고린도전서 10:29과 관련해서 다음과 같이 경고한다.

우리가 이 구절에서 양심이라는 단어가 가장 엄격하게 사용되고 있는 반면, 로마서 13:5과 디모데전서 1:5에서는 보다 넓은 의미가 있다는 것에 주목해야 한다.²⁶

따라서 칼빈은 다음과 같이 말한다.

좁은 의미에서뿐만 아니라 넓은 의미에서도 양심에 관해 말할 수 있다. 좁은 의미에서, 하나님의 심판좌 앞에 있는 양심은 예수 그리스도가 양심을 위해 획득하신 자유만을 바라보고, 다른 사람들과 관련하여 어떠한 필연이나 율법에도 구속되지 않는다. 그러나 넓은 의미에서, 우리의 양심은 타인에 대한 책무 아래 있다. 이 책무는 그 자체로 필연적인 외적 행동들에 기초한 것이 아니라 그것들의 결과들로 인해 요구되는 외적 행동들에 기초하고 있다. 율법은 그 결과들과 상관없이 그 자체로 명령될 때, 좁은 의미에서 양

---

25 Wallace, *Calvin's Doctrine of the Christian Life* (Grand Rapids: Wm. B. Eerdmans Publishing Co., 1959), 311(『칼빈의 기독교 생활원리』, CLC 刊). 필자는 이 주제에 관한 월레스의 훌륭한 논의에 나타난 몇 가지 언급에 대해 그에게 빚을 지고 있다(p. 308 이하).
26 『칼빈 주석』 고전 10:29. 칼빈은 계속하여 "여기에서 그 의미는 더욱 좁은 의미인데, 신자의 영혼은 인간의 권위가 아니라 하나님의 심판좌만을 바라보고, 그리스도가 신자의 영혼을 위해 획득하신 자유의 복을 기뻐하므로, 이 자유는 어떠한 개인에 대한 책무 아래 있지 않고, 시간이나 장소의 어떤 조건에도 매여 있지 않다"라고 설명한다.

심을 구속하고 있고, 이런 의미에서 신자들의 양심은 하나님의 법과 예수 그리스도의 주 되심에 의해서만 구속된다. 그러나 율법이 그 자체로 필연적이라고 주장되어서가 아니라 그것이 수반하는 선한 목적들이나 결과들로 인해 지켜져야 할 때, 양심은 넓은 의미에서 율법을 지켜도 좋다.[27]

그러나 우리는 또한 우리 자신의 양심이 노예와 같이 문자적이고 지나치게 꼼꼼한 성경 해석의 덫에 빠지지 않도록 주의해야 한다(『칼빈 주석』 눅 3:10).

왜냐하면, 일단 양심이 스스로 덫에 걸리고 나면, 그것은 빠져나오기 쉽지 않은, 길고 헤어나기 어려운 미로 속으로 들어가기 때문이다(『기독교 강요』 III. 19. 7).

더 나아가, 우리가 우리의 양심에 거슬리는 어떤 것을 행한다면, 또는 우리의 양심이 그것에 대해 의심할 때조차, 그것은 심각한 죄이다. 우리가 우리의 양심에 거슬러서 우리 자신의 길을 갈 때마다, "우리는 재앙을 향해 곤두박질치고 있다."[28]

하나님 앞에서의 양심의 자유는 큰 가치를 지닌 진주이다. 칼빈은 우리가 한편에서 지나치게 꼼꼼함의 덫을, 다른 한편에서 자기 방종의 덫을 피하고자 하면서 이 자유를 보존하는 데 어려움이 있음을 인정한다. 단순하고

---

27 Zachman, *The Assurance of Faith: Conscience in the Theology of Martin Luther and John Calvin* (Mineapolis: Fortress Press, 1993), 230.
28 『칼빈 주석』 고전 8:11. 다음을 참조하라. 『칼빈 주석』 고전 8:7.

확실한 안전장치란 전혀 없지만, 우리는 우리의 평생에 하나님의 뜻을 따르고자 분투한다면, 멀리 빗나가지 않을 것이다. 그 이유는 다음과 같다.

> 하나님의 뜻을 거슬러 행하는 것은 우리의 모든 행동을 더럽히는 한 가지이다.[29]

그 결과, 결국 양심의 자유와 관련해서뿐만 아니라 그리스도인의 삶 전체와 관련해서도 "그의 뜻이 우리의 모든 계획과 행동에 선행해야 할 것이다"(『기독교 강요』 III. 19. 7).

6. 성령의 역할

그러나 하나님의 뜻을 분별하는 것은 언제나 쉬운 일은 아니고, 하나님의 뜻을 행하는 것은 훨씬 어렵다. 앞에서 본 것처럼, 신자는 율법의 (그리고 노예화된 의지의) 법적 요구들로부터 자유로울 뿐만 아니라 하나님의 뜻에 대한 감사의 순종을 위해서 자유롭다. 그러나 신실한, 자발적인 순종은 오직 성령의 지배를 받는 마음에서만 나온다.

그리고 이것은 정확히 성령의 "고유한 사역"(peculiar office, *proprium munus*), 즉 율법을 우리 마음에 새기고 우리 안에 순종의 영을 심어 주는 것이다. 우리의 의지는 자연적으로 타락하여 죄로 기울어 있으나, 하나님

---

[29] 『칼빈 주석』 고전 8:11.

은 우리가 의를 구하도록 자기의 성령을 통해 우리의 의지를 바꾸신다.

이것으로부터 우리가 얻게 되는 저 참된 자유가 생겨나는 때는 이전에 죄의 노예 상태로 있었던 우리의 마음을 하나님이 자신에게 순종하도록 만드실 때이다.[30]

그러므로 바울이 "너희가 만일 성령의 인도하시는 바가 되면 율법 아래에 있지 아니하리라"(갈 5:18)고 말할 때, 칼빈에 따르면, 그 의미는 성령이 우리를 율법의 **멍에**에서 자유하게 하신다는 것이다. 만약 당신이 성령을 따라 걷는다면, "당신은 그때에 율법의 지배에서 자유로울 것이고, 율법은 당신에게 권면을 해 주는 '자유의 가르침'(a liberal teaching, *liberalis doctrina*)이 될 뿐이다."[31]

이제 성령의 은혜에 의해 지배를 받음으로, 계명이 더 이상 "우리 위에"(신 30:11) 있지 않다. 우리는 율법의 멍에에서 자유롭게 되었으므로, "그리스도의 멍에가 얼마나 즐거운지, 그리고 그의 짐이 얼마나 가벼운지

---

[30] 『칼빈 주석』 시 40:7. 여기에서 필자가 다루지 않은 자유의 차원은 칼빈신학에 있어서 자유와 질서의 관계이다. 여기에서 제인 댐시 더글라스의 다음 책에 유용한 장이 있다. Jane Dempsey Douglass, "Freedom in God's Order," *Women, Freedom, and Calvin*. 더글라스는 다음과 같은 말로 이 장을 마무리한다. "정치 질서와 교회 질서는 다스리는 권세를 지닌 인간을 위한 하나님의 선물에서 도출된다. 그리고 그것들은 인간으로 하여금 변화하는 세계 속에서 하나님의 목적들을 수행하게 하고자 전통을 조정하고 변형시키는 데 자유로운 영역들을 나타낸다. 성령의 지속적인 살아 있는 활동은 이 두 질서 모두를 알리는데, 성령은 인간 질서를 움직여 하나님 나라의 자유를 향하게 하신다"(p. 40). 이 주제에 관한 다음 저자의 앞선 논의를 참조하라. M. Eugene Osterhaven, "John Calvin: Order and the Holy Spirit," 제14장 in *The Faith of the Church: A Reformed Perspective on Its Historical Development* (Grand Rapids: Wm. B. Eerdmans Publishing Co., 1982).

[31] 『칼빈 주석』 갈 5:18.

를 안다"(마 11:30). 율법의 엄격함이 제거되었으므로, "율법의 가르침은 감당할 수 있을 뿐만 아니라 심지어 기쁘고 즐거운 것일 것이다. 또한, 우리는 우리를 부드럽게 지배하는 그리고 편의를 위한 것 이상으로 엄하게 우리를 권면하지 않는 굴레를 거부해서는 안 된다."[32]

그리스도인의 자유의 진정한 시금석은 그것이 신자들로 하여금 다시 자신들을 향하도록 하는지, 아니면 밖을 향하여 하나님과 이웃을 섬기도록 하는지에 있다.

> 그리스도가 신자들을 하나님 아버지와 화목케 하신 것은 신자들이 벌을 받지 않음을 탐닉하도록 하기 위해서가 아니라 자기의 성령으로 그들을 다스리심으로써 자기가 그들을 하나님 아버지의 손과 지배 아래에 두시기 위해서다. 이것으로부터 뒤따르는 것은 참된 순종을 통해 자신들이 그의 제자라는 것을 증명하지 않는 사람들은 그리스도의 사랑을 거절한다는 것이다.[33]

그 결과, 신자들은 그들에게 주어진 자유뿐만 아니라 하나님이 그들을 위해 "어떤 규범"을 규정하신다는 사실까지도 기뻐한다. 주님의 뜻이 무엇인지가 확실하지 않은 채로 남아 있는 것은 아무런 복도 아닐 것이다. 그러므로 이런 복종은 짐이 아니라 "참되고 진정한 행복"이다.[34]

---

[32] 『칼빈 주석』 행 15:10.
[33] 『칼빈 주석』 요 15:10.
[34] 『칼빈 주석』 렘 30:9. "그리스도인의 자유는 권위와 대립하는 것이 아니라 주님의 뜻이 우리의 뜻과 하나가 되도록 그리스도의 주 되심 안에 놓여 있다"(Wilhelm Kolfhaus, *Vom Christlichen Leben nach Calvin* [Neukirchen Kr. Moers: Buchhandlung des Erziehungsvereins, 1949], 139).

위의 단락들에서, 칼빈의 율법에 관한 교육적 또는 세 번째 용법의 주요한 요소들이 거의 모두 드러났다. 그리스도인들은 율법의 지속적인 의미에서가 아니라 율법의 엄격한 요구들, 저주, 그리고 그 결과로 생기는 짐에서 자유롭다. 그들을 대신하여 이 짐을 짊어지시고 이 저주를 당하신 그리스도와의 연합과 신앙에 의해 그리스도인들은 성령의 자유를 누린다.

성령의 고유한 사역은 하나님의 형상에 따라 그들을 주조하며 다시 만드는 것이다. 성령은 율법을 통해 이것을 행하시는데, 이 율법은 더 이상 외적인 고발하는 능력이 아니라 그들의 존재 안에 심겨진 도움을 주는 친구이다.

이와 같이 성령을 통해 신자들은 그들 자신의 뜻이 아니라 더욱더 하나님의 뜻을 행하고자 한다. 그들은 기쁨에 찬 감사 속에서 자기들에 대해 정당한 권리를 소유하신 주님을 섬기고자 하는데, 바로 이 주님 안에서 그들은 완전한 자유를 발견한다. 신자들이 성령을 통해 새롭게 발견한 능력을 기뻐하는 것은 자기들의 하늘 아버지의 뜻에 복종하기 위해서다.

┌ 제7장 ─────────────────────────┐
│   │
│   # 선택과 예정[1]   │
│   │
│   ─ (제13항) ─│
└──────────────────────────────────────┘

우리가 본 바와 같이, 율법은 우리가 겸손케 되는, 그리고 우리가 우리의 죄로 가득 차 있음을 알게 해 주는 방편이다. 따라서 율법은 간접적으로 우리가 그리스도와 값없는 죄 사함의 복음을 받도록 준비시켜 준다. 그러나 그리스도를 실제로 받아들이고 누리는 것은 믿음을 통해서만 가능하다(제12항).

그러나 제14, 15항에서 믿음의 본성을 서술하는 대로 나아가기 전, 칼빈은 자기가 매우 큰 관심을 가지는 실천적인 문제를 다룬다.

즉, 왜 어떤 이들은 복음이 선포되는 것을 들을 때 믿음으로 반응하는 반면, 왜 다른 이들은 아무런 감동 없이 부정적으로 반응하는가?

어떤 이들이 다른 이들보다 지적이거나 본성적으로 경건하기 때문인가?

---

1 비록 선택이 빈번하게 더욱 집단적 함축을 지니고 있긴 하지만, "선택"과 "예정"이란 용어는 여기에서 기본적으로 같은 것을 함축하고 있다. 그러므로 우리는 이스라엘의 선택과 개인들의 예정에 관해 말한다. 선택은 종종 영원한 작정(the eternal decree)을 드러내는 것으로 여겨지는 반면, 예정은 종종 미리 정하심(preordination)과 동일시된다. 루돌프 오토(Rudolf Otto)와 같은 일부 신학자는 두 개념을 날카롭게 구분했지만, 일반적으로 이 두 용어는 동의어로서 사용된다.

1. 실천적이고 목회적인 동기들

그렇지 않다고 칼빈은 답한다. 이 당황스러운 질문에 대한 답변은 사람들의 인격들 안에서가 아니라 하나님의 작정 안에서 발견된다. 이렇게 해서, 칼빈은 믿음에 관한 자기 논의의 맥락 내에서 예정 교리를 논의하게 된다. 이것은 많은 비난을 받는 제네바 종교개혁가의 입장을 이해하는 데 매우 중요하다.

왜냐하면, 선택 교리—그리고 심지어 이중 예정이라는 사람들을 깜짝 놀라게 하는 개념까지도—는 칼빈의 사변적, 교의적 관심에서가 아니라 일차적으로 실천적, 경험적 관심에서 나온 것이기 때문이다. 만약 전자였다면, 어거스틴, 아퀴나스, 그리고 이후의 개혁파 신학이 그랬듯이, 칼빈은 하나님 또는 섭리에 관한 논의에서 이 주제를 다루었을 것이다.

그러나 『기독교 강요』 최종판에 이르러서야 『제1차 신앙교육서』에서의 이 교리의 위치가 동일하게 나타난다는 것을 인정할 수밖에 없다.[2]

프랑소아 방델(François Wendel)이 지적하듯이, 칼빈의 출발점은 여기에 있다.

---

2 『기독교 강요』 초판에서 예정은 별개의 교리로서 다루어지지 않았고, 그저 지나치듯이 두 곳에서 언급되었다. 그러므로 『제1차 신앙교육서』는 이 주제에 관한 그의 사유에서 중요한 진전을 나타낸다. 칼빈은 『기독교 강요』 최종판(1559) 전까지의 판들에서 이 교리를 하나님의 섭리와 함께—그리고 설교에 관한 논의에서—논했다. 그러나 『기독교 강요』 최종판에서 칼빈은 구원론의 맥락에서, 즉 믿음, 칭의, 그리고 기도 후에 예정을 논한다. 대부분의 칼빈 학자들은 이것을 매우 의미 있는 변화로 간주한다. 여기에서 특별히 다음 저자의 훌륭한 논의를 보라. François Wendel, *Calvin: Origins and Development of His Religious thought* (New York: Harper & Row, 1963), 263 이하.

『기독교 강요』에서처럼, 말씀 선포는 그것을 듣는 모든 사람에게 동일하게 감동을 주지 않고, 택자들 안에서만 그것의 열매를 맺는 반면, 유기된 자들에게는 죽음만을 가져온다는 것이다. 성 어거스틴과 부서에게서도 그렇듯이, 실천적이고 교회적 관점이 분명하고 명백하다. 그리고 신학적 발전들에도 불구하고, 이것은 끝까지 예정에 관한 해명을 지배한다.[3]

따라서 이 교리를 다루는 데 있어서 칼빈의 첫 번째 동기는, 그것이 성경적이라는 사실은 차치하고,[4] 다음과 같은 현상을 설명하는 것이다.

> 복음의 말씀 자체가 그리스도께 참여하도록 우리 모두를 부르지만, 불신앙으로 눈이 멀고 마음이 굳어진 대부분 사람은[마 22:14을 보라] 그런 비범한 은혜를 비웃는다(제12항).

후에, 『기독교 강요』에서 더욱 목회적인 동기가 전면에 등장한다. 칼빈에게 이 교리는 '왜 일부의 사람이 복음을 믿는 반면, 다른 이들은 거절하는가'에 관한 질문에 답하는 것일 뿐만 아니라, 제대로 이해된다면, 이 교리는 또한 우리에게 우리의 구원이 하나님의 값없는 긍휼과 은혜 안에 근거하고 있다는 확신을 주어야 한다.

---

3 Wendel, *Calvin: Origins and Development of His Religious thought*, 266-67.
4 다음을 보라. 신 7:7-8; 10:14-15; 요 15:16, 19; 17:9, 20, 21; 롬 8:28-30, 9-11장; 엡 1:3-6; 벧전 2:2.

우리는 이러한 대조에 의해서 하나님의 은혜에 빛을 비추어 주는 하나님의 영원한 선택을 알게 되기까지, 우리가 마땅히 그러해야 하는 대로 우리의 구원이 하나님의 값없는 긍휼의 원천에서 흘러나온다는 것을 결코 명백하게 확신하지 못할 것이다(『기독교 강요』 III. 21. 1).

이러한 맥락에서 칼빈은 로마서 11:5-6에 나오는 사도 바울의 논증을 강조한다.

지금도 은혜로 택하심을 따라 남은 자가 있느니라 만일 은혜로 된 것이면 행위로 말미암지 않음이니 그렇지 않으면 은혜가 은혜 되지 못하느니라 (롬 11:5-6).

칼빈은 이것이 우리를 겸손하고 감사하도록 만들어야 한다고 주장한다. 그러므로 선택 교리는 "유용"하며 "달콤한 열매"를 맺어야 하는데, 왜냐하면 이 교리는 "우리의 구원이 하나님의 순전한 관대하심에서만 일어난다는 것을 분명히" 해 주기 때문이다(『기독교 강요』 III. 21. 1).

2. 유기에 관한 질문

"눈이 멀고 마음이 굳어진"[5](제12항 -편주) 사람들에 관한 위의 언급은 자연스럽게 다음과 같은 제13항의 첫 번째 진술로 이끈다.

> 왜냐하면, 하나님의 말씀의 씨앗은 주님이 자기의 영원한 선택으로써 천국의 자녀와 상속자로 예정하신 자들 안에서만 뿌리를 내리고 열매를 맺기 때문이다(제13항).

여기에서 우리는 구원의 예정만을 갖고 있다. 많은 개신교 신학자와 로마 가톨릭 신학자가 일반적으로 이것을 받아들이지만, 칼빈이 내린 결론, 즉 이로부터 그러므로 믿지 않는 자들은 하나님에 의해 거부되고 영원한 정죄(유기, reprobation)로 예정되어 있다는 결론을 기꺼이 끌어내는 이는 거의 없다.

칼빈의 말을 빌자면, 하나님의 은혜에 반응하지 않는 모든 사람은 "세계의 기초가 놓이기 전에 하나님의 이 동일한 계획(plan, *consilium*)에 의해 정죄된"다. 왜냐하면, 그러한 사람들에게는 "진리를 매우 분명하게 선포하는 것이 사망에 이르는 사망의 냄새일 수밖에 없"기 때문이다(제13항; 참조. 고후 2:15-16). 또는, 이 문제를 더 담대하게 표현하자면, 칼빈은 『기독교 강요』의 예정에 관한 자기의 정의에서 다음과 같이 말한다.

---

5 이것은 좋은 성경적 용어다. 다음을 보라. 마 15:14; 롬 2:18-21; 9:18; 고후 3:14; 계 3:17.

우리는 예정을 하나님의 영원한 작정이라 부르는데, 이것에 의해서 하나님은 각 사람이 어찌 되기를 원하는지에 관해 자기 자신과 계약을 맺으셨다. 왜냐하면, 모든 이가 똑같은 조건에서 창조된 것이 아니고, 오히려 영생이 어떤 이들을 위해 미리 정해지고, 영원한 정죄가 다른 이들을 위해 미리 정해졌기 때문이다. 그러므로 어떤 이가 이 두 종국 중 어느 하나로 창조되었으므로, 우리는 그를 생명이나 사망으로 예정되었다고 말한다(III. 21. 5).

이것은 이중 예정인데, 마치 칼빈이 이 교리의 최초 창시자인 것처럼 칼빈에게서 기인한 것으로 잘못 이해되었다!

어거스틴, 코트샬크(Gottschalk, 9세기 신학자), 루터, 부서(Bucer, 스트라스부르의 종교개혁가), 그리고 다른 이들이 칼빈 이전에 이 교리를 가르쳤었다.[6]

예정 교리나 하나님의 주권 교리가 칼빈신학의 중심이라고 주장하는 것 역시 잘못이다.[7] 칼빈의 것으로 알려진 신앙고백서가 네 개가 있는데, 이 중 세 개는 내친김에 예정에 관해 암시적으로 언급할 뿐이다.

1541년의 요리문답인 『제네바 요리문답』(100, 157문을 보라)도 마찬가지인데, 이곳에 다시금 유기(즉, 정죄로의 선택)에 관한 언급이 전혀 없다. 이것

---

[6] 개혁파 관점에서 이 주제를 다룬 최고의 연구 중 두 개는 다음과 같다. G. C. Berkouwer, *Divine Election* (Grand Rapids: Wm. B. Eerdmans Publishing Co., 1960); Paul K. Jewett, *Election and Predestination* (Grand Rapids: Wm. B. Eerdmans Publishing Co., 1985), 특히, 제1장 "A Historical Overview"를 보라. 칼빈에 관해서는 특히 에드워드 다우위(Edward Dowey)가 매우 훌륭한데, 다음을 보라. *The Knowledge of God in Calvin's Theology*, 211-19, 239 이하.

[7] 알렉산더 슈바이처(Alexander Schweizer)가 주장했듯이 말이다. Alexander Schweizer, *Die Protestantische Centraldogmen*, vol. 2 (Zurich: Orell, Fesli, 1854).

이 칼빈에게 중요한 교리라는 데는 의심의 여지가 없는데, 왜냐하면 칼빈은 『기독교 강요』 IV. 21-24에서 이 주제에 네 장을 할애하기 때문이다. 그러나 이것은 주로 이 교리에 대한 다양한 공격 때문이었다.[8] 『기독교 강요』 초판(1536년)에서 이 교리는 두 곳에서만 간략하게 언급될 뿐이다.

이 교리가, 특히 이중 예정이 인간 이성에 걸림돌이라는 것은 놀라울 게 없다. 이것은 정당하지 못하고 인위적인 것으로 보이고, 사람들을 자기들의 결정에 대한 책임이 없는 것으로 만드는 것처럼 보인다. 칼빈은 이런 어려움을 인식하고 있고, 스스로가 다음과 같은 질문을 던진다.

> 왜 주님은 전자[예정된 자들]에 대해서는 자기의 자비를 받을 만하다고 여기시면서 후자에 대해서는 엄격하게 심판하시는가?(제13항)

칼빈은 단순히 다음과 같이 대답한다.

> 그 이유는 주님의 손에 맡겨 두도록 하자.
> 왜냐하면, 주님은 그것을 우리에게 숨기고자 하시는 가장 타당한 이유를 갖고 계시기 때문이다(제13항).

---

[8] 칼빈은 생애 후반기에 예정 교리에 대한 다양한 공격으로 인해 *De aeterna Predestiantione Dei*라는 책에서 자신의 입장을 변호했는데, 이것은 1552년에 출판되었다. 이것은 리드(J. K. S. Reid)의 영역본을 통해 접할 수 있다. Calvin, *Concerning the Eternal Predestination of God* (London: James Clarke, 1961; repr., Louisville, Ky.: Westiminster John Knox Press, 1997).

또한, 칼빈은 하나님의 숨겨진 작정을 헤아려 보고자 하는 것에 대해 자기의 독자들에게 경고한다. 대신에, 우리는 우리 지혜의 부족함을 인정하고 하나님의 "헤아릴 수 없는 판단들"(롬 11:33)에 놀라워해야 한다. 칼빈은 우리에게 사도 바울의 말을 상기시킨다.

> 이 사람아! 네가 누구이기에 감히 하나님께 반문하느냐 지음을 받은 물건이 지은 자에게 어찌 나를 이같이 만들었느냐 말하겠느냐?(롬 9:20; 참조. 『기독교 강요』 III. 23. 1, 4, 5, 이곳에서 칼빈은 이 말씀, 그리고 이와 유사한 말씀들을 인용한다)

어쨌든, 우리는 하나님을 부당하다고 비난해서는 안 된다. 오히려,

> 이러한 하나님의 경륜이 우리에게 숨겨져 있다 할지라도 그것이 얼마나 정당하고 거룩한지를 우리 가운데서 인정하도록 하자(제13항).

이 커다란 신비를 엄밀히 탐구하지 말라는 칼빈의 경고들—그리고 다른 맥락들에서 사변의 위험에 대한 그의 끊임없는 경고들—에도 불구하고, 칼빈이 자신의 충고에 주의를 기울였는지에 관한 질문이 제기될 수 있다. 칼빈은 다음과 같이 매우 강조한다.

> [주님의 선택의] 그 이유는 주님의 손에 맡겨 두도록 하자.
> 왜냐하면, 주님은 그것을 우리에게 숨기고자 하시는 가장 타당한 이유를 갖고 계시기 때문이다(제13항).

이뿐만 아니라 칼빈은 우리에게 다음과 같이 권고한다.

하늘 자체로 뚫고 들어가서 하나님이 영원부터 우리를 위해 작정하신 것을 헤아리려고 하지는 말자(제13항).

그러한 "무자비한 호기심에" 빠지는 것은 "어리석고 위험한 짓이다. 아니, 심지어 치명적이다"(『기독교 강요』 III. 21. 2).[9]

그런데도 칼빈은 특별히 자기의 유기 교리와 관련하여 때로 성경의 경계를 넘어서는 것처럼 보인다. 칼빈은 이 유기 교리를 "무서운 작정"(a dreadful decree, *decretum horribile*; 『기독교 강요』 III. 23. 7)이라고 표현했을지라도 이 유기 교리가 성경적이라고 확신했으므로, 이것을 가르쳐야 한다고 여전히 느꼈다. 특히, 칼빈은 이중 예정을 발견했다.

그러나 이 핵심 구절의 해석에 관해서는 일치된 합의가 전혀 없다. 심지어 베르까우어(G. C. Berkouwer) 같은 보주적인 칼빈주의자조차 칼빈이 로마서 9:17 이하에 나타난 바울의 주장의 일부를 이해하지 못한다고 믿는다는 것은 주목할 만하다.

왜냐하면, 바로의 마음을 완고하게 하는 데에서 칼빈은 영원한 정죄의 계시를 보는 반면, 베르까우어(그리고 대부분의 주석가들)는 주장하기를, 여기에서 바울은 일차적으로 "'그의 경륜(counsel)과 뜻에 의해 정해져' 있는

---

9 칼빈은 호기심꾼들에게 다음과 같이 경고한다. "그들은 예정을 탐구할 때, 신적 지혜의 비밀한 구역들을 꿰뚫어 보려 한다. 조심성이 없는 확신을 지닌 사람이 이곳에 침입한다면, 그는 그의 호기심을 만족시키는 데 성공하지 못할 것이고, 아무런 출구도 발견할 수 없는 미궁 속으로 들어갈 것이다"(『기독교 강요』 III. 21. 1).

'사악한 자들의 멸망'을 [칼빈처럼] 해설하고 싶어 하는 것이 아니라 오히려 구원사에 나타난, 자기의 긍휼을 드러내시는 하나님의 능력과 자유를 지적한다"라고 한다.[10] 그러나 칼빈은 적어도 이 단락을 진지하게 취급한다. 최근의 일부 학자보다 더 진지하게 말이다.

과거 세대의 유명한 영국 신약학자인 다드(C. H. Dodd)는, 예를 들어, 자기의 로마서 주석에서 사도 바울이 "비윤리적 결정론을 그것의 논리적 극단으로까지" 밀어붙인다고 비난한다.[11] 스코틀랜드 신약학자인 헌터(A. M. Hunter)는 로마서에 관한 자기의 주석에서 다드만큼이나 신랄하다. 헌터 역시 로마서 9:18에서 사도 바울이 다음과 같이 가르친다고 비난한다.

---

10 Berkouwer, *Divine Election*, 213-14. 보수적인 스코틀랜드 신학자인 프랜시스 데이비드슨(Francis Davidson)의 *Pauline Predestination*, Tyndale Monograph(London: Tyndale House, 1946), 32 이하와 Jewett, *Election and Predestination*, 81 이하를 참조하라. 그러나 일부 신학자는 여전히 칼빈의 견해를 변호한다.

다음을 참조하라. John Piper, *The Justification of God: An Exegetical and Theological Study of Roman 9:1-23* (Grand Rapids: Baker Book House, 1983). 파이퍼(Piper)는 이 단락에 관한 이 철저한 연구에서, 롬 9:6-13을 일차적으로 민족들의 운명이나 개인들을 가리키는 것으로 해석하는 주석가들과 개인들의 영원한 예정을 가리키는 것으로 해석하는 주석가들로 일반적으로 나눌 수 있다고 지적한다. 파이퍼는 후자의 입장을 지지하는 많은 현대 학자―그리고 이들 모두가 어떤 식으로든 보수적 칼빈주의자인 건 아니다―를 인용하는데, 예를 들어, 그중에는 딘클러(E. Dinkler), 루츠(V. Luz), 미첼(O. Michel), 그리고 에른스트 케제만(Ernst Käsemann) 같은 탁월한 독일신학자들이 있다. 케제만은 롬 9:12-13과 관련하여 "[이 구절들 안에] 강력한 예정 개념이 있다는 것은 부정될 수 없다. 오직 여기에서만 바울이 이중 예정을 제시하고 있다 할지라도 말이다"라고 쓴다. 그러나 그 다음에 파이퍼는 헤르만 리델보스(Herman Ridderbos)를 언급하면서 "틀림없이 바울은 시간 이전의 예정에 대한 사변적 관심이 전혀 없다"라고 덧붙인다([Grand Rapids: Wm. B. Eerdmans Publishing Co., 1980], 265).

칼빈의 입장에 대한 대중적 변호―그리고 전통적인 개혁파 예정 교리―에 관해서는 다음을 보라. R. C. Sproul, *Chosen by God* (Wheaton, Ill.: Tyndale House, 1986).

11 Charles Harold Dodd, *The Epistle to the Romans*, Moffatt Commentary (New York: Harper, 1932), 157-58.

우리는 단지 잔인할 정도로 변덕스러운 하나님에 의해 통제되는 인형들에 지나지 않는다.[12]

위대한 독일 신약학자인 루돌프 불트만(Ruldolf Bultmann)은 두 권으로 된 자기의 주석인 『신약신학』(*Theology of the New Testament*)에서 로마서 9-11장에 관한 어떤 논의도 피한다.[13]

유기 교리에 관한 칼 바르트의 독특한 진술은 전통적 견해보다는 훨씬 빈약한 주석적 기초를 갖고 있음에도 그가 이 문제와 진지하게 씨름한 것은 칭찬할 만하다.

바르트에게 예수 그리스도는 선택하시는 하나님이신 동시에 선택된 인간, 그리고 거부된 인간이다. 그리스도는 우리가 받아 마땅한 정죄를 떠맡으셨으므로, 거부는 더 이상 인간에게 가능하지 않다. 이것은 정죄에 대한 숨겨진 작정의 가능성을 모두 제거하고, 따라서 선택 교리를 가장 위로가 되는 교리로 만든다. 하지만, 또한 이것은 필자가 "보편구원론의 싹"(incipient universalism)이라고 부르는 것으로 이끈다.[14]

---

12 Archibald Macbride Hunter, *Romans*. The Torch Bible Commentaries (London: SCM Press, 1955), 92.

13 제1권의 절반은 바울신학에 할애된다. Ruldolf Bultmann, *The New Testament Theology*, vol. 1 (New York: Charles Scribner's Sons, 1951).

14 다음을 보라. Barth, *Church Dogmatics* II/2, *The Doctrine of God* (Edinburgh: T. & T. Clark, 1957), 123 이하, 162 이하. 바르트의 입장에 대한 최고의 비판 중 하나가 베르까우어(Berkouwer)에 의해 다음의 책에서 이루어진다. Berkouwer, *The Triumph of Grace in the Theology of Karl Barth* (Grand Rapids: Wm. B. Eerdmans Publishing Co., 1956), 89-122. 도널드 블뢰쉬(Donald Bloesch)의 다음 책 전체는 바르트 신학에 나타난 이 질문에 바쳐진다. Donald Bloesch, *Jesus Is Victor: Karl Barth's Doctrine of Salvation* (Nashville: Abingdon Press, 1976). 더 동정적이지만, 무비판적이지 않은 평가가 오토 베버(Otto Weber)의 다음 책에서 이루어진다. Otto Weber, *Foundations of Dogmatics*, vol. 2 (Grand

3. 그리스도 안에서 선택하심

어쨌든, 칼빈은 소수의 신칼빈주의자들의 경우처럼, 선택과 유기 사이에 대칭이나 평행이 있다고 가르치지 않는다. 또한, 칼빈은 누가 택자이고, 누가 아닌지에 관해서도 사변하지 않는다. 우리의 구원의 확신은 하나님의 은혜로운 약속들을 믿는 데에서, 무엇보다 예수 그리스도를 바라보는 데에서 온다.

이 교리를 논하는 데 있어서 칼빈의 최초 목적이 목회적이었다는 것을 떠올려 보라.

따라서 칼빈의 논의의 강조는 그리스도 안에 있는, 하나님의 선택하시는 은혜에 있다. 칼빈은 무엇보다 우리의 구원이 하나님의 헤아릴 수 없는 은혜와 그의 값없는 긍휼에 근거하고 있다는 것을 강조하고 싶어한다.

이 교리는 위로의 원천이 되어야 하지, 불확실성과 혼란의 원천이 되어서는 안 된다. 분명히 칼빈 시대에 어떤 이들은 자신들이 택자인지 아닌지에 관한 질문으로 골치를 썩고 있었다. (이 문제는 이후 세기들에서 일부 칼빈주의 단체들에서 더욱 민감해졌다.) 칼빈은 그런 사람들에게 권면한다.

> 하지만, 우리의 구원의 확신을 확고히 하고자(많은 사람에게 흔히 일어나는 일) 하늘 자체로 뚫고 들어가서 하나님이 영원부터 우리를 위해 작정하신 것

Rapids: Wm. B. Eerdmans Publishing Co., 1983), 435 이하. 베버는 "하나님의 은혜로우신 선택"(God's Gracious Election, 독: Gottes Gnadenwahl)이란 주제에 네 장을 할애하는데, 이 용어는 독일신학에서 매우 인기가 있다. Gnadenwahl은 "은혜의 선택"(election of grace)으로도 번역될 수 있다.

을 헤아리려고 하지는 말자. 이러한 생각은 비참할 정도의 불안과 걱정으로 우리를 괴롭힐 뿐이다(제13항).[15]

오히려, 칼빈은 이와 같은 쓸모없는 사변을 피하고, 세계의 창조 전에 우리가 그 안에서 선택을 받게 된 우리에 대한 선택의 보증이신 예수 그리스도를 바라보자고 권한다(엡 1:4을 보라).[16] 단지 우리는 "자기를 믿는 모든 사람이 죽지 않고 영생을 누리도록 생명으로서 우리 앞에 계신"(제13항) 그리스도를 바라보아야 한다. 따라서 가장 단순한 답변이 유명한 구절인 요한복음 3:16에서 발견된다.

다른 곳에서 칼빈은 이와 관련하여 지도를 받기 위해서 우리 내면을 들여다보기보다 성경 전반을 바라보아야 한다고 주장한다. 그 이유는 다음과 같다.

> 주님의 말씀은 주님에 관하여 합법적으로 붙들 수 있는 모든 것을 찾는 데 있어서 우리를 이끌 수 있는 유일한 길이요, 우리가 주님에 대해서 보아야 하는 모든 것에 대해 우리의 시야를 조명하는 유일한 빛이다(『기독교 강요』 III. 21. 2).

칼빈은 선택에 관한 이 항을 목회적인 위로의 어조로 다음과 같이 끝맺는다.

---

15 참조. "인간의 호기심은 그 자체로 이미 다소 어려운 예정에 관한 논의를 매우 혼란스럽고, 심지어 위험하게 만든다"(『기독교 강요』 III. 21. 1).
16 칼빈이 『기독교 강요』에서 이 교리를 성경적으로 변호할 때, 이 구절(엡 1:4-9)이 길게 (『기독교 강요』 III. 25. 1-2), 그리고 롬 9-11장에 앞서서 논의된다.

우리는 믿음으로 그리스도를 소유하고 있는 동시에 그리스도 안에서 생명을 소유하고 있다면, 하나님의 영원한 계획에 관해서 이것을 넘어서는 어떤 것도 탐구할 것이 없다. 왜냐하면, 그리스도는 단순히 하나님의 뜻을 우리에게 보여 주는 거울이 아니라 하나님의 뜻을, 말하자면, 인치는 보증(the pledge, *pignus*)이시기 때문이다(제13항).

칼빈은 이 주제를 논하는 곳에서는 어디서든, 우리에 대한 선택의 거울이자 보증으로서의 그리스도라는 주제에 관한 변화들 알린다. 『기독교 강요』에서 칼빈이 좋아하는 비유는 거울의 비유다. 이것을 칼빈은 어거스틴에게서 가져왔는데, 칼빈은 어거스틴이 "우리는 교회의 머리이신 분 안에서 값없는 선택에 대한 가장 명료한 거울을 가지고 있으므로, 이런 선택된 무리 가운데 있는 우리는 이것에 대해 염려하지 않아도 된다고 현명하게 언급한다"라고 말한다(『기독교 강요』 III. 22. 1).

후에, 칼빈은 이제 고전적 진술과 같이 된 것을 통해 자신의 입으로 말한다. 다시 한 번, 칼빈은 에베소서 1:4에 호소하며 다음과 같이 적고 있다.

우리는 하나님의 아들 안에서 택함을 받았다면, 우리에 대한 선택에 대한 확신을 우리 자신 안에서 발견할 수 없을 것이다. 그리고 우리가 하나님 아버지를 하나님의 아들과 분리된 것으로서 생각한다면, 심지어 하나님 아버지 안에서도 발견할 수 없을 것이다. 그러므로 그리스도는 거울이신데, 우리는 그 거울에서 우리 자신의 선택을 묵상해야 하고 자기기만 없이 볼 수 있을 것이다. 왜냐하면, 하나님 아버지가 자기의 백성 가운데 속한 것으로 인정하는 모든 자를 아들들로서 주장하시고자, 영원에서부터 그 자신의 백성이 되도록 뜻하신 자들을 접붙이신 곳은 바로 그리스도의 몸 안이므로, 우리가 그리스도와의 교제 안에 있기만 하다면, 우리의 이름이 생명책에 새겨져 있다[참조. 계 21:27]는 충분할 정도로 분명하고 확고한 증거가 우리에게 있기 때문이다(III. 24. 5).[17]

칼빈은 예정에 관한 별도의 논문에서, 선택에 있어서 그리스도의 위치에 대해 한 절 전체를 할애하는데, 그 선택에서 그리스도는 우리에 대한 선택의 거울이자 보증이실 뿐만 아니라 그 선택의 담보(earnest, *arrabon*)이시기도 하다. 여기에서도 칼빈은 구원의 확신에 관한 질문을 다루고, 다시 우리에게 그리스도께만 의지하도록 권고한다.

구원의 확실성이 그리스도 안에서 제시되므로, 공급들이 이루어지는 이런 고백된 생명의 샘을 그냥 지나쳐서 하나님의 비밀한 곳으로부터 생명을 이끌어 내고자 수고하는 것은 그리스도께 잘못을 행하는 것이며 해를 끼치는 것이다.[18]

칼빈은 저 핵심 구절, 즉 에베소서 1:4을 인용함으로써 이런 주장을 지지하고, 요한복음 1:12, 갈라디아서 4:7, 그리고 로마서 8:17을 언급한다.

---

17 칼빈은 엡 1:3-4에 관한 설교에서 똑같은 비유[거울 비유 - 역주]를 사용하는데, 다소 다른 방식으로 사용한다. "하나님은 우리를 보시기 위한 그의 원형(pattern)과 거울을 그 앞에 두고 계셨음에 틀림없다. 다시 말해서, 하나님은 우리를 선택하시고 부르실 수 있기 전에, 먼저 우리 주 예수 그리스도를 주시하셨음에 틀림없다"(The Second Sermon, *John Calvin's Sermons on Ephesians*, revision of Arthur Golding's translation [Carlisle, Pa.: Banner of Truth Trust, 1973], 33).

18 *Concerning the Eternal Predestination of God*, 126.

그러고 나서 칼빈은 다음과 같이 결론을 내린다.

> 그러므로 그리스도는 우리에게 하나님의 영원하고 숨겨진 선택의 **밝은 거울**이고, 또한 **담보이자 보증**이시다. 우리는 하나님이 이 **거울**에서 우리에게 나타내 보여 주시는 생명을 믿음으로 묵상한다. 그리고 믿음으로 우리는 이 **보증과 담보**를 붙잡는다(강조는 필자의 것이다).[19]

리드(J. K. S. Reid)가 말하듯이, 이것은 "실로 그리스도가 인간들의 선택에서 차지하는 위치에 대한 웅변적인 증거이다."[20] 그리스도 안에서 우리는 인류를 위한 하나님의 목적에 관한 계시, 우리에 대한 선택(구원)을 확고히 하는 하나님의 방편, 그리고 선택에 대한 확신과 보증을 갖고 있기 때문이다. 예정은 그리스도 안에서, 그리스도를 통해, 그리고 그리스도 때문에 있다.[21] 그러나 리드에게는 이것으로 충분하지 않다. 리드는 그리스도가 우리에 대한 선택의 토대(foundation, *fundamentum*)가 아니라는 것에 대한 바르트의 불평을 반복한다.

---

19 *Concerning the Eternal Predestination of God*, 129. 이 세 가지 이미지는 113페이지에서 반복되고, 50페이지에서는 거울 이미지가 반복된다. 독일 개혁파 신학자인 파울 야콥스(Paul Jacobs)는 이것과 다른 증거를 기초로 칼빈에게 "그리스도는 선택 자체이다"라고 결론 내린다. Paul Jacobs, *Prädestination und Verantwortlichkeit bei Calvin* (Neukirchen: Neukirchener Verlag, 1937), 77.
20 그의 역서의 서론에서 인용된 것이다. *Concerning the Eternal Predestination of God*, 39.
21 칼빈은 아리스토텔레스의 범주들을 사용하여 엡 1:5-7에서 우리의 구원의 4 원인을 본다. "**작용인**은 하나님의 뜻의 기쁘신 뜻이다. **질료인**은 그리스도이시다. 그리고 **목적인**은 그의 은혜의 찬양이다." 후에, 칼빈은 "하나님의 선하심이 우리에게 흘러나오는 방편이 되는 복음의 선포"를 **형상인**이라고 칭한다(『칼빈 주석』 엡 1:5, 8[강조는 필자의 것이다]).

그리스도는 하나님이 선택을 위한 자기의 목적을 세우실 때 그곳에 없으시다.

리드(그리고 바르트)에 따르면,

[하나님의] 이런 깊은 경륜들 속으로 들어가는 것이 그리스도께는 허용되지 않은 것처럼 보인다.²²

그러나 리드는 그리스도가 선택의 토대(*fundamentum*)이신지를, 그리고 하나님의 비밀한 경륜들에 관련되시는지 그렇지 않으신지를 어떻게 아는가?
그리고 만약 그리스도가 선택의 토대이시고 그러한 경륜에 관여하신다면, 그러므로 일부 사람에 대한 거절은 불가능하다는 바르트와 리드의 결론을 이것이 필연적으로 정당화해 주는가?
성경은 이 문제에 대해 명료하지 않다. 우리에게는 이런 신비들을 공유하는 것이 허용되어 있지 않다. 여기에서, 칼빈이 우리에게 반복해서 권유하듯이, 사변을 행하지 않는 것이 가장 좋다.

---

22 *Concerning the Eternal Predestination of God*, 40. 칼빈에 대한 유사한 비판과 바르트의 견해를 멋진 대안으로 추천하는 것에 관해서는 예정에 관한 다음의 긴 논문을 보라(T. H. L. Parker, in *A Dictionary of Christian Theology*, ed. Alan Richardson [Philadelphia: Westminster Press, 1969], 268-72).

4. 하나님의 부르심과 우리의 소명

칼빈과 리드 둘 모두는 하나님이 영원 가운데서 작정하신 것과 무엇에 근거해서 그리하셨는지를 추정하는 데 있어서 오류를 범하고 있는지도 모른다.

그러나 리드는 그리스도가 하나님의 "비밀한 경륜들" 속에서 어떤 역할을 하는지 알고 있는 것처럼 보이는 반면, 칼빈은 리드와 다른 칼빈 비판자들이 알아차리지 못한, 또는 충분히 인식하지 못한 중요한 구분을 한다. 그것은 하나님의 비밀한 경륜(counsel, *consilium*)과 하나님의 부르심 간의 구분이다. 전자는 우리에게 알려지지 않았고 말씀을 떠나서 탐구되어서는 안 된다. 후자는 믿음을 통해 알려져 있고 경험을 통해서도 확증된다.

그러므로 칼빈은 우리가 "하나님의 부르심(call, *vocatione*)으로 시작해서 그것으로 끝나"야 한다고 말한다.

> 왜냐하면, 하나님은 우리가 자기의 계획에 대해 합법적으로 알 수 있는 것과 꼭 마찬가지로, 증표(a token, *tessera*)에 의한 것처럼, 부르심에 의해서 우리에게 확증하시기를 원하시기 때문이다(『기독교 강요』 III. 24. 4).

이와 관련하여 『영원한 예정』(*Eternal Predestination*)이라는 칼빈의 글에서 핵심 본문은 로마서 8:28인데, 특히 이 구절의 후반부이다.

우리가 알거니와 하나님을 사랑하는 자 곧 **그의 뜻대로 부르심을 입은** 자들에게는 모든 것이 합력하여 선을 이루느니라(롬 8:28; 강조는 필자의 것이다).[23]

여기에서 우리는 하나님의 유효한 부르심에 대한 예증을 본다. 이 부르심은 일반적인 또는 외적인 부르심과 달리 "전에는 하나님 안에 숨겨져 있던 것을 명백하게 드러내시기 위해 하나님의 영원한 선택을 인치고 재가하는 확실하고 특정한 부르심"[24]이다.

잘 주목하라!

하나님 안에 숨겨진 것이 그의 부르심에 대한 우리의 경험을 통해서 드러난다.

칼빈의 한 주석에서 이것이 매우 분명하게 드러난다.

> 하나님의 선택은 그 자체로 숨겨져 있고 비밀로 남아 있다. 주님은 이것을 부르심에 의해, 즉 우리에게 우리를 부르시는 이 축복을 주실 때 드러내신다(manifests, *patefacit*).[25]

더욱이,

---

23 그러나 『기독교 강요』에서 이 구절은 한 번도 인용되지 않는다! 대신에, 칼빈은 마 22장의 결혼 잔치 비유, 특히 "청함을 받은 자는 많되 택함을 입은 자는 적으니라"(마 22:14)라는 구절을 언급한다. 칼빈은 [이 구절을 -역주] "신자들이 자기들에 대한 선택을 판단해야 하는"(『기독교 강요』 III. 24. 9) 방편이 되는, 특별한 또는 내적 부르심이 아니라 일반적 또는 외적 부르심으로 해석한다.

24 *Concerning the Eternal Predestination of God*, 70.

25 『칼빈 주석』 요 6:40.

이 내적 부르심은 우리를 속일 수 없는 구원의 보증이다(『기독교 강요』 III. 24. 2).

그다음에, 칼빈은 이와 관련된 것으로 요한일서 3:24을 가리킨다.

우리는 우리가 하나님의 자녀라는 것을 하나님이 우리에게 주신 성령으로 말미암아 아느니라(요일 3:24, 칼빈의 번역).

따라서 말씀, 하나님의 특별한 부르심에 대한 우리의 확신, 우리의 삶에 있는 성령의 증거, 하나님의 자녀들로서의 우리의 양자 됨, 그리고 구원에 대한 우리의 확신, 이것들 사이에 친밀한 연관이 있다.

그러므로 "우리의 구원이 흘러나오는 샘"인 선택에 관한 우리의 모든 고찰에서, 적절한 접근은 하나님의 비밀한 경륜의 깊이를 재려 하지 않고 우리의 부르심으로 돌아서는 것인데, "이 부르심은 그것[우리를 택하심]에 대한 하나님의 외적 증거이며 하나님 자신 안에 감추어진 값없는 양자 됨에 따라 나오는 것이다."[26]

---

26 하나님은 "자기가 자기 성령에 의해서 자기의 택자들을 중생하게 하실 때 자기의 선택을 선언하시고, 따라서 그들에게 확실한 표시를 새기시는 반면, 그들은 자기들의 삶의 전 과정에 의해서 이 양자 됨의 실재성을 입증하고 자기들의 양자 됨을 확증한다"(『칼빈 주석』 단 12:1).

5. 위태로운 문제

루터는 이신칭의를 강조함으로써 펠라기우스주의(사람들이 자기들의 구원을 향한 최초의 근본적인 걸음을 하나님의 도움이 없이 취한다는 견해)와 당대의 로마 가톨릭의 오류들에 반대한 반면, 칼빈은 우리의 구원의 닻을 하나님의 선택에 두고자 했다. 따라서 선택 교리는 일차적으로 복음주의적인 은혜 교리의 표현이다.[27]

칼빈은 예정에 관한 자기의 논의에서 반복하여 우리의 구원의 근거로서 하나님의 주권적인 은혜라는 이 주제로 돌아간다. 궁극적으로 우리의 구원은 확실한데, 우리의 믿음 때문이 아니라 하나님의 주권적 선하심과 긍휼 때문이다.

칼빈에게 이 교리가 확신과 위로의 원천이어야 하는 이유는 바로 이것이다. 그에게는 운명론에 대한 암시가 전혀 없다. 반대로, 칼빈 자신과 여러 세대에 걸친 그의 영적 상속자들은 하나님의 섭리와 예정에 대한 강력한 확신을 매우 적극적인 복음주의적이고 사회적인 증거와 결합했다.

침례교 역사가인 티모시 조지(Timothy George)는 다음과 같이 지적한다.

> 교회 역사 내내 가장 효과적인 복음 전도자와 선교사 중 일부는 고등 예정 교리(a high doctrine of predestination)의 확고한 변호자들이었다.[28]

---

[27] "구원은 우리의 사역이 아니라 [하나님의] 사역이다. 구원은 은혜다. 즉, 전적 은혜다. 이것이 우리가 선택 교리에서 고백하는 진리이다"(Jewett, *Election and Predestination*, 139).

[28] Timothy George, *Theology of the Reformers* (Nashville: Broadman Press, 1988), 234. 그 다음에, 조지(George)는 "18세기 대각성기에, 칼빈주의자인 조지 휫필드는 알미니우스주의자인 친구 존 웨슬리보다 훨씬 많은 사람을 얻었다"라고 지적한다.

미국칼빈학회(American Calvin scholarship)의 전 "회장"인 존 맥닐(John T. McNeill)이 자기의 모든 저술에서 강조했듯이, 칼빈은 무거운 목회적 책임과 가르치는 책임을 지고 있었음에도 어떤 종교개혁가―그리고 그 이후의 대부분 신학자도―보다 사회적이고 정치적인 일에 더 활동적으로 관여했다.

다양한 이유로 칼빈을 비판할 수 있으나, "적어도 그를 겨냥한 비난 중 하나, 즉 생기를 잃게 하는 운명론에 대한 비난은 아무런 근거가 없다"는 것을 맥닐은 인정한다. 그 이유는 다음과 같다.

> 칼빈의 글들에서 우리는 운명의 분위기 속에 있지 않고, 살아 계신 하나님의 교제 속에 있다. 삶은 *negotium cum deo*, 즉 하나님과 하는 일련의 사업(a series of transactions of God)으로 이루어져 있다. 그리고 믿음의 삶은 체념한 상태의 묵인이 아니라 열정적인 활동 속에서 열매를 맺는 활기 넘치는 감사에 의해 구별된다.[29]

조지는 칼빈의 예정 교리에 관한 자기의 논의를 본 장을 잘 결론지을 수 있는 방식으로 결론짓고 있다.

---

29 *Calvin: On the Christian Faith*, edited and with an introduction by John T. McNeill (Indianapolis and New York: Liberal Arts Press, 1957), xxviii. 맥닐의 다음과 같은 또 다른 말은 매우 적절하다. "칼빈이 우리에게 의무의 영역에 주목하도록 할 때는 언제나, 그리스도인의 봉사가 의존해 있는 동기들이 분명하고 충분한 용어들―자격이 없는 은혜의 선물에 대한 감사와, 아무리 가치가 없다 할지라도 하나님의 형상을 지니고 있는 우리의 동료 인간들에 대한 사랑―로 표현된다"(*Calvin: On the Christian Faith*, xxvii).

칼빈이 이해한 예정은 인간의 풍경을 내려다볼 수 있는 교회 첨탑도 아니요, 베고 잘 수 있는 베개도 아니다. 칼빈이 이해한 예정은 오히려 유혹과 시련 때의 요새요, 하나님의 은혜와 그의 영광에 대한 찬양의 고백이다.[30]

어떤 것도 "우리를 우리 주 예수 그리스도 안에 있는 하나님의 사랑에서 끊을" 수 없다(롬 8:39). 왜냐하면, 하나님이 "창세 전에 그리스도 안에서 우리를 택하셨기 때문이다"(엡 1:4).

깊도다 하나님의 지혜와 지식의 풍성함이여!(롬 11:33)[31]

---

30 *Calvin: On the Christian Faith*, xxviii.
31 이 어려운 교리가, 필자가 여기에서 행한 것처럼, 궁극적으로 송영적 형태로 가장 잘 다루어지고 있지만, 이것이 이 교리 안에 내재해 있는 긴장들을 풀지는 못한다. "이 진리를 **고백하는** 것이 이 진리를 **설명하는** 것이 아니다"(Jewett, *Election and Predestination*, 108). 그러나 베르까우어 역시 중요한 통찰로 결론을 내린다. "선택하시는 하나님을 아는 지식은 합리적 고찰들의 결과가 아니다. 그것은 오직 사람이 이 진리의 길에서 걸을 때만 발견된다"(Berkouwer, *Divine Election*, 329).

선택과 인간의 책임에 관한 교리들에서, 우리는 풀 수 없는 신비에 직면해 있다. 우리는 이것들을 이해하고자 최선을 다하고 모든 성경 자료를 정당하게 다루어야 하지만, 종국적으로 역설과 함께 살아가는 법을 배워야 한다. 그러나 필자는 이 역설을 앞으로 나올 다음 책에서 풀어보고자 시도했다. *Sovereign Grace and Human Freedom: How They Coalesce*.

┌ 제8장 ─────────────────────────

믿음

───────────── (제12, 14-21항) ┘

1. 머리와 마음의 지식

칼빈은 막간에 선택에 관해 간단히 다룬 후에, 제14항에서 주요 주제인 믿음으로 돌아가서, 참된 믿음에 관해 다음과 같이 정의를 내린다.

> 우리는 기독교 신앙을 머리만 요란하게 할 뿐 마음에는 전혀 영향을 끼치지 않는 하나님에 관한 공허한 지식이나 성경에 관한 공허한 이해로 생각해서는 안 된다.[1] … 오히려 기독교 신앙은 마음의 확고부동한 확신이다. 바로 이런 확신에 의해서 우리는 복음을 통해 우리에게 약속된 하나님의 자비하심 안에서 안전하게 안식한다(제14항).

따라서 칼빈에 따르면, 믿음은 단순히 다양한 역사적 사실과 근본 교리

---

1 "머리만 요란하게 하는" 지식이란 이미지는 사실상 『기독교 강요』에서 반복된다. "하나님의 말씀은 머리 위 주변을 날아다닐 때는 한 믿음으로 받아들여지지 않지만, 마음의 심연에 뿌리를 박을 때는 받아들여진다"(『기독교 강요』 III. 2. 36).

에 관한 지식이 아니다. 믿음은 무엇보다 하나님의 은혜로운 약속들에 대한 마음의 견고한 확신이다. 이것은 물론 이런 약속들에 관한 지식을 전제한다. 믿음은 결국 "무지가 아니라 지식에 의존한다"(『기독교 강요』 III. 2. 2).

그러나 우리가 앞으로 보게 되겠지만, 이것은 특별한 종류의 지식이다. 왜냐하면, 믿음의 지식은 "머리보다는 마음의 문제이며, 이해(understanding, *intelligentiae*)보다는 성향(disposition, *affectus*)의 문제이기" 때문이다(III. 2. 8). 칼빈에게 있어서 이것은 아무리 강조해도 지나치지 않다. 칼빈은 『기독교 강요』 III. 2. 14, 34, 36에서 이 주제를 세 절에 걸쳐 다룬다.[2] 한 단락에서 칼빈은 이런 지식―이런 지식의 목적은 지성적 이해보다는 마음에서 느껴진 감화이다―에 있어 독특한 점을 설명한다.

> 우리는 믿음을 "지식"이라고 부를 때, 이는 흔히 인간의 감각 지각(sense perception)하에 오는 것들과 관련된 그런 이해를 의미하는 것이 아니다. 왜냐하면, 믿음은 감각보다 훨씬 위에 있는 까닭에 인간의 정신은 믿음에 도달하기 위해 자기 자신을 초월하고 넘어서야 하기 때문이다. 심지어 정신은 도달한 곳에서조차, 자기가 느끼는 것을 이해하지 못한다. 그러나 정신은 파악하지 못한 것에 대해 감화된 채로 있는 동안, 그 감화의 확실성에

---

2 칼빈신학에서 자주 그러하듯이, 여기에서 성령은 중요한 역할을 하는데, 특히 정신이 받은 지식을 조명하고 인치는 역할을 한다. "믿음이 인간 지성보다 훨씬 위에 있다는 것은 분명하다. 그리고 마음도 성령의 능력에 의해 힘을 얻지 않는다면, 정신이 하나님의 성령에 의해 조명을 받는 것으로는 충분하지 않을 것이다"(『기독교 강요』 III. 2. 33). "이제 정신이 받아들인 것을 마음 안에 쏟아 넣는 것이 남게 된다. 따라서 성령은 인(印, a seal)으로서 전에 우리의 정신에 그 확실성이 깊이 새겨졌던 그 약속들을 우리의 마음에 인치는 역할을 한다"(『기독교 강요』 III. 2. 36). 본서의 부록, "칼빈, 성령의 신학자"를 참조하라.

의해서 자체의 능력으로 인간적인 어떤 것을 지각했을 경우보다 더 잘 이해한다(III. 2. 14).³

칼빈에게 이런 지식을 가장 잘 예증해 주는 본문은 에베소서 3:18-19이다. 여기에서 칼빈은 바울이 이 지식을 "지식에 넘치는 그리스도의 사랑을 알고 그 너비와 길이와 높이와 깊이가 어떠함을 깨"닫는 능력이라고 "아름답게 묘사한다"라고 말한다.

그다음에, 칼빈은 다음과 같이 해설한다.

바울이 의미하는 것은 우리의 정신이 믿음으로 받아들이는 것은 모든 면에서 무한하고, 이런 지식은 모든 지성보다 훨씬 더 고상하다는 것이다(III. 2. 14).

한 주석에서 칼빈은 믿음의 지식을 단지 이렇게 서술한다.

믿음의 인침이 머리에 있지 않고, 마음에 있다는 것에 주목하자.

---

3 요 6:69의 "내가 믿었나이다"(개역개정: "우리가 주는 하나님의 거룩하신 자이신 줄 믿고 알았사옵나이다." -역주)란 표현과 관련하여, 칼빈은 다음과 같이 주석한다. "'**믿다**'(believe)란 단어가 앞에 나온 이유는 믿음의 순종이 참된 이해의 시작이기 때문이다. 또는, 오히려 믿음 자체가 진실로 정신의 눈이기 때문이다. 그러나 즉시 믿음을 잘못되고 거짓된 의견들로부터 구별해 주는 지식이 더해진다. … 학문들이 이해되는 것과 같은 방식으로가 아니라 성령이 우리의 마음 안에 하나님의 진리를 인칠 때, 우리가 그 진리에 대한 확실하고 의심이 없는 확신을 가지고 있기 때문에, 지식이 믿음과 결합된다"(『칼빈 주석』 요 6:69).

칼빈은 재빨리 덧붙이기를, 자신은 마음과 머리 사이에 어떤 날카로운 심리학적 구분을 하려는 것이 아니라고 한다.

> 나는 믿음이 위치해 있는 몸의 부분에 관해 주장하려는 것이 아니라 **마음**이란 단어가 일반적으로 진지하고 진심 어린 감성을 의미하므로, 믿음은 단순히 순전한 사상이 아니라 확고하고 유효한 확신이라고 주장한다.[4]

2. 믿음의 대상이신 그리스도

복음이 놓여 있는 이 약속들은 예수 그리스도 안에서 극치에 이르므로, 예수 그리스도는 "믿음의 영원한 대상"이시다(제16항).

> 하나님의 모든 약속은 그리스도 안에서 확증되므로, 말하자면, 제시되고 성취되므로 그리스도 자신이 신앙의 영원한 대상이라는 데는 의심의 여지가 없다(제14항).

---

[4] 『칼빈 주석』 롬 10:10. "인격성이 신비한 통일성으로 생각된다면, 아는 것(knowing)은 무엇보다 그것의 '중심,' 즉 마음을 포함하는 전체의 기능으로 생각되어야 한다. 철학적 지식과 달리, 마음의 지식은 차갑고 객관적인 것이 아니라 느낌(feeling)으로 가득 차 있다." William J. Bouwsma, *John Calvin: A Sixteenth Century Portrait* (New York: Oxford Univ. Press, 1988), 157. 참조. 131-33. 칼빈 자신의 말로 표현하자면, "우리는 믿음이 우리가 가르침 받은 것에 대한 정신의 단순한 동의가 아니라 마음과 감성들도 가져와야 한다는 데 주목해야 한다"("칼빈 설교" 20 in *The Deity of Christ*, on 2 Thess. 1:6-10, *CO* 52:226).

이 주제는 『기독교 강요』에서 발전되는데, 이곳에서 칼빈은 "믿음과 말씀 사이에는 영원한 관계가 있기" 때문에 보다 일반적 의미에서 믿음이 하나님의 말씀에 의존해 있다는 것을 주목하며 시작한다. 우리가 태양 광선과 이 광선이 나오는 태양을 분리할 수 없듯이, 하나님은 믿음과 말씀을 분리하실 수 없으시다(『기독교 강요』 III. 2. 6).

그러나 이것은, 우리가 보았듯이, 성경 자체가 믿음의 대상이라는 것을 의미하는 건 아니다. 여기에서 칼빈은 "말씀은 믿음이 하나님을 묵상하는 거울과 같기" 때문에(III. 2. 6) 말씀이 없어서는 안 된다고 설명하는 데로 나아간다.

그러나 하나님에 관해 특별히 알아야 할 필수적인 것은 우리를 향하신 하나님의 뜻이다.[5] 성경의 일부 구절이 죄와 심판에 관해 말한다고 해서, 이것이 우리에게 많은 위로나 소망을 주는 건 아니다.

그러므로 하나님의 뜻에 관한 일반 지식이 그 자체로 믿음은 아니다. 따라서 참된 믿음을 위해 필요한 것은 더욱 구체적으로 하나님의 마음이 긍휼로써 나를 향해 있고, 하나님이 나를 사랑하시며, 하나님이 자기의 아들 예수 그리스도를 통해 나의 죄들을 용서하실 것이라는 지식이다. 다시 말해서, 우리는 "은혜의 약속"이 필요하다. 그 이유는 다음과 같다.

오직 은혜에만 인간의 마음이 기댈 수 있다(III. 2. 7).

---

5 "하나님의 은혜에 관한 우리의 지식은 매우 중요한데, 우리는 이 선하심에 관해 알지 않고서는 우리 자신을 하나님께 결코 내맡길 수 없기 때문이다"(Victor A. Shepherd, *The Nature and Function of Faith in the Theology of John Calvin* [Macon, Ga.: Mercer Univ. Press, 1983], 11). 참조. Dowey, *The Knowledge of God in Calvin's Theology*, 제4장.

하나님의 사랑과 긍휼의 "유일한 보증"은 그리스도이시므로, 칼빈은 믿음의 대상은, 적절하게 말해서, 예수 그리스도의 구속하시는 사역에 기초하고 있는 "값없이 주어진 약속"이라고 결론을 내린다. 칼빈은 이 절을 믿음에 관한 자기의 가장 형식적이고 완전한 정의로 결론을 내린다. 즉, 믿음은 "우리를 향하신 하나님의 은혜에 관한 확고하고 확실한 지식이라고 우리가 부르는 것인데, 그리스도 안에서 값없이 주어진 약속의 진리에 토대를 두고 있고, 성령을 통해 우리의 정신에 드러나고 우리의 마음에 인쳐졌다"(III. 2. 7).[6]

3. 성령, 의심, 그리고 확신

성령에 관한 마지막 인용문은 믿음을 "성령의 조명"으로 설명하는 『제1차 신앙교육서』의 본문과 유사하다. 그 성령의 조명에 의해서 "우리의 지성이 조명되고 우리의 마음이 내부에서 확실한 감화에 의해 확고해진다"(제15항). 사실, 믿음은 "그리스도가 유효하게 우리를 자기 자신과 연합시키시는 방편이 되는 끈이신"(『기독교 강요』 III. 1. 1) 성령의 "주요한 사역"(III. 1. 4; III. 2. 4)이다.

---

[6] 그리스도는 믿음의 고유한 대상일지 모르지만, 칼빈은 그리스도 안에서 극치에 이르는 하나님의 긍휼의 **약속**들에 관해 특히 숙고하기를 좋아한다. 『제1차 신앙교육서』 제14항에는 하나님의 약속들에 관한 언급이 세 번 있다. 여기에서 칼빈은 "우리가 약속하신 분에 대한 확신을 확실하게 주저 없이 가지고 있다면, 주님은 자기 복음의 약속을 통해 우리에게 자기의 긍휼을 베푸시지만, 그러면서도 우리에게 믿음으로 자기의 말씀을 붙잡으라고 말씀하신다"라고 말할 때, 히 11:1의 믿음에 관한 정의를 염두에 두고 있다.

성령의 도움이 없이는 믿음이 불가능할 것이므로, 믿음은 궁극적으로 "하나님의 뛰어나고 비범한 선물"(제15항)이다. 제15항에서 칼빈은 하나님의 도움이 없다면 우리의 믿음이 곧바로 비틀거리며 쓰러지리라는 것을 강조하고자 고린도후서 1:22, 에베소서 1:13, 그리고 로마서 8:16과 같은 구절을 암시한다.

> 따라서 성령은 인(印, a seal)으로서 전에 우리의 정신에 그 확실성이 깊이 새겨졌던 그 약속들을 우리의 마음에 인치는 역할을 하고, 이 약속들을 확증하고 확고히 하는 담보의 지위를 갖는다(『기독교 강요』 III. 2. 36).

여기에서도 역시 칼빈은 에베소서 1:13-14과 고린도후서 1:21-22에 호소한다.[7]

그런데도 칼빈은 매우 현실주의자여서 가장 열심 있는 그리스도인조차 때로 의심의 순간들로 인해 괴로워한다는 것을 인정한다. 믿음이 "의심스럽고 불확실한 의견들과는 구분"된다는 것을 칼빈이 주장할지라도, "믿음이 흔들리게 된다는 것은 모순일 것이다."[8] 믿음은 의심으로 가득 차는 것과 반대되는데,[9] 왜냐하면 하나님의 진리는 확실하고 하나님의 약속은 실

---

7 믿음이란 성령의 조명에 의해 가능하게 된, 그리스도 안에서 우리를 향하신 하나님의 은혜로우신 뜻에 관한 이해와 확신일 뿐만 아니라 "우리의 **마음**에서 하나님의 진리에 대한 확신을 확립하는 **보증**이라고 불리고, 우리의 **마음**이 주님의 날까지 인침을 받게 하는 **인**(印, seal)이다"(『제1차 신앙교육서』 제15항; 강조는 필자의 것이다). 여기에서 그리고 『기독교 강요』의 방금 인용된 구절에서 성령에 의한 마음의 인침이 확신과 빈번하게 연결되어 있다는 것에 주목하라. 이것이 믿음의 확신의 주관적 근거이다.
8 『칼빈 주석』요 3:33.
9 『칼빈 주석』행 17:11.

패하지 않을 것이기 때문이다.

그러나 현실적으로, 칼빈은 다음의 사실에 동의한다.

> 우리는 믿음이 확실하고 확고해야 한다고 가르치긴 하지만, 의심으로 물들지 않은 어떤 확신도, 또는 어떤 불안에 의해서 공격을 받지 않는 어떤 확실성도 상상할 수 없다(III. 2. 17).

한편,

> 신자들은 그들 자신의 불신앙과 끊임없이 싸운다(III. 2. 17; 여기에서 칼빈에게 있어서 주요한 예증은 시 42:5; 43:5; 77:9 등에 기록된 다윗 왕의 경험이다).

그러나 우리는 이런 유혹들과 의심들을 알고 있고 이것들을 극복하고자 애쓰는 한, "이미 상당 부분 승리한 것"이다(III. 2. 17). 믿음의 삶은 불가피하게 분투와 갈등의 삶인데, 왜냐하면 우리는 "믿음의 불완전함"을 결코 피할 수 없기 때문이다(III. 2. 18). 그러나 나약한 믿음조차 참된 믿음이다(III. 2. 19).[10]

---

10 믿음과 의심의 갈등에 관한 칼빈의 솔직한 고백들에도 불구하고, 칼빈의 강한 강조는 믿음의 확신이나 확실성에 있다. "믿음의 시작은 지식이다. 믿음의 완성은 어떤 반대되는 의심도 인정하지 않는 확고하고 고정된 감화(persuasion, *persuasio*)이다. 둘 모두 ⋯ 성령의 사역이다"(『칼빈 주석』 엡 1:13). 『기독교 강요』에서 이 문제를 논한 후, 칼빈은 다음과 같이 덧붙인다. "우리는 믿음의 지식이 이해보다는 확신(assurance, *certitudo*)에 놓여 있다고 결론 내린다"(『기독교 강요』 III. 2. 14). 다우위가 지적하듯이, 칼빈에게 "확실성이 없는 믿음은 전혀 믿음이 아니다"(p. 181). 그럼에도 불구하고, 부스마(Bouwsma)는 칼빈이 스스로 그렇게 자주 말한 확신을 거의 경험하지 못한 불안에 찌든

어쨌든, 우리의 확신은 우리의 믿음이 아니라 하나님의 은혜에 기초하고 있다. 믿음의 파괴할 수 없는 확실성은 궁극적으로 그리스도와 우리의 하나 됨에 근거하고 있다. 왜냐하면, 우리는 그리스도가 우리와 먼 하늘에 계시는 것이 아니라 우리의 존재 안에 계시는 것으로 생각해야 하기 때문이다. 오히려, 그리스도는 믿음(그리고 세례)을 통해 "자기의 몸 안으로 접붙여진 우리를 자기의 모든 은택에뿐만 아니라 자신에 참여하는 자들로 만드신다"(『기독교 강요』 III. 2. 24).

후에, 칼빈은 또 다른 맥락에서 "그리스도가 우리의 것이 되실 때까지" 우리는 이 모든 은택을 "박탈당한 채로" 있다고 말한다. 그다음에 종종 인용되는 구절, 즉 칼빈이 그리스도와의 이런 연합을 "신비한 연합"[11]이라

인물이었다는 인상을 준다. 여기에서 필자는 확신하건대, 부스마가 잘못을 범하고 있고 심리학적 과잉살해죄를 범하고 있다. 부스마의 다음 책을 보라. *John Calvin*, 제2장 "Calvin's anxiety."

11 칼빈은 이 정확한 표현을 『기독교 강요』에서 단 한 번 사용하며, 『제1차 신앙교육서』에서는 전혀 사용하지 않는다. 그러나 그리스도와의 이 친밀한 영적 연합은 『기독교 강요』 IV. 17. 1, 8-12에서 성찬을 논할 때 생생하게 표현된다. 그리고 III. 2. 24에서 다음과 같이 거의 똑같이 표현된다. "그리스도는 우리 밖에 계시는 것이 아니라 우리 안에 거하신다. 그리스도는 나눌 수 없는 교제의 끈에 의해서 우리에게 붙어 계실 뿐만 아니라 매일매일 놀라운 교통(communion, *societas*)으로 우리와 완전히 하나가 되실 때까지 우리와 한 몸이 되도록 더욱더 자라신다."

칼빈 학자들은 칼빈의 신비적 연합 개념을 일부 형태의 신비주의와 혼동하지 않도록 경고한다. 프랑소아 방델(François Wendel)은 "이 용어의 전문적 의미에서" 칼빈의 교리는 "신비적 연합"이 아니라고 경고한다(Wendel, *Calvin: Origins and Developments of His Religious Thought* [New York: Harper & Row, 1963], 237). 빌헬름 니젤(Wilhelm Niesel)도 칼빈이 어디에서도 "경건한 신비적인 것(the pious mystic)이 신적 존재의 영역으로 흡수되는 것"을 가르치지 않는다고 지적한다. *The Theology of Calvin*, 126. 이 주제에 관한 최근의 다음 연구를 참조하라. Dennis E. Tamburello, *Union with Christ: John Calvin and the Mysticism of St. Bernard*, Columbia Series in Reformed Theology (Louisville, Ky.: Westminster John Knox Press, 1994).

고 말하는 구절이 뒤따른다.

> 우리는 머리와 지체들이 함께 결합되는 것, 그리스도가 우리의 마음 안에 거하시는 것—요컨대, 저 신비적 연합—에 가장 큰 중요성을 부여한다. 그리스도는 우리의 것이 되심으로써 우리를 자기가 주신 선물들에 자기와 함께 참여하는 자들이 되게 하신다. 그러므로 우리는 그의 의가 우리에게 전가되기 위하여 우리 밖에 멀리 계신 그리스도를 묵상하지 않는다. 왜냐하면, 오히려 우리는 그리스도를 옷 입고 있고 그의 몸 안으로 접붙여졌기 때문이다. 요컨대, 그리스도가 송구하게도 우리를 자기와 하나로 만드시기 때문이다. 이런 이유로, 우리는 그리스도와 의의 교제를 나눈다는 것을 영광스럽게 여긴다(III. 11. 10).

이것이 우리 확신의 진짜 기초이고 믿음의 승리에 대한 담보물이다. 그 이유는 다음과 같다.

> 그리스도는 … 매일매일 놀라운 교통으로 우리와 완전히 하나가 되실 때까지 우리와 한 몸이 되도록 더욱더 자라신다(III. 2. 24).

요컨대, 믿음은 살아 계신 그리스도와의 독특하고 친밀한 교제다.

믿음의 모든 견고성은 그리스도 안에 놓여 있다(III. 2. 1; 참조. III. 17. 1).

4. 이신칭의

이것은 핵심적인 개신교 교리, 즉 이신칭의로 여겨지는 것을 표현하는 또 하나의 방법일 뿐이다. (그러나 한스 큉[Hans Küng]과 다른 로마 가톨릭 신학자들은 이 교리가 가톨릭주의[Catholicism]에서도 유지되고 있다고 주장한다.)[12] 루터는 칼빈보다 이 특정한 교리를 더 강조했다. 하지만, 이것은 칼빈이 이 교리를 부차적인 것으로 여겼다는 것을 의미하지 않는다. 오히려, 칼빈은 이 교리가 "종교를 좌우하는 문지도리"(『기독교 강요』 III. 11. 1)라고 주장한다.

그런데도 몇 가지 면에서 이 교리를 다루는 칼빈의 방식은 루터와는 다소 다르다. 예를 들어, 칼빈은 『기독교 강요』에서 이 교리를 중생과 성화를 논한 **후에** 다룬다. 『제1차 신앙교육서』(1538년)에서 칼빈은 보다 루터교적인 순서를 따른다. 즉, 칭의가 제16항에서, 성화가 제17항에서 다루어진다.[13] 여기에서조차 칼빈은 이 교리를 위한 기초를 그리스도와 우리 간의 믿음의 연합에서 발견하는데, 이것은 칼빈을 특징짓는 것이다. 칼빈은 다음과 같이 설명한다.

> 그리스도는 우리가 비록 스스로는 죄인일지라도 하나님의 보좌 앞에서는 의롭다는 판결을 받을 수 있도록 우리를 자기 자신에게 참여하는 자들(sharers, *participes*)로 만드신다. 이처럼, 우리는 우리 자신의 의를 벗고 그리

---

12 다음을 보라. Hans Küng, *Justification: The Doctrine of Karl Barth and a Catholic Reflection* (New York: Thomas Nelson & Sons, 1964).
13 그러나 칭의(제16항)와 성화(제17항) 후에, 칼빈은 "회개와 중생"(제18항)을 다루는데, 이것은 매우 흔하지 않은 순서이다. 전통적인 '구원의 서정'(plan of salvation, *ordo salutis*)에서 중생은 믿음, 칭의, 성화에 **앞선다**. 성화에 관해서는 더 다룰 것이다.

스도의 의로 옷을 입었다. 우리는 우리 자신의 행위로는 불의하지만 그리스도께 대한 믿음으로써 의롭게 되었다(제16항).

칼빈은 『기독교 강요』에서 칭의를 "하나님이 우리를 의로운 사람들로서 자기의 호의 속으로 받아들이시는 것"(『기독교 강요』 III. 11. 2)이라고 간략하게 정의한다. 후에, 칼빈은 선한 행위에 관한 논의에서, 더욱 완전한 정의를 다음과 같이 제시한다.

> 우리는 칭의를 다음과 같이 정의한다. 그리스도와의 교제 안으로 받아들여진 죄인은 하나님의 은혜에 의해서 하나님과 화목케 되는 동시에, 그리스도의 피로 깨끗하게 되어 죄를 용서받고, 그리스도의 의가 마치 자신의 것인 양 그리스도의 의로 옷 입고 천상의 심판좌 앞에 자신 있게 서 있다 (III. 17. 8).[14]

칼빈에게 칭의는 단순히 법정적 문제가 아니라는 것을 보는 것이 중요하다. 다시 말해서, 우리는 그리스도께 대한 믿음을 기초로 죄인들이 **아닌 양** 하나님에 의해서 의롭다고 **선언되고** 간주될 뿐이다. 이것은 틀림없이 중요한 진리이고 분명 성경적이다. 이것은 로마서 4장에서 사도 바울 주장의 핵심이다.

---

14 다음에 있는 쉐퍼드(Shepherd)의 논의를 참조하라. *The Nature and Function of Faith*, 제2장 "Justification and Faith." 다음을 참조하라. John H. Leith, *John Calvin's Doctrine of the Christian Life* (Louisville, Ky.: Westminster/John Knox Press, 1989), 제2장 "The Christian Life in Relation to Justification by Faith Alone."

> 아브라함이 하나님을 믿으매 그것이 그에게 의로 **여겨진** 바 되었느니라
> (롬 4:3; 강조는 필자의 것이다).[15]

그러나 불경건한 자들(롬 4:5b)의 칭의는 이따금 주장되듯이 법적 허구가 아니다. 신자는 단지 의롭다고 "선언되"거나 "간주되"는 것이 아니라 "그리스도의 의로 옷을 입"으며, "그리스도 안에서 깨끗해져야 하는데"(제16항), 이 표현들은 『기독교 강요』 III. 17. 8로부터 위에서 인용된 온전한 정의에서 사실상 반복되는 것들이다.

칭의의 또 다른 유익은 위의 정의에서도 언급된 죄 사함이다. 그러므로 칼빈은 자기의 『제1차 신앙교육서』에서 칭의의 모든 특징이나 유익을 작성한 후, 다음과 같은 결론을 내린다.

> (한마디로) 우리는 이 의[그리스도의 의, 믿음의 의]를 참으로 "죄 사함"이라고 부를 수 있기 때문이다(제16항).

『기독교 강요』에서도 이와 유사하게 다음과 같이 말한다.

> 그러므로 우리는 칭의를 단지 하나님이 우리를 의로운 사람들로서 자기의 호의 안으로 받아들이시는 수용이라고 설명한다. 그리고 우리는 이것이 죄 사함과 그리스도의 의의 전가에 놓여 있다고 말한다(III. 11. 2).[16]

---

15 핵심적인 법정어는 "여겨진"(reckoned; "credited," NAB)이다.
16 "전가"라는 단어 역시 중요한데, 왜냐하면 이 단어는 "**물든**"(imbued)에 관한 종교개혁가들의 이해가 로마 가톨릭의 견해와 정반대이고(『제1차 신앙교육서』 제16항), 오시안

따라서 의롭게 되는 것은 받아들여지는 것이고, 용서받는 것이며, 그리스도의 의로 옷 입는 것이다. 이뿐만 아니라 이신칭의의 놀라운 유익 중 하나는 양심의 "평화와 조용한 기쁨"이다(III. 13. 5). 더욱이 마지막 날에, 우리가 하나님의 심판좌 앞에 부름을 받을 때, 우리는 "평화로운 안식과 고요한 평온함"(III. 13. 1)이 있는 양심으로 그러할 수 있다.

둘 중 하나이다!

마지막 심판 때, 그 자신의 의를 의지하는 양심은 "지옥의 공포들로 에워싸이게" 될 것이다. 아니면, "하나님을 바라보는" 양심과 그의 의는 "하나님의 심판과 확실한 평화"를 갖게 될 것이다(III. 13. 3). 후자는 "하늘에서 심판자 대신에 은혜로우신 아버지를 갖게" 될 것이다(III. 11. 1).

칼빈에게 칭의는 더 이상 법정적인 법적 거래나 형식적인 전문어가 아니라는 것이 분명하다. 칭의는 경험적 실재, 복음의 가장 큰 선물 중 하나이다.[17]

더(Osiander)의 "본질적 의"(essential righteousness)의 개념(『기독교 강요』 III. 11. 5)과 정반대되는 것이기 때문이다. "그리스도의 의의 전가 교리의 논리적 결론은, 우리의 죄 사함 후에도 우리가 결코 실제로는 의롭지 않다는 것이다"(Wendel, *Calvin*, 259).

[17] 칼빈과 관련되는 한, 이것이 문제의 끝은 아니다. 『기독교 강요』 III. 14는 "칭의의 시작과 그것의 지속적 과정"이란 제목이 달려 있다. 칭의는 보통 단회적이고 영구적인 행위(a once-for-all act)로 간주되는 까닭에, "과정"에 관해 말한다는 것이 이상하게 들릴지 모르겠다. 그러나 칼빈은 여기에서 주로 로마 가톨릭이 칭의 교리를 확장하여 선한 행위들의 공로까지 포함하는 것에 반대하고 있다. 칼빈은 이 논박을 『기독교 강요』 III. 15에서 계속한다.

5. 성화와 선한 행위

그러나 칼빈에게 **성화**는 칭의만큼 중요하다. 그리고 이 둘은 그리스도와의 연합에서 나온다.

> 우리의 보증인으로서 그리스도는 자기와 함께 우리가 의롭다고 간주되도록 자기의 의로써 우리를 위해 하나님 아버지께 중재하시는 것처럼, 우리를 자기의 성령에 참여케 하심으로써 모든 순수함과 순결함에 이르도록 성화시키신다(제17항).

그리스도를 먹고 마심으로써, 우리는 "이중 은혜," 즉 칭의와 성화를 "받는다." 여기에서 핵심 본문은 고린도전서 1:30으로서, 특별히 그리스도가 "우리를 위해 … 의(righteousness)와 성화(sanctification)와 구속(redemption)이 되셨다"(개역개정: "우리에게 의로움과 거룩함과 구원함이 되셨으니" -역주)라는 말씀이다.[18] 이 구절을 기초로 칼빈은 다음과 같이 결론을 내린다.

> 그러므로 그리스도는 자기가 동시에 성화시키지 않는 누구도 의롭다 하지 않으신다. … 그리스도는 이 두 가지 유익을 동시에 주시는 것이지, 결코 하나만 주지 않으신다(『기독교 강요』 III. 16. 1).

---

[18] "칼빈은 고전 1:30을 언급하는 데 결코 지친 기색을 보이지 않고 있다. 즉, 그리스도를 옷 '입은' 그리스도인은 그의[그리스도의] 실재 전체 속에서 그를 옷 입는다(is put on in the totality of his [Christ's] reality)"(Shepherd, *The Nature and Function of Faith in the Theology of John Calvin*, 35).

이런 식으로 또한 칼빈은 개신교인들이 이신칭의를 강조해서 선한 행위와 삶의 거룩함의 중요성이 뒤로 사라지게 되었다는 로마 가톨릭의 비난에 답한다.[19] 루터와 그의 일부 제자에게는 이런 비난을 받을 만한 어떤 기초가 있을지 모른다. 비록 루터가 이후에 겪게 되는 싸움 중 하나가 그의 왼편에 있는 반율법주의적인 면과 싸움이었지만 말이다. 더욱이 루터는 다음과 같은 칼빈의 진술에 동의했을 것이다.

> 우리는 선한 행위가 없는 믿음도, 선한 행위가 없이 서 있는 칭의도 꿈꾸지 않는다(III. 16. 1).

이 두 종교개혁가는 모두 선한 행위가 결코 우리의 칭의의 원인이 아니라 그것의 열매일 뿐이라는 데 동의했다. 칼빈은 『제1차 신앙교육서』 제19항에서 이 점을 선명할 정도로 분명하게 한다. 그러나 이생에서 우리는, 우리가 최선을 다할 때조차도, 하나님의 의의 기준들에 따라 결코 살지 못한다. 그러므로,

> 우리는 언제나 그리스도를 필요로 하고, 그의 완전에 의해서 우리의 불완전이 덮어지며, 그의 순결에 의해서 우리의 부정이 깨끗해지며, 그의 순종에 의해서 우리의 죄가 도말되며, 그리고 그의 의로 인해서 의가 우리의 행위에 관한 고려 없이 우리에게 값없이 전가되는데, 우리의 행위는 우리가 하나님의 심판 때 그 앞에 서 있게 할 만한 것이 결코 못 된다(제19항).

---

19 이것이 1545-63년에 있었던 트렌트 공의회가 가한 비난 중 하나였다.

우리의 가장 좋은 행위까지도 결코 완전하지는 못하다.

우리의 손으로 행하는 어떤 행위도 결코 완전할 수 없고 흠이 있게 마련이라는 것이다(제19항).

그러므로 우리의 최고의 행위들조차도, 그것들이 하나님이 받으실 만한 것이 되고자 한다면, 의롭게 되어야 한다. 이것은 칼빈을 "이중 칭의론"[20]으로 이끈다. 즉,

첫째, 죄인의 칭의이다.
둘째, 의롭게 된 사람의 행위에 대한 칭의이다.

우리가 그리스도 안으로 접목되었을 때, 우리의 죄가 그리스도의 무죄하심 때문에 가려져서, 우리 자신이 하나님 보시기에 의롭듯이, 우리의 행위들은 어떤 흠이 그 안에 있든지 간에 그리스도의 순결하심 안에 묻히게 되고 우리의 책임으로 돌려지지 않기 때문에, 의로우며 의롭다고 간주한다(『기독교 강요』 III. 17. 10).[21]

---

20 Wendel, *Calvin*, 260. 방델은 이 개념이 『기독교 강요』 1543년 판에서 처음으로 소개되었다고 말한다. 그러나 이 개념은 또한 『제1차 신앙교육서』(1538년)에서 미발달의 형태로 발견된다. 제19항을 칼빈이 어떻게 마무리하는지 주목해 보라. "요컨대, 우리는 그리스도와 교제함이 이처럼 커다란 능력을 갖추고 있다고 결론을 내리는데, 왜냐하면 그리스도와 교제함으로 인해 우리는 값없이 의롭다 여겨질 뿐만 아니라 우리의 행위들 역시 우리에게 의로서 귀속되고 영원한 상급으로써 보상될 것이기 때문이다."
21 "우리는 하나님이 행위들 때문에 신자들을 '받으시는' 이유는 하나님이 그 행위들의 원천이시고, 은혜롭게도 자기의 너그러우심을 더하셔서 하나님 자신이 베풀어 주신 그 선한 행위들도 '받아주심'을 보여 주시기로 계획하셨기 때문이라는 것을 언제나 기억해야 한다"(『기독교 강요』 III. 17. 5).

우리의 선한 행위들이 중요하지 않다는 것이 아니다. 그것들은 우리의 감사의 표이고 하나님을 영예롭게 한다.

다음의 제목을 마음에 두라.

믿음을 통해 우리는 율법에 순종하도록 성화된다(제17항의 제목).

따라서 우리가 "주의 성령에 의해 선한 일들로 향하고" 있듯이, "우리는 언제나 우리의 부름의 방향을 향해 나아가도록 힘써야 한다"(『기독교 강요』 III. 17. 6).

6. 회개와 중생

『제1차 신앙교육서』를 주의 깊게 읽는 독자라면 당연히 우리가 거꾸로 다루고 있다고 생각할 것이다!

구원론을 다룰 때, 신학의 다양한 주제를 다루는 일반적인 방식은 중생으로 시작해서, 그 다음에 회개, 믿음, 칭의를 다루고, 그리고 성화(또는 영화)로 마무리하곤 한다. 여기 제18항에서 칼빈은 이 순서를 거꾸로 뒤집는 것처럼 보인다. 칼빈은 믿음으로 시작해서(제14, 15항), 그다음에 칭의(제16항)와 성화(제17항)를 논하는데, 이것은 통상적 절차이다.

그런데 우리는 "회개와 중생"이라는 간단한 제목을 가진 제18항의 위치를 어떻게 설명할 수 있을까?

적어도 두 가지 대답이 가능하다.

첫째, 칼빈이 전문 용어를 유동적으로 사용한다는 것이다. 좀 더 부정적으로 표현하자면, 핵심이 되는 신학 용어들을 사용하는 데 있어 정밀성이 부족하다는 것이다.

이런 깔끔함의 부족을 "깨끗하게 정리"해서 더 질서 있고 논리적인 체계로 발전시키는 것이 17세기 정통주의 신학자들에게 남겨졌다. 그러나 이것이 다가 아니었다. 왜냐하면, 16세기 종교개혁가들 안에는 때로 그들의 계승자들에게 받아들여진 역동성이 있었기 때문이다.

이러한 유동성의 결과로, 또는 정밀성이 결핍한 결과로, 때로 한편에서는 중생과 성화와 같은, 그리고 다른 한편에서는 회개와 회심과 같은 핵심 개념들에 대한 칼빈의 사용을 구분하기가 어렵다.

둘째, 그러나 만약 우리가 칼빈을 그 자신의 말로 받아들인다면, 이 어려움 중 많은 것이 해결될 수 있다. 칼빈은 용어 사용에 있어서 이따금씩 겹치는 것이 있긴 하지만, 일반적으로 자기의 용어들을 아주 주의 깊게 규정한다.

따라서 회개와 회심은 종종 사실상 동일한 개념이다. 중생과 성화에 관해서도 똑같이 말할 수 있다.[22] 비록 칼빈에게 중생이 일반적으로 더 포괄적 용어일지라도 말이다.[23]

---

22 방델은 심지어 "칼빈은 이 두 용어, 즉 중생과 성화를 특별히 전혀 구분하지 않는다"라고 말한다(Wendel, *Calvin*, 242, n. 31). 방델은 그 다음에 『칼빈 주석』 고전 1:2에 있는 구절을 언급하는데, 그것은 다음과 같다. "'성화'라는 단어는 분리를 나타낸다. 성화는 우리 안에서 일어나는데, 성령에 의해 우리가 생명의 새로움 안으로 다시 태어날 때 일어난다."

23 헨드리쿠스 베르코프(Hendrikus Berkhof)는 자기의 *Doctrine of the Holy Spirit*, 68-70에서 신약성경이 그리스도 안에서의 새 생명을 묘사하는 데 매우 다양한 용어, 즉 선택, 부르심, 회개, 믿음 등을 사용하는 반면, 조직신학은 일반적으로 이런 다양성을 칭의와

『제1차 신앙교육서』에서, 칼빈은 회개로 시작해서 재빨리 그것을 다시 태어남 및 회심과 동일시한다. 그다음에 거의 지나가듯이, 칼빈은 중생을 암시한다.[24]

여기에서 칼빈의 진행 과정을 이해하기 위해서는 매우 집약된 이 항의 대부분을 인용하고, 그다음에 그것의 다양한 구성 요소를 풀어 놓을 필요가 있다.

우리는, 왜 **회개**가 언제나 그리스도께 대한 **믿음**과 연결되어 있는지, 왜 주님은 누구도 **거듭나지** 않으면 천국에 들어갈 수 없다고 단언하시는지도 이해할 준비가 되었다. 왜냐하면, **회개**란 우리가 이 세상의 패역함에 대해 작별을 고한 후, 주님의 길로 들어서게 되는 **회심**을 의미하기 때문이다. 더욱이 그리스도는 죄의 사역자가 아니시다. 그런 까닭에 그리스도가 죄의 부패함에서 깨끗하게 된 자들에게 **그리스도의 의에 대한 참여를 옷 입히시는 것**은 우리가 자기의 큰 은혜를 새로운 더러움으로 반복해서 모독하게 하려는 것이 아니라 하나님의 자녀로 **입양된** 우리가 우리 아버지의 영광을 위해 **우리의 삶을** 영원히 **성별하게** 하도록 하려는 것이다.

그러나 이러한 **회개**의 효력은 우리의 중생에 의존하는데, 이 **중생**은 **두 부분으로 이루어져 있다**. 우리의 육신, 즉 우리 안에서 타고난 부패를 **죽임과 영적 [살림**이다. 그것에 의해서 인간의 본성은 자기의 온전함에 이르도록

성화 같은 두세 개의 포괄적 개념으로 제한한다고 지적한다.
24 『기독교 강요』에서는 접근이 좀 다른 것 같은데, III. 3의 제목이 "믿음에 의한 우리의 중생: 회개"이기 때문이다. 그러나 즉시 칼빈은 회개와 관련하여 중생을 논하는 데로 나아간다. 또한, 주목해야 할 것은 이 III. 3이 믿음에 관한 장 다음에 온다는 것인데, 이후의 교의학에서는 중생이 믿음에 앞서게 된다.

갱신된다.] 죄와 우리 자신에 대하여 죽은 우리는 그리스도와 그의 의에 대해 살기 위해 평생 이러한 묵상에 전념해야 한다(제18항; 강조는 필자의 것이다).

칼빈이 여기에서 한 단락으로 다루는 것이 『기독교 강요』 III. 3의 긴 장에서 상세히 전개된다. 여기에서 칼빈은 『제1차 신앙교육서』에서 매우 집약된 단락 속에 언급한 점들을 명료하게 하며 확장한다.

먼저 회개가 믿음과 연결되어 있다는 것에 주목하라.

"회개가 언제나 그리스도께 대한 믿음과 연결되어 있"다(제18항). 『기독교 강요』에서 칼빈은 더욱 구체적이다. 즉, 회개는 믿음 **다음에 온다**. 사실상, 칼빈은 다음과 같이 말한다.

> 회개가 변함없이 믿음 다음에 올 뿐만 아니라 믿음에서 생겨난다는 것은 논쟁의 여지가 없는 사실임이 틀림없다(『기독교 강요』 III. 3. 1).

시간적 순서가 있다는 것이 아니다. 오히려, 우리는 하나님을 아는 지식 없이는, 그리고 단지 일반적인 지식으로는 회개하려 하지 않을 것이다. 그 이유는 다음과 같다.

> 그가 누구일지라도 하나님의 은혜를 먼저 인정하지 않는다면 자신이 하나님께 속해 있다는 것을 진정으로 확신하지 못한다(III. 3. 2).

더욱이 회개는 일회적 행위가 아니라 평생의 과정이다.

심지어 죽을 때까지 끊임없이 회개를 추구해야 한다(제18항).

　루터는 이미 자기의 95개 논제의 첫 번째에서 이것을 진술했었다.[25] 칼빈 역시 회개를 회심과 동일시하고 회개가 두 부분으로, 즉 "우리의 육신을 죽임"과 "영적 의로움"(spiritual rightness) 또는 "인간의 본성이 온전함으로 회복되는 살림"(vivification through which man's nature is restored to integrity)[26]으로 이루어져 있다고 정의한다.

　요컨대, 회개 또는 회심은 죽임(mortification)과 살림(vivification)으로 이루어져 있다.[27] 전자는 "죄와 우리 자신에 대해 죽는" 것으로 이루어져 있다. 후자는 "그리스도와 그의 의에 대해"(『기독교 강요』 III. 3. 2) 사는 것에 놓여 있다. 다시 말해서, 죽임은 우리의 옛 본성을 부정하는 것을 수반한다. 그러나 이것은 우리가 "성령에 의해서 철저하게 죽임을 당하여 아무 것도 아닌 것이"(III. 3. 8) 될 때만 일어날 수 있다.

25　95개 논제의 첫 번째는 다음과 같다. "우리의 주님이시요 주인이신 예수 그리스도가 '회개하라'[마 4:17]고 말씀하셨을 때, 그는 신자들의 삶 전체가 회개의 삶이 되기를 원하셨다"(*Luther's Works*, vol. 31, *Career of the Reformer* I, ed. Harold J. Grimm [Philadelphia: Muhlenberg Press, 1957], 25).

26　후자의 표현은 『제1차 신앙교육서』의 프랑스어 판(1537)에서만 발견된다(사실, 라틴어 판에도 해당 어구가 존재한다. "… *vivificatione spirituali qua hominis natura in suam integritatem instauratur.*" 프: "en la vivification spirituelle par laquelle la nature de lhomme est restauree en integrite." -편주). 『기독교 강요』에서의 회개에 관한 칼빈의 정의 역시 유사하다. "회개는 우리의 삶을 진정으로 하나님께 돌아서게 하는 것, 즉 하나님께 대한 순수하고 진지한 경외로부터 생겨나는 돌아섬이다. 그리고 회개는 우리의 육체와 옛 사람을 죽임과 성령의 살리심에 놓여 있다"(『기독교 강요』 III. 3. 5).

27　회개 또는 회심에 관한 똑같은 이해가 『하이델베르크 요리문답』(*Heidelberg Catechism*) 88-90문에서도 발견된다.

살림, 즉 그리스도 안에서 우리가 새롭게 되는 것은 "거룩하고 헌신된 방식으로 살고자 하는 열망, 다시 태어나는 것에서 일어난 열망"에 놓여 있는데, "이것은 마치 어떤 사람이 하나님에 대해 살기를 시작하고자 자기 자신에 대해 죽는다고 말해지는 것과 같다"(『기독교 강요』 III. 3. 3).

여기에서 전제는 우리가 "다시 태어남"을 경험했거나 "거듭났다"는 것이다(제18항). 칼빈은 로마서 6:6을 기초로 "두 가지(죽임과 살림) 다 그리스도 안에 참여하는 것에 의해 우리에게 일어난다"(『기독교 강요』 III. 3. 9)라고 결론을 내린다.

따라서 칼빈은 회개를 중생과 같은 것으로 해석하는데,[28] "이 중생의 유일한 목적은 우리 안에 하나님의 형상을 회복하는 것"(『기독교 강요』 III. 3. 9)이다. 칼빈은 이런 갱신에 관해 말하는 몇 구절(고후 3:18; 엡 4:23; 골 3:10)을 인용한 후 다음과 같이 결론을 내린다.

> 실로, 이런 회복은 한순간이나 하루나 일 년에 일어나는 것이 아니라 지속적이고 때로는 심지어 서서히 이루어지는 진보들을 통해 하나님이 자기의 택자들 안에서 육체의 부패들을 씻어 내시고, 그들의 죄를 깨끗케 하시며, 그들의 모든 정신을 참된 순결함에 이르도록 새롭게 하시어 그들을 성전들로서 자기 자신에게 성별하게 하시는데, 이는 그들이 자기들의 평생에

---

28 칼빈은 자기의 주석들에서 중생을 맥락에 따라 다양하게 정의한다. 주된 차이는 칼빈이 『기독교 강요』에서 회개에 돌리는 것을 주석들에서는 **중생**으로 언급한다는 것이고, 따라서 그가 생각하기에 둘 사이에는 차이가 혹 있다손 치더라도, 거의 없다는 것이다. 예를 들어, 칼빈은 『칼빈 주석』 골 3:10에서 **중생**을 "옛 사람을 벗고 새 사람을 입는 것"으로 정의한다. 『칼빈 주석』 엡 4:22에는 흥미로운 차이가 있다. 즉, 칼빈은 여기에서 바울이 "그리스도인에게 **회개 또는 삶의 새로움**을 요구하는데, 이것을 바울은 우리 자신을 부인하는 것과 **성령의 중생**에 둔다"라고 말한다(강조는 필자의 것이다).

회개를 실천하고 이 싸움이 죽음에서만 끝나게 될 것임을 알도록 하기 위해서이다(『기독교 강요』 III. 3. 9).[29]

5. 그리스도인의 소망

칼빈은 믿음의 이런 다양한 면을 논한 후, 사도신경을 간략하게 분석하는데, 이 사도신경을 칼빈은 "신앙의 상징"(symbol of the faith, *Symbolum Fidei*; 제20항)이라 부른다. 칼빈의 도입부 진술이 중요한데, 왜냐하면 믿음은 머리보다는 가슴의 문제일지라도 구체적인 내용을 가지고 있다는 것을 지적해 주기 때문이다. 그러므로 칼빈은 다음과 같은 말로 시작한다.

이제 우리는 우리의 믿음이 그리스도 안에서 강화되기 위하여 무엇을 응시하고 숙고해야 하는지를 들어야 한다(제20항).

칼빈은 사도신경을 논한 후, 믿음과 소망의 관계를 서술한다(제21항).

---

[29] 『제1차 신앙교육서』 제18항에서, 그리고 중생, 회개, 회심을 다루는 『기독교 강요』 III. 3에서 지금까지 칼빈이 이 과정을 서술하는 데 가장 흔히 사용되는 단어인 성화를 사용하지 않았다는 점을 주목하라. 그러나 제17항의 제목이 "믿음을 통해 우리는 율법에 순종하도록 성화된다"라는 것을 떠올려 보라. 후에, 『기독교 강요』 III. 3. 14에서 칼빈은 갑자기 그리스도인의 삶에서의 성령의 역할과 관련하여 성화에 관해 말하기 시작한다. 여기에서 칼빈은 성령의 선물이 기독교적 완전의 형태를 가져온다고 믿었던 당대의 어떤 재세례파 교도들의 주장이라고 자기가 여기는 것을 논박하고 있다. 칼빈은 우리가 성화의 성령을 받았다 할지라도 "완전과는 거리가 멀며 꾸준히 앞을 향해 나아가야 하고, 악들에 휘말린다 할지라도 매일 그것들에 맞서 싸워야 한다"라고 대답한다.

여기에서 칼빈은 바울의 유명한 세 가지 중 하나인 사랑을 논하지 않지만(고전 13:13을 보라), 이것은 율법에 관한 논의에서 미리 다루어졌다(제8, 9항을 보라). 여기에서 칼빈의 논의는 히브리서 11:1에 나오는 믿음에 관한 유명한 정의를 기초로 하는데, 이곳에서 믿음과 소망이 결합하고 있다. 칼빈은 이 단락에서 다음과 같은 대조들을 본다.

> 따라서 믿음은 하나님이 참되시다고 믿는다. 소망은 적절한 때에 하나님이 자기의 진리를 보여 주시기를 기대한다.
> 믿음은 하나님이 우리의 아버지이심을 믿는다. 소망은 하나님이 우리에게 아버지로서 언제나 행하시기를 기대한다.
> 믿음은 영생이 우리에게 주어졌다고 믿는다. 소망은 영생이 언젠가 드러나기를 기대한다.
> 믿음은 소망을 받쳐주는 토대이다. 소망은 믿음에 자양분을 공급하고 믿음을 지탱한다(제21항).

칼빈은 『기독교 강요』에서 믿음에 관한 장을 믿음과 소망에 관한 두 절로 결론을 내린다. 하나는 상당히 논박적이다. 칼빈은 소망에 두 토대, 즉 하나님의 은혜와 행위의 공로가 있다는 롬바르드의 주장에 반대한다. 칼빈은 믿음과 같이 소망도 오직 하나의 토대, 즉 하나님의 긍휼만을 갖고 있다고 열정적으로 항변한다(『기독교 강요』 III. 2. 43).

그러나 그 앞의 절은 칼 바르트가 "『기독교 강요』에서 가장 주목할 만한 구절 중 하나"라고 부른 단락을 담고 있다.[30] 이 단락은 다음과 같은 문장으로 시작한다.

> 이 믿음이 살아 있는 곳에서는 어디서든, 이 믿음은 그것과 뗄 수 없는 짝으로서의 영원한 구원의 소망을 함께 가지고 있어야 한다(III. 2. 42).

그리고 칼빈은 믿음과 소망은 둘 다 하나님의 진리와 특히 하나님의 은혜로우신 약속들에 대한 "확실한 감화"에 근거하고 있다고 말한다. 그다음에 칼빈은 다음과 같은 웅변적인 단락을 덧붙이고 있는데, 이 단락은 위에서 인용된 『제1차 신앙교육서』의 내용을 확장한 것이다.

> 따라서 간략히 말하자면, 소망은 믿음이 하나님에 의해 진실로 약속되었다고 믿은 것들에 대한 기대 그 이상의 것이 아니다.
> 이처럼, 믿음은 하나님이 참되시다고 믿고, 소망은 하나님의 진리가 드러나게 될 그때를 기다린다.
> 믿음은 하나님이 우리의 아버지라고 믿고, 소망은 하나님이 언제나 자신이 우리에 대한 아버지이심을 보여 주시기를 고대한다.
> 믿음은 영생이 우리에게 주어졌다고 믿고, 소망은 이 영생이 언젠가 드러나게 되기를 고대한다.
> 믿음은 소망이 놓여 있는 토대이고, 소망은 믿음에 자양분을 공급하며 그것을 지탱한다.

---

30 Karl Barth, *Church Dogmatics* IV/3, Second Half (Edinburgh: T. & T. Clark, 1962), 913 이하.

왜냐하면, 이미 하나님의 약속들을 믿는 사람들 외에는 누구도 하나님께로부터 무언가를 구할 수 없듯이, 믿음이 실패하고 약해지지 않도록 우리 믿음의 약함은 인내하는 소망과 기대에 의해서 지탱되고 자양분을 얻어야 하기 때문이다. 이런 이유로, 바울은 올바르게 우리의 구원을 소망 안에 둔다[롬 8:24].

왜냐하면, 소망은 침묵 속에 주님을 기다리면서, 믿음이 지나치게 서둘러 곤두박질치지 않도록 믿음을 붙잡기 때문이다.

소망은 믿음이 하나님의 약속들에 있어서 흔들리지 않도록, 또는 그 약속들의 진리에 관해 의심하지 않도록 믿음을 강화한다.

소망은 믿음이 지치지 않도록 믿음을 새롭게 한다.

소망은 믿음이 중도에, 또는 심지어 출발점에서 실패하지 않도록 최종적인 목적지까지 지탱해 준다.

요컨대, 소망은 부단히 새롭게 하고 회복시킴으로써 믿음이 인내로써 거듭 활기를 띠게 한다(『기독교 강요』 III. 2. 42).[31]

---

31 상당 부분 칼빈 주석들에 기초하고 있는 다음의 논의를 참조하라. "Our christian life and warfare are maintained by hope" in Ronald Wallace, *Calvin's Doctrine of the Christian Life*, 317 이하(『칼빈의 기독교 생활원리』, CLC 刊).

제9장

사도신경 1

(제20항)

"나는 하나님을 믿는다"

1. 칼빈신학에서 사도신경의 위치

아이러니하게도, 칼빈은 경력 초기에 세 개의 보편적인(catholic) 신조(사도신경, 니케아 신경, 아타나시우스 신경)에 서명하기를 거부함으로 인해 그의 정통성이 잠깐 가볍게 의심을 받았다. 칼빈의 평생의 원수였던 믿을 수 없는 악당인 피에르 까롤리(Pierre Caroli)는 1537년 베른(Bern) 논쟁에서 파렐과 칼빈을 아리우스주의자라고, 즉 잘못된 삼위일체 교리를 주장하는 자라고 고발했다. 칼빈의 대응은 다음과 같다.

① 칼빈은 이미 한 분 하나님께 대한 자기의 믿음을 확언했다.
② 칼빈은 카롤리가 자기에게 그런 서명을 요구할 아무런 권리가 없다고 주장했다.
③ 칼빈은 아타나시우스 신경의 진정성이 의심스럽고 아타나시우스 신경이 교회 공의회에 의해 결코 채택된 적이 없음을 지적했다.

또한, 칼빈은 『제1차 신앙교육서』에서 사도신경의 저자(들)에 대해서도 자신이 확신하지 못한다는 것을 인정한다.

> 저자가 누구인지, 누가 기록했는지는 우리의 관심사가 아니다. 왜냐하면, 사도신경은 단순히 인간적인 것을 담고 있는 것이 아니라 성경의 증언들 자체로부터 모였기 때문이다(제20항의 서론).[1]

칼빈은 이 신조들, 특히 사도신경을 깊이 존중하지 않은 것이 아니었다. 오히려, 칼빈은 새로운 『제네바 신앙고백서』가 적합하고, 성경의 가르침을 신실하게 반영한다고 느꼈다. 더욱이 베른 논쟁에 참석한 이들은 칼빈이 어떠한 존경심을 가지고 사도신경을 다루는지를 알기 위해 그가 새롭게 출판한(이 시기에는 프랑스어로만 접할 수 있었던) 『제1차 신앙교육서』를 검토하기만 하면 되는 것이었다.

칼빈은 사도신경을 "신앙의 상징"(The Symbol of the Faith)이라고 말한다 (라틴어 제목이 '신앙의 상징'[Symbolum Fidei]임에도 불구하고, 어떤 이유인지 배틀즈는 그렇게 번역하지 않았다). 이 맥락에서 "상징"이란 단어는 신앙을 나타내는 것, 특히 사도신경을 가리키는 초기 기독교적 용례를 반영한다. 그러므로 기독교 신조들에 관한 연구는 종종 "상징학"(Symbolics, 주로 '신조학'으로 번역된다. -역주)이라 불린다.[2]

---

1 이와 유사하게 칼빈은 『기독교 강요』 II. 16. 18에서 다음과 같이 말한다. "나는 그것을 사도신경이라고 부르는데, 그것의 저작성에 관하여 조금도 의심하지 않는다. … 나는 교회의 시초에, 사도 시대에, 사도신경이 모두의 동의로—이것이 어디에서 기원했든—공적인 고백으로서 받아들여졌다는 것을 의심하지 않는다."
2 이러한 분야에서 도움이 되는 책으로는 다음을 보라. Wilhelm Niesel, *The Gospel and the*

칼빈의 사유에 있어 사도신경의 중요성은 『기독교 강요』의 후기 판들에서 반영된다. 1543년 이전에, 『제1차 신앙교육서』에서든 『기독교 강요』의 처음 두 판본에서든, 사도신경은 하나의 긴 장(章)에서 논의되었다. 『기독교 강요』의 세 번째 판(라틴어, 1543년; 프랑스어, 1545년)에서 칼빈은 사도신경에 관한 논의를 네 장으로 나누었고, 이것이 1559년 최종판에서 『기독교 강요』 전반의, 즉 사도신경의 네 부분, 즉 아버지, 아들, 성령, 교회와 어느 정도 상응하는 『기독교 강요』의 네 권의 구조를 위한 틀이 되었다.

하지만, 칼빈이 이 순서를 일관되게 따르는 것은 아니라는 것에 주목해야 한다. 그러므로 에드워드 다우위(Edward Dowey)가 『기독교 강요』의 구조와 독특한 성격을 실제로 결정하는 것은 사도신경의 틀이기보다는 하나님을 아는 이중적 지식—창조주 하나님과 구속주 하나님—이라고 강조할 때, 필자는 그가 옳다고 믿는다.[3]

다른 견해, 즉 사도신경이 『기독교 강요』의 구조에 관한 실마리라는 견해의 철저한 변호자는 잉글랜드의 칼빈 학자인 파커(T. H. L. Parker)인데. 파커는 『하나님을 아는 지식에 관한 교리』(The Doctrine of the Knowledge of God)에서 자신의 논제를 변호한다.[4] 파커의 주장의 장점은 한 권만이 창조주 하나

Churches: *A Comparison of Catholicism, Orthodoxy and Protestantism* (Philadelphia: Westminster Press, 1962). 올리버앤보이드(Oliver & Boyd)출판사에 의해 에든버러에서 출판된 브리티시 판의 제목은 *Reformed Symbolics*다.

[3] 다음을 보라. Dowey, *The Knowledge of God in Calvin's Theology*, 제2장, 그리고 이 책의 제2판 서문을 보라(New York: Columbia Univ. Press, 1965; 3rd ed., Wm. B. Eerdmans Publishing Co., 1995).

[4] 다우위(Dowey)의 책과 파커(Parker)의 책 둘 모두의 초판은 1952년에 나왔다. 파커는 자기 책의 미국 판에서 다우위의 논제에 날카롭게 이의를 제기했다(Grand Rapids: Wm. B. Eerdmans Publishing Co., 1959).

님을 아는 지식을 다루고 이와 달리 세 권이 구속주 하나님을 아는 지식을 다룬다는 것인데, 이것은 모두가 인정하듯이 균형이 맞지 않는 배열이다.

2. 칼빈의 하나님

이 제목은 이상하게 들릴지 모르겠는데, 왜냐하면 보통 "칼빈의 하나님 개념(concept of God)"이나 이와 유사한 것에 관해 말하곤 하기 때문이다.

그러나 이 표현은 과거에 칼빈을 희화화했던 일들과 이차 자료들에 의존해서 칼빈의 하나님 이해를 종종 차갑고, 잔인하며, 변덕스러운 것으로 묘사한 초기의 일부 대중적인 저술가와 역사가가 "칼빈의 하나님"에 관해서 극단적으로 부정적이게 그리고 조롱하며 언급한 것들을 의도적인 출발점으로 삼고자 한 것이다. 그들의 결론은 보통 제네바에서 행해진 권징에 관한 피상적 이해, 세르베투스의 처형, 그리고 예정 교리에 대한 불쾌함에 그 기초를 두었다.

이런 식의 판단의 한 예를 대중적인 역사가인 윌 듀란트(Will Durant)의 문명 이야기(The Story of Civilization) 시리즈 제6권 『종교개혁』(*The Reformation*)에서 볼 수 있다. 듀란트는 칼빈과 제네바 종교개혁에 관한 자기의 매혹적이지만 매우 불공평한 논의를 다음과 같은 믿을 수 없는 문장으로 끝맺는다.

> 우리는 길고 영예로운 비상식의 역사에서, 가장 터무니없고 신성모독적인 하나님 개념으로 인간의 영혼을 어둡게 만든 사람을 사랑하기가 언제나

어렵다는 것을 발견할 것이다.⁵

이런 무절제한 거친 비난을 진지하게 다루기란 어렵지만, 심지어 오하이오주립대학교 역사학 명예교수이자 저명한 종교개혁 학자인 헤롤드 그림(Harold J. Grimm)까지도, 루터가 "신약성경의 사랑하고 용서하시는 하나님을 전면에 둔" 반면 "칼빈은 부서(Bucer)의 뒤를 따라 구약성경의 독재적 하나님을 강조했다"라고 진술한 것을 발견하는 것은 당혹스러운 일이다.⁶

이렇게 희화화한 일들이 사실상 전혀 근거가 없다는 것을 후에 실증할 것이지만, 먼저 우리는 칼빈의 삼위일체와 하나님의 섭리에 대한 관점을 보아야 하겠다.

1) 삼위일체

『제1차 신앙교육서』에서 칼빈은 삼위일체를 그저 지나가면서 언급한다.

> 우리는 성부, 성자, 성령이라고 호명할 때, 세 하나님을 만들고 있는 것이 아니다. 다만 성경과 경건(godliness, pietatis)의 참된 경험은 우리 자신에게 하나님의 가장 단순한 유일성(unity, unitas, 프: essence) 가운데서 성부 하나님, 성

---

5 Will Durant, *The Reformation* (New York: Simon & Schuster, 1957), 490. 이 책의 다른 곳에서 듀란트(Durant)는 『기독교 강요』 전반에 관해 똑같이 독설에 찬 판단을 내린다. 이것은 "종교적 혁명에 관한 모든 작품에서 가장 웅변적인, 열렬한, 명료한, 논리적인, 영향력 있는, 끔찍한 작품"이다(p. 490).

6 Harold J. Grimm, *The Reformation Era 1500-1560* (New York: Macmillan & Co., rev. ed., 1965), 352.

자 하나님, 성령 하나님을 보여 주고 있다(제20항의 도입 단락; 필자의 번역).

칼빈은 계속해서 우리가 삼위일체의 다른 인격들을 생각하지 않은 채 한 "인격"(person)에 관해 생각할 수 없으며, 따라서 우리가 세 가지 다른 형태로 하나님을 경험할 때조차, 우리의 주목은 한 하나님께 초점을 맞추어져야 한다고 지적한다.

삼위일체에 관한 이런 서술에는 특별한 게 없다. 『기독교 강요』(1559년) I. 13에 나오는 이후의, 그리고 더 온전한 논의에 관해서도 이것은 마찬가지이다. 여기에서 중요한 것은 삼위일체의 "인격들"이라는 어려운 개념에 관한 칼빈의 이해이다. 칼빈은 다양한 교회 교부들, 특히 푸아티에의 힐라리(Hilary of Poitiers), 제롬, 어거스틴이 만든 미묘한 구별들에 관해 분명하게 알고 있다. 그러나 칼빈은 다음과 같이 말한다.

> 나는 단어들에 대해 물고 늘어지면서 싸우는 그런 까다로운 사람이 아니다(『기독교 강요』 I. 13. 5).

그다음에 칼빈은 가능한 한 단순한 정의를 제시하고자 한다.

> 그러므로 나는 "인격"을 하나님의 본질(essence) 안에 있는 "위격적 존재"(subsistence)라고 부르는데, 이 위격적 존재는 다른 위격적 존재들과 관계되어 있으면서도 비교통적 특성(an incommunicable quality)에 의해서 구별된다.
> [첫째,] "위격적 존재"란 용어에 의해 우리는 "본질"과는 다른 어떤 것을 이해해야 할 것이다. 왜냐하면, 만약 말씀이 단지 하나님이라면, 그리고

그런데도 다른 특성을 나타내는 특징을 전혀 소유하고 있지 않으시다면, 요한은 말씀이 언제나 하나님과 함께 계셨다[요 1:1]고 말했을 때, 잘못 말한 것이기 때문이다. 바로 후에, 요한은 말씀이 또한 하나님 자신이시라고 덧붙일 때, 우리에게 유일성으로서의 본질(the essence as a unity)을 상기시킨다. 그러나 말씀이 하나님 아버지 안에 거하지 않으시고는 하나님과 함께 계실 수 없으므로, 위격적 존재라는 개념이 출현하는데, 이 위격적 존재가 공통의 유대(a common bond)에 의해서 본질과 결합하여 있고 본질과 분리될 수 없다 할지라도, 그 자체를 본질과 구별시키는 특별한 특징을 갖고 있다.

[**둘째**,] 이제 세 위격적 존재에 관해 나는 각각의 위격적 존재가 다른 위격적 존재들과 관계되어 있으면서 특별한 특성에 의해 구별된다고 말해야겠다. 이 "관계"는 여기에서 독특하게 표현된다. 왜냐하면, 하나님에 관해 단순하고 비규정적(indefinite)인 언급이 이루어지는 곳에서, 이 이름은 하나님 아버지께 속하는 것과 마찬가지로 하나님의 아들과 성령에게도 속하기 때문이다. 그러나 하나님 아버지가 하나님의 아들와 비교되시자마자, 각각의 특성이 하나님 아버지와 하나님의 아들을 구별해 준다.

셋째, 각자에게 개별적으로 고유한 것은 무엇이든지, 나는 교통될 수 없다고 주장하는데, 왜냐하면 구별해 주는 표로서 하나님 아버지께 돌려지는 것은 무엇이든지 하나님의 아들에게 맞지 않으시거나, 하나님의 아들에게 전달되실 수 없기 때문이다(I. 13. 6; 문단을 나누고 "첫째," "둘째"를 추가했다. -편주).

삼위일체 논의들에 관한 한, 이것은 상당히 전통적인 정의이고 상대적으로 비기술적(nontechnical)이다. 그러나 특징적으로 칼빈적인 것은 그가 삼위일체에 관한 우리 지식의 원천으로서 성경뿐만 아니라 "경건의 참된 경험"(the very experience of godlines;『제1차 신앙교육서』제20항)에 호소한다는 것이다. 칼빈은 후에 성령의 신성에 관한 논의에서 유사한 방침을 취한다.

> 왜냐하면, 성경이 그[성령]에게 돌리는 것을 우리 자신은 경건의 확실한 경험에 의해 배우기 때문이다(『기독교 강요』I. 13. 14).

이런 관찰들은 두 가지 이유로 인해 중요하다.

첫째, 칼빈은 성경의 증거를 확고히 할 수 있는, 그리고 확고히 해야 하는 신자들의 경험에, 더욱 특별하게는 그들의 경건(godliness or piety)에 호소하기를 주저하지 않는다. 이것은 비전형적인 것이 아닌데, 왜냐하면 칼빈은 빈번하게 "경험이 … 가르친다"거나 "우리의 교사로서 경험과 함께 우리는 하나님이 자기 자신을 자기의 말씀 안에서 선언하시는 바대로 하나님을 발견한다"(『기독교 강요』I. 11. 2)와 같은 표현들로 경험에 호소하기 때문이다. 칼빈에게 경험은 "과장된 사변"(I. 11. 2)보다 훨씬 선호할 만하고 더욱 가치 있는 것이다.

둘째, 칼빈에게 삼위일체 교리는 신학자들의 관심만을 끄는 난해한 교리가 아니라 신앙과 삶을 위한 중요한 믿음이었다. 칼빈은 그리스어 '휘포스타시스'(*hypostasis*)와 라틴어 '페르소나'(*persona*)에서 의미의 미묘한 차이를 논할 때 학자적(scholarly) 수준에서 이 문제를 다루는데, 이 단어들을 "실체"(substance)나 "위격적 존재"(subsistence)(『기독교 강요』I. 13. 2)로 옮기곤 했다. 요지는 삼위일체 가운데 각 "인격"(person) 또는 "위격"(*hypostasis*)이 다른 위격에 의해서 공유되고(shared) 하나의 본질이나 위격적 연합 가

운데 결합한다(conjoin)는 것이다.⁷

여기에서 현대 학자들은 자주 칼빈을 칭송하는데, 이 전문적 용어들 안에 있는 미묘한 차이들에 대한 그의 인식 때문만이 아니라 그의 균형 잡힌 설명 때문이기도 하다.⁸

이 모든 것에도 불구하고, 칼빈의 주요 관심은 이론적이고 철학적인 성격보다는 실천적이고 종교적인 성격의 것이다.

칼빈이 『제1차 신앙교육서』와 『기독교 강요』에서 자기의 논의를 시작할 때, "경건의 참된 경험"에 어떻게 호소하는지를 떠올려 보라.

이와 유사하게, 『기독교 강요』에서 칼빈은 "공허한 사변"(『기독교 강요』 I. 13. 19)에 대해 경고하며 다음과 같이 말한다.

> [삼위일체에 관한] 이 실천적 지식은 어떤 나태한 사변보다 의심할 바 없이 더 확실하고 견고하다(『기독교 강요』 I. 13. 13).

그러므로 워필드(B. B. Warfield)가 칼빈에 관하여 다음과 같이 단언한 것은 매우 옳다.

---

7 "'하나님'이란 이름이 하나님의 아들에게도 공통으로 해당한다 할지라도, 이 이름은 때로 하나님 아버지께 탁월하게(par excellence) 적용되는데, 왜냐하면 하나님 아버지는 신격의 근원이자 시작이시기 때문이다. 그리고 본질의 단순한 유일성을 나타내기 위해 이렇게 된다"(『기독교 강요』 I. 13. 23).

8 예를 들어, 다음을 보라. Leonard Hodgson, *The Doctrine of the Trinity* (London: Nisbet, 1943), 165 이하. "세 사람(어거스틴, 토마스, 칼빈) 중에서 칼빈은 유일성의 증거와 개념 사이의 불가피한 모순으로 인해 가장 적은 어려움을 겪었다"(p. 175). 참조. T. F. Torrance, "Calvings Doctrine of the Trinity," *Calvin Theological Journal* 25/2 (Nov. 1990): 168-70.

그[칼빈 -역주]에게 있어서 삼위일체 교리는 그의 종교적 의식(religious consciousness)과의 관계에서 나온 것이 아니라 그의 가장 심오한 종교적 감정들의 기본 전제였고, 실로 구원에 대한 그의 경험 자체 안에서 주어졌다.[9]

2) 하나님의 섭리

칼빈은 사도신경의 첫 번째 조항인 "나는 전능한 아버지시요 … 한 하나님을 믿는다"에 관한 칼빈의 매우 간략한 논의에서, 먼저 하나님이 자기 백성과 맺으신 언약과 관련하여, 그리고 그다음에 하나님의 섭리와 관련하여 논한다는 것은 의미심장하다—그리고 전형적이다.

언어 표현에 주목하라.

칼빈은 이 고백의 요지가 단지 하나님을 믿는 것(프: 하나님이 존재하신다는 것을 믿는 것 [de croyre que Dieu est. -편주])만이 아니라 "그를 우리의 하나님으로 인정하도록, 그리고 그가 그들의 하나님이 되어 주시겠다고 약속해 주신 자들, 즉 그가 자기 백성으로 삼으신 자들의 수효(數爻)에 우리가 속해 있음을 신뢰하도록" 하는 것이라고 말한다(제20항).

칼빈은 성경 전체에 흐르는 하나의 언약적 약속에 관해 생각하고 있는 것이 분명하다.

나는 네 하나님이 될 것이요 너는 내 백성이 되리라.

---

[9] B. B. Warfield, "Calvin's Doctrine of the Trinity," in *Calvin and Augustine* (Philadelphia: Presbyterian and Reformed, 1956) 195.

따라서 칼빈에게 있어서 창조주 하나님을 믿는 것은 언약의 하나님을 믿는 것이다.

다음으로, 전능자 하나님을 믿는 것은 그의 피조물에 대한 하나님의 섭리적 돌봄과 관심을 믿는 것을 의미한다. 왜냐하면, 하나님의 전능은 "하나님이 만물을 자기의 섭리로 경영하시고, 자기의 의지로 다스리시며, 자기의 능력과 손으로 지도하신다"는 것을 가리키기 때문이다(제20항). 창조주 하나님에 관한 칼빈의 해석은 이와 유사하게 진행된다. 즉, 우리는 이것에 의해서 "하나님이 과거에 창조하신 모든 것을 영원히 기르시고, 지탱하시며, 살리신다"는 것으로 이해해야 한다(제20항).

흥미로운 것은 후에 칼빈이 "나는 성령을 믿는다"라는 표현을 논할 때, 다음과 같이 설명하는 것을 보게 된다.

> 이 능력[그리스도의 성령]을 통해서 그리스도는 우리가 구원에 이르도록 우리를 의롭게 하시고, 거룩하게 하시며, 정결하게 하시며, 자신에게로 부르시며 이끄신다(제20항 ⑥).

이것은 앞에서 지적한 점, 즉 삼위일체의 "인격들" 사이의 구분들에도 불구하고, 칼빈에게 한 인격에 대해 참된 것은 모든 인격에게 참되다는 것을 증명할 뿐이다.

『기독교 강요』에서 세 장이 하나님의 섭리라는 주제를 다룬다. 칼빈은 다음과 같이 말함으로써 시작한다.

더욱이 하나님을 단번에 자기의 일을 끝내신 일시적인(momentary) 창조주로 만드는 일은 차갑고 열매가 없을 것이다. 그리고 우리는 신성모독적인 사람들과는 다른데, 왜냐하면 특히 신적 능력의 임재가 우주의 시초에뿐만 아니라 우주의 지속하는 상태 속에서도 빛나는 것을 보기 때문이다(『기독교 강요』 I. 16. 1).

이것은 "하나님의 영광 그늘"로서의 이 피조계의 계시적 성격에 관한 칼빈의 긍정적 시각을 상기시킨다(다음을 보라. I. 14. 20; 참조. I. 5. 1, 2, 8, 11; I. 6. 2).
"영원한 창조주시요 보존자"(『기독교 강요』 I. 16. 1)로서 하나님은 "자기의 부성적 호의"에 의해 자연의 피조된 질서를 다스리실 뿐만 아니라 개인들의 삶을 지도하신다. 하나님의 은혜로운 섭리는 무엇보다 교회에 대한 하나님의 특별한 관심에서 명백히 드러난다(I. 17. 1, 6).

칼빈의 관심은 어떤 것도 운명이나 운, 우연으로 돌리지 않는 것이다. 동시에, 칼빈은 우리의 책임(I. 17. 3, 4)과 간접적 또는 이차적 원인들의 의미(I. 16. 9; 참조. I. 17. 1)를 확립하고 싶어 한다.

이것은 인간 존재 안에 불가해한 것들 또는 수수께끼 같은 것들이 전혀 없다는 것을 의미하지 않는다. 그런데도 "우주를 다스리시는" 하나님의 "놀라운 방법은 심연이라 불리는 것이 올바른데, 왜냐하면 그것이 우리에게 숨겨져 있지만, 우리는 경외하는 마음으로 그것을 받들어야 하기 때문이다"(I. 17. 2). 우리가 성경에 있는 하나님의 계시된 의지를 배우고자 할 때, 우리의 반응은 "성령의 지도를 받아"[10] 겸손하게 순종하는 것이어야

---

10 신자의 경험에 나타난 성령의 인도하심의 역할에 관해서는 필자의 다음 에세이를 보라.

한다(I. 17. 4, 5; 참조. I. 17. 2).

이후의 칼빈주의자들은 때로 이 종교개혁가의 입장을 오독하거나 왜곡하고 무시한 반면, 하나님의 섭리를 강조하는 데 있어서는 자기들의 이 교회 지도자에게 충실했다. 그 이유는 칼빈의 다음 말과 같다.

이 교리에 관한 지식보다 유익한 것은 아무것도 없다(I. 17. 3).

섭리에 대한 무지는 모든 불행의 궁극이요, 최고의 복은 이것을 아는 데 있다(I. 17. 11).

역경 가운데서, 하나님이 통치하신다는 확신보다 더 위로되는 것은 없다(I. 17. 8).

그런데도 신적 섭리의 빛이 일단 경건한 자에게 비추었을 때, 그는 전에 자기를 압박하고 있던 극심한 불안과 두려움에서뿐만 아니라 모든 염려에서 벗어나 자유롭게 된다. 왜냐하면, 그는 당연하게 운명을 두려워하듯이, 두려움이 없이 자신을 하나님께 맡기기 때문이다. 내가 말하건대, 그의 위로는 그의 하늘 아버지가 자기의 능력으로 만물을 붙드시듯이, 자기의 권위와 의지로써 통치하시고, 자기의 지혜로 다스리시므로, 그가 결정하는 것 외에는 아무것도 일어나지 않는다는 것을 아는 데 있다. 더욱이 그가

"Governed and Guided by the Spirit: A Key Issue in Calvin's Doctrine of the Holy Spirit," in *Reformiertes Erbe*, Festschrift fur Gottfried W. Locher zu seinem 80. Geburtstag, Band 2, hrsg. von H. A. Oberman, Ernst Saxer et al. (Zurich: Theologischer Verlag, 1993).

하나님의 안전한 돌보심 안으로 받아들여졌고 하나님 천사들의 돌봄에 위탁되었다는 것, 그리고 물, 불, 쇠, 이러한 것들에게 통치자이신 하나님이 기회를 주기를 기뻐하지 않으신다면 자기를 해할 수 없다는 것을 아는 것이 자기에게 위로가 된다(I. 17. 11).

3. 칼빈의 하나님 개념에 있어서 핵심 주제들

마지막으로, 우리는 칼빈이 많은 비난을 받은 신론으로 다시 돌아와야 한다. 처음부터 동의해야 하는 것은 칼빈이 상대한 사람들은 이류의 역사가들과 옛 적들뿐만 아니라 칼빈의 하나님 개념이 문제가 있다는 것을 발견한 진지하고, 책임 있는, 그리고 기본적으로 높이 평가 받는 일부의 신학자들이었다는 것이다.

이런 유형의 대표적 예가 칼 바르트인데, 바르트는 칼빈의 하나님 이해에 깊이 감탄하지만 궁극적으로 칼빈의 묘사가 그의 유기 교리(정죄로의 예정)에 의해 손상된다고 느낀다. 이것은―적어도 유기에서―예수 그리스도를 제쳐둔 채 때로 역사할 수 있는, 그리고 역사할 수 있는 것처럼 보이는 추상적인 하나님을 초래한다.

바르트는 이것이 칼빈의 전체 신관에 그림자를 드리우고 있다고 확신한다.[11] 칼빈에 관한 바르트의 많은 언급은 일반적으로 긍정적이지만, 선택론

---

11 다음을 보라. Karl Barth, *Church Dogmatics* II/1: *The Doctrine of God* (Edinburgh: T. & T. Clark, 1957).

에 관한 논의에서—그리고 예정에 관한 모든 전통적인 견해들에서—칼빈에 대한 바르트의 불만족은 명백해진다.[12]

그러나 이 문제에 대한 바르트의 해결은 필자가 보편구원론의 싹(incipient universalism)이라 부르는 것을 초래한다는 것을 지적해야 하겠다. 다시 말해서, 하나님의 영원한 뜻과 하나님의 은혜로운 선택이 예수 그리스도와 동일시됨으로 말미암아 예수 그리스도—단번에 우리의 정죄와 거절을 이미 스스로 짊어지신 택자—안에서 모든 사람을 구원하고자 하시는 하나님의 결정에서 벗어나기란 거의 불가능하다.[13]

이로부터 명백한 것은 이 문제에 대한 단순한 해결이란 전혀 없다는 것이고, 동시에 우리의 신관과 선택 교리가 서로를 관통하고 서로를 물들일 수밖에 없다는 것을 인정해야 한다는 것이다. 여전히, 우리는 이 문제를 넘어서 칼빈이 하나님의 본성과 방식들을 어떻게 서술하고자 하는지를 보아야 한다.

이것은 또한 칼빈의 신론에 관한 또 하나의 비판에 답하는 우리의 절차여야 한다. 즉, 칼빈은 유명론(nominalism) 또는 은혜유한론(terminism[개인이 회개하여 구원 받을 시한이 있고, 그 이후에는 더 이상 기회가 없다는 교리이다. -편주])으로 알려진 철학 학파의 영향을 받았다는 것이다. 이 학파는 우리가 실재(the real)를 실제로 알 수 없다고 주장한다. 우리는 사물이 불리는 바가 어떤 의미에서 대상의 배후에 있는 실재에 상응한다는 것을 믿음이라는 행동에 의해서 믿어야 한다.

---

12 Karl Barth, *Church Dogmatics* II/2, *The Doctrine of God* (Edinburgh: T. & T. Clark, 1957), 15 이하, 32 이하, 188 이하. 이 책의 전반부는 선택을 다룬다.
13 Barth, *Church Dogmatics* II/2, 145 이하, 451 이하.

오캄의 윌리엄(William of Ockham)과 둔스 스코투스(Duns Scotus)가 보통 14세기에 발전한 이 운동과 연관된 두 이름이다. 스코투스의 영향이 그의 주요한 제자 중 한 명인 존 메이저(John Major)를 통해서 매개되었는데, 메이저는 칼빈의 학생 시절 파리에서 가르쳤다.

스코투스가 하나님의 존재보다는 의지를 강조했으므로, 그리고 칼빈은 "의의 유일한 규범이요, 만물의 진정으로 정당한 원인"(『기독교 강요』 I. 17. 2; 참조. III. 23. 2)으로서의 하나님의 의지에 빈번하게 호소하므로, 칼빈은 종종 스코투스 및 유명론자들과 동일시되는데, 이들 중 일부는 하나님의 공의와 분리된 절대적 권능을 하나님께 돌린다. 그 결과는 무법적인 변덕을 지닌 제멋대로의 하나님이다.

칼빈은 두 번에 걸쳐 자신이 이런 것을 믿지 않는다고 명시적으로 부인하지만(『기독교 강요』 I. 17. 2; III. 23. 2), 최근까지 칼빈은 자기의 일부 진술에서 스코투스를 반향한다고 비난을 받아 왔다.[14]

---

14 예를 들어, 심지어 이와 관련하여 리츨(A. Ritschl), 워커(W. Walker), 그리고 제베르크(R. Seeberg)를 인용하는 프랑소아 방델(François Wendel, *Calvin*, 127-29)까지도 그러하다. 하지만, 방델은 두메르크(E. Doumergue), 레세르프(A. lecerf), 그리고 다른 이들은 (칼빈과 스코투스 사이에 -역주) 어떠한 연관도 발견하지 못한다고 말한다.

그러나 독일 학자인 카를 로이터(Karl Reuter)는 방델, 리츨 등을 편든다. "칼빈은 구원에 관한 개혁파적 지식을 습득했지만, 그의 신론은 유명론적 동요(nominalistic disturbances)의 표출을 드러낸다"(*Das Grundverständnis der Theologie Calvins* [Neukirchen: Neukirchener Verlag, 1963], 154).

그러나 배틀즈와 토랜스가 모두 여기에서 부정적인 영향을 부인하면서, 기류가 이제 바뀌고 있다(다음에 있는 주해를 보라. 『기독교 강요』(LCC 판), 214, 950). 저명한 가톨릭의 칼빈 학자인 알렉산드레 가녹치(Alexandre Ganoczy)는 로이터의 논제와 청년 칼빈이 스코틀랜드 신학자인 존 메이저에 의해 영향을 받았다는 견해를 전적으로 거부한다. 다음을 보라. Ganoczy, *The Young Calvin*, trans. David Foxgrover and Wade Provo (Philadelphia: Westminster Press, 1987), 174 이하. 이 주제에 관한 더욱 최근의 논의를 위해서는 다음을 보라. Heiko Oberman, *The Dawn of the Reformation* (Grand Rapids:

이것은 다시 어떤 단순한 해결책도 허용하지 않는 매우 복잡한 문제지만, 우리가 주목해야 할 것은 다음과 같다.

첫째, 대부분의 칼빈 학자는 오늘날 우리가 아는 하나님의 배후에는 예수 그리스도 안에 계시된 하나님과는 다른 어떤 변덕스러운 하나님이 계시다는 사상과 칼빈이 관계가 없다고 확신한다.

둘째, 최근의 탐구는 (메이저를 통해) 칼빈의 스승으로 주장된 스코투스가 칼빈에게 돌려지는 것 중 일부를 가르치지 않았다는 것을 보여 준다.[15]

사실상, 토랜스는 스코투스가 이 점에서 놀라울 정도로 오해를 받아왔으며, 스코투스는 유명론자가 아니라 실재론자라고 확고하게 주장한다![16]

그러면 칼빈은 자기의 글들에서, 특히 자기의 신앙교육서들과 『기독교 강요』에서 하나님을 어떻게 표현하는가?

여기에서 보통의 칼빈주의자는 놀라움을 겪게 되는데, 왜냐하면 일반적으로 하나님의 주권이 칼빈의 중심 교리로 생각되기 때문이다. 그러나 그렇지 않다. 하나님의 주권 사상은 거기에 분명 들어 있다. 왜냐하면, 칼빈은 빈번하게 하나님의 전능과 위엄과 영광과 권능을 언급하기 때문이다.[17] (『제1차 신앙교육서』의 첫 세 항에서 핵심어는 "위엄"[majesty]이다.) 그러나

Wm. B. Eerdmans Publishing Co., 1986, 1992), 253-5.
15 다음을 보라. Wendel, *Calvin*, 128.
16 다음을 보라. Torrance, *Theology in Reconstruction* (Grand Rapids: Wm. B. Eerdmans Publishing Co.), 78 이하, 188 이하, 그리고 *Space, Time and Incarnation* (New York: Oxford Univ. Press, 1969), 27 이하, 64 이하, 86 이하.
17 또한, 칼빈이 하나님의 내재성에 비해 하나님의 초월성을 편파적으로 강조했다는 일반 견해와 관련하여, 크리스토퍼 카이저(Christopher B. Kaiser)의 결론이 중요하다. "신학적으로 칼빈은 초월성과 인격성, 즉 주권과 사랑이라는 신적 속성들의 균형을 이루었다"(*The Doctrine of God* [Westchester, Ill.: Crossway Books, 1982], 100).

하나님과 관련하여 "주권"(sovereignty)이란 단어는 『기독교 강요』에서 나타나지 않는다.[18]

아니다. 하나님, 특히 구속주 하나님에 관한 칼빈의 서술에 나타난 핵심 개념들은 "부성적 선하심," "부성적 사랑," 하나님의 부성적 성격을 가리키는 이와 유사한 표현들(『기독교 강요』 I. 10. 1; I. 14. 2, 22; III. 2. 12, 16; III. 14. 17; 참조. I. 2. 1, 2 그리고 『제1차 신앙교육서』 제12, 15항을 보라)뿐만 아니라 "값없는 은혜"(gratuitous[free] mercy, *gratuita misericordia*)와 이것의 변형들인 "값없는 선하심" 및 "값없는 사랑"이다(『기독교 강요』 III. 21. 7; 『칼빈 주석』 창 12:1과 롬 8:3; 『기독교 강요』 II. 7. 14; 『칼빈 주석』 창 17:15와 출 34:5; 『기독교 강요』 III. 21. 5; 『칼빈 주석』 요일 4:9).

에드워드 다우위는 자기의 책 『칼빈신학에서 하나님을 아는 지식』(*The Knowledge of God in Calvin's Theology*)에서 이 주제에 관한 광범위한 탐구 후에 구속주 하나님을 표현하는데, 칼빈이 사용하는 두 개의 가장 두드러진 속성은 사실상 하나, 즉 값없는 은혜라고 결론을 내린다.

> 이 두 단어["값없는"과 "은혜" – 편주]는 구속주이신 '하나님에 관한' 구원하는 지식과 구속받는 자인 '우리 자신에 관한' 구원하는 지식이라는 두 개의 극을 나타낸다. 두 개의 극은 하나의 축, 즉 그리스도 위에 놓여 있다.[19]

---

18 다음의 편집자들에게서도 마찬가지이다. 『기독교 강요』(LCC 판), 121, n. 1.
19 Dowey, *The Knowledge of God in Calvin's Theology*, 206. 다음을 참조하라. "그[시편 기자]가 모든 경건한 이를 안식하게 하는 그 토대는 거기로부터 구속이 나오는 원천인 하나님의 긍휼이다. … 이 긍휼로부터, 샘으로부터 그러하듯이, 이 선지자는 구속을 끌어낸다. 왜냐하면, 하나님의 긍휼 외에 자기 백성의 구속주로서 자신을 드러내도록 하나님을 움직일 수 있는 다른 어떤 길도 없기 때문이다"(『칼빈 주석』 시 130:7).

웨스턴신학교의 교수였던 가렛 윌터딩크(Garret Wilterdink)는 신론에 관한 이후의 연구에서, 칼빈의 하나님 개념과 관련한 워필드와 다우위의 발견을 확증한다. 윌터딩크는 하나님의 "부성적 선하심"에서 핵심 표현을 발견한다. 칼빈의 신관에 대한 많은 풍자와 달리, 윌터딩크는 이 제네바 종교개혁가에게 있어서 하나님을 아버지로 이해하는 것은 "기독교 신앙과 삶에 대한 자기[칼빈]의 관점으로 볼 때 구성 성분에 속한다"고[20] 설명한다.

비록 윌터딩크는 신적 부성과 은혜의 불가항력성에 관한 칼빈의 견해들에서 긴장을 볼지라도 다음과 같은 결론을 내린다.

> 신비의 사용으로 인해 칼빈은 은혜의 불변성과 자율성을 똑같이 강력하게 강조하면서 아버지 하나님의 인격적인 부성적 돌봄을 강조할 수 있고, 이것들을 체계적인 해결 없이 나란히 놓을 수 있다.[21]

영국 학자인 핀레이슨(R. A. Finlayson)은 유사한 결론에 이른다.

> 신적 부성에 대한 의식은 신적 주권에 대한 의식만큼이나 칼빈의 하나님 개념에 근본적이다. 실로, 칼빈의 교리는 그것이 신적 부성에 부여하는 지도적인 위치에 있는 개혁파적 진술들 가운데 두드러진다.[22]

---

20 Garret Wilterdink, *Tyrant or Father? A Study of Calvin's Doctrine of God;* vol. 1 (Bristol, Ind.: Wyndham Hall Press, 1985), 3.
21 Wilterding, *Tyrant or Father?* vol. II, 909. 다음을 참조하라. Wilterdink's essay, "The Fatherhood of God," *Reformed Review* 30/1 (Autumn 1976).
22 Finlayson, "Calvin's Doctrine of God," in *Able Ministers of the New Testament* (London: A. G. Hasler & Co., 1965), 7.

물론 칼빈은 긍휼과 선하심뿐만 아니라 생명, 지혜, 능력, 권능, 공의, 관대함, 진리와 같은 하나님의 다른 속성들의 목록도 적고 있다. (이 모든 속성은 『제1차 신앙교육서』에서 두 번의 목록, 즉 하나는 제3항에서, 다른 하나는 제24항의 주기도문 첫 번째 간구에서 발견된다.)

그러나 이러한 목록들은 칼빈이 하나님의 성품에 호소하고 있는 특별한 장소들만큼 의미 있는 것은 아니다. 그런 장소 중 하나는 십계명의 서론("너희를 애굽 땅에서 이끌어 낸")에 관한 그의 논평들에서이다. 여기에서, **율법**의 맥락에서 칼빈은 하나님의 친절하심과 권능과 긍휼을 강조한다.

> 내가 말하건대, 율법수여자를 받아들이도록 매혹될 필요가 없는 사람은 아무도 없는데, 그런 사람은 그의 계명들을 지키는 데에서 특별한 기쁨을 얻도록 가르침을 받고, 그의 친절하심으로부터 모든 선한 것의 풍부함과 불멸하는 생명의 영광을 기대하며, 그의 놀라운 권능과 긍휼에 의해 자기 자신이 죽음의 문턱에서 벗어난 것을 안다(『기독교 강요』 II. 8. 1).

또 하나의 단락—이것은 의미가 풍부하다—은 주기도문의 첫 번째 간구("우리의 아버지")에 관한 칼빈의 논의에서 발견된다.

먼저, 칼빈은 우리가 하나님을 "아버지"라고 부를 때마다, 우리는 우리가 하나님의 자녀가 되도록 하신 그리스도에 관해 생각해야 한다고 말한다. 그다음에, 칼빈은 다음과 같이 덧붙인다.

> 이 이름의 커다란 달콤함에 의해서 그는 우리를 모든 불신에서 자유하게 하시는데, 왜냐하면 아버지(the Father) 안에서보다 더 큰 사랑의 느낌을 다

른 곳에서는 발견할 수 없기 때문이다. 그러므로 그는 우리가 "하나님의 자녀들"(요일 3:1)이라고 불린다는 사실 외에 더 확실한 어떤 증거로 우리를 향한 그 자신의 끝없는 사랑을 증명하실 수 없으시다. 그러나 그가 선하심과 긍휼에서 모든 인간을 능가하시듯이, 그의 사랑은 우리의 모든 부모의 사랑보다 크고 더 뛰어나다(III. 20. 36).

소위 "칼빈의 하나님"에 관해서는 이쯤 해 두자!

제10장
사도신경 2
(제20항)

"그리고 예수 그리스도를 믿는다"

1. 서론

칼빈 연구에 있어 빌헬름 니젤(Wilhelm Niesel)의 현대적 고전인 『칼빈의 신학』(The Theology of Calvin)이 행한 특출한 기여 중 하나는 칼빈신학의 그리스도 중심적 성격을 지적한 것이었다.[1] 1938년 이 책의 초판이 나오기 전까지 전통적인 접근은 칼빈신학의 하나님 중심적 성격에 초점이 맞추어졌다. 그러나 워필드(B. B. Warfield)와 다른 이들은 칼빈을 또한 "성령의 신학자"라고[2] 불렀는데, 이는 상당한 정당성이 있었다.

---

[1] 이 중요한 책의 초판은 1938년에 나왔다. 불행히도, 이 책은 니젤이 몇 번의 개정판을 냈음에도 불구하고 1956년이 되어서야 영어로 번역되었다. 그러나 다음 해에, 상당히 많이 개정판이 독일어로 나왔다(Munich: Chr. Kaiser Verlag, 1957). 하지만, 이것은 영어로 번역된 적이 전혀 없다. 더욱 최근에, 알렉산드레 가녹치(Alexandre Ganoczy)가 칼빈신학의 그리스도 중심적 성격을 재확언했다. 가녹치는 "칼빈신학의 주요한 건설적 원리들"(Major Constructive Principles of Calvin's theology)이라는 제목이 붙은 장에서 "그리스도가 유일한 중보자이시다. 이것이 그것의 시작 진술들로부터 시작하여 칼빈신학의 중심적인 교리적 확언이다. 그러므로 우리는 이 신학을 본질적으로 그리스도 중심적인 것이라고 간주할 수 있다"(Ganoczy, The Young Calvin, 190).

[2] 이 요점에 관한 작품들과 보다 깊은 논의를 위해서는 본서 부록의 "칼빈, 성령의 신학

세 가지 입장 모두가 맞다. 이것들을 대립시킬 필요가 없다. 그런데도 니젤은 옛 칼빈 연구들에서 무시된 측면, 즉 칼빈신학의 복음 전도적 요소를 강조함으로써 중요한 공헌을 했다. 이 종교개혁가는 바르트주의적 의미에서 철저하게 그리스도 중심적이지 않을지 모르지만, 니젤이 자기 책의 두 번째 장에서 제시하는 인용문들의 힘을 부정하는 것은 불가능한데, 이 장은 칼빈에게 있어서 예수 그리스도가 성경의 중심이요, 목적이요, 목표(goal, *scopus*)라는 것을 보여 준다.[3] 칼빈의 말은 다음과 같다.

> 우리는 성경에서 그리스도를 발견하고자 하는 의도를 가지고 성경을 읽어야 한다. 만약 우리가 이런 목적을 등진다면, 우리의 연구에 아무리 많은 애를 쓰고, 아무리 많은 시간을 쏟는다 할지라도, 우리는 결코 진리의 지식에 이르지 못할 것이다.[4]

그러나 칼빈의 기독론은 그의 신학의 몇 가지 다른 측면이 끌었던 것과 같은 주목을 끌지 못했는데, 왜냐하면 부분적으로 그리스도의 인격과 사역에 관한 칼빈의 논의가 다소 전통적이라고 생각되기 때문이다. 더욱이 칼빈의 『제1차 신앙교육서』(1538년)와 『기독교 강요』에서 이 주제에 할당된 지면이 상대적으로 빈약하다.[5]

자"의 "1. 서론"의 세 번째 단락을 보라.
[3] Wilhelm Niesel, *The Theology of Calvin* (Philadelphia: Westminster Press, 1956; Grand Rapids: Baker Book House, 1980), 26 이하.
[4] 『칼빈 주석』 요 5:39; 다음을 참조하라. 『칼빈 주석』 고후 3:16.
[5] 사도신경을 다루는 『제1차 신앙교육서』 제20절 ②-⑤와 『기독교 강요』 II. 12-17에서 그러하다. 『기독교 강요』는 그리스도의 인격과 사역에 각각 세 장씩 할애하고 있기 때

그런데도 칼빈은 그리스도의 두 본성을 다루는 데 있어서 다음과 같은 몇 가지 독특한 신학적 기여를 한다. 선지자와 제사장과 왕으로서의 그리스도의 사역, 희생제사적이고 대속적인 것으로서뿐만 아니라 죽음과 마귀에 대한 승리로서의 그리스도의 죽으심, 그리스도의 부활의 의미에 대한 강조, 그리스도의 승귀와 그의 천상적 제사장직에 칼빈이 부여하는 특별한 자리 등이다.

이런 종류의 연구에는 간략함이 제격이긴 하지만, 간략함에 대한 칼빈 자신의 사랑을 염두에 두면서 이러한 주제들은 본 장에서 순서대로 다루어질 것이다!

2. 그리스도의 삼중직

칼빈의 신학적 용맹에도 불구하고, 독특하게 칼빈적인 것이라고 말할 수 있는 교리는 소수이다. 그중 하나가 중보자 그리스도의 사역을 표현하는 그리스도의 삼중직(threefold office of Christ, *munus triplex Christi*)을 칼빈이 발전시킨 것이다.

초대교회는 그리스도의 이중직(제사장과 왕)을 가르쳤다. 유세비우스가 선지자직을 언급했지만 말이다. 수 세기 후에 토마스 아퀴나스와 부서도

문에, 그리스도의 인격에 관한 첫 세 장(III. 12, 13, 14. -역주)에 니젤의 책이 한 장 전체만 할애하고, 그리스도의 사역을 다루는 세 장(III. 15, 16, 17. -역주)을 완전히 무시한 것은 납득하기 어렵다. 개정된 독일어 판에서 니젤은 중재자의 사역에 관한 하나의 간략한 절을 추가하지만 이것은 너무 적고, 너무 늦었다.

선지자직을 언급했다. 우리가 『제1차 신앙교육서』(제20항 ③)에서 보듯이, 칼빈은 본래 이중직만을 가르쳤다. 그러나 다음 해 칼빈은 『기독교 강요』 제2판(1539년)에서 자기의 『제네바 요리문답』(1541년)에서처럼 선지자직을 추가했다.[6]

이 사상이 칼빈에게서 나온 것은 아니었다 할지라도, 이 사상에 대한 칼빈의 공식화는 독특한 것이었고, 다음 세기에 개혁파 신학자와 루터파 신학자 모두에 의해 수용되었다. 비록 매우 다른 방식이긴 하지만 심지어 19세기 자유주의 신학자들인 리츨과 슐라이어마허도 이 도식을 사용한다. 교의학에 대한 많은 현대 저술이 그리스도의 인격과 사역을 표현하기 위해 이 공식을 계속 사용한다.[7]

칼빈은 사도신경에 있는 "그리고 … 우리 주 예수 그리스도를 믿는다"에 관한 논의를 다음과 같은 말로 시작한다.

---

[6] 이러한 발전에 관해서는 다음을 보라. John F. Jansen, *Calvin's Doctrine of the Work of Christ* (London: James Clarke, 1956), 제2장; Barth, *Church Dogmatics* IV/3, 13 이하; Weber, *Foundations of Dogmatics*, vol. 2, 172 이하.

[7] 예를 들어, 다음을 보라. Louis Berkhof, *Systematic Theology* (Grand Rapids: Wm. B. Eerdmans Publishing Co., 1941), 356 이하, 406 이하; Karl Barth, *Church Dogmatics* IV/3 (Edinburgh: T. & T. Clark, 1961), 5 이하, 13 이하; Emil Brunner, *The Christian Doctrine of Creation and Redemption*, Dogmatics, vol. 2 (Philadelphia: Westminster Press, 1952), 275 이하; Otto Weber, *Foundations of Dogmatics*, vol. 2 (Grand Rapids: Wm. B. Eerdmans Publishing Co., 1983), 169 이하; Regin Prenter, *Creation and Redemption* (Philadelphia: Fortress Press, 1967), 318 이하; Helmut Thielicke, *The Evangelical Faith*, vol. 2 (Grand Rapids: Wm. B. Eerdmans Publishing Co., 1977), 제24-30장. 헨드리쿠스 베르코프(Hendrikus Berkhof)는 이 사상을 변호하고, "이것은 유용한 구별일 수" 있지만 "인위적인 구분들"에 대한 유혹을 경고한다(*Christian Faith*, rev. ed. [Grand Rapids: Wm. B. Eerdmans Publishing Co., 1986], 300).

앞에서 우리는 그리스도가 우리의 신앙의 고유한 대상이라고 배웠다. 이로부터 쉽사리 드러나는 바는 그리스도 안에서 우리 구원의 모든 부분이 제시된다는 것이다(제20항 ②).

그다음에, 칼빈은 두 개의 기독론적 칭호인 "예수"와 "그리스도"에 관해 간략하게 언급하며, 그리스도(메시아)로서 기름 부음을 받으실 때 예수는 "하나님 아버지에 의해서 왕으로 세움 받으셔서 하늘과 땅의 모든 권세를 자기에게 복종시키셨"(제20항 ②)다고 지적한다. 그리스도의 왕직에 관한 이 서술에는 특별한 것이 없다. 그러나 주목해야 할 것은 칼빈이 자기의 서술에 덧붙이고 있는 표현이다.

우리가 그리스도 안에서 왕이 되어 마귀와 죄와 죽음과 지옥을 이기게 하시기 위함이다(제20항 ②; 강조는 필자의 것이다).

그리스도의 직분들의 특권들과 권세들을 그의 백성이 공유한다! 그리스도의 제사장직도 마찬가지이다. 그 이유는 다음과 같다.

그리스도는 자신의 희생제사로써 하나님 아버지가 우리를 향하여 진노를 누그러뜨리시고 우리와 화목하시게 하신 성별된 제사장이셨다. 이는 **우리가 그리스도 안에서 제사장이 되어**, 우리의 중재자요 중보자이신 그리스도에 의해서 우리의 기도 및 감사와 우리 자신과 우리의 모든 것을 하나님 아버지께 바치게 하시기 위함이다(제20항 ②; 강조는 필자의 것이다).

칼빈이 세 번째 직분, 즉 선지자직을 덧붙이고 있는『제네바 요리문답』(1541년)에는 유사한 강조가 있다.

첫째, 칼빈은『제네바 요리문답』39문에서 다음과 같이 설명한다.
그리스도는 선지자이시다.

> 왜냐하면, 그는 세상에 내려오셨을 때[사 7:14], 세상을 향하신 하나님의 뜻을 온전히 설명하시고, 따라서 모든 예언과 계시를 끝내시는[히 1:2], 자기의 아버지 하나님의 주권적인 사자(messenger)이자 대사이셨기 때문이다.

둘째, 칼빈은 전형적인 형태로 다음과 같이 묻는다(40문).

> 그러나 당신은 이것으로부터 어떤 유익을 얻는가?

그 대답은 세 가지 직분 모두에 적용된다.

> 이 모든 것은 우리의 선을 위해서이다. 왜냐하면, 예수 그리스도가 이 모든 선물을 받으신 것은 이것들을 우리에게 전달하시기 위해서이고, 우리가 모두 그의 충만으로부터 받게 하기 위해서이기 때문이다.

후에 칼빈은 그리스도의 선지자직에서 오는 개인적인 유익에 관해 더욱 구체적으로 말한다.

이 직분은 그 자신의 백성의 주인과 선생이 되도록 주 예수에게 주어진 것
이므로, 선지자직의 목적은 우리가 **하나님의 가족 안에서 학자들이 되도
록** 우리를 하나님 아버지와 그의 진리에 관한 참된 지식으로 이끄는 것이
다(44문; 강조는 필자의 것이다).[8]

『기독교 강요』에서 한 장 전체가 이 주제를 다룬다. 제목은 다음과 같이 시사적이다.

> 하나님 아버지가 그리스도를 보내신 목적과 그리스도가 우리에게 주신 것
> 을 알기 위해 우리는 무엇보다 그리스도 안에 있는 세 가지, 즉 선지자직,
> 왕직, 그리고 제사장직을 보아야 한다(『기독교 강요』 II. 15).[9]

여기에서도 칼빈은 그리스도가 "자기 자신을 위해서가 아니라 자기의 몸 전체를 위해서"(II. 15. 1) 이 세 가지 직분으로 성령에 의해 기름 부음을 받으셨다는 것을 강조한다.

"우리를 위하여"에 대한 강조가 그리스도의 "직분"에 관해 칼빈이 말해야 하는 모든 것의 중심 주제이다. 어떤 것도 여기에서 "그 자체를 위하여"

---

8   이 번역은 1541년 프랑스어 판에 기초한 것이며 다음에서 발견된다. *The School of Faith: The Catechisms of the Reformed Church*, trans. and ed. by T. F. Torrance (London: James Clarke, 1959), 11-12. 1545년 라틴어 판의 번역은 다음에서 이용할 수 있다. the Library of Christian Classics, vol. 22, *Calvin: Theological Treatises*.

9   일반적인 순서는 선지자, 제사장, 왕이다. 여기에서는 순서가 선지자, 왕, 제사장인 반면, 『제네바 요리문답』에서는 왕, 제사장, 선지자이다. 분명, 순서는 칼빈에게 중요하지 않았다. 이 문제에 관해서는 다음을 보라. Weber, *Foundations of Dogmatics*, vol. 2, 173.

일어나지 않고, 모든 것은 "우리를 위하여" 있다. 구원론은 적절하게 이해된 기독론 외에 다른 것이 아니다.[10]

이것은 칼빈의 주장이다.

여기에서 우리는 어떻게 그리스도가 우리를 위하여 하나님의 아들과 예수, 즉 구원자가 … 되셨는지를 본다. 실로, 그리스도는 우리의 육체를 입으셨는데, 이는 그가 인자가 되심으로써 우리가 자기와 함께 하나님의 아들들이 되게 하시고, 우리의 가난함을 자신 안에 받아들이심으로써 자기의 부요함을 우리에게 전해 주시며, 우리의 연약함을 감수(甘受)하심으로써 자기의 능력으로 우리를 강하게 하시며, 우리의 필멸성을 받아들이심으로써 자기의 불멸성을 우리에게 주시며, 땅에 내려오심으로써 우리를 하늘로 올리우시기 위함이었다(제20항 ③).[11]

그러므로 그리스도의 탄생, 삶, 사역, 그리고 화목케 하는 행위들은 모두 "우리를 위하여 그리고 우리의 구원을 위하여"이다. 그리스도가 자기의 순종과 죽으심을 통해 자기 자신을 위한 공로를 획득하셨다고 가르친 롬바르드와 아퀴나스 같은 스콜라 신학자들에 맞서서, 칼빈은 로마

---

10 Weber, *Foundations of Dogmatics*, vol. 2, 174.
11 그리스도의 왕직과 관련하여 『기독교 강요』에 있는 다음의 유사한 구절을 참고하라. "그리스도가 하나님 아버지께로부터 받으신 모든 것을 우리와 공유하신다는 것은 그의 통치의 본성이다. 이제 그리스도는 우리를 자기의 능력으로 무장시키시고, 갖추게 하시며, 자기의 아름다움과 웅장함으로 우리를 꾸미시며, 자기의 부요함으로 우리를 부요하게 하신다"(『기독교 강요』 II. 15. 4).

서 8:32, 요한복음 17:19, 그리고 유사한 구절들을 인용하고, 다음과 같이 말한다.

> 자기의 거룩함의 열매를 다른 이들에게 넘겨 주신 그는 자기가 자신을 위해 아무것도 획득하지 않았다는 것을 증명하신다. … 그리스도는 자신을 온전히 우리를 구원하는 데 바치기 위해 어떤 면에서 자기 자신을 잊으셨다(『기독교 강요』 II. 17. 6).

그러므로 종종 조직신학자들 사이에서 행해지듯이, 그리스도의 인격과 사역을 날카롭게 구분하는 것은 불가능하다. 그리스도가 행하신 것은 그리스도가 누구이신지와 분리될 수 없다.[12]

또한, 더욱이 칼빈은 우리가 그리스도에 관한 교리(기독론)를 구원에 관한 교리(구원론)와 분리하지 않도록 할 것이다. 신자가 그리스도의 유익들을 얻는 것에 관한 공식적인 논의가 『기독교 강요』 III에서 이루어진다 할지라도, 칼빈은 심지어 그리스도의 왕직을 다루는 맥락인 이곳에서조차 그리스도의 유익들에 우리가 참여하는 것은 성령의 사역 덕분이라고 지적하지 않을 수 없다.

---

12 로버트 피터슨(Robert A. Peterson)은 자기의 견실한 연구서인 *Calvin's Doctrine of the Atonement* (Phillipsburg, N.J.: Presbyterian and Reformed Publishing Co., 1983)에서, 그리스도의 삼중직을 다루는 『기독교 강요』 II. 15가 그리스도의 인격을 다루는 II. 12-14와 그리스도의 사역을 논하는 II. 16-17 사이의 전이를 형성한다고 지적한다. 피터슨은 이것이 "자기의 독자들에게 그리스도의 인격과 사역을 분리하지 말라고 말하는 칼빈의 방식이다. 그리스도의 사역을 제쳐둔 채 그리스도의 인격에 관해 말하는 것은 오시안더의 사악한 사변에 빠지는 것이다"(p. 39)라고 말한다.

특별히 천상의 삶과 관련하여, 성령이 심어 주시는 것 외에 우리 안에는 단 한 방울의 기력도 없다. 왜냐하면, 성령은 우리가 필요로 하는 천상의 부요함이 그리스도로부터 풍성하게 흘러나오도록 하고자 그리스도를 자기의 좌소(his seat)로 택하셨기 때문이다. 신자들은 자기들의 왕의 힘으로 말미암아 정복되지 않은 채 서 있고, 그리스도의 영적 부요함이 그들 안에서 넘쳐난다. 그러므로 그들이 그리스도인들이라 불리는 것은 마땅하다 (『기독교 강요』 II. 15. 5).

3. 그리스도의 화목케 하시는 죽음

그리스도의 죽음의 구속적 의미를 그리스도의 제사장적 사역에 관한 간략한 논의에서 다루긴 했지만, 이 주제는 좀 더 주목할 필요가 있다. 속죄에 관한 논의에서 칼빈의 견해는 보통 "만족"(satisfaction)이나 "형벌"(penal) 이론으로 표현되는 안셀름(Anselm)의 접근을 다시 다듬은 것에 불과한 것으로 종종 가정된다.

모두가 인정하듯이, 둘 사이에 비슷한 점들이 많다. 칼빈은 "만족"이란 단어를 사용하기를 주저하지 않고, 때로 그리스도가 우리의 죄를 짊어지심으로써 하나님 아버지의 진노를 달래셨다는 인상을 준다. 예를 들어, 『제1차 신앙교육서』에 있는 다음 단락의 핵심 용어들에 주목해 보라.

왜냐하면, 하나님이 인간의 불순종으로 말미암아 진노하셨기에, 그리스도는 자기 자신의 순종으로 말미암아 하나님 아버지께 죽기까지 순종하심을 보여 주시고 우리의 불순종을 도말하셨기 때문이다(롬 6:12 이하; 빌 2:8). 그리고 그리스도는 자기의 죽음에 의해서 자기 자신을 하나님 아버지께 **희생제물**로 드리셨다. 이는 하나님 아버지의 공의가 단번에 영원히 **달래지고**, 신자들이 영원히 거룩하게 되며, 그리고 영원한 **만족**이 완성되기 위함이다(히 7:9 이하). 그리스도는 우리를 향해 불타는 하나님의 진노가 꺼지고 우리의 죄가 깨끗이 씻겨지게 하기 위하여 우리의 구속의 **값**으로서 자기의 거룩한 피를 쏟으셨다(제20항 ④; 강조는 필자의 것이다).

칼빈은 『기독교 강요』 최종판에서 이런 언어를 계속 사용한다.

그리스도가 자기 죽음의 희생제물에 의해 우리의 죄를 다 지우셨고 우리의 죄를 위한 만족을 이루셨기 때문에 제사장직은 그리스도께만 속한다 [히 9:22](『기독교 강요』 II. 15. 6).

칼빈은 위에서 인용한 구절이 이런 견해를 지지할 뿐만 아니라 요한일서 2:2; 4:10, 고린도후서 5:19, 21, 골로새서 1:19-20, 에베소서 1:6; 2:15-16도 이런 견해를 지지한다는 것을 발견하는데, 이 모든 구절이 『기독교 강요』 II. 17. 2에서 인용된다. 그다음에 칼빈은 다음과 같이 말한다.

만약 그리스도가 우리의 죄를 위한 만족을 이루셨다면, 만약 그리스도가 우리가 당할 형벌을 지불하셨다면, 만약 그리스도가 자기의 순종으로 하나님을 달래셨다면—요컨대, 의로운 이로서 그리스도가 불의한 이들을 위해 고난을 당하셨다면—그때 그리스도는 … 자기의 의로써 우리를 위한 구원을 획득하셨다(II. 17. 3).

칼빈은 로마서 5:10-11, 19을 인용한 후, 다음과 같이 결론을 내린다.

그러므로 그 의미는 다음과 같다. 죄로 인해 우리를 미워하시는 하나님은 자기의 아들의 죽으심에 의해 달래지셔서 우리를 향해 호의를 갖게 되셨다(II. 17. 3).

문맥을 벗어나서 이해할 경우, 이 인용문은 구속의 양태에 관하여 신격 내에 긴장이 있다는 인상을 준다. 거룩하신 하나님 아버지는 반역한 인류를 심판하고 벌하시도록 되어 있는 반면, 사랑이 많으시고 긍휼이 풍성하신 하나님의 아들은 죄를 위한 자기의 대속적 희생으로 인해 하나님 아버지의 뜻을 거슬러서 타락한 인류를 구원하도록 하나님 아버지를 설득하신다는 결론이 내려질지도 모른다.

칼빈은 분명 이런 조잡한 속죄관을 주장하지 않는다. 칼빈은 자기의 모든 글에서 우리 구원의 기원이 하나님의 사랑과 긍휼에 있다고 강조한다.

우리의 구속의 근거는 자기 아들까지도 아끼지 아니하신, 우리를 향한 하나님의 거대한 사랑이다(『칼빈 주석』 히 2:9).

칼빈이 『기독교 강요』에서 다음과 같이 간결하게 말하듯이 말이다.

하나님은 한 분이시다. 그리스도는 하나님이시고 하나님의 아들이시다. 우리의 구원은 하나님의 긍휼에 놓여 있다(『기독교 강요』 IV. 1. 12).

그렇다면 우리는 위에서 인용한 구절들, 즉 그리스도가 하나님의 진노를 달래고 하나님의 공의를 만족하게 하는 것에 관해 칼빈이 말하는 구절들을 어떻게 해석해야 할까?

칼빈은 여기에 "일종의 모순"(some sort of contradiction, *aliqua repugnantae species*)이, 즉 하나님의 진노와 사랑 사이에 긴장이 있다는 데 동의한다.

칼빈은 하나님의 진노와 우리가 하나님의 원수가 되어 저주 아래 있는 것에 관해 말하는 로마서 5:9-10, 갈라디아서 3:10, 그리고 골로새서 1:21-22을 인용하고 다음과 같이 말한다.

> 이런 표현들은 우리의 조건이 그리스도 없이 얼마나 비참하고 황폐한지를 우리가 더욱 잘 이해하도록 우리의 능력에 따라 맞추어졌다.

그다음에, 전형적으로 칼빈다운 설명이 따른다.

> 왜냐하면, 하나님의 진노 및 보복과 영원한 죽음이 우리에게 놓여 있었다는 것이 분명하게 진술되지 않았다면, 우리는 하나님의 긍휼이 없었을 경우 우리가 얼마나 비참했을지를 거의 알지 못했을 것이고, 해방의 유익을 과소평가했을 것이기 때문이다(『기독교 강요』 II. 16. 2).

여기에서 두 가지를 주목할 필요가 있다.

① 하나님의 진노는 죄에 대한 반응이다. 하지만, 하나님은 자기의 긍휼로써 우리를 죄로부터 해방하기 시작하신다.
② 이러한 긍휼은 그리스도가 없이는 경험될 수 없다.

> 왜냐하면, 하나님은 그리스도가 없이는, 말하자면, 우리에게 적대적이시기 때문이다(II. 16. 2).

우리가 본질상 진노를 받아 마땅하지만 그런데도 하나님은 "우리에 대한 순수하고 값없이 주어진 사랑에 감동되시어 우리를 구원 안으로 받아들이신다"(II. 16. 3). 그리고 이러한 은혜는 그리스도 안에서 발견될 수 있다.

> 그러므로 하나님 아버지는 자기의 사랑에 의해 앞서가셔서 그리스도 안에서의 우리의 화목을 예기하신다. 실로, "하나님이 먼저 우리를 사랑하셨으므로"[요일 4:19], 하나님은 그후에 우리를 자신과 화목케 하신다(II. 16. 3).

우리 구원의 근거로서 하나님의 사랑에 대한 강조는 어거스틴의 다음 글에서 가장 뛰어나게 드러난다.

> 어거스틴은 다음과 같이 말한다.
> "하나님의 사랑은 불가해하고 불변하다. 왜냐하면, 하나님의 사랑은 하나님이 자기 아들의 피를 통해서 우리를 자기와 화목케 하신 후에 우리를 사랑하신다는 것이 아니라 오히려 하나님이 자기의 독생자와 함께 우리도 자기의 아들들이 되게 하시려고 세상이 창조되기 전에 우리를 사랑하셨기

때문이다. 우리가 뭔가가 되기 전에 말이다.

우리가 그리스도의 죽음을 통해 화목케 되었다는 사실은, 하나님이 증오하셨던 자들을 이제 사랑하기 시작하시도록 마치 그의 아들이 우리를 하나님과 화목케 하신 것처럼 이해되어서는 안 된다. 오히려 우리는 죄로 인해 우리와 원수 관계를 맺었던, 우리를 사랑하시는 하나님과 이미 화목케 되었다. 내가 진실을 말하고 있는지 아닌지를 사도 바울이 증명할 것이다. "우리가 아직 죄인 되었을 때에 그리스도께서 우리를 위하여 죽으심으로 하나님이 우리에 대한 자기의 사랑을 확증하셨느니라"[롬 5:8].

그러므로 우리가 하나님을 적대하고 사악한 짓을 했을 때조차 하나님은 우리를 사랑하셨다. 하나님은 우리를 미워하셨을 때조차 이처럼 놀라운 신적 방식으로 우리를 사랑하셨다. 왜냐하면, 하나님은 우리가 자기가 만드신 그런 모습이 아니라는 이유로 우리를 미워하셨기 때문이다. 그런데도 우리의 사악함이 하나님의 작품을 완전히 망가뜨리지는 못했기 때문에, 하나님은 우리 각자 안에서 우리가 만든 것을 미워하시는 동시에 자기가 만드신 것을 사랑하는 법을 아셨다(II. 16. 4).

이것은 신격 안에 아무런 긴장이 없다는 것, 다시 말해서 성자 하나님이신 그리스도가 우리의 구원을 획득하고자 "성부 하나님께 압력을 행할" 필요가 없다는 것을 보여 주기에 충분하다. 주도권은 성부 하나님께 있으시고, 성자 하나님과 성령 하나님이 수행하신다. 그러나 이러한 구별은 오해를 낳을 수 있는데, 왜냐하면 그리스도는 단순히 우리의 구속을 위한 도구나 방편이 아니시기 때문이다. 처음부터 끝까지 우리의 화목은 한 분 하나님의 사역, 즉 성부와 성자와 성령의 사역이다.

칼빈의 속죄론의 일차적인 원천에 이르기 위해 우리는 삼위 하나님의 영원한 경륜으로까지 거슬러 올라가야 한다.[13]

아직 분명히 해야 할 질문이 하나 더 있다. 구스타프 아울렌(Gustaf Aulén)은 자기의 유명한 작은 책자인 『승리자 그리스도: 속죄 개념의 세 가지 주요한 유형에 관한 역사적 연구』(*Christus Victor: An Historical Study of the Three Main Types of the Idea of the Atonement*)에서[14] 속죄론에는 세 가지 주요한 접근이 있다고 제시한다.

① 이레니우스(Irenaeus)로부터 다마스쿠스의 요한(John of Damascus)까지 이르는 그리스 교부 신학 전체를 지배하는 "고전적"(classic), 또는 극적(dramatic) 견해이다.[15]
② 안셀름의 『하나님은 왜 인간이 되셨는가』(*Cur Deus Homo?*)에서 고전적 형태가 발견되는 소위 "라틴적" 속죄론이다.
③ 아벨라르드(Abelard)를 대표자로 하는 도덕영향론 등이다.

---

13 Robert A. Peterson, *Calvin's Doctrine of the Atonement*, 1. 도널드 블뢰쉬(Donald Bloesch)가 지적하듯이, "칼빈은 그리스도를 단순히 구원의 도구가 아니라 구원의 저자요 실행자로 보았다. … 아마도 우리는 칼빈에게 있어서 그리스도는 하나님의 영원한 경륜에서 이미 결정되어 있는 구속을 실현하고 성취하셨다고 말할 수 있을 것이다"(*Essentials of Evangelical Theology*, vol. 1 [San Francisco: Harper & Row, 1978], 154).
14 Gustaf Aulén, *Christus Victor: An Historical Study of the Three Main Types of the Idea of the Atonement* (New York: Macmillan, 1951/1969). 영국 판(SPCK)은 1931년에 나왔다.
15 Aulén, *Christus Victor*, 37. 또한, 아울렌은 이 견해가 서구의 교부들에게서도 발견된다고 주장한다.

아울렌은 극적 견해를 선호하는데, 이에 따르면 구속은 일차적으로 죄, 죽음, 마귀에 대한 그리스도의 승리와 관련하여 이해된다. 또한, 아울렌은 이것이 기본적으로 루터의 견해라고 단호히 주장한다. 아울렌은 칼빈을 무시하지만, 속죄의 역사에 관한 작품들에서 칼빈은 보통 두 번째 범주, 즉 형벌적 대속론(penal substitution)이라는 개념이 지배적인 라틴 유형에 가장 잘 맞는 것으로 가정된다.[16]

"만족"이 안셀름적 이론에서 핵심어이므로, 그리고 우리가 보았듯이 칼빈도 이 용어를 사용하므로 칼빈의 접근은 기본적으로 안셀름의 접근과 같다고 결론내려질지도 모른다. 그러나 차이점들이 중요하다.

첫째, 안셀름은 칼빈처럼 성경적으로 주장하는 것으로 아니라 철학적으로 주장한다.

둘째, 안셀름에게 있어서 하나님 안에서 만족되어야 하는 것은 하나님의 명예이지만, 칼빈에게는 하나님의 공의이다.

셋째, 더욱 중요한 것은, 안셀름은 이후의 스콜라주의자들처럼 그리스도가 자기의 완전한 순종으로 인해 여분의 공로(excess merit)를 획득하시는 것으로 본다는 것이다. 그리스도의 상급은 그리스도를 믿는 자들의 구원이다. 칼빈에게는 이런 것이 없다.

---

16 예를 들어, 다음을 보라. Hastings Rashdall, *The Idea of the Atonement in Christian Theology* (London: Macmillan & Co., 1925), 398 이하; L. W. Grensted, *A Short History of the Atonement* (Manchester: Manchester Univ. Press, 1920), 209 이하. 그렌스테드(Grensted)는 루터와 칼빈의 접근 속에서 기본적인 통일성을 발견하는데, 두 사람 모두 안셀름의 방법을 따르지만, 안셀름이 주장하는, 하나님의 명예를 만족시키기 위한 요구를 하나님의 공의로 대체한다. 그러므로 그렌스테드는 이 두 종교개혁가의 속죄에 대한 접근에 "형벌 이론"(penal theory)이란 이름을 붙인다.

넷째, 게다가 안셀름과 달리 칼빈은 속죄가 하나님의 사랑에 근거하고 하나님의 사랑에서 흘러나오는 것으로 본다.

다섯째, 칼빈에게 있어서 그리스도의 순종의 삶과 부활 역시 우리의 구속에 있어서 중요한 역할을 하지만 안셀름에게는 그렇지 않다.[17]

아울렌의 모형론은 지나치게 단순한데, 왜냐하면 아울렌은 순종과 희생 같은 그리스도의 죽음과 관련한 다른 핵심적인 성경 주제들을 무시하기 때문이다. 또한, 아울렌은 우리의 형벌적 대속자로서의 그리스도라는 루터의 개념을 과소평가한다.[18] 이뿐만 아니라 아울렌은 "승리자 그리스도"라는 주제—소위 속죄에 관한 "고전적" 견해—가 칼빈에게서도 빈번하게 발견된다는 것을 알아차리지 못한다.[19]

한 가지 인용으로 충분할 것인데, 여기에서 희생제사적이고 법정적인 주제들이 "승리자 그리스도"라는 주제와 결합하고 있는 것에 주목하라.

---

17 안셀름의 속죄론과 그의 견해를 칼빈의 견해와 비교한 것에 관해서는 다음을 보라. Robert H. Culpepper, *Interpreting the Atonement*, 81 이하, 10 이하.
18 이 문제에 관해서는 다음을 보라. Culpepper, *Interpreting the Atonement*, 95 이하. 로널드 월레스(Ronald Wallace)를 참조하라. 월레스는 속죄에 관한 루터의 표현 전체에 흐르는 세 가지 주제 또는 그림을 발견한다. "우리의 투쟁들(our conflicts)을 겪으시는 그리스도, 우리와의 맞교환물(an exchange with us)을 제공하시는 그리스도, 그리고 우리를 위해 하나님의 진노를 짊어지시고 극복하시는 그리스도"(Ronald Wallace, *The Atoning Death of Christ* [Westchester, IL.: Crossway Books, 1981], 77).
19 이것을 실증하는 박사논문은 다음과 같다. Charles A. M. Hall, *With the Spirit's Sword: The Drama of Spiritual Warfare in the Theology of John Calvin* (Zurich: EVZ Verlag, 1968). 존 젠슨(John F. Jansen)은 '승리자 그리스도'라는 주제가 칼빈신학에서 차지한 탁월한 위치를 지적했었다. 젠슨은 "… 마귀, 죽음, 죄에 대한 그리스도의 왕적 정복은 그리스도의 통치에 관한 논의에 있어서 칼빈에게서 반복되는 주제이다"라고 주장한다(John F. Jansen, *Calvin's Doctrine of the Work of Christ* [London: James Clarke, 1956], 88). 이것은 그리스도의 왕직의 맥락에서 사실일지 모르지만, 칼빈이 그리스도의 제사장직을 논할 때는 희생제사/만족의 주제들이 지배적이다.

그리스도와 우리의 공통된 본성은 우리와 하나님의 아들 간의 교제에 대한 보증이다. 그리고 그는 우리의 육체를 입으시고, 승리와 정복이 우리의 것이 되도록 죄와 죽음을 함께 이기셨다. 그는 자기 속죄 행위 때문에 우리의 죄를 다 제거하고 하나님 아버지의 의로우신 진노를 달래시고자, 우리에게서 받은 육체를 희생제물로서 드리셨다(『기독교 강요』 II. 12. 3; 참조. II. 12. 2; II. 16. 7).[20]

지면의 한계로 인해서 칼빈의 화해론에 있는 두 가지 주요한 주제, 즉 그리스도의 순종의 구속적 의미와 그리스도의 죽으심의 희생제사적 성격을 논할 수 없다. 두 개의 간략한 인용으로 족하다. 칼빈은 자기의 『제1차 신앙교육서』에서 사도신경에 있는 표현인 "본디오 빌라도에게 고난을 받으사"를 다음과 같은 설명으로 시작한다.

왜냐하면, 하나님이 인간의 불순종으로 말미암아 진노하셨기에, 그리스도는 자기 자신의 순종으로 말미암아 하나님 아버지께 죽기까지 순종하심을 보여 주시며 우리의 불순종을 도말하셨기 때문이다.
그리고 그리스도는 자기의 죽음에 의해서 자기 자신을 하나님 아버지께 희생제물로 드리셨다(제20항 ④).

칼빈은 『기독교 강요』에서 그리스도의 희생제사적 죽으심이 그의 자발적인 순종에서 나온 것이 아니었다면, 그 죽으심은 의미가 없었으리라는

---

20 더 많은 논의를 위해서는 다음을 보라. Hall, *With the Spirit's Sword*, 97 이하; Jansen, *Calvin's Doctrine of the Work of Christ*, 88-89.

것을 지적한 후 다음과 같이 결론을 내린다.

> 우리는 이것을 확고히 고수해야 한다. 즉, 그리스도가 그 자신의 감정들을 무시한 채, 자기 자신을 전적으로 하나님 아버지의 뜻에 맡기고 굴복하지 않으셨다면, 하나님께 대한 적절한 희생제물은 드려질 수 없었을 것이다 (『기독교 강요』 II. 16. 3; 여기에서 칼빈의 핵심 본문은 히 10:7이다).

속죄에 관한 칼빈의 이해가 매우 복잡하다는 것은 분명하다. 안셀름과 달리, 칼빈은 속죄에 관한 **이론**(theory)이 없다. 또한, 파커는 칼빈의 설교에 관한 연구에서 그리스도의 화목케 하시는 사역에 관한 칼빈의 설명에는 다양한 이미지와 주제가 있다는 것을 발견하는데, 정확히는 다섯 가지이다.

① 희생제물.
② 만족.
③ 복종.
④ 깨끗케 하심(죄의 속죄).
⑤ 승리.[21]

우리는 이미 이 다섯 가지 주제 모두를 『제1차 신앙교육서』, 『기독교 강요』, 『칼빈 주석』 등에서 인용된 구절들 속에서 접했다. 그러나 칼빈이 어디에서도 이것들을 체계적인 통일성으로 섞어 놓지 않는다는 것이 중

---

21 T. H. L. Parker, *The Oracles of God* (London: Lutterworth, 1947), 87 이하.

요하다. 한 가지 어떤 포괄적인 주제가 있다면, 그것은 우리의 대리자로서의 그리스도라는 주제이다.[22] 이런 면에서, 칼빈은 당연히 "놀라운 교환"(wonderful exchange)으로서 우리를 대신하는 그리스도의 죽으심에 대한 루터의 표현을 반향한다.[23]

그러나 로버트 피터슨(Robert A. Peterson)이 제시하듯이, 속죄 교리에 대한 칼빈의 공식화에는 여전히 "다듬어지지 않은 부분"이 많다. 칼빈은 "교리를 지나치게 체계화하는 것을" 거부했다.

> 왜냐하면, 그는 성경학자에 훨씬 가까워서 자기의 재료들에 인위적인 통일성을 부여할 수 없었기 때문이다. 그 결과, 그는 자기의 교리적 공식화들에 다듬어지지 않은 부분들을 남겨 두었다. 그리고 속죄에 관한 교리가 그러했다.[24]

그렇다고 해서, 칼빈이 우리에게 그리스도 안에서의 우리의 화해에 관해 일관되지 않은 설명을 남겨 두고 있다는 의미는 아니다. 오히려 이 주제에 관한 칼빈의 설명에는 아퀴나스나 루터의 설명을 넘어서는 넓이와 정교함이 있다.[25] 그 결과, 칼빈의 견해에 전적으로 동정적인 것만은 아닌 로버트

---

22 이것이 폴 반 뷰렌(Paul van Buren)의 다음 박사논문의 주제이다. *Christ in Our Place: The Substitutionary Character of Calvin's Doctrine of Reconciliation* (Edinburgh: Oliver & Boyd, 1957).
23 WA(Weimarer Ausgabe) 31:434. 이것은 다음에서 인용되고 있다. Wallace, *The Atoning Death of Christ*, 78.
24 Peterson, *Calvin's Doctrine of the Atonement*, 87.
25 예를 들어, 로버트 폴(Robert Paul)은 "칼빈이 형벌 이론을 가장 딱딱하게 제시하는 것처럼 보일 때조차 희생제사를 배경으로 하고 있는데, 왜냐하면 이것이 성경적 배경이기 때

쿨페퍼(Robert H. Culpepper)는 여전히 다음과 같이 결론을 내린다.

속죄에 관한 칼빈의 교리는 진실로 기독교 신학의 이정표이다.²⁶

4. 그리스도의 부활과 승귀의 의미

우리는 이 주제를 취할 때, 그리스도의 사역의 완전히 별개의 측면으로 나아가고 있는 것이 아니다.²⁷ 왜냐하면 그리스도의 부활과 승천(ascension), 높아지심(exaltation, 하나님 보좌 오른편에 앉으심 -역주)은 우리의 구속의 통합적인 부분이기 때문이다. 비록 "구속 전체가 십자가 안에 담겨 있다" 할지라도 "그리스도의 부활은 우리를 십자가에서 멀어지게 하지 않는다."²⁸

문이다"(*The Atonement and the Sacraments* [London: Hodder & Stoughton, 1961], 103).
26 Culpepper, *Interpreting the Atonement*, 102.
27 관찰력이 있는 독자라면, 필자가 사도신경에 있는 한 구절, 즉 "그가 지옥으로 내려가셨다"를 건너뛰었음을 알아차릴 것인데, 이 구절을 칼빈은 『제1차 신앙교육서』 제20항 ④의 후반부에서 아주 간략하게 논하고, 『기독교 강요』 II. 16. 8-12에서 상당히 길게 논한다. 필자가 이 구절을 건너뛴 것은 순전히 지면의 제한 때문이다. 칼빈의 입장은 여기에서 독특한 것이 아니지만(『기독교 강요』[LCC 판], 515에 있는 배틀즈의 주석 23번을 보라), 칼빈의 입장은 아퀴나스, 루터, 트렌트 공의회 등이 주장한 전통적, 문자적 견해로부터의 이탈을 나타낸다. 칼빈은 이 구절을 상징적으로 해석해서 그리스도가 우리를 위해 십자가에서 견디신 지옥과 같은 고통들을 의미한다고 해석한다. 왜냐하면, 여기에서 그는 "하나님에 의해 고통을 당하셨고, 신적 심판의 두려움과 엄정함을 느끼셨"기 때문이다(『제1차 신앙교육서』 제20항 ④). 칼빈은 『기독교 강요』에서 이 교리가 우리에게 주는 "놀라운 위로"를 강조한다(『기독교 강요』 II. 16. 10). 왜냐하면, "우리의 지혜"는 "우리의 구원이 하나님의 아들이라는 얼마나 놀라운 대가를 필요로 하는지를 느끼는 것"이라고 칼빈이 설명하기 때문이다.
28 『칼빈 주석』 갈 6:14.

오히려 십자가의 극치를 나타낸다. 다음의 내용은 참되다.

우리가 그리스도의 죽으심 안에서 구원의 완전한 성취를 가진다. 왜냐하면, 이것을 통해서 우리는 하나님과 화목케 되기 때문이다. … 그런데도 우리는 그의 죽으심을 통해서가 아니라 "그의 부활을 통해서 산 소망이 있도록 새롭게 태어났다"[벧전 1:3]라고 말해진다(『기독교 강요』 II. 16. 13).

그리스도의 죽으심과 부활이 분리될 수 없고, 둘 다 우리의 구원에 없어서는 안 된다 할지라도, 각각에는 질서와 독특한 유익이 있다. 사도 바울이 로마서 4:25에서 다음과 같이 말한다.

예수는 우리가 범죄한 것 때문에 내줌이 되고 또한 우리를 의롭다 하시기 위하여 살아나셨느니라(롬 4:25).

그러므로 칼빈은 다음과 같이 말한다.

우리는 그리스도의 죽으심과 부활 사이의 본질을 다음과 같이 구분한다. 그의 죽으심을 통해 죄가 제거되었고 죽음이 소멸했다. 그의 부활을 통해 의가 회복되었고, 생명이 다시 살아났다. 그리하여―그의 부활 덕택에―그의 죽으심은 그것의 능력과 효력을 우리 안에서 명백하게 드러냈다(『기독교 강요』 II. 16. 13).

칼빈은 그리스도의 부활의 의미를 매우 길게 논하지 않는데, 왜냐하면 이것이 칼빈에게 문제가 되는 영역이 아니었기 때문이다.[29] 그러나 『기독교 강요』 프랑스어 판에서 파니에르(J. Pannier)는 "부활에 대한 칼빈주의적 관점에서 [나오는] 칼빈주의적 경건 안에 있는 승리적 음조에 주목한다."[30] 이는 다음과 같은 진술을 기초로 한다.

> 우리는 죽음의 권세를 이길 것이라는 강한 확신을 그리스도의 부활로부터 추론할 수 있다(『제1차 신앙교육서』 제20항 ⑤).

왜냐하면, 그리스도가 "다시 일어나실 때 죽음에 대한 승리자로 등장하신 것처럼, 죽음에 대한 우리 믿음의 승리는 오직 그의 부활에만 놓여 있기 때문이다"(『기독교 강요』 II. 16. 13).

따라서 그리스도의 부활로부터 우리가 도출하는 두 가지 특별한 유익이 있다.

① 그리스도의 부활은 "우리의 부활에 대한 가장 확실한 진리이자 실체(substance, *hypostasis*)"이다.

② 그리스도의 부활은 "우리가 새 생명을 얻는 방편이 되는 현재적 살림"에 대한 확신이다(『제1차 신앙교육서』 제20항 ⑤).

---

29 그러나 이것은 맥락상 필요할 때 칼빈이 부활과 우리의 신앙을 위한 부활의 타당성이 지니는 모든 함의를 상술하지 않았다는 것을 의미하는 것은 아니다. 다음에 있는 부활에 관한 칼빈의 상당히 긴 논의들을 보라. van Buren, *Christ in Our Place*, 제6장 "Resurrection and Ascension,"; Wallace, *The Atoning Death of Christ*, 제3장 "Participation in the Resurrection and Glory of Christ."

30 『기독교 강요』(LCC 판), 520, n. 34에서 인용됨.

이 후자의 주제가 그리스도인의 삶에 관한 칼빈의 논의에서 지배적이다.

부활은 단순히 그리스도가 경험하신, 그리고 결국은 그리스도를 따르는 모든 자가 경험하게 되는 어떤 것이 아니다. 또한, 부활은 지금 여기에서 우리의 일상의 삶을 위한 의미가 있는 어떤 것이다. 왜냐하면, 우리는 오직 "그의 죽음과 부활의 의미를 **우리 내면에서** 경험할 때, 그리고 그것들이 **우리 안에서** 효과적으로 될 때 그리스도를 올바르게 알"기 때문이다 (강조는 필자의 것이다).[31]

그리스도의 승천에 관해서도 똑같이 말할 수 있다. 여기에서 특별히 칼빈적인 강세와 관심이 전면에 부각된다. 조셉 하루투니안(Joseph Haroutunian)은 다음과 같이 말한다.

> 우리가 아는 한, 교회사에서 바울 이후 누구도 칼빈처럼 그리스도의 승천과 하나님 아버지의 오른편에 앉으심을 중시하지 않았다.[32]

왜 그럴까?

이것은 머리이신 그리스도와 몸인 신자들의 연합에 대한 칼빈의 끊임없는 강조에 기인한다. 그리스도가 경험하시는 것을 우리가 경험한다. 그리스도와의 믿음의 연합을 통해 우리 역시 하늘로 올라갔고 천상적 삶과 유업을 누리기 시작한다.

---

31 『칼빈 주석』 빌 3:10.

32 *Calvin: Commentaries*, trans. and ed. by Joseph Haroutunian in collaboration with Louise Pettibone Smith. Library of Christian Classics, vol. 23 (Philadelphia: Westminster Press, 1958), 45. 그런데도 그리스도의 사역의 이런 측면이 지닌 의미가 니젤 및 방델 같은 저명한 칼빈 학자들에 의해 사실상 무시되었다.

우리가 그리스도의 승천에서 누리는 많은 것 중에 **첫 번째 유익**은 "주님은 하늘로 올라가심으로 말미암아 … 천국의 문을 우리를 위해 열어 놓으셨다"는 것이다(제20항 ⑤. 이것은 『기독교 강요』 II. 16. 16에서 거의 문자 그대로 반복된다).

왜냐하면, 그리스도가 "우리의 **육체를 입으시고** 하늘로 들어가셨고(엡 2:6을 보라), 그리하여 우리는 헛된 소망으로 하늘을 기다리는 것이 아니라 우리의 머리(our Head) 안에서 이미 하늘을 소유하고 있"기 때문이다(『기독교 강요』 II. 16. 16). 우리가 "천국을 상속할 것에 대해 확신"하는 것은 그가 우리를 자기의 형제들로서 받아들이게 되는 그리스도와의 이 "거룩한 형제됨" 덕택이다(II. 12. 2).[33]

두 번째 유익은 "그리스도가 하나님 아버지와 거하신다"는 것을 우리가 안다는 것이다. 이것은 중요하지 않은 것처럼 보일지 모르지만 칼빈에게는 중요한데, 왜냐하면 우리 주님은 "우리의 끊임없는 대언자요 중재자로서 하나님 아버지 앞에 나타나[히 7:25; 9:11-12; 롬 8:34]"시기 때문이다(『기독교 강요』 II. 12. 2).

여기에서 우리는 칼빈신학에 있는 또 하나의 핵심 주제, 즉 그리스도의 왕적 제사장직이라고 하는 주제, 즉 토랜스 형제(the Torrance clan)에 의한 최근의 연구들이 있기까지 거의 무시된 주제를 보게 된다.[34]

---

33 참조. Anthony Hoekema, *The Bible and the Future* (Grand Rapids: Wm. B. Eerdmans Publishing Co., 1979), 1 이하(『개혁주의 종말론』 CLC 刊).

34 참조. Thomas F. Torrance, *Kingdom and Church* (Edinburgh: Oliver & Boyd, 1956), 153 이하; 그리고 특히 그의 동생에 의한 다음 연구들을 보라. James B. Torrance, "The Priesthood of Jesus," in *Essays in Christology for Karl Barth*, ed. T. H. L. Parker (London: Lutterworth Press, 1956) 169 이하; "The vicarious Humanity and Priesthood of Christ in

이 교리가 칼빈에게 얼마나 중요한지를 알기 위해서는 위대한 『칼빈 주석』 히브리서를 읽어야 한다. 그러나 칼빈은 『기독교 강요』에서 그리스도가 우리를 하나님 아버지와 화목케 하시고 자기의 보좌에 나아가게 하심으로써, "비참한 죄인들에게는 두려움으로 가득 찼을 보좌를 은혜와 친절로 채우신다"(II. 16. 6)라고 계속해서 간략히 설명한다.

세 번째 유익은[35] 지옥의 권세들에 대한 그리스도의 승리에 의해 상징되는 권세와 능력이다.

> 그가 위로 올라가실 때 사로잡혔던 자들을 사로잡으시고(엡 4:8).

그리스도는 자기의 적들을 약탈하신 후, "그 자신의 백성을 부요하게 하셨고, 매일 영적 부요함을 그들에게 부어 주신다"라고 칼빈은 덧붙인다.

> 그러므로 그는 자기 권세를 우리에게 불어넣으시며 높은 곳에 앉아 계시는데, 이는 우리를 영적 생명으로 살리시고, 자기의 성령에 의해 우리를 거룩하게 하시며, 자기 은혜의 여러 선물로 자기의 교회를 장식하시며, 모든 해로부터 자기의 교회를 보호하여 안전하게 지키시며, 자기의 십자가와 우리의 구원을 대적하는 광포한 적들을 자기 손의 능력으로 억제하시

---

the Theology of John Calvin," in *Calvinus Ecclesiae Doctor*, ed. W. H. Neuser (Kampen: J. H. Kok, 1979). 다음을 참조하라. Wallace, *Calvin's Doctrine of the Christian Life*, 8 이하 (『칼빈의 기독교 생활원리』, CLC 刊).

[35] 『하이델베르크 요리문답』(*Heidelberg Catechism*)도 그리스도의 승천에서 오는 세 가지 유익을 기록한다(문답 49)는 것은 결코 우연이 아니다. 그리고 『하이델베르크 요리문답』이 칼빈보다 명시적으로 오순절 성령의 임하심을 강조한다 할지라도, 이 세 가지 유익은 사실상 칼빈의 것들과 같다.

며, 마지막으로 하늘과 땅에 있는 모든 권세를 차지하시기 위함이다(『기독교 강요』 II. 16. 6).

칼빈은 이 설명과 함께 사도신경의 다음 구절인 "그는 … 아버지의 오른편에 앉아 계시다가"로 이미 넘어갔다. 사실, 방금 위에서 『기독교 강요』에서 인용한 단락은 사도신경의 이 구절의 의미를 설명하는 데 사용된 『제1차 신앙교육서』의 유사한 문장을 쉽게 바꿔 쓴 것이다. 칼빈은 계속해서 다음과 같이 말한다.

> 그러므로 그리스도는 하늘로 올려지신 후, 육체적으로는 우리의 눈으로 볼 수 없게 되셨을지라도, 도우심과 권능으로 자기의 신자들과 함께 현존하시는 것과 자기의 현존의 가장 명백한 능력을 보여 주시는 것을 거부하지 않으신다(『제1차 신앙교육서』 제20항 ⑤).

따라서 칼빈에게 있어서 그리스도가 하나님 오른편에 앉아 계신다는 것은 "그리스도인들이 하나님 아버지께로부터 받는 모든 유익의 원천이다. 그리스도를 하나님의 오른편에서 제거한다면, 고통받는 교회에 전해진 복음 전체는 조각난다고 말해도 지나치지 않은데, 왜냐하면 그리스도인들은 자기들의 그리스도 없이, 그러므로 자기들의 하나님 없이 남겨지기 때문이다."[36]

---

36 Haroutunian, *Calvin: Commentaries*, 45-46. 그 다음에, 하루투니안(Haroutunian)은 다음과 같이 논평한다. "그러므로 칼빈의 마음에는 하나님 아버지 옆에 앉아 계시는 하나님의 아들의 이미지보다 더 생생한 것은 없다."

그러나 그리스도가 하나님의 오른편으로 높아지셨다는 것이 우리의 구속을 완성하는 것은 아니다. 우리의 구속은 그리스도가 "산 자들과 **죽은 자들을 심판하러 오실**" 때까지 완성되지 않기 때문이다. 이것은 신자들의 마음에 두려움을 낳을 수도 있지만, 특징적으로 칼빈은 이 교리의 위로를 다음과 같이 지적한다.

> 이로부터 놀라운 위로가 우리에게 임한다. 왜냐하면, 우리는, 우리에게 구원을 위해서만 오실 분에게 심판이 맡겨졌다는 말씀을 듣기 때문이다 (제20항 ⑤).

> 실로, 그는 우리를 정죄하시려고 자기의 심판좌에 오르실 수 없다!
> … 머리가 어떻게 그 자신의 지체들을 흩어지게 할 수 있는가?
> 우리의 변호자가 자기의 의뢰인들을 정죄할 수 있단 말인가"(『기독교 강요』 II. 16. 18).

참으로 재판관이 또한 구속주이시니 그러하다. 이것은 그리스도의 재림에 관한 생각이 당황스러운 원인이 아니라 오히려 "놀라운 위로"의[37] 원인이자 확신의 원천인 이유이다.

---

[37] 참조. 골 3:4: "우리 생명이신 그리스도께서 나타나실 그때에 … ." 칼빈은 다음과 같이 말한다. "그리스도의 오심이 우리의 생명의 나타남이 될 것이라는 것, 이것은 아름다운 위로이다"(『칼빈 주석』 골 3:4).

우리가 우리의 구원을 요청해야 하는 대상이신 우리의 구속주의 심판대 외에 다른 심판대 앞에 불려 나오게 않을 것이라는 확신은 보잘것없지 않다(『기독교 강요』 II. 16. 18).

칼빈은 자기가 아무런 주석도 쓰지 않았던, 신약성경의 요한계시록에 의해 위축되었을지도 모른다. 하지만, 그는 한 가지만은 확신했다. 즉, 우리의 주님이 영광 중에 오실 것이고, 이런 확신은 기대와 소망의 원천이요 복음 선포에 있어 주요한 주제여야 한다는 것이다. 그 이유는 다음과 같다.

교회의 교사들에게 주어진 명령은, 하나님이 자기 백성에게서 멀리 있는 것처럼 보인다 할지라도 신실한 자들의 마음이 주님의 오심에 대한 확신으로 들어올려지게 하라는 것이다.[38]

세월이 지나고 주님의 오심이 끝없이 미루어지는 것처럼 보일 때, 우리는 의심하고 낙심해서는 안 된다. 오히려,

우리는 힘을 얻고 견고해야만 하는데, 주님의 오심을 가시적으로 본다는 소망보다 이에 대한 더 좋은 원천이 어디있겠는가![39]

---

38 『칼빈 주석』 사 62:11.
39 『칼빈 주석』 약 5:8.

5. 결론: 오직 그리스도 안에 있는 구원

본 장을 시작하면서 칼빈이 철저하게 그리스도 중심적이라고 했다. 칼빈은 이러한 주장을 확증하는 한 절로써 사도신경에 있는 "그리고 … 주 예수 그리스도를 믿는다"에 해당하는 논의를 결론짓는다. 칼빈은 그 절을 다음과 같이 말함으로써 시작한다.

> 우리는 우리의 구원 전체가 그리고 그것의 모든 부분이 그리스도 안에서 파악된다는 것을 안다[행 4:12]. 그러므로 우리는 다른 어떤 것에서든 이러한 구원의 아주 적은 부분이라도 고안해 내지 않도록 주의해야 한다.

그 다음에, 그리스도의 완전한 충족성에 대한 찬가가 한 묶음의 웅변적인 단락으로서 뒤따른다.

> 우리는 구원을 구한다면, 그것이 "그로부터"[고전 1:30] 온다는 것을 예수의 이름에 의해서 가르침 받는다.
> 우리가 성령의 어떤 다른 선물들을 구한다면, 그것들은 그의 기름 부음에서 발견될 것이다.
> 우리가 힘을 구한다면, 그것은 그의 통치에서 발견될 것이다.
> 우리가 순결을 구한다면, 그것은 그의 잉태되심에서 발견될 것이다.
> 우리가 온유함을 구한다면, 그것은 그의 탄생에서 나타난다. 왜냐하면, 그는 자기의 탄생에 의해 모든 면에서 우리와 같이 되셨는데[히 2:17], 이는 우리의 고통을 겪어 아시기 위함이었기 때문이다[참조. 히 5:2].

우리가 구속을 구한다면, 그것은 그의 수난에서 나타난다.

우리가 방면(放免, acquittal)을 구한다면, 그것은 그의 정죄되심에서 나타난다.

우리가 저주에서 풀려남을 구한다면, 그것은 그의 십자가에서[갈 3:13] 나타난다.

우리가 만족(satisfaction)을 구한다면, 그것은 그의 희생제사에서 나타난다.

우리가 정화를 구한다면, 그것은 그의 피에서 나타난다.

우리가 화목을 구한다면, 그것은 그가 지옥에 내려가심에서 나타난다.

우리가 육신의 죽임을 구한다면, 그것은 그의 무덤에서 나타난다.

우리가 새 생명을 구한다면, 그것은 그의 부활에서 나타난다.

우리가 불멸을 구한다면, 그것 역시 그의 부활에서 나타난다.

우리가 천국의 기업을 구한다면, 그것은 그가 하늘로 올라가심에서 나타난다.

우리가 보호를 구하고, 안전을 구하고, 모든 복의 풍성한 공급을 구한다면, 그것은 그의 나라에서 나타난다.

우리가 심판에 대한 평온한 기대를 구한다면, 그것은 그에게 주어진 심판하는 권세에서 나타난다.

요컨대, 모든 각종 좋은 것이 그에게 넘쳐 나므로, 우리는 다른 것에서가 아닌 바로 그에게서 길어 마시자(『기독교 강요』 II. 16. 19).

제11장

기도

(제22-25항)

1. 서론

신앙생활의 가장 중요한 측면 중 하나는 기도이다. 따라서 칼빈은 『제1차 신앙교육서』에서 이 주제에 상당한 지면을, 즉 네 항(제22-25항 -편주)을 할애하는데, 한 항(제24항 -편주)은 주기도문에 관한 꽤 긴 설명이다. 『기독교 강요』에서는 오직 한 장만 기도에 관해 다루는데(『기독교 강요』 III. 20), 주로 그 이유는 이것이 논박을 위한 추가적인 장들을 요구하는 논쟁적인 주제(칭의 교리처럼)가 아니기 때문이다. 그러나 『기독교 강요』 맥닐-배틀즈 판의 편집자들은 다음과 같이 말한다.

> 경건한 온기의 논조를 지닌 이 사려 깊고 풍부한 장은 기도에 관해 역사적으로 칭송받는 논의들에서 앞자리를 차지한다.[1]

---

[1] 『기독교 강요』(LCC 판). 칼빈의 기도관에 관한 철저한 논의를 위해서는 다음을 보라. Wallace, *Calvin's Doctrine of the Christian Life*, 제5부, 제3장(『칼빈의 기독교 생활원리』, CLC 刊).

2. 기도와 믿음

　기도는 믿음과 뗄 수 없을 정도로 연결되어 있는데, 왜냐하면 "믿음에 젖어 있는 사람은" 자기의 영적 가난과 하나님의 지속된 도움의 필요를 인정하기 때문이다. 그는 자신이 혼자서는 반드시 실패할 것임을 깨닫는다. 따라서 그는 "자기를 궁핍함에서 건져낼 수 있는 방책들을 찾고자" 할 것이고, "자기 자신 밖으로 나가서 다른 곳에서 그 방책들을 찾아야 한다."

　신자는 이것을 자기의 창조주이자 주님 안에서 발견하는데, 그 주님은 "그리스도 안에서 기꺼이 그리고 거저 자기 자신을 드러내시고 그리스도 안에서 모든 천상적 보물을 열어 보이심으로 말미암아, 신자의 전체 믿음이 자기의 사랑하는 아들을 묵상하게 하고, 신자의 모든 기대가 자기의 아들에게 의존하게 하며, 신자의 모든 소망이 자기의 아들을 붙들어서 자기의 아들 안에 있도록 하신다"(제22항).[2]

　따라서 믿음은 참된 기도의 토대이고 필수적 조건이다.

> 말씀에 기초한 믿음은 올바른(proper, *rectae*) 기도의 어머니이다. … 기도는 당연히 믿음에서 나오고, 믿음은 하나님의 말씀을 들음에서 나온다[롬 10:14, 17](『기독교 강요』 III. 20. 27).

　칼빈은 자기의 주석들에서 기도와 믿음과 말씀의 특별한 관계를 빈번하게 말한다. 칼빈은 한 곳에서 성경, 특히 성경의 약속들을 기도에 대한 열망에 불을 붙이는 연료에 비유한다.

2　이 단락은 『기독교 강요』 III. 20. 1에서 거의 문자 그대로 반복된다.

신실한 사람들은 자기들이 새로운 자극들을 통해 기도하도록 끊임없이 자극을 받지 않으면, 자기들의 마음이 곧 기도 가운데 번민하고 있다는 것을 느낀다. … 불을 유지하기 위해서는 계속해서 기름을 부어 주어야 하듯이, 기도의 실천은 그러한 도움을, 즉 말씀 안에서 드러난 하나님의 선하심을 회상하는 것을 필요로 한다.[3]

왜냐하면, 참되고 진지한 기도는 "하나님의 약속들에 대한 믿음에서 나오기 때문이다."[4] 더욱이 기도는 "믿음의 첫째가는 훈련(the chief exercise, *praecipuum exercitium*)"이다(『기독교 강요』 III. 20).[5] 기도와 믿음 둘 다는 예수 그리스도 안에서 그 자체들의 적절한 대상을 발견한다. 그 결과, 기도는 믿음처럼 일차적으로 그리스도 안에 나타난 하나님의 선하심과 은혜에 대한 반응이다.

우리가 이용할 수 있는 이 부요한 방책들을 이용하지 못하는 것은 커다란 보화의 존재를 알고 난 이후에도 땅에 묻혀서 숨겨진 커다란 보화를 무시하는 것과 같다(제22항; 『기독교 강요』 III. 20. 1, 2). 그러나 기도에서 우리는 "주님의 복음이 가리키고 있는, 그리고 우리의 믿음이 응시하고 있는 보화들을 캐낼 수 있다"(『기독교 강요』 III. 20. 2).

---

3 『칼빈 주석』 시 25:8.
4 『칼빈 주석』 시편에 관한 칼빈의 서문, *CO* 31:17, (Edinburgh 판, p. xxxvii). 다음을 참조하라. Wallace, *Calvin's Doctrine of the Christian Life*, 276 이하(『칼빈의 기독교 생활원리』, CLC 刊). 월레스(Wallace)는 이 책의 이 소단락의 제목을 다음과 같이 붙이고 있다. "기도는 말씀에 의해서 통제되고, 형성되며, 고무되어야 한다."
5 이런 공식은 『하이델베르크 요리문답』(*Heidelberg Catechism*) 116문에서 반향되는데, 이곳에서 기도는 "감사의 첫째가는 부분"이라고 불린다. 다른 곳에서 칼빈은 감사를 "경건의 첫째가는 실천"이라고 말한다(『칼빈 주석』 시 50:23).

긍휼이 많으신 아버지는 우리의 모든 필요, 즉 우리가 느끼는 필요들과 의식하지 못하는 필요들을 공급하시기를 원하신다(제24항). 그러나 우리는 우리 자신에 대한 하나님의 약속들을 이행해 주시기를 구해야 한다. 그렇지 않으면, 그것들은 우리에게 아무 소용이 없다.

  그러므로 기도의 실패는 값비싼 잘못인데, 왜냐하면 우리는 셀 수 없는 복을 빼앗기게 되기 때문이다. 따라서 우리가 기도에 신실하기만 하면, 그리스도인의 삶에서 우리의 많은 좌절과 실패는 피해질 수 있다. 왜냐하면, 기도에서 오는 많은 복 가운데, 가장 큰 한 가지는 "우리의 양심에 임하는 특별한 평화와 안식이기" 때문이다(『기독교 강요』III. 20. 2).

3. 왜 기도해야 하는가?

  하나님은 매우 친절하시고 관대하시므로, 우리가 필요한 것을 하나님께 구할 필요가 없다는 반론이 제기될지도 모른다. 물론, 하나님은 전지하시고 우리의 필요를 우리보다 훨씬 더 잘 아신다.

  그렇다면 하나님은 왜 우리에게 기도하라고 명하시는가?

  칼빈은 하나님이 "그 자신을 위해서가 아니라 우리를 위해서 기도를 명하셨다"라고 답한다(『기독교 강요』III. 20. 3). 왜냐하면, 우리의 믿음은 나태하고 연약해지지 않도록 훈련되어야 하기 때문이다. 『기독교 강요』에서 칼빈은 계속하여 기도가 우리의 믿음을 강화하는 쪽으로 이바지하는 여섯 가지 방식을 제안한다.

① 기도는 하나님을 구하고, 사랑하고, 섬기고자 하는 열망으로 우리의 마음을 불태운다.
② 기도는 우리를 훈련해서 우리의 마음의 비밀들과 열망들을 하나님께 드러내도록 한다.
③ 기도는 감사를 낳는다.
④ 기도는 하나님이 우리의 기도에 응답하심으로 인해 우리를 하나님의 친절하심에 관한 묵상으로 이끈다.
⑤ 기도는 우리가 기도를 통해서 얻은 것들로써 훨씬 더 큰 기쁨을 갖게 한다.
⑥ 기도는 하나님의 섭리를 개인적으로 확증하도록 해 준다(『기독교 강요』 III. 20. 3).

우리는 기도의 규범들을 바르게 검토하기 전에, 칼빈이 『제1차 신앙교육서』에서 기도를 어떻게 정의하고 있는지를 주목해야 한다. 칼빈은 기도에 관해 다음과 같이 묘사한다.

> 기도는 우리가 하나님 앞에 모든 바람, 기쁨, 한숨, 그리고 마음의 생각을 쏟아 놓는, 우리와 하나님 사이의 일종의 합의(agreement, *arbitrii*)이므로 … (제23항).

칼빈은 『기독교 강요』에서 기도를 "하나님과의 친밀한 대화"(intimate conversation, *familiare colloquium*; III. 20. 5, 6)라고 부른다. 기도는 우리가 하나님께 다가가는 방편이 되는 "우리 마음의 순수한 감정"이다(제23항).

기도는 우리가 원할 때 몰두할 수 있는 선택적 활동이 아니다. 왜냐하면, 하나님은 우리에게 기도하라고 명령하시기 때문이다. 하지만, 명령과 함께, "우리가 기도하는 것은 무엇이든 받게 될 것이라고 우리에게 확신시키는" 약속이 따른다(『기독교 강요』 III. 20. 5, 6).

하나님의 명령과 약속은 기도에 대한 우리의 동기이자 우리 확신의 근거이기도 하다. 왜냐하면, 우리가 환대를 받으리라는 확신도 없이, 우리의 요구들을 갖고 전능하신 창조주에게 나아가는 것은 성급한 일일 것이기 때문이다(III. 20. 13).

반면에, 우리는 기도하지 않을 때, 사실상 하나님의 명령을 반역적으로 거부하고 하나님의 약속들에 대한 믿음의 결핍을 보여 준다(III. 20. 5, 6). 그 결과, 칼빈은 다음과 같은 포사이스(P. T. Forsyth)의 의견에 당연히 동의할 것이다.

가장 나쁜 죄는 기도하지 않는 것이다.[6]

4. 합당하게 기도하기 위한 규범들

『기독교 강요』 III. 20. 4-12에서 칼빈은 "우리의 기도를 알맞게 그리고 합당하게 형성하기" 위한 네 개의 법칙 또는 규칙을 적고 논한다.

---

[6] P. T. Forsyth, *The Soul of Prayer* (London: Independent Press, 1916/1949), 11.

① "우리가 하나님과의 대화 속으로 들어가는 사람으로서의 적절한 마음과 정신을 가져야 한다"(『기독교 강요』 III. 20. 4).

여기에서 칼빈은 훈련되지 않은 그리고 불경한 기도에 대해 경고하고 있다. 그러나 또한 칼빈은 소심하거나 두려워할지도 모르는 사람들에게 그들이 로마서 8:26에 약속된 성령의 도움을 의지할 수 있다는 것을 상기시킨다(III. 20. 5).

② "우리는 간구하면서 언제나 우리 자신의 불충분함을 알아야 하고, 우리가 구하는 모든 것을 우리가 얼마나 필요로 하는지를 진지하게 숙고함으로써 이것에 도달하고자 하는 진지한―아니, 불타는―열망을 가지고 이 기도에 동참해야 한다"(III. 20. 6).

신실하게 그리고 진지하게 드려지지 않는 기도들은 하나님을 기만하는 것이다(III. 20. 6). 합법적인 기도를 위한 전제는 회개의 정신과 하나님 나라를 위한 열심이다(III. 20. 7).

③ "기도하기 위해 하나님 앞에 서는 사람은, 겸손한 가운데 하나님께 온전히 영광을 돌림으로써, 그 자신의 영광에 관한 모든 생각을 버리고, 그 자신의 가치에 관한 모든 개념을 내던져야 한다. 즉, 모든 자기-확신을 제거해야 한다"(III. 20. 8).

우리는 "하나님이 그 자신을 위해 우리의 기도에 응답하시도록, 우리 자신의 의 안에서가 아니라 그의 커다란 긍휼 안에서"(『제1차 신앙교육서』 제23항) 우리의 기도를 드려야 한다.

따라서 우리는 기도 가운데 하나님께 나아갈 때 확신을 가질 수 있고, 또한 확신해야 한다. 하지만, 이런 확신은 하나님의 긍휼에서만 나온다. 모든 기도는 죄에 대한 고백과 용서에 대한 간구를 동반해야 한다(『기독교 강요』 III. 20. 9).

④ "넷째 규칙은 다음과 같다. 즉, 우리는 이렇게 참된 겸손에 의해서 이끌리고 압도된다 하더라도, 우리의 기도가 응답할 것이라는 확실한 소망을 품고 기도해야 한다."

확신에 찬 믿음과 경건한 두려움은 함께 간다(III. 20. 11; 참조. III. 20. 14). "믿음의 이런 전제에서 생겨난, 그리고 흔들림 없는 소망 안에 근거한 기도만이 하나님이 받으실 만한 것이다"(III. 20. 12).

그러나 이것은 오직 예수 그리스도 안에 계신 하나님이 회개와 믿음 가운데 그를 부르는 모든 자에게 "온유하시고 친절하시다"는 좋은 소식을 아는 사람들에게만 가능하다.

빌헬름 니젤(Wilhelm Niesel)이 지적하듯이, 『기독교 강요』에 있는 기도에 관한 이 긴 문장에서 칼빈은 기도 자체에 관한 교리를 제공하는 것이 아니라 기도하는 법에 관한 실천적 가르침을 제공한다는 것에 주목할 필요가 있다.[7] 이것은 이 해설을 처음 시작할 때 지적했던 점, 즉 칼빈신학—심지어 칼빈이 체계적인 논문을 쓸 때조차—은 추상적이고 사변적인 체계가 아니라는 점을 더욱 잘 보여 주는 예증이다. 칼빈신학은 탁월하게 실천적이고, 칼빈 자신의 믿음과 경건의 따스함으로 가득 차 있다.

---

[7] Niesel, *The Theology of Calvin*, 156.

5. 주님이 가르치신 기도[8]

칼빈은 『제1차 신앙교육서』 제24항과 『기독교 강요』 III. 20. 34-42 둘 모두에서 주기도문을 해설한다.[9] 하나님은 자기의 긍휼로써 우리에게 기도 전반의 모범이 되는 이 기도를 주신다. 우리는 "하나님을 기쁘시게 할 수 없는 것은 아무것도 구하고 있지 않"는데, "왜냐하면 우리는 거의 하나님 자신의 말씀에 의해서 구하고 있기 때문이다"(제24항).

주님이 가르치신 기도로 기도할 때마다 이것은 굉장한 영예이자 책임이다. 주기도문의 간략한 여섯 간구에는 "우리가 정당하게 그리고 편리하게 기도할 수 있는 모든 것이 포함되어" 있다(『제네바 요리문답』 255문).

처음 세 개의 간구는 오직 하나님의 영광과만 관련이 있다. 다음의 세 가지 간구는 우리의 복지와 우리에게 유익한 것과 관련이 있다. 그러나 심지어 하나님을 영화롭게 하는 바는 우리의 유익을 위해 작용하고, 후반 세 가지 간구에서 우리는 다시금 하나님의 영광을 염두에 두어야 한다(제24항; 참조. 『제네바 요리문답』 258, 9문).[10]

---

[8] 『제1차 신앙교육서』, 『칼빈 주석』, 그리고 『기독교 강요』 초판(1536년)에서부터 최종판에 이르기까지 주기도문에 관한 칼빈의 논의에 관한 비판적 분석에 관해서는 다음을 보라. Elsie Anne McKee, "John Calvin's Teaching on the Lord's Prayer," in *The Lord's Prayer: Perspectives for Reclaiming Christian Prayer*, ed. Daniel L. Migliore (Grand Rapids: Wm. B. Eerdmans Publishing Co., 1993), 88 이하. 매키(McKee)가 처음 세 개의 간구에 관해 말하는 것은 기도 전반에 관한 칼빈의 논의에 맞는 말로 보인다. 즉, "1530년대와 1550년대 사이에 시간이 흐르면서 많은 변화가 있지만, 이런 변화들은 일차적으로 기본 의미를 바꾸지 않으면서 대응적으로 사용되는 것들이다"(p. 97).

[9] 주기도문에 관한 칼빈의 해설을 위한 다른 자료들은 『제네바 요리문답』 255-95문과 그의 『공관복음의 조화에 관한 주석』(*Commentary on the Harmony of the Synoptic Gospels*)이다.

[10] 칼빈은 자기의 『공관복음의 조화에 관한 주석』에서 주기도문과 십계명 사이의 평행점

1) 그리스도의 중보 사역의 의미와 성령

이것들의 의미는 매우 분명하기에, 필자는 주기도문의 간구들을 각각 설명하지 않고, 네 개의 특별한 주제에 초점을 맞추어 설명해 보려고 한다.

먼저, 칼빈이 기도에 관해 말하는 모든 것은 예수 그리스도의 화목케 하시는 사역을 중심으로 이루어진다. 기도의 그리스도 중심적 성격은 『제1차 신앙교육서』제22항의 첫 번째 진술에서 이미 명백하게 드러난다. 이것은 주기도문의 첫 부분에 관한 칼빈의 주석에서 훨씬 더 분명하게 드러난다.

… 우리 아버지여.

칼빈에 따르면, 이 표현의 의미는 다음과 같다.

우리는 모든 기도를 그리스도의 이름으로 하나님께 드려야 하므로 어떤 기도도 다른 이름으로 하나님께 드려질 수 없다. … 하나님을 부르기 위한 규범이 세워지고 하나님을 부르는 자들은 응답 받을 것이라는 약속이 주어졌듯이, 또한 우리는 특별히 그리스도의 이름으로 하나님을 부르라는 명령을 받았고 우리가 그의 이름으로 구하는 것을 받게 될 것이라는 그의

을 지적한다. "하나님의 율법이 두 돌판으로 나누어져서 **첫째 돌판**은 헌신에 대한 요구들을 담고 있고 **둘째 돌판**은 사랑에 대한 요구들을 담고 있듯이, 주기도문에서 그리스도는 우리에게 한편으로 하나님의 영광을 생각하고 찾도록 말씀하고, 다른 한편으로 우리 자신에 관해 생각하도록 하신다"(『칼빈 주석』 마 6:9).

약속을 가지고 있다(제24항 ①; 참조. 요 14:13; 16:23-26).

우리는 예수님이 하나님과 인간 사이의 유일한 중보자이시므로 예수님의 이름 안에서 또는 예수님의 이름을 통해 기도한다(딤전 2:5, 6). 또한, 예수님은 우리를 위해서 하나님 아버지께 지속해서 중재하시는 중재자이시다(제24항; 참조. 『기독교 강요』 III. 20. 17-20).

이처럼, 우리는 기도할 때마다, 우리에게는 하늘의 아버지 앞에 계신 친구가 있다는 확신으로 기도할 수 있는데, "그의 중보에 의해서 하나님 아버지가 우리를 위해 은혜를 베푸시고 쉽게 간구를 들어 주신다"(III. 20. 19).[11] 그러나 이것은 부활하신 그리스도가 "하나님 앞에 무릎을 꿇고서, 우리를 위한 탄원자로서 간구하신다"는 것을 의미하는 것이 아니다.

> 오히려 … 그는 하나님 앞에 나타나심으로 인해 자기의 죽으심의 능력이 우리를 위한 영원한 중보로서의 효력을 갖게 되는데[롬 8:34을 보라], 천상의 성소에 들어가신 그만이 세상 끝까지[히 9:24 이하를 보라] 성소 밖에 있는 자기 백성의 간구를 아버지 하나님께 아뢰신다(III. 20. 20).

칼빈은 제사장들이 성막 뜰에서 멀리 떨어져 있던 사람들을 위해 기도를 드렸던 구약 제의의 모습을 언급하면서(출 28:9-21을 보라), 이런 "율법의 예시적 의식(ceremony)"이 우리에게 가르치는 바는 다음과 같다.

---

11 "우리는 하나님 앞에 그의 아들의 이름을 놓자마자 하나님의 마음(the heart of God, *cor Dei*)을 얻게 된다"(『칼빈 주석』 요 16:26).

우리 모두는 하나님의 면전에 나가지 못하게 되어 있으므로 우리에게는 자기의 인격 안에서 우리의 간구가 응답하도록 우리 이름으로 나타나 우리를 자기의 어깨에 짊어지며 자기의 가슴으로 품어야 하는 중보자가 필요하다(『기독교 강요』 III. 20. 18).[12]

칼빈은 『기독교 강요』에서 "우리 아버지"의 의미를 설명하면서 매우 중요한 두 가지를 지적한다.

첫째, 우리는 하나님을 우리 아버지라고 부를 수 있는 특권을 통해 모든 두려움과 불신에서 자유롭게 되었다 할지라도(III. 20. 36), 아무런 조건이 없이 이것을 믿기는 어렵다는 것이다.

둘째, 그러므로 하나님은 더 확실한 보증을 우리의 구세주로서의 자기의 아들이라는 선물에 추가하신다. 즉, 구세주라는 선물과 밀접하게 연관된 것이 성령의 보증이라는 선물이다.

우리 마음의 옹색함은 하나님의 무한한 호의를 이해할 수 없으므로, 그리스도는 우리의 양자 됨의 담보와 보증이실 뿐만 아니라 성령을 동일한 양자 됨의 증인으로서 우리에게 주시는데, 그 성령을 통해 우리는 "아빠 아버지"[갈 4:6; 롬 8:15]라고 자유롭게 맘껏 부를 수 있게 된다. 그러므로 어떠한 망설임이 우리를 방해할 때마다, 우리의 두려움을 바로잡아 달라고 그리고 성령을 우리에게 보내셔서 우리가 성령의 인도하심을 받아 담

---

12 『기독교 강요』에 있는 이후의 7개의 절(III. 20. 21-27 -편주)에서, 칼빈은 죽은 성자들의 중재에 대한 로마 가톨릭 신앙을 비판한다.

대히 기도하게 해 달라고 아버지에게 구해야 한다는 것을 기억하도록 하자(III. 20. 37).[13]

2) 주님이 가르치신 기도의 공동체적 성격

또한, 칼빈은 주기도문이 공동체의 기도라는 것을 강조한다. 우리는 "나의 아버지"가 아니라 "**우리** 아버지"라고 기도한다. 이 구별은 커다란 사회적 함의들을 지니고 있다.

> 왜냐하면, 우리 모두에게 한 아버지가 계시고[마 23:9], 우리의 것이라 할 수 있는 모든 좋은 것이 아버지로부터 오므로, 필요할 경우 우리가 서로 기쁘게 그리고 전심으로 나눌 준비가 되어 있지 않은, 별개의 어떤 것이 우리 가운데 있어서는 안 되기 때문이다(『기독교 강요』III. 20. 38).

그러므로 우리가 주님이 가르치신 기도로 기도할 때마다, 우리는 전 세계 그리스도인들에 대한 우리의 책임뿐만 아니라 그들과 우리의 공통된

---

13 로날드 월레스(Ronald Wallace)는 『기독교 강요』 III. 20. 34에 있는 다른 글들과 『칼빈 주석』들을 인용하여 다음과 같은 점들을 지적한다.
　① 우리는 기도할 때 성급하지 않도록 하고, 성령이 "우리에게 올바로 기도하는 법을 가르치시기를" 기다려야 한다(III. 20. 34).
　② 우리의 기도들은 성령의 감동하심의 결과이므로, 우리는 "성령의 오심보다는 성령의 **충만**(increase)"을 위해 기도해야 한다. Wallace, *Calvin's Doctrine of the Christian Life*, 287(『칼빈의 기독교 생활원리』, CLC 刊). 다음을 참조하라. 『칼빈 주석』 행 1:14.
　③ 또한, "기독교적 기도의 중요한 특징들인 열정과 진지함으로 우리의 기도에 영감을 주시는 분"은 바로 성령이시다(Wallace, *Calvin's Doctrine of the Christian Life*, 287). 다음을 참조하라. 『칼빈 주석』 롬 8:27.

믿음의 유대와 교제를 떠올리게 될 것이다. 또한, 이것은 그리스도인이든 아니든 모든 사람에게 적용되지만, 우리는 "믿음의 가족에 속한"(갈 6:10) 사람들에게 특별한 관심을 가져야 한다.[14] 우리는 우리의 이웃을 사랑하지 않으면서 하나님을 사랑할 수 없다. 이것은 칼빈이 율법의 두 돌판에 관한 논의에서 강조하는 점이기도 하다.

> 요컨대, 모든 기도는 우리 주께서 자기의 나라와 가족 안에 세우신 공동체에 주목하는 그런 기도여야 한다(III. 20. 38).

3) 하나님 나라의 성격

두 번째 간구인 "당신의 나라가 임하옵시며"에서 칼빈은 신자들의 삶과 교회 내에서의 하나님의 통치를 강조하는 경향이 있다. 예를 들어, 『제1차 신앙교육서』에서 칼빈은 하나님 나라를 다음과 같이 규정한다.

> 자기의 선하심과 자비하심의 부요함이 자기 백성의 모든 사역에서 분명히 드러나게 하시고자 자기의 성령에 의해 행하시고 그들을 다스리심이다(제24항 ③).

---

14 "따라서 그리스도인은 자기의 기도들을 이 규칙에 일치시켜야 하는데, 그것은 그들이 함께 존재하기 위해, 그리고 그리스도 안에 있는 자기의 형제들인 사람들, 즉 자기가 현재 눈으로 보는 사람들뿐만 아니라 지상에 거하는 모든 사람을 받아들이기 위해서이다"(『기독교 강요』 IV. 17. 38). 이 구절과 관련하여 엘시 매키(Elsie McKee)는 다음과 같이 주석한다. "칼빈이 보통 일차적으로 예정에 속한 사람이라고 기대되지 않는, 지상에 거하는 모든 사람을 포함하여 말하고 있다는 것에 주목하라"(Elsie McKee, "John Calvin's Teaching on the Lord's Prayer," 97).

그러나 신자들의 사역들이 하나님의 통치를 증거해야 한다는 것에 주목하라.

더욱이 칼빈은 하나님의 통치의 소극적인 면, 즉 "자기의 능력에 저항할 수 있는 권세가 전혀 없다는 것을 명백히 드러내시기 위해서" 사악한 자들의 오만을 "파멸시키"고 "좌절시키는" 것을 지적한다(제24항 ③).

그런데도 이어지는 더 온전한 정의에서, 인격적인 측면이 두드러진다. 왜냐하면, 우리는 "당신의 나라가 임하옵시며"라고 기도할 때, 또한 다음과 같이 구하고 있는 것이기 때문이다.

주님은 새로운 신자들이 모든 방법으로 자기의 영광을 기념케 하기 위하여 날마다 새로운 신자들을 자기 백성에 더하시기를, [또한] 주님이 그들과 완전히 결합하시는 일을 온전히 성취하실 때까지 자기의 부요한 은혜들을 통해 그들 가운데서 날마다 더욱더 살아 계시며 통치하시도록 그 은혜들을 그들에게 더욱 널리 부어 주시기를 기도한다(제24항 ③).

그러나 동시에 칼빈은 이 간구에서 우주적이며 종말론적 차원들이라 할 수 있는 것을 본다. 왜냐하면, 하나님 나라의 오심은 "사탄과 그의 나라가 가진 어둠 및 거짓을 몰아내시고 진멸하시며 파괴하시기" 위하여 하나님의 빛과 진리가 세상에 퍼지는 것도 포함하기 때문이다. 이에 더하여, 이 간구로 기도할 때, 우리는 또한 하나님의 나라가 "마지막에 … 완성되고 성취되기를" 그리고 사탄의 나라가 "완전히 파괴되어 멸망"하기를 바란다(제24항 ③).

『기독교 강요』에서 칼빈은 하나님 나라를 다소 다르게 정의한다.

하나님은 사람들이 천상적 삶을 열망하고자 그들 자신을 부인하는 것과 세상 및 지상적 삶을 경멸함으로써 자신들을 그의 의로우심에 맡기기로 서약하는 곳에서 통치하신다(『기독교 강요』 IV. 20. 42).

다시금, 인격적인 선하심에, 그리고 조금 후에는 믿음에 있어서 "매일의 진전"에 초점이 맞추어진다. 하나님은 신자들이 자기들의 육신을 죽이고 십자가를 짊어질 수 있게 해 달라—그리스도인의 삶의 두 측면—고 기도할 때, "자기의 나라를 확장하신다."

그러나 칼빈은 또한 여기에서 처음으로 교회를 구체적으로 언급한다. 칼빈은 교회와 하나님 나라를 구분하지 않지만, 후자는 전자의 증가 때문에 실현된다고 주장한다. 칼빈은 하나님이 "온 세상을 겸손케 하심으로써 자기의 나라를 세우시지만, 서로 다른 방식들로써 세우신다"라고 말한다. 이런 방식 중 하나는 교회의 성장을 통해서이다. 그러므로,

우리는 매일 하나님이 세계 각처에서 교회들을 자신에게로 모으시기를, 하나님이 교회를 확장하셔서 수적으로 증가시키시기를, 교회들을 은사들로 장식하시기를, 하나님이 교회들 가운데 합법적인 질서를 세우시기를, 그리고 다른 한편으로는 하나님이 순수한 가르침과 종교의 모든 적을 내던지시기를, 하나님이 그들의 모의들을 흩으시고 그들의 노력을 헛되게 하시기를 열망해야 한다(IV. 20. 42).

이것은 앞서 『제1차 신앙교육서』에서 인용한 구절들 중 하나와 본질적으로 거의 다르지 않다. 단, 『제1차 신앙교육서』의 그 구절의 목적은 주

님이 "날마다 새로운 신자들을 자기의 백성에 더하"시는 것이라는 점을 제외하고 말이다.

그러나 『제1차 신앙교육서』에서는 그저 지나치듯이 언급된 것이 『기독교 강요』와 특히 칼빈의 『공관복음의 조화에 관한 주석』에서, 즉 말씀과 성령, 특히 성령의 역할에 관한 설명에서 더욱 충만하게 발전된다. 왜냐하면, "하나님은 자기 성령의 능력에 의해" 신자들이 육신을 죽일 수 있도록 하시기 때문이다.

그리고 우리는 하나님의 말씀이라는 "왕의 홀"에 따라서 우리의 "정신과 마음을 자발적인 순종으로" 이끌어야 한다. 이것은 하나님이 "성령의 비밀한 영감을 통해 자기의 말씀의 역사하심을 드러내실 때" 일어난다(『기독교 강요』 IV. 20. 42). 그 사이에, 우리가 하나님 나라의 충만한 임함을 기다릴 때, 주님은 "자신의 백성을 보호하시고, 자기의 성령의 도움으로써 그들을 바른길로 인도하시며, 그들에게 힘을 주셔서 인내하게 하신다"(IV. 20. 42).

칼빈은 『공관복음의 조화에 관한 주석』에서 하나님 나라를 실현하는 데 있어 말씀과 성령의 역할을 상술한다. 칼빈은 주기도문에서 하나님이 자기의 통치를 "부분적으로는 설교 말씀의 효과[로서], 부분적으로는 성령의 감추어진 능력의 효과[로서]" 실현하신다고 말한다.

> 하나님은 자기의 말씀 때문에 사람들을 다스리실 것이지만, 성령의 내적 영향 없이 오직 목소리만 마음속 깊이 도달하지 않으므로, 이 둘은 하나님 나라를 세우기 위해 함께 결합해야 한다. 따라서 우리는 하나님이 말씀과 성령 둘 다 안에서 자기의 능력을 보여 주시기를, 온 세상이 기꺼이 그에게 나아오기를 기도한다. … 그러므로 이 간구의 요약은 하나님이 자기의

말씀의 빛에 의해 마음을 조명하시고, 자기의 성령을 불어 넣어 주심으로써 우리의 마음이 자기의 의에 복종케 하시며, 이 땅에 버려진 채로 있는 모든 것을 자기의 뜻에 따라 새로이 질서 있게 하시리라는 것이다(『칼빈 주석』 마 6:10).[15]

또한, 칼빈은 자기의 주석에서 앞에서 함의만 되었던 것을 분명히 한다. 즉, 하나님이 다음의 두 가지 방식으로 다스리신다는 것을 분명히 한다.

첫째, 신자들의 삶을 새롭게 하신다.

둘째, 사탄과 하나님의 모든 적을 멸망시키신다.

이 두 경우에 있어서, 그 목적은 혼란되고 무질서한 세상에서 질서를 회복시키는 것이다. 왜냐하면, 무질서와 혼란은 "하나님 나라와 정반대되는 것"(『칼빈 주석』 마 6:10)이기 때문이다. 그리하여 궁극적으로 그 목적은 다음과 같다.

하나님이 만유의 주로서 만유 안에 계시려 하심이라(고전 15:28).[16]

4) 기도에 있어서 인내의 필요성

칼빈은 기도에 있어서 인내의 필요성에 관한 논의로 『제1차 신앙교육서』의 기도에 관한 해설을 끝맺고 있다(제25항). 칼빈은 마치 하나님이 우

---

15 이 인용문은 모리슨(A. W. Morrison)이 새롭게 번역한 다음 작품에서 온 것이다. John Calvin, *Commentary on Matthew, Mark, and Luke*, vol. 1, ed. David W. Torrance and Thomas F. Torrance (Grand Rapids: Wm. B. Eerdmans Publishing Co., 1972), 208.

16 칼빈이 이 간구를 다루는 모든 곳에서 이 구절을 인용한다.

리의 기도에 응답하지 않으시는 것처럼 보인다는 것을 여러 번 인정한다. 그때 우리는 성급해지기 쉽고, 회의주의에 빠지기 쉽다. 이것을 피하는 방법은 무엇보다 하나님의 뜻이 이루어지기를 구하는 것이라고 칼빈은 말한다. 우리는 우리의 뜻을 하나님의 뜻에 복종시킨다면, 좌절하지 않을 것이고, 하나님의 뜻이 명백하게 드러날 때까지 인내하며 기다릴 것이다.

그런데도 칼빈은 "오랜 기다림이 있고 난 뒤에도 기도로부터 받게 되는 유익을 우리의 지각이 이해할 수 없다거나, 기도로부터 오는 어떤 열매도 우리의 지각이 인식할 수 없"(제25항)을 때가 있으리라는 것을 인정한다. 이때 우리는 하나님이 궁극적으로 우리에게 선한 것을 행하실 것을 확신하고서 단지 믿음으로 하나님을 의지해야 한다.

> 왜냐하면, 만물이 우리를 실망시킨다 할지라도, 자기 백성의 기대와 인내를 실망시킬 수 없는 분이신 하나님은 절대 우리를 버리지 않으실 것이기 때문이다(제25항).

칼빈은 『기독교 강요』에서 이 주제를 확장한다. 여기에서 칼빈은 우리가 잠자리에서 깨어났을 때, 일하러 가기 전, 식사 전이나 후, 그리고 잠자리에 들기 전에 기도할 것을 제안하면서, 기도를 위한 정해진 시간의 중요성을 간략하게 논한다. 그러나 또한 칼빈은 이런 면에서 나타날 수 있는 부당한 엄격함에 대해서도 경고한다(『기독교 강요』 III. 20. 50). 어쨌든 중요한 것은 충실해야 한다는 것과 기도 가운데 인내함으로써 우리가 낙심하거나 포기하지 않는 것이다. 그러나,

만약 우리는 이런 순종하고자 하는 마음(훈련된 기도 생활)을 가지고, 하나님의 섭리에 의해 지배를 받는다면, 기도 가운데 인내하는 것을 쉽사리 배울 것이고, 욕망을 묻어둔 채, 인내하며 주님을 기다릴 것이다(III. 20. 51).

그러므로 그리스도인으로서의 전체 삶에서처럼, 기도 속에서 중요한 것은 우리의 감정이 아니라 믿음이라는 것을 기억하는 것이 중요하다. 로널드 월레스(Ronald Wallace)는 『칼빈의 기독교 생활원리』의 "믿음의 주요 훈련으로서의 기도"에 관한 장에서 다음과 같이 지적한다.

우리는 우리의 감정에 굴하지 않고 스스로 기도하지 않는다면, 기도하지 않을 것이다. 이 문제에 있어서 우리가 우리 자신의 성향에 내맡겨진다면, 우리의 기도의 삶은 완전히 끝날 것이다[『칼빈 주석』시 55:18을 보라]. 우리가 "우리의 마음을 자극해서 기도하도록 하지" 않는다면[『칼빈 주석』시 103:1, 2; 106:58], 우리로 하여금 무릎을 꿇게 하는, 그리고 기도하도록 자극하는 고통조차도 반대 효과를 낳을 수 있고, 우리를 무감각하게 만들어 기도하지 못하게 할 수 있다.[17]

칼빈이 다음의 사도 바울의 말을 두 번 인용한다.

항상 기뻐하라 쉬지 말고 기도하라 범사에 감사하라 이것이 그리스도 예수 안에서 너희를 향하신 하나님의 뜻이니라(살전 5:18; 참조. 엡 6:18).

---

17 Wallace, *Calvin's Doctrine of the Christian Life*, 293-94(『칼빈의 기독교 생활원리』, CLC 刊).

- 부록 -

그리스도인의 삶에서 기도와 기도의 중요성에 관한 칼빈의 이해를 논의하는 것 외에, 칼빈의 기도 일부를 검토하는 것이 유익할 수 있다. 불행히도 칼빈의 기도에 관한 온전한 모음집은 없지만 우리에게는 아침과 저녁 기도, 일하러 가기 전의 기도, 식사 전의 은혜를 위한 기도, 그리고 칼빈이 보통 설교 전후에 사용했던 기도들과 같이 특별한 경우를 위한 정해진 기도들 중 일부가 있다.[18]

1) 공식적인, 정해진 기도들

이 기도들은 칼빈이 선지서들에 관한 자기의 강의들 후에 행했던, 즉석에서 이루어진 매우 간략한 기도들보다 길고, 성격상 그것들과는 다소 다르다. 이 기도들에서는 다음과 같은 두드러진 특징이 있다.

① **하나님을 부르는 형식.**
하나님의 주권이나 위엄보다는 하나님의 부성이 두드러진다.

---

18 이 기도들 대부분은 『제네바 요리문답』의 초판에 첨부되어 있지만, Library of Christian Classics의 *Calvin: Theological Treatises*에는 들어 있지 않다. 그러나 다음에는 들어 있다. A. Mitchell Hunter, *Teaching of Calvin* (London: James Clarke, 2nd ed., 1950), 215-21. 이 기도들과 그 밖의 다른 몇몇의 기도들 역시 다음에 들어 있다. *John Calvin: The Christian Life*, ed. John H. Leith (San Francisco: Harper & Row, 1984), 78-82. 이 기도들의 대부분은 더 큰 기도 모음집인 다음의 책에서 온 것이다. *Calvin's Tracts and Treatises*, vol. 2, trans. and ed. by Henry Beveridge (Grand Rapids: Wm. B. Eerdmans Publishing Co., 1958).

예컨대, "나의 하나님, 나의 아버지, 나의 보존자시여."

"오! 주 하나님, 가장 긍휼이 많으신 아버지, 구원자시여."

"우리의 선하신 하나님 아버지를 부르게 하소서."[19]

② **죄의 고백**.

칼빈은 매우 다양하게 이 일반적인 기도들에서조차 구체적인 죄들을 인정한다. 즉, 나태함, 무기력, 육체의 열망들, 탐욕이나 이익의 욕구, (하나님에 대한) 불신, 인내의 부족 등이다.

③ **예수 그리스도 안에서 하나님의 긍휼과 은혜를 구함**.

"하나님의 사랑하시는 아들이신 우리 주 예수의 얼굴로 우리를 바라보아" 주옵소서.

"주님의 은혜와 선하심에서만 모든 복을 찾게 하옵소서."

"매일매일, 주님의 은혜의 선물을 저에게 더해 주시되, 저희가 저희의 마음을 영원히 비추는 참된 태양이라 부르기에 합당하신, 주님의 아들 예수 그리스도를 더욱 강하게 붙들게 하옵소서."

④ **하나님의 인도, 특히 성령의 인도를 구함**.[20]

"주님이 태양으로 이 세상을 밝히시듯이, 성령의 조명으로써 저의 정신에 빛을 비추시고 성령을 통해 저를 의의 길로 인도하소서."

"저의 마음을 다스리셔서 제가 기꺼이 그리고 열정적으로 유익을 얻

---

19 이 단락과 다음의 단락들은 다음에서 발견되는 기도들에서 취한 것이다. Hunter, *Teaching of Calvin*, 215-21.

20 칼빈신학에 나타난 성령의 인도와 지도에 관해서는 필자의 다음 에세이를 보라. John Hesselink, "Governed and Guided by the Spirit: A Key Issue in Calvin's Doctrine of the Holy Spirit," in *Das Reformierte Erbe*, Teil 2, Festschrift for Gottfried Locher, ed. Heiko Oberman, Ernst Saxer, et al. (Zurich: Zwingli Verlag, 1993).

게 하소서."

"하나님의 거룩한 영으로써 모든 왕과 군주와 통치자를 인도해 주시옵소서."

⑤ **모든 삶에서 하나님을 영화롭게 하라는 권면.**

"저의 모든 행동이 주님의 이름의 영광(과 내 형제들의 행복)에 이바지하게 하소서."

저희가 "저희의 모든 삶에서 하나님의 거룩한 이름을 영화롭게 함으로써 하나님을 섬기며 경배"하게 하소서.

박해 받는 하나님의 신실한 자들에게 "참된 견고함"을 주셔서 "하나님의 거룩한 이름이 그들의 생명과 죽음 모두를 통해 영광을 받게 하옵소서."

그리고 칼빈은 저녁 기도에서 잠을 자는 동안 하나님이 자기를 "정결하고 순결하게" 하시며, "모든 위험에서 지키셔서 자기의 잠까지도 주님의 이름을 영화롭게 하시기를" 기도한다.

2) 즉흥적 기도들[21]

선지서들에 관한 칼빈의 강의들 뒤에 오는 간략한 기도들은 분명 즉석에서 이루어졌다. 위에 있는 주제들 대부분이 이 기도들에서도 발견되지만, 이 기도들은 앞서 이루어진 설명의 주제를 반영한다. 더욱 중요하고

---

21 이 기도들의 대표적인 모음집과 강의 후에 이루어진 기도들의 간략한 모음집을 다음에서 발견할 수 있다. *Calvin's Devotions and Prayers of John Calvin*, compiled by Charles E. Edwards (Grand Rapids: Baker Book House, 1954).

주목할 만한 것은 칼빈이 이 기도들의 대부분을 종말론적인 주제로—만물의 극치와 하나님의 통치가 온전히 이루어질 것을 내다보며—끝맺는 방식을 취하고 있다.

예를 들어, 이 기도들은 전형적으로 "마침내 … 우리가 천상의 나라에 모일 때까지" 또는 "우리의 싸움을 마친 후 우리가 마침내 주님이 우리에게 약속하신, 그리고 우리를 위해 하늘에 쌓아 두고 계시는 복된 안식을 누리도록"과 같은 표현으로 끝난다.[22]

다음의 네 개의 기도는 이 점을 예증하고 이 종말론적 마무리 기도들이 어떻게 기도 전반에 들어와 있는지를 보여 준다.[23]

> 전능하신 하나님!
> 주님은 매우 친절하게도 우리를 주님 자신에게로 이끄시고, 우리가 귀먹어 있다 할지라도, 우리를 향하신 주님의 은혜를 더 크게 베풀어 주시기를 멈추지 아니하시므로, 우리가 주님께 기꺼이 복종케 하시고 주님의 말씀이 우리를 다스리게 하소서.
> 그리고 우리가 하루 동안이나 잠깐만이 아니라 **우리의 여정을 완주하고 주님이 주시는 천상의 안식 안에서 함께 모이게 될 때까지** 변함없이 주님

---

[22] 이 두 표현은 각각 『칼빈 주석』 암 8:11-12(소선지서 강의 66번째)과 『칼빈 주석』 옵 1:12-21(소선지서 강의 71번째)에 관한 강의 후에 이루어진 것이다.

[23] 이 기도들은 다음에서 온 것이다. *Calvin's Old Testament Commentaries: Ezekiel, Chapters 1-12*, Rutherford House Translation, trans. by D. Foxgrover and D. Martin (Grand Rapids: Wm. B. Eerdmans Publishing Co., 1994). 이것들이 칼빈의 마지막 성경 강해들이 되었다. 사실상, 칼빈은 이것들을 완전히 마무리할 수 없었으며 20장까지만 완료했다. 칼빈은 이 강의를 1564년 1월 2일에 끝냈고 그다음에는 집에 머물 수밖에 없었는데, 거의 침상에 머문 채였다. 칼빈은 1564년 5월 27일에 사망했다.

께 복종하게 하소서. 그리스도 우리 주를 통하여. 아멘.[24]

전능하신 하나님!
오늘도 주님은 우리 주 그리스도의 복음 안에서 주님 자신을 우리에게 매우 친밀하게 알리셨으므로, 우리가 우리의 눈을 들어서 우리 앞에 있는 빛으로 향하며, 우리의 눈을 그곳에 고정하는 법을 배우게 하소서.
그리하여 **마침내 우리의 부르심의 과정을 완성한 후, 우리가 주님 앞에 이르러 주님의 독생자가 자기의 피로 우리를 위해서 얻으신 그 영광을 주님과 함께 누릴 때까지** 언제나 주님의 길을 따르도록 지도를 받게 하시며 주님이 우리를 부르신 목표에 도달하고자 분투하게 하소서. 아멘.[25]

전능하신 하나님!
주님은 매우 친밀하게 우리에게 다가오시기 위해 주님 자신을 낮추셨으므로, 이제는 우리가 주님께 열정적으로 다가가며 확고하고 거룩한 교제 안에 머물게 하소서.
주님이 우리를 주님의 천상의 나라 안으로 함께 모으셔서 그러한 은택들의 충만함으로 이끄실 때까지 주님의 말씀 안에 우리를 위해 규정하신 합당한 예배 안에 우리가 머무는 동안, 우리를 향하신 주님의 은택들도 증가하게 하소서. 예수 그리스도 우리 주를 통하여. 아멘.[26]

---

24 『칼빈 주석』 겔 3:21 이하 (강의 11번째), 110. 이 모든 기도들은 공식적인 모든 일반 기도들과 대조되게 단지 "전능하신 하나님"으로 시작된다.
25 『칼빈 주석』 겔 4:5 이하 (강의 14번째), 137.
26 『칼빈 주석』 겔 8:15 이하 (강의 23번째), 217.

전능하신 하나님!

우리는 주님의 손의 작품이요 창조물이므로, 주님 안에서가 아니면 우리가 살지 못하고 거동하지 못한다는 것을 우리에게 깨닫게 하소서.

그리고 우리가 주님께 복종하여, 주님의 숨겨진 섭리에 의해서 다스려질 뿐만 아니라 자녀들이 그러하듯이 주님께 기꺼이 복종하며 따른다고 하는 증거를 내놓게 하시고, **우리를 위해서 하늘에 놓여 있는 저 복된 기업을 누리게 될 때까지**, 우리가 이 땅에서 주님의 이름을 아주 열심히 영화롭게 하기를 기도드립니다. 아멘[강조는 필자의 것이다].[27]

그리스도인의 삶의 핵심 요소가 "미래의 삶에 관한 묵상"[28]이라는 칼빈의 확신을 이보다 더 잘 보여 주는 것은 없다. 이 설명들에서 칼빈은 일상의 삶의 문제들에 많은 관심을 두고 있다. 하지만, 이 기도들이 가리키듯이, 우리는 이 세상의 일들을 언제나 영원에 비추어서(in the light of eternity, *sub specie aeternitatis*) 보아야 한다.

---

27 『칼빈 주석』 겔 10:6 이하(강의 26번째), 244.
28 이것은 『기독교 강요』 III. 9의 제목인데, 그리스도인의 삶에 관한 칼빈의 강화(III. 6-10)의 절정을 형성한다. 이 강화의 마지막 장 제목은 "우리는 현재의 삶과 그것의 도움들을 어떻게 사용해야 하는가"이다. 필자가 "강화"(discourse)라고 부른 그 부분은 『기독교 강요』 1550년 판 이후에는 "그리스도인의 삶에 관한 소책자"(The Little Book on the Christian Life)로 알려지게 되었고, 이런 형태로 따로 출판되었다. 이 책은 초기에 매우 인기가 있었고, 영어로는 *Golden Book of the Christian Life* (Grand Rapids: Baker Book House, 1952)를 통해 접할 수 있다.

제12장

성례들

(제26-29항)

세례와 성찬

1. 교회의 표지로서의 성례들

이제 칼빈은 교회에 관한 교리로 나아간다. 그러나 『제1차 신앙교육서』에서 교회 자체가 논의되는 것은 아니고, 오히려 교회의 몇 가지 측면만이, 즉 두 가지 복음적 성례(제26-29항), "교회의 목사들과 그들의 권세"(제30항), 그리고 "출교"(제32항)가 논의된다. 『기독교 강요』의 거의 3분의 1을 차지하는 4권에서 교회가 길게 논의된다.

이 논의의 대부분은 로마 가톨릭교회에 관한 논박이지만, 이것은 동시에 종교개혁 동안에 나타난, 교회에 관한 가장 중요한 글이다. 영국 학자인 웨일(J. S. Whale)은 심지어 다음과 같이 말한다.

교리와 더불어, 교회의 일원 됨은 칼빈의 체계를 구성하는 둘째 원리이다.[1]

---

1 J. S. Whale, *The Protestant Tradition* (Cambridge University Press, 1960), 145.

다음과 같은 『기독교 강요』 IV의 제목은 흥미롭기도 하고 의미심장하기도 하다.

하나님이 우리를 그리스도의 연합체로 초대하시고 그곳에 우리를 붙들어 두시는 외적 방편들 또는 도움들(『기독교 강요』 IV의 제목).

적어도 한 명의 신학자(에밀 브루너)는 이 제목을 불쾌해했고, 이것이 교회에 관한 저급한 견해, 즉 교회란 단순히 "믿음을 외적으로 떠받치는 것," "믿음의 본질에 속하는 것이기보다는 믿음에 우유적(偶有的, accidental)이고 부차적인"[2] 것이라는 견해를 시사한다고 결론을 내린다.

그러나 사실, 『기독교 강요』 IV. 1의 제목인 "모든 경건한 자의 어머니로서 우리가 그것과 하나임을 유지해야 하는 참된 교회"가 가리키듯이 그것과 정확히 정반대이다.

교회는 교회를 구별해 줄 수 있는 가시적 표들을 지닌 가시적 연합체이다. 따라서 칼빈은 하나님의 말씀이 순수하게 설교되고 들려지는 곳마다, 그리고 성례가 합당히 거행되는 곳에 우리가 교회를 가진다고 말한다. 이 두 표지(marks)가 있는 곳에는, 그곳이 어디든지 참된 교회가 존재한다(『기독교 강요』 IV. 1. 9; 참조. IV. 1. 10-12). 교회에 관한 이런 정의는 루터교의 『아우크스부르크 신앙고백서』(Augsburg Confession) 제7항에서 발견되는 것과 거의 같다.[3]

---

2 브루너(Brunner)의 다음 책을 보라. E. Brunner, *Dogmatics*, vol. 3: *The Christian Doctrine of the Church, Faith, and the Consummation* (Philadelphia: Westminster Press, 1960), 19.
3 설교의 성격과 성례들의 거행을 표현하는 형용사들만이 다르다. "순수하게 설교되

요컨대, 말씀과 두 성례는 교회의 두 가지 표지이다. 그리고 이 두 가지는 결국 하나인데, 왜냐하면 성례들은—어거스틴의 말대로—"하나님의 가시적 말씀"[4]이기 때문이다 (IV. 14. 6).

2. 왜 성례들이 필요한가?

우리는 하나님의 기록된 말씀을 믿고 있다면, 왜 하나님의 뜻과 은혜를 우리에게 전달하기 위해 (성령의 도우심 외에) 다른 어떤 것을 필요로 하는가?

그 대답은 다음과 같다. 즉, 우리는 우리의 작고 연약한 믿음 때문에, 하나님의 적절한 은혜를 얻도록, 그리고 우리의 믿음을 확고히 하도록 도와줄 특별한, 구체적이고 가시적인 도움들이 필요하다. 또한, 이것들은 "하나님 앞과 사람들 가운데서 우리 믿음의 훈련"(제26항)이다.[5]

하나님의 계시에 관한 우리의 이해는 매우 제한되어 있어서 우리에게는 하나님의 약속들을 확증하고 인쳐 줄 수 있는 가시적 표호(signum, 표식

는"(purely preached) 대신에, 『아우크스부르크 신앙고백서』는 복음이 "바르게 설교되고" 성례들이 "바르게 거행되는 곳"이란 표현을 사용한다. 또 하나의 차이—잘 알아차리지 못하는 차이—는 그 다음 절에서 칼빈이 약간 확장한 부분이다. 여기에서 칼빈은 우리가 "복음의 설교를 **공손하게 듣고**(reverently heard) 성례들을 **무시하지 않는**"(『기독교 강요』 IV. 1. 10; 강조는 필자의 것이다) 교회를 갖고 있다고 말한다.

[4] 조셉 맥럴란드(Joseph McLelland)가 같은 제목으로 쓴 책을 참조하라. 이 책의 부제는 다음과 같다. *An Exposition of the Sacramental Theology of Peter Martyr Vermigli* (Edinburgh: Oliver & Boyd, 1957). 피터 마터(Peter Martyr)는 츠빙글리와 부서의 영향 아래 있었던 이탈리아 종교개혁가였다. 마터는 1542년에 이탈리아를 탈출해야 했다. 마터는 옥스퍼드 신학부의 흠정 교수(Regius Professor)가 되었고, 스트라스부르에서 삶을 마감했다.

[5] 기도를 "믿음의 주요한 **훈련**"으로 표현하는 『기독교 강요』 III. 20에 있는 기도에 관한 장의 제목을 참조하라.

[token] 또는 증거[proof]; 또한 칼빈은 "표시"[mark, 프: marque], "인"[seal, 프: sceau], "깃발"[badge, 프: enseigne]을 사용한다)가 필요하다. 그러므로 성례는 다음과 같이 규정된다.

주님이 우리의 연약한 믿음을 떠받치시기 위해 우리를 향한 자기의 선하신 뜻을 표상하고 증거하는 데 쓰시는 외적인 표호이다.

또는, 이것을 더 간략하고 단순하게 표현하자면, 성례는 다음과 같다.

외적 상징에 의해 우리에게 선언된, 하나님의 은혜의 증거이다(제27항).[6]

종교개혁가들은 두 개의 성례, 즉 세례와 성찬만을 인정했다. 로마 가톨릭은—적어도 1439년 이래로—7 성례를 준수한다.

① 세례성사(baptism).
② 견진성사(confirmation).
③ 성체성사(the Eucharist).
④ 고해성사(penance).

---

6 『제네바 요리문답』310문에 있는 다음과 같은 정의를 참조하라. "성례는 가시적 표호에 의해서 하나님의 약속들을 **더욱 확고하게** 우리의 마음속에 새기고 우리가 하나님의 약속들을 더욱 확신하도록 영적인 것들을 나타내는 하나님의 은혜의 외적 증거이다"(강조는 필자의 것이다). 『제1차 신앙교육서』(1538년)에서 칼빈은 성례들이 우리에게 "우리의 빈약한 능력"(제26항)에 대한 주님의 특별한 공급을 "더욱 잘 알려" 준다고 말한다(제26항).

⑤ 병자성사(extreme unction).

⑥ 성품성사(orders, 또는 the ordination of priests).

⑦ 혼인성사(matrimony).

종교개혁가들이 다른 다섯 가지 성례들을 거부한 주요 이유는 성경이 이것들을 명확하게 가르치고 있지 않기 때문이다. 퀘이커교도들과 일본의 무교회주의(*Mukyōkai*) 같은 일부 개신교도에게는 성례가 전혀 없고, 그 외의 다른 이들 가운데서 칼 바르트는 성례 개념이 성경에서 발견되지 않는다고 주장한다. 하지만, 바르트는 세례와 성찬 둘 모두의 의식이 지닌 의미를 인정한다.[7]

어쨌든 칼빈은 성례들을 매우 중시했는데, 대부분 관점에서 루터만큼 그러했다. (현대의 많은 개혁파/장로교 그리스도인들은 루터파에 속한 자기들의 상대자들과 달리 그렇지 못하다.) 칼빈은 성례들을 "고상하고 천상적인 신비들"(제26항)이요, "우리 믿음의 기둥들"(『기독교 강요』 IV. 14. 6)로 간주하는데, 이것들은 예수 그리스도 안에서 우리를 향하신 하나님의 선하심과 은혜의 증거들이다.

이것들은 우리 믿음의 토대인 기록된 말씀 안에서 우리에게 주어진 것과는 다른 것을 우리에게 제공하는 것이 아니라 우리의 연약한 믿음을 강화하고 확증한다. 믿음의 눈은 매우 흐릿하므로, 우리에게는 우리의 청각 기능뿐만 아니라 다른 감각들에도 말하는 이 가시적 도움들이 필요하다.

7　Karl Barth, *Church Dogmatics*, IV/4 (Edinburgh: T. & T. Clark, 1969)로 출판된, 바르트가 다 완성하지 못한 "유고"(遺稿, Fragment)를 보라.

칼빈은 우리 믿음의 연약함을 표현하기 위해 매우 그림과 같은 언어를 사용한다. 이것뿐만 아니라 우리의 "우둔한 능력" 때문에 우리는 말씀 외에 부가적 도움들을 요구한다.

> 왜냐하면, 우리의 믿음은 너무도 부족하고 연약해서 사방에서 떠받쳐지고 모든 수단을 다해서 지탱되지 않을 경우, 요동하고 흔들리며 비틀거리기 때문이다(제26항).[8]

> 그러므로 우리 주님은 우리가 언제나 땅에서 기어 다니고 육체에 매여 있으며 영적인 것에 관해 생각하지 않거나 심지어 마음에 품지 않으므로, 자기의 무한한 친절하심에 따라 우리의 능력에 맞게 자신을 맞추어 주셔서, 이런 땅에 있는 요소들에 의해서라도 우리를 자신에게로 이끌기 위해 그리고 육신을 입은 우리 앞에 영적 복들의 거울을 두시기 위해 자신을 낮추신다(『기독교 강요』 IV. 14. 3).

특정한 성례들로 넘어가기 전에 세 가지를 더 지적해야겠는데, 성령의 역할, 믿음의 중요성, 그리고 성례들을 강력하고 유효화하게 만드는 데 있어서 그리스도의 위치이다.

---

8 비록 여기에서 칼빈이 자기의 독자들에게 말씀 그 자체만으로는 부적절하다고 생각하는 것에 대해 조심시키고 있지만, 이 문장은 『기독교 강요』 IV. 4. 3에서 다소 변형된 형태로 반복된다. "제대로 말하자면," 성령이 "필요한 이유는 그의 신성한 말씀을 확증하기 위해서라기보다는 그 말씀에 대한 믿음 안에 우리를 확고히 세우기 위해서이다. 왜냐하면, 하나님의 진리는 그 자체로 충분히 확고하고 확실하며, 그 자체 외에 다른 어떤 원천으로부터도 더 좋은 확증을 받을 수 없기 때문이다"라고 칼빈은 말한다.

첫째,『제1차 신앙교육서』에는 성례들의 성격을 간략히 다루면서 성령에 관한 언급이 전혀 없지만(제26, 27항),『기독교 강요』의 성례들에 관한 긴 장에서 이 주제는 두드러진다. 여기에서 칼빈은 우리의 믿음을 확립하고 증가시키기 위해 하나님이 성례들을 주셨다고 반복해서 말한다. 하지만, 칼빈은 다음과 같이 덧붙이는데, 성례들은 오직

> 내적 교사이신 성령이 그 성례들에 임할 때 그 자체들의 직무를 적절하게 성취하는데, 성령의 능력에 의해서만 성례들이 들어가도록 마음이 관통되고 감정이 움직여지며 우리의 영혼이 열리게 된다. 성령이 결핍되어 있다면, 성례들은 태양의 광채가 먼눈에 비추는 것이나 소리가 안 들리는 귀를 향해 울리는 것처럼 우리의 정신 안에서 아무것도 이룰 수 없다(IV. 14. 9).

요컨대,

> 성례들은 성령의 능력이 없이는 조금의 유익도 주지 못한다(IV. 14. 9).

또는, 칼빈은『제네바 요리문답』에서 다음과 같이 제시한다.

> 성례의 능력과 효과는 외적 요소들에 있는 것이 아니라 온전히 하나님의 성령으로부터 나온다(313문).[9]

---

9 성례들과 관련하여, 성령의 중요한 능력에 관한 다른 언급들을 위해서는 다음을 보라. 『기독교 강요』 IV. 14. 8, 10, 11, 22.

둘째, 그러나 또한 인간 편에서 믿음이 없어서는 안 된다. 왜냐하면, "주님이 자기의 거룩한 말씀 안에서 그리고 자기의 성례들 안에서 우리에게 긍휼과 자기 은혜의 보증을 주시는 것이 확실하"기 때문이다.

그러나 이것은 말씀과 성례를 확실한 믿음으로 받아들이는 사람들에 의해서만 이해된다.

그리고 나서, 칼빈은 동일한 취지로 다음과 같이 어거스틴을 인용한다.

말씀의 효과는 말씀이 말해지기 때문이 아니라 말씀이 믿어지기 때문에 성례에서 드러나게 된다(『기독교 강요』 IV. 14. 7).

종교개혁가 칼빈은 논박적인 논문에서 훨씬 더 강력하게 직접 다음과 같이 표현한다.

믿음을 성례들과 분리하는 사람은 마치 영혼을 몸과 분리하는 것과 같다.[10]

따라서 성례들은 그것을 받는 사람들이 자동으로 복을 받게 되는 마법적 방편이 아니다. 예수 그리스도 안에 있는 하나님의 약속들이 실현되고자 한다면, 하나님 편에서는 말씀과 성령이 중요하고, 우리 편에서는 믿음

---

10 John Calvin, "Antidote to the Council of Trent," canon IV, in *Tracts and Treatises*, vol. 3, *In Defense of the Reformed Faith*, ed. T. F. Torrance (Grand Rapids: Wm. B. Eerdmans Publishing Co., 1958), 174

이 본질적이다. 그런데도 우리의 믿음조차 성령의 선물이다.

> 믿음은 성령의 고유하고 전적인 사역으로서, 우리는 성령에 의해 조명됨을 통해 하나님과 하나님의 친절하심의 보고(寶庫)를 알아보게 된다. 그리고 성령의 빛이 없다면, 우리의 정신은 눈이 멀어서 아무것도 볼 수 없고, 매우 우둔해서 영적인 것을 아무것도 감지할 수 없다(IV. 14. 8).[11]

셋째, 성례들에 관한 칼빈의 이해에 근본적인 세 번째 개념은 성례들이 그리스도 안에서 그것들의 의미를 발견한다는 것이다. 그 이유는 다음과 같다.

> 그리스도는 모든 성례의 질료(matter, *materiam*) 또는 (당신이 이 용어를 선호한다면) 실체(substance, *substantiam*)이다. 왜냐하면, 성례들은 그리스도 안에서 그 자체들의 모든 견고함(firmness, *soliditatem*)을 가지고, 그리스도 외에 어떤 것도 약속하지 않기 때문이다(IV. 14. 16).

그 이유는 다음과 같다. 성례들의 유익은 "우리를 그리스도께 참여하게 만드는 성령을 통해서 주어지고, 외적인 표호들이 우리를 그리스도께로 유인할 때, 그 외적인 표호들의 도움에 의해서만 받는다. 하지만, 이 외적인 표호들이 다른 방향으로 틀어지게 된다면, 이 외적인 표호들의 모든 가치는 부끄러울 정도로 파괴된다"(IV. 14. 16).

---

11 "성령의 주된 사역"으로서의 믿음에 관해서는 다음을 보라. 『기독교 강요』 III. 1. 4.

즉, 우리가 성례의 요소들에 초점을 맞추고 그것들이 가리키는 그리스도께 초점을 맞추지 않는다면, 성례들을 오해하고 잘못 해석하게 된다.

더욱 특별히, 세례는 신자에게 "교회로의 일종의 입문"인 반면, 성찬은 천상의 아버지는 지속해서 "자기의 가족의 일원들을 먹이시고 새로이 기운을 북돋아 주시는 방편이다"(『제네바 요리문답』 323문). 두 경우 모두에서, 우리는 이것들에 의해 예수 그리스도와 더욱 밀접하게 연합된다. 그 이유는 다음과 같다.

성례들은 "우리가 그리스도 안으로 통합되게 하는 도움들이요 방편들이다. 또는 성례들은 우리가 이미 그의 몸의 [지체들]이라면, 그가 하늘의 생명 안에서 우리를 전적으로 그 자신과 함께 연합시킬 때까지 우리를 더욱더 그의 몸 안에 확고히 세우는 도움들이요 방편들이다."[12]

3. 세례

세례는 하나님이 우리에게 주신 것인데, 그 목적은 다음과 같다.

첫째, 하나님 앞에서 우리의 믿음을 돕기 위함이다.

둘째, 사람들 앞에서 우리의 신앙고백을 돕기 위함이다(제28항).

첫 번째 목적은 이 성례의 종교적 내용과 관련이 있고, 두 번째 목적은 우리의 믿음에 대한 공적 증거의 내용과 관련이 있다. 종교적 내용에 관해

---

[12] *Defensio sanae et orthodoxae doctrinae de sacramentis*, CO 9:17. 다음에서 재인용했다. Wendel, *Calvin*, 318.

칼빈은 우리가 세례를 통해 받는 세 가지 유익을 말한다(『제1차 신앙교육서』에서는 두 가지만 상술된다).

첫째, 세례는 우리가 그리스도의 피(즉, 희생제사적 죽음)를 통해 받는 죄 사함의 표호이다(마 28:19; 행 2:38; 벧전 3:21). 따라서 세례는 "우리의 모든 죄가 없어지고 사면되며 지워져서 이 죄들이 결코 하나님 앞에 나타나거나 생각나거나 우리를 대적하여 고발될 수 없다는 것을 우리에게 확증하는 인쳐진 문서와 같은" 것이다(『기독교 강요』 IV. 15. 1). 그러므로 신자들은 자기들의 구원에 관해 고민하거나 의심이 들 때, 자기들의 세례를 떠올려야 한다. 세례는 위로와 확신의 지속적인 원천이다.

둘째, 세례는 그리스도와 우리를 동일시함으로써 우리의 육체가 죽었다는 것의 표호이다. 이것은 로마서 6:3-11에서 사도 바울에 의해 표현되는데, 이곳에서 바울은 우리가 그리스도와 함께 일으킴을 받고 새 생명으로 살기 위해 그리스도의 죽으심과 합하여 세례를 받았다고 말한다(참조. 골 2:11, 12).

셋째, 세례를 통해 우리는 "그리스도의 죽으심과 생명에 접붙여질 뿐만 아니라 연합되어서 그리스도의 모든 복을 나누는 자들이 된다"(『기독교 강요』 IV. 15. 6). 위에서 주목했듯이, 이것은 『제1차 신앙교육서』에는 세 번째 유익으로서 열거되지 않으나, 거의 같은 표현을 세례에 관한 논의의 시작에서 발견할 수 있다.

> 믿음은 약속을 바라보는데, 긍휼이 많으신, 우리의 하나님 아버지는 우리가 그리스도로 옷을 입음으로 말미암아 그의 모든 유익에 참여하도록 이 약속에 의해서 자기의 그리스도와 교통하게 하신다(제28항).

세례의 두 번째 일반 목적은 우리의 믿음을 다른 사람들 앞에서 인정하고, 그럼으로써 "우리가 모든 경건한 사람과 함께 동일한 종교 안에서, 하나이신 하나님을 예배하고자 하나님의 백성 가운데 속하기를 원한다는 것을 공개적으로 고백하는" 것이다(제28항; 참조.『기독교 강요』 IV. 15. 13). 숨겨지고 고립된 그리스도인들에 의해 하나님은 영광을 받지 않으시고, 교회도 힘을 얻지 못한다.

그리스도인이 되는 것은 교제 안으로 들어오는 것을 의미하고, 세례는 그리스도의 영적 몸인 이 교제에 속해 있다는 가시적인 표지 또는 표호이다(롬 12:4-8; 고전 12:12-27을 보라).

4. 유아 세례

칼빈은『제1차 신앙교육서』에서 유아 세례에 관해 간략히만 언급한다.

> 주님이 우리와 맺으신 언약은 주로 세례에 의해 재가되었으므로, 우리가 영원한 언약의 공유자들인, 우리의 유아들에게 세례를 베푸는 것은 올바른 일이다(제18항; 참조. 창 17:7).

그러나『기독교 강요』에서 칼빈은 이 주제에 특별히 한 장을 할애하는데, 왜냐하면 이러한 실천은 신약성경 안에 아이들에게 세례를 베풀라는 구체적인 명령이 없다는 것을 근거로 당시의 재세례파들(그리고 오늘날의 침례교)에 의해 거부되었기 때문이다. 그러므로 재세례파들은 개인적인 믿음의 고백을 할 수 있는 사람들만이 세례를 받아야 한다고 결론을 내린다.

다른 종교개혁가들처럼 칼빈은 마태복음 19:13-15과 사도행전 16:15, 32 같은 본문을 지적한다. 하지만, 칼빈은 기본적으로 외떨어진 본문들이 아니라 영원한 은혜언약에 호소한다(창 17:1-14; 참조.『기독교 강요』 IV. 16. 3-6).[13] 특히, 칼빈은 할례와 세례를 비교하며 둘 사이의 "신비적 관계"(anagogic relationship)를 강조한다. 그다음에 칼빈은 다음과 같이 추론한다.

> 언약은 여전히 확고하고 견고한 상태로 남아 있다면, 구약 아래에서 유대인들의 유아들에게 속했던 것과 마찬가지로 오늘날 그리스도인들의 자녀들에게도 적용된다(IV. 16. 5).

신약성경에서 세례가 믿음과 연관되어 있고 유아들은 믿음을 발휘할 수 없다는 사실과 관련된 질문이 필연적으로 나온다. 루터는 이런 반론에 답하여 성례의 객관적 가치를 지적하거나, 더 빈번하게는 유아의 잠재적 믿음을 지적한다.[14] 반면, 칼빈은 하나님의 중생케 하시는 사역이 때로는 출생 전에도, 즉 엄마의 모태에서도 시작될 수 있고, 시작된다고 답한다.

여기에서 칼빈은 세례 요한(눅 1:15을 보라)과 예수님을 지적하고(『기독교 강요』 IV. 16. 17-18), 예레미야(렘 1:5을 보라)와 사도 바울(갈 1:15)을 지적한 것은 당연한 일이다. 따라서,

---

13 언약에 관해서는 다음을 보라. M. Eugene Osterhaven, "Calvin on the Covenant," 제5장 in *Readings in Calvin's Theology*, ed. Donald K. McKim (Grand Rapids: Baker Book House, 1984).

14 다음을 보라. Wendel, *Calvin*, 323-24.

유아들은 미래의 회개와 믿음을 받기 위하여 세례를 받고, 이것들이 아직 유아들 안에 형성되지 않았다 할지라도, 이 두 가지의 씨앗이 모두 성령의 비밀한 사역 때문에 그들 안에 숨겨진 채로 있다(『기독교 강요』 IV. 16. 20).[15]

유아들은 자기들 안에 숨겨진 능력(power, *virtus*)이 점차 자라나서 적절한 때에 충만하게 드러날 때까지 자기들의 나이의 능력에 따라 하나님의 성령에 의해 새롭게 된다.[16]

이런 식의 추론은 인정되는 바와 같이 다소 사변적이지만, 이것은 칼빈의 견해에서 값싼 은혜로 이끌지 않는데, 왜냐하면 또한, 칼빈은 적절한 단계에서 결국 믿음의 증거가 틀림없이 있을 것이라고 주장하기 때문이다. 아이들이 "성인에" 이를 때, "그들은 자기들의 세례의 진리를 인정할 수 있다"(『제네바 요리문답』 139문).[17]

그러나 궁극적으로 유아 세례에 대한 칼빈의 지지는 그의 선택 교리에 의존한다. 칼빈은 유아 세례에 관한 장에서 이 교리에 구체적으로 호소하지는 않지만, 이곳저곳에서 성령의 중생케 하시는 사역이 영생으로 선택된 유아들의 삶에서 역사한다고 믿는 궁극적 기초는 하나님의 주권적 은혜라는 것을 시사한다. 칼빈이 아브라함에 대한 하나님의 부르심에 관해 말하는 바는 그리스도 이후에 오는 모든 이에게 잘 적용될 수 있다.

---

15 "주님이 기뻐하신다면, 왜 주님은 미래에 자기 빛의 충만한 광채로 조명하실 유아들에게 현재 작은 불꽃을 비추지 않으시겠는가 … ?"(『기독교 강요』 IV. 16. 19)
16 『칼빈 주석』 마 9:14.
17 "믿음이 어른들에게 요구될지라도 이런 요구가 전혀 다른 조건에 있는 유아들에게 요구되는 것은 잘못이다"(『칼빈 주석』 행 8:37).

자유로운 권리에 속한 것으로서 하나님의 선택만이 지배한다(『기독교 강요』 IV. 16. 15).[18]

우리가 유아의 삶에서 나타나는 하나님의 은혜로운 역사를 온전히 이해할 수 없을지라도, 이 성례의 기쁨과 유익에는 의심의 여지가 없다. 왜냐하면, 경건한 부모들은 이 표호 안에 있는 자기들과 자기들의 자녀들에 대한 하나님의 은혜로운 약속들 및 "무한한 관대함"으로 인해, 하나님의 영광을 선포하고 그들의 마음은 "특별한 행복으로" 넘치며, "자신들로 인해 자기들의 후손에게 하나님 아버지의 관심이 베풀어지는 것을 볼 때, 자기들의 친절하신 하나님 아버지에 대한 더 깊은 사랑으로" 나아가야 하기 때문이다(『기독교 강요』 IV. 16. 9).

유아 세례의 다른 유익들은 이것에 의해 "부모들이 자기 자녀들의 몸에 새겨진 주의 언약을 자기들의 눈으로 보기 때문에 더 확실한 확신으로 나아가도록 자극을 받게"[19] 된다는 것이다. 어린아이들 자신도 "교회의 다른 지체에 더욱 맡겨지게 되는" 유익을 얻는다. 어린아이들은 자라남에 따라서 "하나님을 예배하고자 하는 열렬한 열심이 크게 고무되어야" 한다. 그리고 마지막으로, 하나님의 형벌 위협은 하나님의 "제시된 은혜"를 거부하는 사람들에게 또렷하게 상기되어야 한다(창 17:14; 『기독교 강요』 IV. 16. 9).

---

18 더 나아가서 다음을 참조하라. 『기독교 강요』 IV. 16. 3, 19, 32.
19 "[칼빈에게] 세례의 영구적 효과는 세례가 그들에게 제공된, 절대 취소되지 않는 하나님의 영원한 약속의 표지라는 것이다. 지성(the mind)이 성령의 행동 아래 말씀에 대해 깨어나게 될 때마다, 이런 일이 9살에 발생하든 90살에 발생하든, 세례는 믿음으로 받는다는 것이다"(Jill Raitt, "Three Inter-Related Principles in Calvin's Unique Doctrine of Infant Baptism," *Sixteenth Century Journal*, 11/1 [spring 1980]: 57).

칼빈은 이 교리에 관해 강력하게 느끼고 있으며, "우리에게서 확신의 단일한 열매와" 이 열매 "로부터 얻을 수 있는 영적 기쁨을 빼앗으려는"(『기독교 강요』 IV. 16. 32) 시도를 사탄의 것으로 여긴다 할지라도, 유아의 삶에서 하나님의 사역은 "우리의 이해를 넘어선"(『기독교 강요』 IV. 16. 17)다는 데 동의한다.

그러나 이러한 겸손은 세례와 관련해서만 적절한 것이 아니다. 우리가 보게 되듯이, 또한 칼빈은 성찬에서 일어나는 것이 우리의 이해를 넘어서는 신비라는 것을 인정한다.

5. 성찬

두 번째 복음주의적 성례는 성찬(Lord's Supper)인데, 이것은 칼빈신학에서뿐만 아니라 주님의 교회의 일원 됨 안에서도 중요한 자리를 차지한다. 다른 많은 곳에서 그러하듯이, 여기에서도 칼빈의 상속자들은 종종 이 성례에 관한 칼빈의 이해의 깊이와 정교함을 이해하고 인식하지 못했다. 모든 것이 예수님이 마지막 만찬에서 자기의 제자들에게 하신 말씀에 관한 해석에 달려 있다.

예수님이 빵을 떼어서 그것을 제자들에게 주시며 "이것이 나의 몸이다"라고 말씀하시고, 그다음에 포도주 잔을 나누어 주시며 "이것이 나의 피다"라고 말씀하실 때(막 14:22-25; 참조. 고전 11:23-26), 예수님은 무엇을 의미하신 것인가?

매우 대중적인 견해와 달리, 그리고 심지어 개혁교회와 장로교회 안에서의 견해와 달리, 칼빈은 빵과 포도주가 그리스도의 몸과 피의 단순한 상징이라고 가르치지 **않는다**. 이러한 가르침은 취리히 종교개혁가인 츠빙글리의 견해였다.

칼빈은 사실상 이 점에서 루터와 더 가까웠다. 둘 사이의 입장에 차이들이 있긴 했지만 말이다.[20] 어쨌든, 두 사람 다 믿음으로 빵과 포도주를 받을 때, 그리스도가 빵과 포도주의 요소들 안에 어떤 의미에서 실제로 현존하신다고 믿었다. 칼빈은 루터보다 성령의 역할을 강조했지만, 동시에 성례들을 단순히 그리스도의 성령과의 영적 교제로 생각하지 않도록 경고했다.

칼빈이 『제1차 신앙교육서』에서 이 문제를 어떻게 표현하는지 주목하라.

즉, 빵과 포도주의 상징들 안에서, "주님은 … 자기의 몸과 피에의 참된 교통을 제시하신다. 그러나 … 영적 교통"이다(제29항).[21] 이 말들은 "영

---

20 주요한 차이점은 그리스도의 승천한 몸의 본성과 '속성 교통'(*communicatio idiomatum*)의 문제에 관한 각각의 견해를 중심으로 하고 있다. 또한, 이것에는 성찬에서의 그리스도의 현존의 성격에 관한 그들의 서로 다른 해석의 함의들이 들어 있다. 이 문제에 관해서는 다음을 보라. 『기독교 강요』 IV. 17. 30 그리고 David Willis, *Calvin's Catholic Christology* (Leiden: E. J. Brill, 1966).

21 여기에서 핵심어는 "교통"(communication, *communicatio*)인데, 이것은 일반 영어에서보다 라틴어에서 훨씬 더 풍부한 의미를 지니고 있다. 칼빈은 『제1차 신앙교육서』에서 몇 줄 더 내려가서, 그리스도가 우리에게 부재하시다 할지라도, "공간적 거리는 그의 능력이 신자들에게 그를 먹이는 것을, 그리고 이곳에 계시지 않은 그와 늘 현재적 교통(communication)을 누리도록 작용하는 것을 못하게 할 수 없다"라고 말할 때[제29항], 같은 단어를 사용한다. 이 단어는 『기독교 강요』에서 상대적으로 덜 사용되는데, 이곳에서 칼빈은 그리스도가 성찬에서 어떻게 경험되는지를 가리키기 위해 보다 그림 같은 언어(graphic language)를 사용한다. 그러나 『기독교 강요』 IV. 17. 20을 보라. 이곳에

적"인 것으로, 즉 비객관적인 방식으로 해석될지도 모르지만, 칼빈은 조금 후에 다음과 같이 말한다.

> 따라서 살과 피가 빵과 포도주 아래에서 표상된다. 그리하여 우리는 빵과 포도주가 우리 자신의 것일 뿐만 아니라 우리를 위한 생명과 양식이라는 것도 배우게 된다(제29항).

같은 진리가 후에 『기독교 강요』에서 다음과 같이 더욱 분명하게 표현된다.

> 우리가 몸의 상징을 받았을 때, 비가시적인 것의 선물을 인치기 위해 우리에게 가시적인 표호가 주어진다는 것이 사실이라면, 몸 자체도 우리에게 주어진다는 것을 똑같이 확실하게 믿도록 하자(『기독교 강요』 IV. 17. 10).

때때로 칼빈은 수찬자(recipient)의 믿음을 핵심 요소로 삼는, 츠빙글리의 더욱 상징적인 견해를 직접으로 논박하는 것처럼 보인다. 또한, 칼빈은 성례가 효과적으로 되기 위한 믿음의 필연성을 강조하지만 칼빈의 강조는

는 "우리를 하나님 안으로 자라게 하는, 그리스도와의 저 비밀한 교통(communication)"에 관한 더 폭넓은 언급이 있다. IV. 17. 38을 참조하라. 또한, 이 용어는 (『제1차 신앙 교육서』 바로 후인 1540년에 작성된) 칼빈의 『성찬에 관한 소논문』(*Short Treatise on the Lord's Supper*)에서 몇 번 등장한다. 여기에서 칼빈은 "성찬에서 우리에게 제공되는 예수 그리스도와의 참된 교통(communication)을 부정하는 것"은 이 거룩한 성례를 하찮고 쓸모없는 것으로 만든다고 선언한다. 이 소논문의 영역본은 다음에 속한 것을 사용했다. *Calvin: Theological Treatises*, Library of Christian Classics, vol. 22, ed. J. K. S. Reid (Philadelphia: Westminster Press, 1954), 146.

하나님의 은혜와 성례 안에 있는 고유한(inherent) 능력에 있다.

칼빈은 로마 가톨릭의 견해와 고루터파(high Lutheran)에 속한 칼빈의 비판자인 요아킴 베스트팔(Joachim Westphal)의 견해를 날카롭게 비판하지만,[22] 우리가 성찬에서 빵과 포도주에 참여할 때, 주 예수 자신을 참으로(truly) 먹고 마신다는 것을 자신이 얼마나 진지하게 믿는지를 보여 주기 위해 구체적인, 그림 같은 언어(graphic language)와 은유들을 사용하길 주저하지 않는다.

1) 칼빈의 실재론

여기에 몇 가지 예가 있다.

> 성찬에서 그리스도는 … 현존하는 자신이 마치 우리 눈앞에 보이고 손으로 만져지듯이 자기의 모든 부요함과 함께 우리에게 제시된다는 것을 의심의 여지 없이 확립해 주신다(제29항).

> 빵이 우리의 몸에 양분을 주듯이, 그리스도의 몸이 우리의 영혼을 살지게 하고 살린다. 이와 유사하게, 포도주가 "인간의 몸을 강화하고 새로운 힘을 주며 기쁘게 하듯이, 그의[그리스도의] 피는 우리의 기쁨이요 우리에게 새로운 힘을 주는 것이며 우리의 영적인 힘이다"(『제네바 요리문답』 341문).

---

[22] 후자에 관해서는 다음을 보라. 『기독교 강요』 IV. 17. 1과 LCC 판, 1359, n. 1; IV. 17. 20과 n. 67; IV. 17. 26-29과 이 절들에 첨부된 각주들.

이 성례는 그리스도가 "우리가 계속해서 먹는 생명의 빵이 되셔서 우리에게 그 빵의 맛과 향을 주신다"는 것을 우리에게 상기시킬 때, "우리에게 그 빵의 능력을 느끼게 해 준다." "그리스도에 참으로 참여함"으로써, "그의 생명이 우리 안으로 들어오고 우리의 것이 된다. 마치 빵을 음식으로 먹을 때, 그 빵이 몸에 힘을 주듯이 말이다"(『기독교 강요』 IV. 17. 5).

칼빈은 심지어 다음과 같이 말한다.

> 그리스도의 살이 우리의 양식이 되기 위해 우리 안으로 들어온다(IV. 17. 24).

칼빈은 알렉산드리아의 키릴(Cyril of Alexandria)에게서 자기의 실마리를 취하고 봄(春)의 유비를 사용해서 다음과 같이 결론을 내린다.

> 마찬가지로, 그리스도의 살은 신격에서 나와서 신격 자체 안으로 흘러 들어가는 생명을 우리에게 부어 주는 부요하고 마르지 않는 샘과 같다.
> 이제 누가 그리스도의 살과 피에 교통함이 천상적 생명을 갈망하는 모든 이에게 필수적이라는 것을 알지 못하겠는가?(IV. 17. 9)[23]

---

23 후에 칼빈은 『기독교 강요』에서 "그리스도의 살과 우리의 영혼의 혼합 또는 융합"(mixture or transfusion of Christ's flesh with our soul)이 있다고 가르치는 베스트팔 같은 사람들에 대해 경고한다. "그리스도의 살 자체가 우리 안으로 들어오든 그렇지 않든, 그 살의 실체로부터 그리스도가 생명을 우리 영혼 안에 불어넣으신다―실로, 그의 생명 자체를 우리에게 부어 주신다―는 것을"(『기독교 강요』 IV.17.32) 우리가 믿는다면, 우리는 이런 위험을 피하게 되고, 그럼에도 중요한 진리를 유지하게 된다고 칼빈은 느낀다. 이것은 중요한 구분이다.

믿음을 통해서 "그리스도의 살을 먹는 것"(IV. 17. 5)과 "우리가 맛보도록" 제공된 그리스도의 피를 갖는 것에 대한 이런 종류의 실재론적 언어는 이후의 개혁파 신학자들에게 내키지 않는 것이 되어 왔고, 일부의 현대 개혁/장로교회의 신실한 신앙인들에게 충격을 줄지도 모른다.[24]

칼빈 자신은 다음의 사실에 동의한다.

우리에게서 그렇게 멀리 떨어져 있는 그리스도의 살이 우리의 양식이 되기 위해 우리에게 들어온다는 것은 믿을 수 없는 일이다(IV. 17. 10).

우리는 위에서 인용된 구절들이 특히, 칼빈이 성찬에서 그리스도의 "실재적 현존"(real presence)을 믿지 않는다고 주장하는, 칼빈에 대한 루터파

---

24 브라이언 게리쉬(Brian Gerrish)는 칼빈의 성찬 교리에 관한 자기의 연구서인 *Grace and Gratitude* (Minneapolis: Fortress Press, 1993)를 다음과 같은 말로 결론짓고 있다.
 "충실한 개혁파 신학자들은 그리스도의 생명을 주는 살을 나누어 주는 것에 관한 칼빈의 말에 때로 단순히 의아해했을 뿐만 아니라 마음에 들어 하지 않았다. 이들은 이것이 개혁파 신학 안으로 침투해 들어오는 것을 위험한 것이라고 거절하는 쪽을 택하고 그리스도의 몸이 생명을 주는 것은 그리스도의 몸이 십자가에 못 박혔기 때문일 뿐이라고 주장할지도 모른다. 그러나 그렇게 할 때, 이들은 성찬에 관한 칼빈의 견해가, 성찬이 구원을 받는 데 의미하는 바가 무엇이고 그리스도의 역사적 행위가 어떻게 현재까지 미치고 있는지에 관한 전체적인 개념과 연관되어 있었다는 것에 주목해야 한다.
 세례와 성찬에 관한 칼빈의 사상들을 이것들 자체의 역사적 맥락 속에서 읽으면서도, 세례와 성찬이 부분적으로는 또 하나의 위험, 즉 거룩한 표호들을 단순히 상기시키는 것들로, 그리스도와 교제함을 그리스도께 대한 믿음으로, 그리고 교회의 살아 있는 몸을 한마음을 지닌 사람들의 연합으로 환원시키는 사고방식에 대한 경고로서 발전되었다는 것을 알아차리지 못한다는 것은 불가능한 일이다.
 이후의 개혁파 역사를 신중하게 연구하기만 한다면, 이 두 위험 중 어느 것이 더 큰 것으로 판명되었는지를 볼 수 있다. 그러나 필자가 보기에, 이것은 결론적으로 다음과 같이 말해질 수 있다. 칼빈주의자들이 거룩한 성찬에서 경험하는 저 **더** 많은 어떤 것이 정확하게 무엇인지를 표현하는 것을 매우 어려워할지라도, 에큐메니컬 신학은 언제나 이 두 위험 중에서 개혁파 배(the Reformed boat)의 칼빈 편에 서야 할 필요가 있을 것이다."

비판자들의 비판들을 폐기하리라 생각한다.²⁵

그러나 성찬에 그리스도의 실재적 현존과, 그리스도의 살과 피에 참여함은 물질적으로(materialistically)가 아니라 영적으로(spiritually) 해석되어야 한다. 그리고 이런 의미에서 "영적"라는 것은 비실재적이거나 그리스도가 오직 영으로(in spirit)만 현존하신다는 것을 의미하지 않는다.

동시에 칼빈은 그리스도의 몸과 피가 요소들(elements, 빵과 포도주 -역주) 안에 담겨 있다는 개념에 저항한다. 오히려, 요소들은 "우리 주 예수 그리스도가 살과 피를 우리에게 분배해 주시는 도구들이다."²⁶ 그러나 그리스도는 육체적으로는 우리에게서 멀리 계시다 할지라도, 성찬에서 우리에게 현존하신다. 많은 교리에서 그러하듯이, 여기에서 칼빈의 성찬신학의 실마리는 성령이다.

2) 성령의 역할

성찬에 관한 칼빈의 근본적 전제는 하늘로 올리우신 그리스도의 몸이 국지적(localized)이라는 것, 즉 하늘에 계시다는 것이다. 그러므로 루터는 그리스도의 몸이 편재하다고 주장하지만, 그러한 그리스도는 그러하실 수

---

25 예를 들어, 다음을 보라. Hermann Sasse, *This Is My Body: Luthers Contention for the Real Presence in the Sacrament of the Altar* (Minneapolis: Augsburg Press, 1959). 그리고 최근에 루터파에서 나온 다음 책을 보라. *Christian Dogmatics*, vol. 2, ed. Carl Braaten and Robert Jenson (Philadelphia: Fortress Press, 1984), 357 이하. 그러나 브라이언 게리쉬 같은 우호적인 해석가조차도 서로 다른 해석의 여지가 있는 "모호함들"을 칼빈의 언어에서 발견한다(Gerrish, *Grace and Gratitude*, 2-14).
26 『성찬에 관한 소논문』(LCC 판), 147.

없다.[27] 『제1차 신앙교육서』에서 칼빈이 간략하게 확언하는 것이 이후의 여러 글에서 다시금 반복된다.

> 왜냐하면, 하늘로 올라가신 그리스도는 우리가 나그네로서 살고 있는 이 땅에 거하시기를 중단하셨어도, 공간적 거리는 그의 능력이 신자들에게 그를 먹이는 것을, 그리고 이곳에 계시지 않은 그와 늘 현재적 교통을 누리도록 작용하는 것을 못하게 할 수 없다(제29항).

그러나 여기에서 빠져 있는 것은 멀리 계시는 승천하신 그리스도가 성찬에서 어떻게 우리와 하나가 되시는지이다. 그 답은 성령이다. 불과 2년 후에 기록된 『성찬에 관한 소논문』(Short Treatise on the Lord's Supper)에서 이와 관련한 성령의 역할이 여전히 대부분 부재하다. 칼빈은 "그의 성찬을 효과 있게 하시는" 분은 성령이시고, "빵과 포도주를 합당하게 받을 때 성령의 덕(또는 능력)이 성찬과 결합된다"(p. 149)는 사실을 암시할 뿐이다.

그러나 칼빈은 그다음 해에 기록된 자기의 『제네바 요리문답』(프랑스어판, 1541년)에서 "그리스도의 몸이 하늘에 있고 우리가 여전히 이 땅 위의 순례자들임에도 불구하고," 우리가 어떻게 "그리스도의 몸의 참여자"가 되었는지를 훨씬 더 분명하게 말한다.

이 간극의 다리는 "그의[그리스도의] 영의 기적적이고 비밀한 덕에 의해서 놓이는데, 그리스도께는 공간적 거리에 의해 분리된 것들을 연결시키는 것이 어렵지 않다"(353.5문[354문의 답을 가리키는 것 같다. -편주]).[28]

---

27 여기에서 11장의 그리스도의 인격(person)에 관한 추가 논의에서 논의한 바를 보라.
28 이 텍스트에서 인용된 번역은 리드(Reid)에 의한 라틴어 판(1545년)의 전통에서 온 것

1546년에 기록된 『칼빈 주석』 고린도전서 11장에서 칼빈은 성찬에 관한 바울의 설명을 주석하며 성령이 분리된 것들을 성찬 시에 연합시키는 방식에 관해 더 정확하게 말한다. 여기에서 칼빈은 승천하신 주님의 살이 영적으로 우리에게 양식을 공급한다고 간결하고 분명하게 설명한다.

다음 인용문에서 어떻게 칼빈이 먼저 실재적 현존에 관한 로마 가톨릭과 루터파의 견해를 거부하고, 그 다음에 그 자신의 견해를 진술하는지를 특히 주목하라.

> 성찬에서 우리에게 주어지는 주님의 몸을 나누는 것은 국지적 현존도, 그리스도의 내려오심도, 그리스도의 몸의 무한한 연장도, 이런 종류의 어떤 것도 요구하지 않는다고 나는 주장한다. 왜냐하면, 성찬이 천상적 행위라는 사실에 비추어볼 때, 그리스도가 하늘에 머물러 계실지라도 우리가 그리스도를 받는다고 말하는 것은 터무니없지 않기 때문이다. 그리스도가 자신을 우리에게 분배하시는 방식은, 거리에 의해서 분리된, 그것도 엄청난 거리에 의해서 분리된 것들을 함께 모으실 뿐만 아니라 함께 결합할 수 있는 성령의 비밀한 능력에 의해서이기 때문이다.[29]

이다. J. K. S. Reid, in *Calvin: Theological Treatises*, 137. 보다 초기의 프랑스어 판은 더 간결한데, 다음과 같다. 그리스도가 하늘에 계시다 할지라도, "거리(distance)에 의해 분리된 것들을 결합하는 그의 성령의 불가해한 능력에 의해" 우리는 그리스도의 실체(substance)에 참여할 수 있다.

29 『칼빈 주석』 고전 11:24. 이 번역의 출처는 다음과 같다. John Calvin, *Calvin's Commentaries, The First Epistle of Paul The Apostle to the Corinthians*, ed. Thomas F. Torrance and David W. Torrance, trans. John W. Fraser (Grand Rapids: Wm. B. Eerdmans Publishing Co., 1960), 247.

이 주석의 다른 곳에서, 칼빈은 훨씬 더 분명하게 츠빙글리파 및 성찬에서 "부재한 것의 기념만"을 보는 사람들과 거리를 둔다. 칼빈의 결론은 다음과 같다.

> 그리스도의 몸은 우리의 영혼을 건강하게 하기 위한 양식이 되도록 성찬에서 실제로(really, *realiter*), 보통 단어를 사용하자면 정말로(truly, *vere*) 우리에게 주어진다. 나는 평범한 용어들을 채택하고 있지만, 내가 의미하는 바는 우리의 영혼이 그리스도의 몸의 실체(substance)를 먹고, 그리하여 우리가 정말로 그리스도와 하나가 된다는 것, 즉 동일한 것에 이르게 된다는 것, 그리스도의 살에서 오는 생명을 주는 능력(a lift-giving power from the flesh of Christ, *vix ex Christ carne vivificam*)이 성령의 매개를 통해 우리에게 부어진다는 것이다. 비록 그리스도의 몸이 우리에게서 멀리 떨어져 있고 우리와 혼합되지 않는다(and is not mixed with us, *nec misceatur nobiscum*) 할지라도 말이다.[30]

『기독교 강요』 최종판은 이 논제를 확장한 것에 불과하다. 여기에서 칼빈은 성령을 "그리스도 자신을 그리고 그리스도가 가지고 계신 모든 것을 우리에게 전달해 주는 통로와 같은 연결의 끈"이라고 말한다. 여기에서 칼빈의 핵심 본문은 로마서 8:9인데, 이 구절은 "성령만이 우리에게 그리스도를 온전히 소유하게 하시고, 그리스도를 우리 안에 거하게 하신다"라고 가르친다(『기독교 강요』 IV. 17. 12).

---

[30] 『칼빈 주석』 고전 11:24, *Calvin's Commentaries, The First Epistle of Paul The Apostle to the Corinthians*, 246.

보다 구체적으로, 성찬과 관련하여 칼빈은, 비록 그리스도가 하늘에 머무시고 육체적 형태로 빵과 포도주 안에 "둘러싸여"(enclosed) 있지 않으시다 할지라도, 이런 영적 먹음은 실제적이라고 반복해서 말한다. 다시 해결책은 성령의 비밀하며 "불가해한 능력"에 있다(『기독교 강요』 IV. 17. 33).

여기에서 다소 복잡한 문제가 발생한다.

그러면 우리는 승천하신 그리스도께 우리의 마음을 들어 올려서(sursum corda!) 그곳에서 그를 먹는 것뿐인가?

아니면, 부활하신 그리스도가 자기의 성령에 의해서 우리에게 내려오셔서, 우리가 요소들에 참여하는 것을 통해 영적으로 우리를 양육하신다는 의미인가?

둘 다 맞지만, 전자에 강조가 있다. 다시 말해서, 대개 칼빈은 다음과 같이 가르친다.

> 표호들의 실재를 누리기 위해 우리의 마음이 그리스도가 계시는 하늘로 올려져야 한다(『제네바 요리문답』 355문).

칼빈은 그리스도가 육체적으로 빵과 포도주 안에 들어가 있거나 둘러싸여 있다는 개념을 매우 싫어해서, 그리스도를 하늘에서 "끌어내리"려는 자들을 비웃는다(『기독교 강요』 IV. 17. 31).

> 그러나 우리가 우리의 눈과 마음을 가지고 하늘로 올려져서, 그의 나라의 영광 가운데 그곳에서 그리스도를 찾는다면, 상징들이 우리를 자기의 온전하심 가운데 계신 그리스도께로 초대하듯이, 빵의 상징 아래에서 우리는 그

의 몸을 먹을 것이고, 포도주의 상징 아래에서 개별적으로 그의 피를 마심으로 말미암아 마침내 그의 온전하심 속에서 그를 즐길 것이다(IV. 17. 18).

그렇지만 칼빈은 또한 성찬에서 그리스도가 우리에게 양식을 주시기 위해 우리에게 내려오시는 것에 관해 비유적으로(figuratively) 말한다.[31]

> 그리스도는 우리와 함께 현존하시기 위해 자기의 장소를 바꾸시는 것이 아니라 하늘로부터 자기 살의 효력을 **내려 보내셔서** 우리 안에 현존하게 하신다(『칼빈 주석』 고전 11:24; 강조는 필자의 것이다).

> 우리는 그리스도가 자기의 살과 피의 실체에 의해 우리의 영혼을 진정으로 살리시고자, 외적 상징과 자기의 성령 둘 모두에 의해서 우리에게 내려오신다고 말한다(『기독교 강요』 IV. 17. 24).

그러나 이 "내려옴"은 그리스도가 문자 그대로 내려오셔서 빵과 포도주 내에 둘러싸인다는 방식으로 잘못 이해되어서는 안 된다. 이렇게 믿는 사람들은 "그리스도가 우리를 자신에게 들어 올리시는 방편이 되는 내려옴의 방식을 이해하지 못하고 있다"(IV. 17. 16).

---

31 "칼빈은 성찬에 관한 진술들에서 때로 일관성이 없는 것처럼 보인다. 칼빈은 어떤 곳에서는 그리스도가 '성찬에 있어서 땅에 내려오신다'는 것을 부인함에도 다른 곳들에서 그리스도가 성찬을 통해 내려오시는 것에 관해 자유롭게 말한다. 칼빈의 의미는 그러한 진술을 하게 되는 주장이 놓이게 되는 맥락과 과정에 달려 있다"(Ronald S. Wallace, *Calvin's Doctrine of Word and Sacraments* [Edinburgh: Oliver & Boyd, 1953], 208).

3) 이 모든 것의 신비

이것은 일부 독자를 혼란스럽게 할 만하다고 여겨진다. 왜냐하면, 이것은 매우 복잡한 문제이기 때문이다. 그러므로 칼빈 자신이 이 모든 것을 이해하는 척하지 않았다는 것을 안다면, 위로가 될지도 모르겠다. 칼빈은 우리가 "매우 큰 신비를 몇 마디 말로 표현"할 수 없다고 결론을 내린 후, 겸손히 다음과 같이 덧붙인다.

> 나는 내 정신으로 충분히 이해하지 못하는 이 신비를 본다. 그러므로 나는 이것의 숭고함을 나의 어린아이 같은 작은 척도로 측량해서는 안 된다는 것을 기꺼이 인정한다.
>
> 오히려, 나는 나의 독자들이 자기들의 정신적 관심을 이 매우 좁은 한계 내에 제한해 두지 말고, 내가 그들을 이끌 수 있는 것보다 훨씬 더 높이 오르고자 애쓰기를 권한다. 왜냐하면, 나는 이 문제를 논할 때마다, 모든 것을 말하고자 시도했을 때, 성찬의 가치에 비해 내가 아직도 말한 것이 거의 없다고 느끼기 때문이다. 그리고 나의 정신은 내 입술이 말할 수 있는 것 이상으로 생각할 수 있다 할지라도, 이 형언할 수 없는 것의 위대함 때문에 정복되고 압도된다. 그러므로 정신이 생각할 수도 없고, 입술이 표현할 수도 없는 이 신비 앞에서 경이로움 속에 빠지는 것 외에 할 수 있는 것이 없다(『기독교 강요』 IV. 17. 7).[32]

---

[32] 이런 겸손에도 불구하고, 칼빈은 여전히 자신의 견해가 참이라 믿으며 자기의 견해들이 "경건한 마음들에 의해 인정될 것"이라고 "확신"한다(『기독교 강요』 IV. 17. 7).

이 천상적 신비는 우리의 이해를 넘어서지만, 동시에 하나님의 관대하심과 친절하심의 값진 선물이므로(제29항), 우리의 적절한 반응은 이 성례의 신비들을 이해할 수 없는 우리의 무능력으로 인해 좌절하는 것이 아니라 오히려 이 성례를 통해 하나님이 우리에게 주실 것에 대한 경외하는 개방성이어야 한다.

우리는 칼빈의 정신을 본받아야 하는데, 칼빈은 성찬에서 그리스도의 현존의 성격은 "나의 정신이 이해하거나 나의 말로 선언하기에는 너무도 고상한 비밀"이라고 "고백하기를 부끄러워하지 않"았다. 요컨대, 칼빈은 다음과 같이 결론을 내린다.

> 나는 성찬을 이해하기보다는 오히려 경험한다(『기독교 강요』 IV. 17. 32).[33]

4) 불신자들의 성찬 참여는 어떤가?

칼빈과 그에 대한 루터파 및 가톨릭 비판자들의 일부 사이에 매우 논쟁이 되었던 점은 성찬에 참여하는 불신자들이 실제로 그리스도를 먹고 마시는가에 관한 것이었다. 이것은 "사악한 자들(the wicked, *impiorum*) 또

---

[33] 이것은 우리가 경건한 무지나 형편없는 신학 속으로 피해야 한다는 것을 의미하지 않는다. 킬리안 맥도넬(Killian McDonnell)은 이와 같은 논평들에 관해 다음과 같이 올바르게 지적한다. "칼빈은 신비를 보았을 때 신비를 알았고, 이 신비가 인간의 측량을 넘어선다는 것을 알았다. … 그러나 신비의 요소(the element)를 주장한다고 해서 설명이 필요 없다는 것은 전혀 아니다. '이 커다란 신비에 관한 지식은 매우 필수적이며, 이것의 중요성에 비례하여 정확한 해명을 요구한다'"(『기독교 강요』 IV. 17. 1). McDonnell, *John Calvin, the Church, and the Eucharist* (Princeton, N.J.: Princeton Univ. Press, 1967), 207.

는 합당하지 않은 자들(the unworthy, *indignorum*)이 참여하는 것(partaking, *manducatio*)"의 문제이다.³⁴

성찬의 객관성에 대한 루터의 강조와 그리스도의 몸의 편재성에 관한 그의 견해는, 사악한 자들이 성찬에 참여할 때 그리스도를 받는다는 결론에 이르게 된다. 맞다. 그들은 이것에 의해 복을 받지 못한다. 결과는 "독과 죽음"이다.³⁵

또한, 칼빈은 다음과 같이도 말한다.

> 살과 피가 하나님의 신자들에게 그러하듯이, 합당치 않은 자들에게도 진정으로 주어진다.

그러나 칼빈은 재빨리 다음과 같이 덧붙인다.

> 단단한 바위에 떨어지는 비가 돌 속으로 들어갈 구멍이 없어서 흘러내리듯이, 사악한 자들은 자기들의 완고함에 의해서 하나님의 은혜를 거부하기 때문에 하나님의 은혜가 그들에게 미치지 못한다(『기독교 강요』 IV. 17. 33).

---

34 이 표현은 『비텐베르크 협약』(*Wittenberg Concord*)에서 발견된다.
35 WA xxvi, 292. 다음에서 재인용했다. Wilhelm Niesel, *The Gospel and the Churches: A Comparison of Catholicism, Orthodoxy and Protestantism* (Philadelphia: Westminster Press, 1962), 276. 이러한 입장은 루터파 신앙고백 중 하나인 『슈말칼덴 조항들』(*the Schmalcaldic Articles*)에서 발견된다. "제단의 성례에 관해 우리는 성찬의 빵과 포도주가 그리스도의 참된 몸과 피이고, 경건한 사람들뿐만 아니라 사악한 그리스도인들에게도 받아들여진다고 주장한다"(III. vi). 개혁파 견해와 루터파 견해에 대한 니젤의 비교(p. 275-83)가 유익하다.

그리고 이것이 근본적 자격이다. 더 나아가,

> 이로부터 우리는 그리스도의 성령이 없는 모든 사람이, 맛이 전혀 없는 포도주를 마실 수 없는 것과 마찬가지로 그리스도의 살을 먹을 수 없다고 추론한다. 그리스도의 몸이 생명 없이 그리고 능력 없이 불신자들에게 악용된다면(prostituted), 그리스도는 합당치 않게 찢기시는 것이 분명하다 (IV. 17. 33).[36]

사악한 자들은 성찬을 합당치 않게 먹음으로써 "그들 자신 위에 정죄를 가져올" 뿐이다(『기독교 강요』 IV. 17. 40; 고전 11:27을 보라).

칼빈이 그러한 견해를 참을 수 없는 이유는 그가 성찬의 유효한 참여에 있어서 믿음에 더 큰 강조를 두기 때문이다.

> 믿음으로 먹는 것 외에 달리 먹는 것은 없다. … 나는 우리가 그리스도의 살을 믿음으로 먹는다고 말하는데, 왜냐하면 그리스도의 살은 믿음에 의해서 우리의 것이 되고, 이런 먹음은 믿음의 결과요 효과이기 때문이다(IV. 17. 5).

그러나 성찬의 효력은 우리의 믿음에 의존하는 것이 아닌 동시에 믿음과 분리될 수도 없다. 킬리안 맥도넬은 다음과 같이 지적한다.

---

[36] "나는, 불신자들이 먹도록 그리스도가 자신을 생명이 없는 형태로 주신다는 터무니없는 개념을 듣고 공포에 사로잡힌다"(『칼빈 주석』 고전 11:27).

성찬에서의 그리스도의 현존은 객관적 실재이며, 그 자체로 믿음과 묶여 있지만, 이것은 주관적으로 믿음에 의존하지 않는다. 오히려 이것은 믿음 으로 이끈다. 믿음은 성례적 객관성의 조건이 아니라 성찬의 선물에 앞서 는, 그리고 이것을 동반하는 또 하나의 선물이다.[37]

5) 수평적 차원

성찬의 주요한 목적과 유익은 우리의 믿음을, 특히 그리스도와 우리의 연합을 강화하는 것인 반면,[38] 칼빈은 또한 이 성례의 수평적 차원을 강조 했다. 다시 말해서, 성찬은 또한 신실한 자들 가운데서의 상호적 사랑과 하나 됨을 함의하고, 감사의 정신을 불러일으킨다.

칼빈이 『제1차 신앙교육서』(1538년)의 성찬에 관한 논의의 결론을 어 떻게 내리는지 주목해 보라.

이제 이 신비는 우리를 향하신 하나님의 크신 너그러움의 증거이므로 또 한 그러한 아낌없는 친절에 대해 배은망덕하지 않도록, 오히려 마땅한

---

[37] McDonnell, *John Calvin, the Church, and the Eucharist*, 272. 루터의 객관주의와 칼빈의 주관주의로 알려진 것에 관해서는 다음을 참조하라. Otto Weber, *Foundations of Dogmatics*, vol. 2 (Grand Rapids: Wm. B. Eerdmans Publishing Co., 1983). 베버(Weber)는 다음과 같이 결론을 내린다. "우리는 '주관과 객관'이라는 대안 아래, 또는 '영적 그리고 육체적'이라는 대안 아래 성찬에서의 '현존의 형태'에 관한 질문을 다루는 것이 불가능하다고 판단해야 할 것이다"(p. 634).

[38] 칼빈의 성례신학에서 수년에 걸쳐 어떤 변화들이 이루어졌을지 모르지만, 칼빈은 이 핵심적인 요지에 관해서는 흔들림이 없었던 것으로 보인다. "성찬은 그리스도와의 연합의 표호이며 보증이다"(Gerrish, *Grace and Gratitude*, 133).

찬양들로 그 친절을 선포하며 감사함으로 칭송하도록 우리에게 권고해야 한다. 그리고 우리는 동일한 몸의 지체들을 그들 가운데서 묶어 연결시키는 연합 안에서 서로를 포용해야 한다.

왜냐하면, 그리스도는 자신을 우리에게 주시는 모범을 통해 우리가 서로에게 희생하고 우리 자신을 주도록 초대하실 뿐만 아니라 자기 자신을 우리 모두에게 공통으로 주시듯이 우리 모두를 그 자신 안에서 하나로 만드시는데, 이보다 우리 가운데 서로를 향한 사랑을 불러일으키도록 더 날카롭게 우리를 자극할 수 있는 것은 아무것도 없기 때문이다(제29항).

『기독교 강요』에서 칼빈은 어거스틴이 성찬을 "사랑의 끈"(『기독교 강요』 IV. 17. 38)으로 부르는 것을 긍정적으로 인용한다. 그 자체로, 성찬은 또한 윤리적 차원들을 갖고 있다. 여기에서 칼빈은 특별히 웅변적이 되는데, 길게 인용해야겠다.

또한, 주님은 성찬이 우리를 위한 일종의 권면이 되도록 의도하셨는데, 이 성찬은 다른 어떤 방편보다 더 강력하게 우리를 살리고 격려하며 삶의 순결과 거룩함에로, 그리고 사랑, 평화, 일치로 나아가게 할 수 있다. 왜냐하면, 주님은 성찬에서 우리에게 자기의 몸을 전달해 주심으로 말미암아 우리와 온전히 하나가 되시고 우리는 주님과 하나가 되기 때문이다.
이제, 주님은 우리 모두가 참여케 하시는 하나의 몸만을 가지고 계시므로, 우리 모두도 그런 참여를 통해 한 몸이 되는 것이 필수적이다. 성찬에서 보인 빵은 이런 하나 됨을 나타낸다. 빵이 함께 반죽이 된 많은 밀가루로 만들어져서 서로 구별될 수 없듯이, 어떠한 견해차나 분열도 침범하지 못하는 그런 커다란 마음의 일치에 의해서 우리가 결합하고 묶여야 한다는 것은 마땅한 일이다(IV. 17. 38).

여기에서 칼빈은 분명 자신이 인용하고 있는 고린도전서 10:16-17의 사도 바울의 말씀에 관해 생각하고 있다. 다음에, 목양적 돌봄에 이바지하는 또 하나의 아름다운 수사학의 예가 뒤따른다.

우리가 다음과 같은 생각을 우리의 마음에 품고 새긴다면, 성례로부터 큰 유익을 얻을 것이다.
우리가 형제 중 누구에게 상처를 주거나 누구를 멸시하거나 거절하거나 학대하거나 어떤 식으로든 성나게 한다면, 동시에 그리스도는 우리가 행하는 잘못들로 인해 상처를 받으시고 멸시당하시며 학대받으신다.
우리는 우리의 형제와 의견을 달리하게 된다면, 동시에 그리스도와 의견을 달리하게 된다.
우리는 형제들 가운데 있는 그리스도를 사랑하지 않고서는, 그리스도를 사랑할 수 없다.
우리는 우리 자신의 몸을 돌보듯, 동시에 우리 형제들의 몸을 돌봐야 하는데, 이는 그들이 우리 몸의 지체들이기 때문이다.
그리고 우리 몸의 어떤 부분이 고통을 느끼면 나머지 모든 곳이 고통을 느끼게 되듯이, 우리는 한 형제가 어떠한 악에 의해 영향을 받게 된다면, 그에 대한 동정을 품어야 한다(IV. 17. 28).

6) 성찬의 횟수, 유익들, 그리고 자격

칼빈은 성찬과 성찬의 모든 유익에 관해 높이 평가하는 견해를 가졌으므로, 성찬이 매주 거행되어야 한다고 생각했다.

이것은 가톨릭의 지배하에서 일 년에 한 번 성찬을 시행했던 제네바 지도자들에게는 참을 수 없는 일이었다![39]

그 결과 1년에 4회를 시행하는 것으로 타협이 이루어졌다. (이런 타협은 불행히도 후에 대부분의 장로교회와 개혁교회에 규범이 되었으나, 이제는 점점 더 많이 시행되고 있다.)

이 점에 있어서 칼빈이 품었던 열심의 이유는 "모든 사람이 굶주린 사람들처럼 함께 몰려들어야 하는"(『기독교 강요』 IV. 17. 46) 이 영적 잔치에서 얻게 된다고 느꼈던 풍부한 유익들과 관련이 있다. 칼빈은 『제1차 신앙교육서』에서 두 가지 유익을 암시한다. 즉, 성례의 시행은 "우리의 마음에 영생에 대한 의심할 수 없는 확신을 줄 뿐만 아니라 우리 육체의 불멸성에 대해 확신하게 한다"(제29항).[40]

칼빈은 자기의 『성찬에 관한 소논문』에서 세 가지 유익을 적고 있다.

첫째, 칭의와 밀접히 연관되어 있다. 왜냐하면, 성찬은 "우리 안에 어떤 죄가 있든지 주님이 언제나 우리를 의롭게 여기시고 받아들이신다는 것

---

[39] 다음을 보라. 『기독교 강요』 IV. 17. 44-50. 이곳에서 칼빈은 이 불행한 발전의 역사와 일반 성도에게 "한 종류"만, 즉 빵만 제공하는 실천의 역사를 추적한다. 『기독교 강요』 (LCC 판), 1421, n. 39를 참조하라.

[40] 이것은 『기독교 강요』 IV. 17. 32에서 확장된 형태로 반복된다. 하지만, 여기에서 칼빈은 성례가 우리에게 "**우리 몸의 불멸성**"에 대한 확신을 주는 대신에 "우리 마음에 **영생**에 관한 의심할 수 없는 확신을 준다"라고 말한다(강조는 필자의 것이다).

을, 우리 안에 어떠한 죽음의 요소가 있든지 주님이 우리를 언제나 살리신다는 것을, 어떠한 비참함이 우리에게 있든지 주님이 우리를 언제나 모든 지복으로 채우신다는 것을 우리에게 확신시키고자 예수 그리스도의 십자가와 그의 부활로 향하게 하고 인도하"기 때문이다.[41]

둘째, 우리가 성찬에서 받는 유익은 다음과 같다.

> 성찬은 우리가 주 예수 그리스도로부터 받아 온, 그리고 매일 받는 복들을 더욱 잘 알도록 권면하고 자극함으로 말미암아 그리스도께 마땅한 찬양의 제물을 드리도록 한다.[42]

셋째, 성화와 관련되어 있는데, 왜냐하면 여기에서 우리는 "거룩한 삶에 대한 뜨거운 동기(incitement), 그리고 무엇보다 긍휼과 형제 사랑을 우리 가운데서 지키고자 하는 뜨거운 동기"를 갖게 되기 때문이다. 따라서,

> 우리가 믿음으로 이미 연합된 그리스도께 더 가까이 이끌리게 될 때, 우리는 또한 사랑의 끈으로 서로에게 더 가까이 이끌리게 된다.

그러므로,

---

41 『성찬에 관한 소논문』(LCC 판), 145.
42 『성찬에 관한 소논문』(LCC 판), 148.

성례들을 합당히 받게 될 때, 성령의 효력이 성례들에 결합되어 있다는 것을 봄으로써 우리에게는 성례들이 삶의 거룩함에 있어서, 그리고 특히 긍휼에 있어서 우리의 성장과 진보를 위한 좋은 방편과 지원을 제공할 것이라고 소망할 이유가 있다.[43]

칼빈이 성찬의 잦은 거행을 권하는 것은 놀라운 일이 아니다!

분명, 칼빈에게 성찬의 유익들은 성찬을 실제로 거행하는 시간을 훨씬 넘어서까지 확장된다. 말씀의 확증, 칭의, 죄 사함, 믿음의 강화, 구원의 확신, 상호적 사랑, 하나 됨의 끈, 찬양의 감사 그리고 우리의 머리 되시는 그리스도와의 더 밀접한 일치(conformity) 등 그리스도인 삶의 거의 모든 차원이 성찬을 통해서 부요해진다.[44]

마지막으로, 누가 성찬에 참여할 자격이 있는지의 문제가 있다. 성찬과 관련하여, 칼빈과 당회가 수행한 엄격한 권징을 고려할 때, 이 점에 있어서의 칼빈의 목회적 관심은 주목할 만하다.

칼빈은 합당하지 않게 먹고 마시는 것에 대한 사도 바울의 권면(고전 11:27, 29)을 진지하게 받아들이고, "믿음의 불꽃이 전혀 없이, 사랑에 대한 열정이 전혀 없이 돼지처럼 성찬에 달려드는" 그리고 "주님의 몸을 분별

---

43 『성찬에 관한 소논문』(LCC 판), 149.
44 『기독교 강요』에서 칼빈은 일반적으로 『성찬에 관한 소논문』에 나열된 **유익들**과 일치하는 성례의 다양한 **목적**을 나열한다. 특히 『기독교 강요』 IV. 17. 2, 37, 38을 보라. 다른 곳에서, 칼빈은 "빵이 우리 몸의 생명에 양식을 공급하고 지탱하며 유지하듯이, 그리스도의 몸은 영혼에 활력을 불어 넣고, 영혼을 살아 있게 하는 유일한 양식이다"라고 지적한다. 포도주의 유익들이 몸에 "양분을 공급하고, 새 힘을 주며, 강화하며, 기쁘게" 하듯이, 그리스도의 피도 우리의 영혼에 그러하다(IV. 17. 3).

하지 못하는" 사람들을 비난한다(『기독교 강요』 IV. 17. 40).

그러나 칼빈은 자기들의 죄와 자격 없음을 매우 잘 알고 있는 부드러운 양심의 소유자들에게 아주 다르게 말한다.

먼저, 칼빈은 "비참한 그리고 떨림과 슬픔으로 고통 받는 죄인들에게서 이 성찬의 위로를 빼앗고 강탈하는" 교황제의 "엄청난 가혹함"에 대해 불평한다(IV. 17. 42). 불행히도, 이후 세대의 칼빈주의자들은, 즉 네덜란드와 스코틀랜드의 칼빈주의자들은 소수의 나이 든 "거룩한 사람들"(saints)을 제외한 모든 사람에게서 성찬에 참여할 용기를 잃게 만드는 잘못된 경건주의 때문에 이 천상적 축제를 그만둔 것 같다.

칼빈은 이런 사람들 모두에게 깊은 애정을 갖고서 다음과 같이 쓴다.

> 이 성스러운 축제가 병든 자들에게는 약이요 죄인들에게는 위로이며 가난한 자들에게는 구제이지만, 건강한 자들, 의로운 자들, 부유한 자들에게는—이러한 자들을 발견할 수 있다면—아무 유익을 가져오지 않을 것임을 기억하도록 하자.
> 왜냐하면, 우리는 성찬에서 그리스도가 우리에게 양식으로 제공되기에, 그리스도가 없다면—기근이 몸의 정력을 파괴하듯이—수척해지고, 굶주리며, 실신하게 될 것임을 알기 때문이다. 따라서 그리스도는 우리가 생명에 이르도록 우리에게 주어지셨으므로, 우리는 그리스도가 우리 안에 계시지 않다면 우리가 죽은 게 분명하다는 것을 안다. 그러므로 자격(worthiness), 즉 우리가 하나님께 가져갈 수 있는 최고의 그리고 유일한 종류의 자격은 다음과 같다.
> 즉, 하나님의 긍휼이 우리를 그에게 합당하게 만드시도록 우리의 사악함

을 그리고 (다시 말해서) 우리의 자격 없음을 하나님께 아뢰는 것이다.

우리가 하나님 안에서 위로를 얻도록 우리 자신에 대해 절망하는 것이다.

우리가 하나님에 의해서 높여지도록 우리 자신을 낮추는 것이다.

우리가 하나님에 의해서 의롭다 함을 받도록 우리 자신을 정죄하는 것이다.

더 나아가 하나님이 자기의 성찬 안에서 우리에게 권하시는 하나 됨을 열망하는 것이다.

그리고 하나님이 우리 모두를 자기 안에서 하나로 만드시기 때문에 우리 모두를 위해 한 영, 한 마음, 한 입술을 열망하는 것이다.

이런 것들을 잘 살피고 숙고한다면, 이런 생각들이 우리를 비틀거리게 할지 모르겠지만, 그럼에도 이런 생각들은 우리를 결코 쓰러뜨리지는 못할 것이다.

우리 모두는 아무런 선도 없고 죄로 더럽혀져 있으며 거의 죽은 상태인데, 어떻게 주님의 몸을 합당하게 먹을 수 있겠는가?

오히려 우리는 가난한 자들로서 친절을 베푸시는 이에게 나아가고, 병든 자로서 의사에게 나아가고, 죄인으로서 의의 조성자에게 나아가고, 죽은 자로서 생명을 주시는 이에게 나아간다고 생각해야 할 것이다.

우리는 하나님이 명령하신 가치가 주로 다음에 있다고 생각해야 한다.

첫째, 모든 것을 그리스도 안에 두고 우리 안에는 아무것도 두지 않는 믿음이다.

둘째, 사랑이다. 비록 불완전한 사랑이지만 하나님이 이것을 더 나은 것으로 만드실 수 있도록 하나님께 드리기에 충분한 사랑이다.

··· 왜냐하면 이것은 완전한 자들을 위해서가 아니라, 믿음과 사랑의 감정을 일깨우고 불러일으키며 자극하며 실천하도록 하고자, 게다가 믿음과

사랑의 결핍을 바로잡고자 나약하고 연약한 자들을 위해 제정된 성례이기 때문이다(IV. 17. 42).[45]

이 천상의 축제보다 그 어떤 더 큰 위로와 더 좋은 격려를 열렬히 열망할 수 있겠는가!

---

45 칼빈은, 비록 훨씬 간략하긴 하지만 자기의 『성찬에 관한 소논문』에서 아주 비슷하게 말한다. "그러므로 성찬은 하나님이 우리의 연약함을 돕고, 우리의 믿음을 강화하며, 우리의 긍휼을 증가시키며, 모든 거룩한 삶에서 우리를 증진시키고자 우리에게 주신 치료책인 것이지 우리로 금하도록 만드신 것이 아니므로, 우리는 질병에 의해 압박을 느낄 때마다 더욱더 성찬을 자주 사용해야 한다"(『성찬에 관한 소논문』[LCC 판], 152).

제13장
교회의 성격과 표지들
(제30, 32항)

1. 서론

앞 장에서 주목했듯이, 『기독교 강요』 최종판에서 네 권 중 가장 긴 내용이 교회에 관한 주제인 반면, 『제1차 신앙교육서』(1538년)에는 "교회의 목사들과 그들의 권세"(제30항)와 "출교"(제32항)와 같은 항을 제외하고는 교회에 관한 논의가 전혀 없다.

제31항 "인간의 전통들"은 교회의 문제와 간접적으로만 연결되는데, 왜냐하면 일차적으로 인간의 전통들과 대립되는 그리스도인의 자유와 관련되고, 『기독교 강요』에 있는 그리스도인의 자유(III. 19)에 관한 위대한 장과 연관하여 읽어야 하기 때문이다.

그러나 『제네바 신앙고백서』에도 교회의 성격과 표지들을 간략하게 다루는 조항(제18항)이 있다.

2. 교회를 높이 평가하는 칼빈의 교리

교회의 표지들의 문제를 다루기 전에, 교회를 높이 평가하는 칼빈의 교리(Calvin's high doctrine of the church)에 주목하는 것이 중요하다. 다시 말해서, 칼빈은 가시적인, 지상 교회의 권위와 불가피성을 매우 강조했다. 왜냐하면, 칼빈이 교회의 표지들에 관해 말해야 하는 모든 것은 교회에 관한 이런 높은 평가를 전제로 하기 때문이다.

어떤 이들(예를 들어, 에밀 브루너)은 칼빈이 교회를 부차적인 것으로 간주했다고 결론을 내리는데, 그 이유는 칼빈이 교회에 관하여 다음과 같이라고 서술하기 때문이다.

> 하나님이 우리를 그리스도의 연합체로 초대하시고 그곳에 우리를 붙들어 두시는 외적 방편들 또는 도움들(『기독교 강요』 IV의 제목).

그러나 『기독교 강요』 IV. 1의 제목은 즉각적으로 그러한 생각이 사실이 아니라는 것을 가리켜 준다.

여기에서 칼빈은 개신교도라기보다는 로마 가톨릭교도처럼 보인다!

왜냐하면, 칼빈은 (키프리안[Cyprian]을 따라서) "우리가 하나 됨을 지켜야 하는 모든 경건한 자들의 어머니"로서의 "참된 교회"에 관해 말하기 때문이다.[1] 칼빈은 후에 이런 주장에 관해 다음과 같이 상술한다.

---

1 어거스틴과 루터 역시 교회를 이런 식으로 말한다. 참조. 『기독교 강요』(LCC 판), 1016, n. 10; Wendel, *Calvin*, 294.

심지어 이 단순한 명칭인 '어머니'로부터, 우리가 교회(her)를 알아야 하는 것이 얼마나 유용하고[잘 주목하라!] 필수적인지를 배우도록 하자.

왜냐하면, 이 어머니가 우리를 잉태하고 낳으며 자기의 품에서 살지게 하지 않는다면, 그리고 우리가 필멸의 육체를 벗고서 천사들과 같이 될 때까지 이 어머니가 우리를 계속해서 돌보고 인도하지 않는다면, 생명으로 들어갈 다른 길은 없기 때문이다. 우리는 우리의 연약함으로 인해 평생 동안 학생으로 살면서 어머니의 학교로부터 떠날 수 없다(IV. 1. 4; 참조. IV. 1. 1 그리고 『제네바 요리문답』104-5문).

요컨대, 교회는 우리의 어머니이며, 어머니를 떠나서는 구원이 없다.

누구도 교회에 관해 이보다 더 높게 말할 수 없다!

어떤 이는 이것이 오직 비가시적인 교회에만, 다시 말해서 우리의 특정한 교회들이 오직 희미하게만 닮을 수 있는 이상적인 교회에만 적용된다고 결론을 내릴지도 모른다. 그러나 칼빈은 (『기독교 강요』IV. 1. 4을 시작하면서) 자신이 가시적 교회, 즉 모든 결점과 약함을 지닌 경험적인 제도적 교회에 관해 말하고 있다고 구체적으로 말한다. 칼빈은 이런 주장을 수많은 성경 구절을 통해 지지한다. 오늘날 우리는 이 구절 중 일부의 타당성에 대해 의문을 가질지 모른다. 하지만, 전반적으로 칼빈의 입장은 변호될 수 있다.

틀림없이, 일종의 플라톤적 이상으로서의 비가시적인 교회는 비성경적 개념이다.[2] 사실, 이것은 에밀 브루너와 무교회주의(*Mukyōkai*, 일본에 있는

---

[2] 빌헬름 니젤(Wilhelm Niesel)은 비가시적 교회 개념에 대한 칼빈의 취급은 "엄격하게 성경적 노선들을 따라 움직인다"라고 주장한다(Niesel, *The Theology of Calvin*, 192).

무교회 집단)가 "교회에 대해 제도의 성격을 전혀 갖지 않는, 사람들의 순수한 교제"인 예수 그리스도의 교제, '에클레시아'(*ecclesia*)가 있을 수 있다고 상상할 때, 행하는 것이다.[3]

가시적 교회에는 우리를 부끄럽고 당황하게 하는 많은 것이 있지만, 이것이 우리가 어떤 이상적인, 비가시적 교회로 도피하는 것을 정당화해 주지 않는다. 어쨌든, 종교개혁가들은 사도신경에서 "나는 … 교회 … 를 믿는다"(*credo ecclesiam*)라고 고백했을 때, 그런 도피를 하지 않았다. 모두가 인정하듯이, 종교개혁가들은 일차적으로 믿음의 눈 외에 다른 눈에는 숨겨진 또는 볼 수 없는 저 교제에 관해 생각하고 있었다.[4]

왜냐하면, 종교개혁가들은 로마 가톨릭교회와의 갈등 속에서 "교회"라는 이름을 가톨릭교회가 대표하는 모든 것에 양보할 수 없었기 때문이다. 그런데도 종교개혁가들은 "나는 교회를 믿는다"라고 고백했을 때, 분명 비가시적인 교회뿐만 아니라 가시적인 교회를 염두에 두고 있었다.[5] 칼빈은 사도신경에서 "나는 교회를 믿는다"라는 표현에 관한 논의를 시작할 때 이것에 관해 명시적으로 말한다(IV. 1. 2).[6]

---

3 Brunner, *The Misunderstanding of the Church* (Philadelphia: Westminster Press, 1953), 17.
4 다음을 보라. 『제네바 신앙교육서』 100문, 그리고 『기독교 강요』 IV. 1. 3.
5 키텔(Kittel)의 *Theologisches Wörterbuch zum Neuen Testament*에 있는 교회에 관한 자신의 조항에서 슈미트(K. L. Schmidt)는 다음과 같이 결론을 내린다. "루터가—무엇보다 로마교회에 관한 자기의 논박에서—비가시적 교회와 가시적 교회를 구분했다면, 이것에 의해서 루터는 루터 이후의 사람들이 주장한 플라톤주의를 인정한 것이 아니었다"(*Bible Key Words*, trans. and ed. by J. R. Coates, 67). 이와 유사하게, 칼 바르트는 다음과 같이 말한다. "종교개혁가들은 교회라는 말로 자신들이 '플라톤적 국가'(*civitas platonica*), 기독교 공동체(community, 독: Gemeinde)라는 순수 이념만을 의미했다는, 그러므로 비가시적인 교회만을 의미했다는 생각에 맞서서 신중하게 자신들을 변호했다." Barth, *Church Dogmatics* IV/1, 653.
6 칼빈은 『기독교 강요』 IV. 1. 2을 시작하면서 사도신경의 이 조항이 "가시적 교회(우리

얀 베르다(Jan Weerda)가 지적하듯이, 칼빈은 둘 사이를 구별하지만 역사적 실재로서의 교회가 택자들의 무리로서의 교회와 아무런 관련이 없는 것인 양, 이 둘을 분리하지 않는다.

> 택자들의 교회는 역사적 존재의 가시성으로써 살며 여기에서 분명한 표지들에 의해 하나님의 교회로 알려진다.[7]

이런 구별이 이따금 비성경적 방식으로 사용됐다는 것을 인정하지만, 이와 같은 어떤 종류의 구별은 교회로 알려진 한 실재의 다양한 측면과 단계를 묘사하는 데 사용되어야 한다.[8] 교회의 내적이고 외적인, 은폐되고 명백한, 역사적이고 영원한 측면들 사이의 이런 역설 또는 긴장을 표현하는 최고의 방법들이 있을지 모르지만, 가시적-비가시적 대조는 여전히 유익할 수도 있다.

로저 하젤턴(Roger Hazelton)은 이런 구별이 이바지하는 기능을 매우 잘 표현했다. 그는 다음과 같이 말한다.

의 현 주제)뿐만 아니라 하나님의 택자들을 가리킨다"라고 말하는 반면, 성도들의 교제에 관한 그다음 절을 시작하면서 사도신경의 이 조항이 "또한 **어느 정도는** 외적 교회에도 적용된다"(also applies to some extent to the outward church, *ad externam queque ecclesiam pertinet*)라고 말한다.

7 Jan R. Weerda, *Nach Gottes Wort reformierte Kirche* (Munich: Chr. Kaiser Verlag, 1964), 119.
8 경험적 교회와 하나님께만 알려진 교회를 구별하는 또 하나의 방법은 교회의 형식과 대조하여 교회의 본질에 관해 말하는 것이다. 이런 태도를 보이는 이가 한스 큉(Hans Küng)인데, 그는 서둘러서 교회와 관련하여 "본질과 형식은 분리될 수 없다"라고 덧붙인다. 그러나 이것들은 또한 동일한 것도 아니다(Hans Küng, *The Church* [New York: Sheed & Ward, 1967], 5). 후에, 큉은 다음과 같이 확언한다. "종교개혁가들과 이들 이전의 위클리프 및 후스는 교회가 그것의 영적이고 정치적인 제국과 함께 중세교회의 모든 가시적 제도라는 개념에 반대한 것은 기본적으로 옳았다"(p. 34).

그리스도의 교회는 단순한(simple) 것도, 단일한(single) 것도 아니다.

이것이 가시적 교회와 비가시적 교회 사이의 고대적 구별이 필수적이었던 이유이다. 왜냐하면, 이것은 "교회 내에서의 명백한 다양성뿐만 아니라 근본적 통일성을 이루는 목적"에 이바지하기 때문이다. 더욱이 이런 구별은 "말과 생각을 통해 그리스도의 교회의 본질에서 신비적인 성격을 지키는 데 있어 신학을 위한 가치가 있다."[9]

어쨌든, 칼빈에게 강조는 가시적 교회에 있다. 웨일(J. S. Whale)은 이 문제와 관련하여 칼빈신학에 있는 발전을 찾아냈고, 『기독교 강요』 초판(1536년)에서조차 교회는 가시적이고 비가시적인 교회로 보인다. 그럼에도 여기에서 강조는 택자들의 비가시적 교회에 있다.[10]

그러나 칼빈의 중요한 『기독교 강요』 두 번째 판(1539년)에서 "택자들의 비가시적 교회는 뒤로 물러나게 되고 가시적인 교회 공동체에 자리를 내준다. … 칼빈은 이제 거룩함이 이루어지기보다는 잠재적이고 생성의 과정에 있을 뿐인 경험적 실재 속의 교회에 더 많은 관심을 두게 된다."[11]

『기독교 강요』 최종판(1559년)에서 교회는 여전히 선택에 의해서 규정되지만("우리는 교회의 토대를 하나님의 비밀한 선택에 두고 있는 하나님의 교회에 관한

9　Roger Hazelton, *Christ and Ourselves* (New York: Harper & Row, 1965), 24-25.
10　Whale, *The Protestant Tradition* (Cambridge: Cambridge Univ. Press, 1960), 146 이하. 이런 발전에 관한 더 깊은 분석이 다음에서 이루어진다. Alexandre Ganoczy, *Calvin, Théologien de L'église et du ministère* (Paris: Les Editions du Cerf, 1964), 184 이하. 가녹치는 『기독교 강요』 초판에서 가시적인 형식이 전혀 없는 영적 실재로서의 교회에 강조가 거의 배타적으로 있는 반면 최종판에서는 비가시적 교회뿐만 아니라 가시적 교회가 믿음의 대상이 되었다는 웨일의 분석에 기본적으로 의견을 같이한다(가녹치는 자신이 웨일의 분석에 의견을 같이한다는 것을 잘 모르지만 말이다).
11　Whale, *The Protestant Tradition*, 152-53.

지식을 하나님께만 위탁해야 한다"; 『기독교 강요』 IV. 1. 2; 참조. IV. 1. 7), 칼빈의 주요 관심은 가시적 교회에, 그것의 표지들과 권위와 사역과 조직에 있다.

그는 실로 종교개혁의 키프리안이 되었다.[12]

사실, 다킨(A. Dakin)은 교회에 관한 칼빈의 해설을 요약한 후에 다음과 같이 결론을 내린다.

칼빈이 비가시적 교회에 주목하는 것은 분명하지만, 그의 관심은 가시적 교회에 있다.[13]

이것은 신학사에서 교회에 관한 가장 주목할 만한 논의 중 하나인, 『기독교 강요』 IV을 대충만 훑어보아도 확증된다. 앞에서 인용한 두 번의 부차적 언급(『기독교 강요』 IV. 1. 2, 3) 외에, 간략한 하나의 절(IV. 1. 7)을 제외하고는 비가시적 교회 자체에 관한 논의는 전혀 없다.

이 긴 논의의 나머지는, 칼빈이 『기독교 강요』 IV. 1. 4을 시작하면서 "그러나 이제 가시적 교회를 논의하는 것이 우리의 의도이므로"라고 지적하듯이, 가시적 교회와 관련이 있다. 우리의 구원에 필수적인 것은 바로 이 가시적, 경험적 교회인데(IV. 1. 4, 8), 이 교회는 하나님이 아버지가 되

---

12 Whale, *The Protestant Tradition*, 161.
13 A. Dakin, *Calvinism* (London: Duckworth, 1940/1949), 105. 조셉 맥럴란드(Joseph Mc-Lelland)는 의견을 같이한다. "하나님께만 알려져 있는 '비가시적' 교회 개념은 비판자들이 가정한 칼빈 사상에서 큰 역할을 하지 않았다." *The Reformation and Its Significance for Today* (Philadelphia: Westminster Press, 1957), 41-42.

시는 자들에게 어머니이고(IV. 1. 4), 이 교회로부터의 분리는 "하나님과 그리스도에 대한 부정"이다(IV. 1. 10).

다시금, 우리는 교회를 "높이" 평가하는 칼빈의 견해를 보게 된다.

칼빈은 경험이 없는 것도 비현실적인 것도 아니었다!

칼빈은 가시적, 역사적 교회에, "그리스도와 상관이 없으나 이름과 외양뿐인 위선자들이 많다"는 것과 "또한 많은 야망 있는, 탐욕스러운, 시기에 찬 사람들이, 악한 말을 하는 사람들이, 그리고 부정한 생활을 하는 일부의 사람들이" 있다는 것을 알고 있다(IV. 1. 7). 그런데도 칼빈은 가시적 교회의 모든 흠과 연약함에도 불구하고 가시적 교회와의 "교제를 존중하고 지켜나가라는 명령이 우리에게 주어져 있다"라고 주장한다(IV. 1. 7).

이것은 교회의 많은 일원이 삼키기에 어려울지도 모르는 강한 약이다. 문제는 교회, 교회의 권위, 그리고 타당성에 관한 낮은 견해뿐만 아니라 종종 따분하고 타당하지 않은 것으로 간주되는 교회 사역자들과 예배에 관한 낮은 견해이다. 그러나 칼빈의 시대에도 사역자들과 따분한 예배에 대해 불평하는 이들이 분명 많았다.

다음의 주장이 얼마나 우리 시대에 잘 맞는지 주목해 보라.

> 많은 사람은 교만이나 반감, 경쟁심에 의해 자신들이 혼자 성경을 읽고 묵상하는 것을 통해 충분한 유익을 얻을 수 있다는 확신에 빠진다. 그러므로 이들은 공적 모임들[즉, 예배]을 경멸하고 설교를 불필요한 것으로 여긴다. 그러나 교리를 가르치도록 부름을 받은 사람들[즉, 사역자들]의 비천함 때문에 교리의 권위가 떨어진다고 생각하는 사람들은 그들 자신의 배은망덕을 드러낸다(IV. 1. 5).

하나님의 종들과 그들의 설교를 경멸하는 것은 배은망덕의 행위일 뿐만 아니라 완고함과 교만의 표이다. 결국, 이것이 의미하는 것은 하나님 자신을 거부하는 것이다. 왜냐하면, 보통의 사역자들을 통해 우리에게 자신의 "천상적 교리"를 전달하고자 하는 하나님의 뜻은 하나님의 은혜와 낮아지심에 대한 또 하나의 지표이기 때문이다.

왜냐하면, 하나님이 인간에게 베푸신 훌륭한 은사들에 의해서 자기의 목소리가 인간들 가운데서 들려지도록 하고자 사람들의 입과 혀를 자신에게 성별하셨다는 것은 특별한 특권이기 때문이다(IV. 1. 5).

"인간의 말과 사역 때문에 가르침 받는 멍에에 복종하기"를 거부하는 사람들은 "하나님의 가르침에서 빛나는 하나님의 얼굴을 지우는" 죄를 범한다(IV. 1. 5). 이처럼 교회의 사역을 거부하는 것은 하나님 자신을 거부하는 것과 같다. 왜냐하면, 하나님은 "자기가 이 제도 안에 현존하신다는 것을 사람들이 알아차리도록 하실 것이기" 때문이다(IV. 1. 5; 참조. IV. 3. 1).
"교회에 관한 어떤 교리도 칼빈보다 그리스도 아래에서 목사직(the ministry)을 더 높인 적이 없다"라고 학자들이 주장할 수 있는 이유를 쉽게 알 수 있다.[14]

왜냐하면, 현재의 삶을 살지게 하고 유지하는 데 태양의 빛과 열이, 양식과 물이 필수적인 것 그 이상으로, 이 땅 위의 교회를 보존하는 데 사도적

---

14 Geddes MacGregor, *Corpus Christi: The Nature of the Church according to the Reformed Tradition* (Philadelphia: Westminster Press, 1958), 57.

이고 목양적인 직분이 필수적이기 때문이다(IV. 3. 2).

그러나 이런 권위와 힘이 교회나 사역 자체 안에 내재한 것은 아니라는 것을 명심해야 한다. 오히려, 이것은 교회의 머리이신 예수 그리스도에게서 나오며, 언제나 그에게 의존해 있다.

그[하나님]만이 교회 안에서 우위와 권위를 가지실 뿐만 아니라 교회 안에서 통치하시고 다스리셔야 하고, 이 권위는 그의 말씀에 의해서만 행사되어야 한다(IV. 3. 1).[15]

그런데도 하나님은 자기의 뜻을 알리시고자 인간의 입을 사용하시기 위해 자신을 낮추셔서 어떤 이들을 택하여 자신을 대표하도록 자신의 대사로 삼으신다(IV. 3. 1). 이처럼,

복음의 사역보다 교회 안에 주목할 만한 또는 영광스러운 것은 아무것도 없다(IV. 3. 3).

그러므로 교회가 우리의 구원에 필수적인 것처럼, 목사직 역시 교회의 안녕과 통일성을 위해 없어서는 안 된다.

---

15 그리스도의 왕직과 이것이 의미하는 모든 것에 관해 로마 가톨릭 학자가 쓴 다음의 탁월한 논의를 참고하라. Kilian McDonnell, *John Calvin, the Church and the Eucharist* (Princeton: Princeton Univ. Press, 1967), 169-76.

3. 참된 교회의 표지들

그러나 우리는 참된 교회가 어디에 있는지를 어떻게 알 수 있는가?

종교개혁가들에게 이것은 굉장히 중요한 존재적인 질문이었다. 왜냐하면, 만약 로마 가톨릭이 이 땅 위에 있는 **유일한** 교회(the church), 즉 그리스도의 몸이라고 주장하는 것을 정당화할 수 있다면, 종교개혁가들은 이단과 분열의 죄를 지었을 것이기 때문이다. 칼빈 자신은 로마교회(Roman church)가 소망이 없을 정도로 부패했다고 확신하지 않았더라면, 로마교회를 떠나지 않았을 것이다(『기독교 강요』 IV. 2. 7-11을 보라).

그러나 칼빈은 로마교회를 떠났을 때, 분열의 죄를 지었다고 인정하지 않았음을 잘 주목하라.

반대로, 칼빈은 로마교회가 하나님의 말씀을 거절함으로써, 그리고 무엇보다 그리스도를 거절함으로써, 이단과 분열의 죄를 지었다고 주장한다 (IV. 2. 3, 4, 6). 칼빈은 교황들에 관하여 다음과 같이 주장한다.

> 그들은 그리스도를 나누고 토막 냄으로 말미암아 그들에게는 그리스도가 전혀 없고, 그리하여 그리스도에게서 떠났다.[16]

로마교회는 많은 남용의 죄를 지었다. 그러나 이것이 칼빈이 로마 가톨릭교회를 떠난 주된 이유는 아니었다. 문제는 궁극적으로 그리스도의 영광이었다. 칼빈은 그가 "그리스도께 오기 위해"(IV. 2. 6) 로마교회를 떠나

---

16 『칼빈 주석』 갈 5:1.

는 것이 필수적이라고 결론을 내렸다.

그런 경우들이 드물긴 하지만 그런데도 가시적 교회를 떠나는 것이, 또는 적어도 가시적 교회를 나타내는 어떤 것에서 떠나는 것이 필요한 때가 있다. 그러나 참된 교회와 거짓 교회를 우리가 어떻게 구분할 수 있는지에 관한 중요한 실천적 질문이 우리에게는 여전히 남아 있다. 칼빈은 『기독교 강요』 IV. 2에서 다소 길게 이 문제를 논의하는데, 이것은 이미 위에서 몇 번 인용되었다. 칼빈의 요지는 그리스도가 교회의 머리로서 영광을 받는 곳에서는 어디든 참된 교회가 존재한다는 것이다(IV. 2. 6).

그러나 우리는 그리스도가 교회의 머리이자 주로서 정말 인정되고 있는지를 어떻게 알 수 있는가?

다시 말해서, 구체적으로 우리는 참된 교회가 어디에 있는지를 어떻게 알 수 있는가?

칼빈은 『기독교 강요』 IV. 1. 9에서 교회에 관한 다음과 같은 정의를 제공한다.

> 보편교회는 세계 각지에서 모여든 하나의 큰 무리이다. 이것은 별개의 장소들에 나뉘어 있고 흩어져 있지만, 신적 교리의 한 진리에 관해 의견을 같이하고, 같은 종교의 끈에 의해서 발견된다(IV. 1. 9).

이것은 도움이 되긴 하지만 여전히 우리가 "신적 교리의 한 진리"를 어디에서 발견하는지를 알 수 있는 법에 관한 실천적 질문에는 제대로 답하지 못한다. 칼빈 자신은 이 질문을 던지고 가시적 교회를 알아볼 수 있는 근본적으로 두 표지 또는 기준이 있다고 결론을 내리는데, 즉 말씀과 성례

들이다. 더욱 명시적으로는,

> 우리는 하나님의 말씀이 순전하게 선포되고 들려지며, 성례들이 그리스도가 제정하신 대로 거행되는 곳에는 어디든지, 하나님의 교회가 존재한다는 것에 의심해서는 안 된다(IV. 1. 9).[17]

> "교회"라는 이름을 주장하는 모든 회중은 (리디아) 시금석에 의해서처럼 이런 기준에 의해 검증되어야 한다"(IV. 1. 11).

교회는 여러 면에서 결점이 있으나, "복음의 선포가 존중하는 마음으로 경청되"고 "성례들이 무시되지 않는" 한, 그것은 여전히 교회라고 불릴 수 있다.[18]

교회 내에 위선과 도덕적 타락, 추문들이 있을지도 모르지만, 이 두 가지 객관적 기준이 "충분히 설명되는"(sufficiently delineated, *sufficienter descrip-*

---

[17] 교회의 두 표지에 관한 이 정의는 첫 번째 개신교 (루터파) 신앙고백인 『아우크스부르크 신앙고백서』(*Augsburg Confession*, 1530)에서 거의 문자 그대로 취해지고 있다. 그러나 칼빈은 한 가지 중요한 것을 추가하는데, 바로 말씀을 **듣는 것**이다(이것은 『기독교 강요』 IV. 1. 10에서도 반복된다). 이것이 자주 간과되고 있다. 더욱이 참된 교회가 존재하기 위해서는 말씀을 참되게 들어야 하듯이, 성례들이 신실하게 받아들여져야 하고, 이 두 경우에 여기에서 어떤 효력(efficacy)을 가능하게 하는 것은 말씀과 성령의 상관성이다. 참조. 『칼빈 주석』 사 35:4 그리고 『기독교 강요』 IV. 14. 9.

[18] "그러므로 교회가 구성되고 객관적으로 판단을 받을 수 있는 것은 주관적(subjective) 판단을 위한 기회를 줄 수 있는, 교회 지체들의 자질(quality)에 의해서가 아니라 그리스도가 제정하신 은혜 방편들의 현존에 의해서이다." Wendel, *Calvin*, 297. 복음에 상응하는 어떤 삶의 자질을 요구했던 카타리 도나티스트들(the Cathari Donatists)과 재세례파 같은 분파주의적 집단에 대한 칼빈의 공격들을 참조하라(『기독교 강요』 IV. 1. 3). 칼빈은 거룩한 삶에 관해 특히 관심을 가졌지만—성화와 교회의 권징에 대한 칼빈의 강조를 보라—칼빈은 이것을 교회의 표지로 삼기를 거부했다.

tam) 한에서, 우리가 이 교회에서 떨어져 나가는 것은 정당성을 얻지 못한다(IV. 1. 11).

좋은 예가 고린도교회인데, 이 교회가 온갖 종류의 오류들로, 윤리적 오류과 교리적 오류로 물들었음데도 사도 바울은 이 그리스도인들을 성도들이라고 부른다. 칼빈은 이것을 매우 의미 있는 것으로 간주한다. 칼빈은 『칼빈 주석』고린도전서 1:2에서, 자기의 독자들에게 다음과 같이 권한다.

> 우리는 이 세상에서 흠이나 주름이 없는 교회를 기대하지 않도록, 또는 모든 것에 있어서 우리의 기준들을 만족시키지 못하는 어떤 집단에게서 이 이름을 즉시 거두어들이지 않도록 이 구절을 자세히 주목해야 한다. 왜냐하면, 순결함이 결핍된 곳에는 교회가 없다고 생각하고 싶은 위험한 유혹이 있기 때문이다. 요지는 이런 생각에 사로잡힌 사람은 다른 모든 사람에게서 자신을 잘라내고, 이 세상에서 자신만이 성도인 것처럼 보이게 된다는 것이다. 또는 그런 이는 다른 위선자들과 함께 자신의 종파를 세우게 된다는 것이다(『칼빈 주석』고전 1:2; 참조.『기독교 강요』IV. 1. 12-16).

요컨대, 순수한 교회라는 이념(idea)은 위험한 신화이다. 지나치게 비판적인 사람들은 결국 홀로 남게 될 것이다. 더욱이 은혜의 방편들이 여전히 발견되는 교회에서의 분리는 "하나님과 그리스도에 대한 부정"이다. 왜냐하면, 교회는 그리스도의 몸이기 때문이다(『기독교 강요』IV. 1. 10).

이 점에 있어서, 심지어 교리적 질문들에 관하여 칼빈이 얼마나 폭넓고 아이러니한지를 보게 되는 것은 다소 놀라울 정도이다. 칼빈은 교회들이 서로 의견을 달리할 수 있으면서도 여전히 "믿음의 통일성"을 유지할 수 있는 많은 교리가 있다는 것을 인정한다(IV. 1. 12을 보라). 칼빈에게 이것은 중요한 예정 교리까지도 포함했다. 왜냐하면, 칼빈은 멜랑히톤이 이 점에 대해 매우 약했음에도 불구하고, 자기의 친구를 절대 버리지 않았기 때문이다. 세례와 성찬의 의미에 관한 서로 다른 해석들이 또 하나의 예증이 될 것이다.

> 이 비본질적인 것들(these nonessentials, *de rebus istis non necessariis*)에 대한 차이가 그리스도인들 가운데서 분열의 기초가 되어서는 결코 안 된다(IV. 1. 12).[19]

그러나 그렇다고 해서 칼빈이 이 교리를 진지하게 여기지 않았다고 결론을 내린다면 심각한 잘못이다.

결국, 세르베투스는 삼위일체 교리를 부인해서 죽임을 당하지 않았는가! "모두가 확신하고 의심하지 않는" 다른 기본 교리들은 다음과 같다.

> 하나님은 한 분이시다. 그리스도는 하나님이시고 하나님의 아들이시다. 우리의 구원은 하나님의 긍휼에 놓여 있다. 등등(IV. 1. 12).

칼빈은 자기의 『요아킴 베스트팔에 답하여 성례들에 관한 믿음의 두

---

19 오토 베버(Otto Weber)는 칼빈(그리고 이후의 칼빈주의)이, 근본 교리들에 관해 기본적으로 고대교회의 일치에 호소함으로써, 그리고 정확하게 무엇을 믿어야 하는지에 관한 그 자신의 유연성에 의해서, 루터파보다 더 "보편적"(catholic)이었다고 지적한다. "Die Einheit der Kirche bei Calvin," in *Calvin Studien 1959* (Neukirchen: Neukirchener Verlag, 1959), 141. 필자의 다음 논문을 참조하라. "Calvinus Oecumenicus: Calvin's Vision of the Unity and Catholicity of the Church," *Reformed Review* 44/2 (Winter, 1990).

번째 변호』(*Second Defence of the Faith Concerning the Sacraments in Answer to Joachim Westphal*)에서 자기가 기독교 신앙의 "주요 조항들"로 여기는 것에 관한 보다 완전한 목록을 제공한다.[20] 칼빈은 교회의 하나 됨에 관해 굉장한 관심을 가졌으나, 결코 진리를 희생시키지 않았다(『기독교 강요』 IV. 2. 4-5; 8.8-9을 보라). 왜냐하면, 그리스도의 나라는 그의 거룩한 말씀의 홀이 없이는 존재할 수 없기 때문이다(『기독교 강요』 IV. 2. 4). 실로,

> 하나님의 말씀에 복종하고 그 말씀에 의해 인도를 받지 않는다면 교회는 없다.[21]

따라서 결국 실제로는 교회에 관한 한 가지 표지, 즉 말씀만이 있다. 하지만, 이 말씀은 교회의 맥락 속에서 두 가지 형태로, 즉 선포와 성례로서 우리에게 온다. 다시금 말씀은 우리에게 교회의 주님이신 살아 있는 말씀

---

20 "한 하나님과 그의 참되고 합법적인 예배, 인간 본성의 타락, 값없는 구원, 칭의를 얻는 방식, 그리스도의 직분과 능력, 회개와 회개의 실천들, 복음의 약속들을 의존함으로써 우리에게 구원의 확신을 주는 믿음, 하나님께 대한 기도, 그리고 다른 주요 조항들에 관해, 같은 교리가 둘 모두에 의해 선포된다. 우리는 동일한 중보자를 신뢰함으로써 한 하나님을 아버지라고 부른다. 양자의 동일한 영(the same Spirit of adoption)이 우리 미래 기업의 보증이시다. 그리스도가 동일한 희생제사로 우리 모두를 화목케 하셨다. 그리스도가 우리를 위해 얻으신 이 의 안에서 우리의 마음은 평안하고, 우리는 동일한 머리를 자랑한다. 우리가 우리의 평화라고 선포하는 그리스도는, 그리고 불일치의 근거를 제거하면서 하늘에 계신 우리 아버지의 진노를 우리를 위해 누그러뜨리신 그리스도는 또한 우리가 서로 이 땅 위에서 형제로서의 평화를 증진하도록 하는 원인이 되지 않으신다면 이상한 일이다"(Calvin, *Tracts and Treatise*, vol. 2, 251). 당크바르(W. F. Dankbaar)는 "우리는 결코 교회일치의 기초를 더 잘 표현할 수 없다"라고 확언한다(*Calvin, Sein Weg und Sein Werk* [Neukirchen: Neukirchener Verlag, 1959], 182).

21 『칼빈 주석』 미 2:2.

을 가르쳐 주며 그를 중재한다.

> 교회가 그리스도를 경험하는 것은 두 방편, 즉 설교와 성례들의 거행을 통해서인데, 왜냐하면 이것들 안에서 그리스도의 주 되심이 선언되고 실현되기 때문이다. 그리고 그리스도의 주 되심이 현실화되는 곳에 교회가 있다.[22]

그러나 그리스도의 주 되심은 그의 음성이 진정으로 들려지고 그에게 복종하는 곳에서 실현된다. 따라서 단순히 건전한 교리를 설교하는 것과 적절한 방식으로 성례를 형식상 거행하는 것으로는 충분하지 않다. 주님의 말씀을 통해 주님께 "경건하게 귀 기울"여야 한다(IV. 1. 10).

그리스도는 진정으로 예배를 받으셔야 한다.[23] 요컨대,

> 이것이 참된 교회의 표지인데, 이 표지에 의해 교회는, 하나님의 이름으로 말한다고 거짓되게 주장하며 자신들을 교인인 척 가장하는 다른 모든 모임과 구별될 수 있다. 그리스도의 주 되심과 제사장직이 진정으로 인정되지만, 그리스도가 왕과 제사장으로서 인정되지 않는 곳에는 오직 혼란만이 있을 뿐이다.[24]

---

22 McDonnell, *John Calvin, the Church and the Eucharist*, 173.
23 『칼빈 주석』 행 20:21 이하.
24 『칼빈 주석』 렘 33:17.

4. 교회의 권징

『제1차 신앙교육서』에서 칼빈이 교회에 관해 간략히 다루는 곳에서는 (사도신경에 관한 제24항 ⑦), 칼빈의 전 사역의 초점이 되는 교회의 권징에 관한 언급이 전혀 없다. 후에, 제32항에서 칼빈은 교회 권징의 가장 극단적 형태인 출교를 다룬다. 그러나 심지어 여기에서조차 칼빈은 사악한 자들에 대한 정죄뿐만 아니라 회개하는 자들을 "은혜 안으로"(제32항) 받아들이는 것에 관심을 갖고 있다는 것을 주목하는 것이 중요하다.

불행히도, "권징"(discipline)이라는 말은 많은 이들, 심지어 목사들 가운데서도 부정적인 반응을 일으킨다. 왜냐하면, "권징"을 말할 때, 많은 사람은 즉시 벌을 생각하기 때문이다. 그리고 우리가 **교회**의 권징에 관해 말할 때, 대부분 사람은 출교를 생각한다.

그러나 칼빈의 제네바에서 권징이 엄격하고 때로는 모질게 행해졌음에도 불구하고,[25] 권징은 칼빈에게 본질적으로 긍정적인 것, 목회적 돌봄의 한 측면이었다. 권징은 하나님의 말씀 선포의 중요한 부분이었다. 권징의 목적은 궁극적으로 그리스도의 영예와 교회의 거룩을 진전시키는 것 외에 다른 것이 아니었다.

참된 교회 권징의 확립은 교회에 관한 칼빈의 교리에 중심적이었을 뿐만 아니라 제네바에서의 긴 투쟁에서 핵심 논쟁점 중 하나였다. 처음부터 칼빈은 잘 질서 잡힌 교회에 대해 관심을 가졌다. 칼빈은 제네바에 도착한

---

25 여기에서 시민들의 사적 삶을 규제했던 제네바 시민법들의 제정과 교회의 규정들을 혼동해서는 안 된다. 종종 중첩되기는 했지만, 우리가 앞으로 보게 되듯이, 칼빈은 이 두 영역을 구분하고자 매우 애썼다.

지 얼마 안 되어(1537년 1월), 파렐과 함께 제네바 시민에게 교회에 본질적이라고 생각한 세 가지를 제시했다.

① 교회의 조직을 위한 일련의 조항들.
② 신앙고백서.
③ 신앙교육서.

본래, "교회의 조직을 위한 일련의 조항들"과 "신앙고백서"는 통치자에 의해 수용되었으나(『제1차 신앙교육서』는 분명 전혀 문제가 되지 않았다), 신앙고백서와 일부 조항이 의회에 의해 거부당했다.

이것의 전반적인 문제는 복잡하지만 기본적인 불일치점은 권징에 관한 칼빈의 계획이다. 왜냐하면, 칼빈은 교회를 시 당국, 즉 국가로부터 독립시키고자 한다는 점에서 당시에는 급진주의자와 같았기 때문이다. 루터, 츠빙글리, 그리고 다른 스위스 종교개혁가들—외콜람파디우스(Oecolampadius)를 제외하고—은 모두가 도덕과 출교에 대한 감독권을 시 당국에 주었다.[26] 제네바시 당국은 이 영역에서 자기들의 우위권을 유지하고자 원하며 시샘했지만, 이 점에 있어서 칼빈(그리고 파렐)은 타협하지 않으려 했다.

따라서 칼빈이 1538년에 제네바에서 추방된 진짜 이유는 자율적 교회에 관한 자기의 주장 때문이었다. 그리고 자율적인(그러나 독립적이지 않은!) 교회 개념의 중심에는 그 자신의 일원들을 권징하는 그리고 (필요하다면)

---

26 참조. James Mackinnon, *Calvin and the Reformation* (London: Longmans, Green, & Co., 1936), 59 이하; Wendel, *Calvin*, 52 이하, 72-74.

출교시킬 수 있는 권리가 있었다.

스트라스부르에서 칼빈은 이 점에서 자기의 이상들을 상당 부분 실현할 수 있었다. 비록 칼빈은 예전들(liturgies)을 담당하고 스트라스부르교회들의 실천 대부분을 행복하게 받아들였음에도 불구하고, 특별히 자기의 피난민 회중 가운데서 교회 권징을 수행하는 데 있어 품었던 열심으로 유명했다.[27]

이것은 칼빈이 성찬의 거행에 엄숙함을 부여하려고 의도한 방식에서 특히 명백하게 드러난다. 그러나 스트라스부르에 있는 그의 회중에서 출교된 사람이 있었다는 것을 지적하는 증거가 전혀 없다는 것은 주목할 만하다. 이것은 칼빈이 언제나 이 권징권을 교회가 갖도록 하고자 열정적으로 싸웠음에도 보통의 상황들 아래에서 이것에 거의 의존하지 않았다는 것을 보여 준다.

칼빈은 1541년에 제네바로 돌아왔을 때, 행정당국에 새로운 교회 제도, 즉 유명한 『교회 법령』(Ecclesiastical Ordinances, 1541)을 제출했다. 다시금 핵심 논쟁점은 교회의 권징이었는데, 이것의 중심은 출교권이었다. 칼빈은 마침내 행정당국이 이 점에 대해 타협하도록 만들었지만, 행정당국의 염려들을 누그러뜨리는 조항을 추가하는 대가로 그렇게 했다.[28]

이 조항은 다소 모호했기에 여러 해석을 낳을 수 있었다. 사실상, 방델 (Wendel)에 따르면 이 한 조항은 "이후 거의 15년 동안 계속되는 모든 갈등과 주장의 바탕에 있었다."[29]

---

27 그러나 스트라스부르에서조차 시 당국은 교회가 부서의 지도력 아래 추구한 자유를 교회에 주길 꺼려했다. 참조. Wendel. *Calvin*, 60.
28 참조. the Ordinances of 1541 in the *Library of Christian Classics*, vol. 22: *Calvin: Theological Treatises*, 58 이하.
29 *Calvin: Theological Treatises*, 74.

그리고 칼빈은 마침내 제네바시에서 변동되지 않는 지도자가 되었던 1555년 후에도 제네바교회를 행정당국의 통제에서 완전히 벗어나게 하는 데 결코 성공하지 못했다. 그러므로 우리는 1541년의 『교회 법령』조차 이 문제와 관련해서뿐만 아니라 성찬 거행의 횟수와 같은 문제들에 관해서도 타협안을 나타낸다는 것을 염두에 두어야 한다.

이 간략한 역사적 개관은 칼빈이 얼마나 진지하게 이 문제를 여겼는지를 드러내 준다. 칼빈은 적절한 교회 권징을 위해 문자 그대로 자기의 생명을 걸었다. 이것은 그의 삶과 사역 전반에 있어 중심을 차지했는데, 왜냐하면 여기에 다른 어떤 것이 아닌 그리스도의 주 되심이 놓여 있다고 느꼈기 때문이다.

5. 교회의 권징에 관한 칼빈의 견해

칼빈의 실천은 그의 이론과 거의 일치했는데, 왜냐하면 칼빈은 『기독교 강요』와 다른 글들에서 교회에서의 권징을 매우 강조하기 때문이다. 앞에서 주목했듯이, 칼빈은 루터파 종교개혁가들처럼 공식적으로 교회의 두 표지(marks, notae), 즉 말씀의 선포와 성례들의 거행만을 인정했다.

더욱 구체적으로 말해서,

우리는 하나님의 말씀이 순전하게 선포되고 들려지며, 성례들이 그리스도가 제정하신 대로 거행되는 곳에는 어디든지, 하나님의 교회가 존재한다

는 것에 의심해서는 안 된다(『기독교 강요』 IV. 1. 9).³⁰

그러나 이 두 표지와 밀접하게 연관된 것이 교회 권징이다. 사실상, 몇몇의 탁월한 칼빈 학자들이 칼빈에게—부서와 녹스에게서처럼—권징은 사실상 세 번째 표지였다고 결론을 내릴 정도로 칼빈은 강력한 용어들로 교회 권징의 필요성을 서술한다.³¹ (그리고 이것은 후에 『벨직 신앙고백서』 제29항; 『스코틀랜드 신앙고백서』 제18항; 『엠덴 요리문답』[Emden Catechism, 1554]의 51문 등과 같은 일부 개혁파 신앙고백서들에서 교회의 세 번째 표지가 된다.) 칼빈은 다음에서 가장 강력하게 자신의 의견을 피력한다.

> 그리스도의 구원하는 교리가 교회의 영혼이듯이, 권징은 교회 자체의 힘줄로서 이바지하는데, 그 힘줄을 통해 몸의 지체들은 단결하고, 각각은 자기 자신의 자리를 잡는다(『기독교 강요』 IV. 12. 1).³²

---

30 참조. 『기독교 강요』 IV. 1. 10-12. 이곳에서 칼빈은 교회의 표지들과 권위를 더 명시적으로 다룬다.
31 예를 들어, 다음 학자들이 이런 입장을 지지한다. J. T. McNeill, *The History and Character of Calvinism* (New York: Oxford Univ. Press, 1954), 214; W. Nijenhuis, *Calvinus Oecumenicus* (The Hague: Martinus Nijhoff, 1959), 278, 313. 얀 베르다(Jan Weerda)는 권징이 교회의 표지가 되지 못한 것은 칼빈이 권징을 말씀의 선포와 성례들의 거행 안에 포함된 것으로 간주했기 때문이라고 주장한다. "왜냐하면 권징의 적절한 의미에 따르면 권징은 '권위도 수행(carring out, 독: Handanlegung)도 요구하지 않는, 하나님의 말씀의 권위를 적용하는 것이기 때문이다." "Ordnung zur Lehre," in *Calvin Studien 1959*, ed. Jurgen Moltmann (Neukirchen: Neukirchener Verlag, 1960), 168. 참조. R. N. Caswell, "Calvin and Church Discipline" in *John Calvin*, Courtenay Studies in the Reformation I, ed. G. E. Duffield (Grand Rapids: Wm. B. Eerdmans Publishing Co., 1966), 211.
32 유사한 진술이 사돌레트(Sadolet) 추기경에 대한 칼빈의 답변에서 발견된다. "교회의 몸은 함께 매달려 있기 위해서 힘줄로 묶이듯이 권징에 의해서 함께 묶여 있어야 한다."

더욱이 칼빈은 이것에 대해 매우 강하게 느꼈기 때문에, 권징을 실천하지 않거나 권징에 반대하는 사람들에 대하여 다음과 같이 주장했다.

교회의 궁극적 해체에 이바지하고 있음이 분명하다(IV. 12. 1).

이런 말들이 얼마나 예언적인지가 증명되지 않았는가!

미국과 영국에 있는 대부분의 장로교회와 개혁교회에서 교회 권징의 실천은 거의 사라졌다.[33] 교회 권징을 무시하는 기본적인 이유로는 불신, 상대주의 정신과 무관심, 그리고 "사랑"(charity)과 기독교적 자유에 관한 잘못된 이해이다. 또한, 권징은 거의 배타적으로 부정적인 것으로 여겨지고, 종종 출교와 동일시된다.

물론, 권징에는 부정적 측면들이 있으나, 칼빈에게 권징은 본질적으로 긍정적 수단, 즉 "영혼들의 치유"와 말씀 선포의 측면이었다.

이러한 돌봄과 이러한 선포는 두 가지 별개의 것이 아니라 한 활동, 즉 말씀의 효과적 적용의 두 부분이고, 권징은 필수적인 부가물이다.[34]

---

[33] 다음을 보라. John Kennedy, *Presbyterian Authority and Discipline* (Edinburgh: Saint Andrew Press, 1960). 케네디(Kennedy)는 근본 원인이 "스코틀랜드교회가 하나님 말씀의 권위를 상실한 데 있다"(p. 317 이하)라고 느낀다. 이것은 다른 교회들에도 적용될 것이다.

[34] Caswell, "Calvin and Church Discipline," 211. 다음을 참조하라. 『칼빈 주석』 마 15:18 (E.T., *Harmony of the Evangelists*, vol. 2, 358). 이 점에서 칼빈은 부서(Bucer)가 자기의 *De Vera Animarum Cura* (Concerning the True Care of Souls)에서 제시한 선례를 따르고 있었다. 이 책에 관하여 맥닐(J. T. McNeill)은 *A History of the Cure of Souls* (New York: Harper, 1951/1965), 177 이하에서 간략한 분석을 제공한다.

권징이 없을 때, 말씀의 선포는 종종 추상적이며 비효과적으로 남아 있기 때문이다. 칼빈의 말로 표현하자면, 교리가 나태(idle, *otiosam*)하게 남아 있지 않도록, "사적 권면, 교정, 그리고 이런 식의 다른 도움들"이 교리를 가르치는 데 더해져야 한다.

> 그러므로 권징은 그리스도의 교리에 반대하여 격렬히 성내는 사람들을 제어하고 길들이는 고삐와 같다. 또는, 무관심한 자들을 일깨우는 채찍과 같다. 그리고 또한 더욱 심각하게 넘어진 사람들을 때로는 부드럽게 그리고 그리스도의 성령의 온화함으로써 징계하는 아버지의 회초리와 같다 (IV. 12. 1).

여기에서 권징의 목적은 일차적으로 형벌적인 것이 아니라 목회적이며 교육적이다. 칼빈의 주요 관심은 교회의 집단적 성화뿐만 아니라 잘못을 범하고 타락한 사람들의 회복이다.

칼빈은 구체적으로 교회 권징의 세 가지 목적을 서술한다(IV. 12. 5).

첫째, 하나님의 영광과 하나님의 이름의 영예이다. 그 결과, 자기들의 삶으로써 공개적으로 그리고 지속해서 그리스도를 부인하고 더럽히는 사람들에게는 성찬 참여가 금해져야 하고, 필요하다면, 교회에서 추방되어야 한다.

> 왜냐하면, 교회 자체가 그리스도의 몸(골 1:24)이므로, 교회가 그러한 부정하고 부패케 하는 지체들에 의해 타락할 경우, 교회의 머리에 어느 정도의 수치가 돌아가기 때문이다(IV. 12. 5).

이처럼 권징의 주요 활동 중 하나는 성찬에 참여하기를 원하는 사람들에 대한 검증이었다. 비록 칼빈이 권징을 자신이 참여하는 새롭게 형성된 컨시스토리(consistory)의 주요 직무로 여겼지만, 스트라스부르와 제네바 둘 모두에서, 이 일은 장로들과 함께 칼빈 자신에 의해 행해졌다.[35]

성찬을 더럽히는 것을 예방하는 것이 분명 칼빈의 두드러진 관심이었다. 어떤 역사가들은 이것을 도덕주의적으로 과도히 면밀한 탓으로 돌리지만, 대부분의 칼빈 학자들은 다른 식으로 결론을 내린다. 이들은 모든 종교개혁가 가운데 누구도 칼빈만큼 처음 3세기 교회를 지배했던 조건들을 다시 회복하는 데 관심을 두지 않았다고 지적한다.

칼빈이 (후에, 존 녹스 역시 그랬듯이) 인정한 바는 "주의 성찬이 교회의 종교적 삶의 중심이고, 교회 예배의 절정과 왕관이었다는 것 … 권징은 초대교회의 신경(nerve)이었고, 출교는 권징의 신경이었다는 것이다. … 칼빈은 처음 3세기 교회를 특징짓는 이 모든 것—목사직과 지체들이 행한 매주의 성찬, 권징, 출교—을 다시 들여오기를 원했다."[36]

칼빈주의의 커다란 아이러니 중 하나는 어떤 영역들에서 칼빈주의는 칼빈이 로마교회에서 저항하고 있었던 바로 그러한 실천, 즉 일 년에 한두 번 성찬을 시행하는 것—또는, 기껏해야 많은 개혁/장로교회에서 그러하듯이 일 년에 네 번 시행하는 것—으로 돌아갔다는 것이다. 더욱이 네덜란드와 스코틀랜드 같은 일부 국가에서 성찬의 거룩함을 너무 진지하게

---

35 참조. Caswell, "Calvin and Church Discipline," 217-18.
36 T. M. Lindsay, *History of the Reformation*, vol. 2 (Edinburgh: T. & T. Clark, 1907/1956), 109-10. "미사의 희생제사는 로마 가톨릭주의의 상징이요 중심이 되어 왔다. 성찬은 개혁교회에서 그와 같은 것이 되어야 했다." Joseph C. McLelland, *The Reformation and Its Significance for Today* (Philadelphia: Westminster Press, 1962), 42.

여긴 나머지, 오직 소수의 나이 든 "거룩한"(sanctified) 장로들만이 성찬에 담대히 참여한다는 것이다. 이것은 칼빈의 의도가 놀라울 정도로 왜곡되었다는 것을 보여 준다.

물론, 성찬을 용서와 하나 됨 대신에 배제와 분열의 방편으로 만들 위험이 언제나 있다. 그러나 대부분의 개신교 교회에서 오늘날의 위험은 정반대, 즉 성찬을 누구에게나 무분별하게 제공되는 무의미한 의식으로 깎아내리는 것이다. 이렇게 하는 것은 성찬을 "악용하는"(prostitute) 것이라고 칼빈은 단언한다.[37]

둘째, 교회의 신실한 지체들을 사악한 자들의 영향에서 보호하는 것이다. 칼빈은 고린도전서 5:6 이하에 기록된 사건을 언급하며, 우리에게 "작은 누룩이 전체 덩어리에 영향을 미친다"(IV. 12. 5)는 것을 상기시킨다. 여기에서 우리는 칼빈이 교회 지체들의 도덕성에 대해 염려하고 있는 것이 확실하다는 것을 보게 된다(이런 주장에 반대하여, 니젤[Niesel]은 "교회 권징은 교회에서의 도덕적 행위를 증진시키거나, 교회 생활의 순결성을 획득하고자 존재하는 것이 아니다"라고 주장한다).[38]

셋째, 궁극적인 목적은 권징을 받거나 출교를 당한 사람들을 회개로 이끄는 것이다. 이처럼,

> 더 부드럽게 다루어졌더라면 더 완고하게 되었을 사람들은 마치 회초리로 맞을 때 정신을 차리듯이 그들 자신의 악에 대한 징계를 통해 유익을 얻게 된다(IV. 12. 5).

---

37 편지(*CO* 10:207). 다음에서 재인용했다. Caswell, "Calvin and Church Discipline," 216.
38 Niesel, *The Theology of Calvin*, 198.

보하텍(Bohatec)에 따르면,[39] 이 문제에서, 즉 출교에 있어서 칼빈과 루터의 접근 사이에는 차이가 있다. 왜냐하면, 출교가 영구적인 정죄보다는 교정적, 교육적 방편이었던 칼빈보다 루터는 출교를 더욱 최종적인, 공식적 방식으로 간주했기 때문이다. 칼빈은 우리에게 다음과 같이 충고한다.

> 교회에서 추방된 사람들을 택자들의 수효에서 삭제하거나, 마치 그들이 이미 상실된 양, 절망하는 것은 우리가 할 일이 아니다. 그들을 교회에서 이탈한 것으로, 그러므로 그리스도로부터 이탈한 것으로—그러나 오직 그들이 분리된 채로 남아 있는 시간 동안만—간주하는 것이 적법하다(IV. 12. 9; 참조. IV. 11. 2).

더 나아가, 다음의 중요한 구별에 주목하라.

> 저주(anathema)가 모든 용서를 제거함으로써 사람을 영원한 파괴로 정죄하고 그러한 파괴에 내맡긴다는 점에서, 출교는 저주와 다르다. 출교는 오히려 그의 도덕적 행위를 벌하고 징계한다. 그리고 출교도 그 사람을 벌한다 할지라도 그에게 그의 미래의 정죄에 대해 미리 경고함으로써 그가 구원으로 돌아오게 하는 방식으로 벌한다. 그러나 이것이 이루어지게 되면, 화목과 성찬으로의 회복이 그를 기다린다. 더욱이 저주는 매우 드물거나, 결코 사용되지 않는다(IV. 12. 10).[40]

---

39 Josef Bohatec, *Calvin's Lehre von Staat und Kirche* (Breslau: M. & H. Marcus, 1937/1961), 550-51.
40 또한, 출교는 "필수적인 경우에(in necessity, *in necessitate*)만" 사용되어야 한다.

요컨대, 출교의 목적은 이중적이다.

죄인을 회개로 이끌고, 그리스도의 이름이 더럽혀지지 않도록, 또는 다른 이들이 그들을 모방하지 않도록 그들 가운데서 나쁜 예들을 제거하는 것이다(IV. 12. 8).

출교가 (모든 권징과 마찬가지로) 기본적으로 형벌이 아니라 목회적 조처라는 것을 다시금 주목하라.

6. 몇 가지 실천적 고찰들

또한, 칼빈은 권징이 어떻게 행사되어야 하는지에 대한 몇 가지 실천적인 면을 상술한다.

첫째, 가장 중요한 것은 교회 안에서 권징을 행하는 정신 전반과 관련되어 있다.

엄격하고 거칠다고 하는 칼빈에 대한 평판에도 불구하고—이 중 일부의 평판은 정당하다—이론상 칼빈은 놀라울 정도로 부드럽고 화해를 추구한다. 왜냐하면, 비록 칼빈은 권징을 "고삐"와 "아버지의 회초리"에 비유할지라도 우리가 "더욱 심각하게 넘어진 사람들을 부드럽게 그리고 그리스도의 성령의 온화함을 가지고 징계해야 한다"(『기독교 강요』 IV. 12. 1)라고 덧붙이기 때문이다.

또한, 칼빈은 지상 교회의 권징 실천을 회복하고 싶어할지라도 권징의

"과도한 엄격함"에 대해 지상 교회를 비판한다. 오히려, "온화함의 정신"을 가지고 판단하는 것이 교회에 적합하다(갈 6:1; 『기독교 강요』 IV. 12. 8; 참조. IV. 12. 11-13). 더욱이,

> 교회의 몸 전체는 넘어진 자들을 부드럽게 대해야 하고, 극단적인 엄격함으로 벌해서는 안 되며, 오히려 바울의 명령을 따라 그들을 향한 교회의 사랑을 확증해야 한다[고후 2:8](『기독교 강요』 IV. 12. 9).

그 이유는 다음과 같다.

> 이 온화함이 사적인 책망과 공적 책망에서 유지되지 않으면, 우리는 곧장 권징에서 도살행위로 미끄러져 넘어갈 위험이 있다(IV. 12. 10).

둘째, 권징이 목사 혼자서가 아니라 교회 전체에 의해서 행사되어야 한다는 것에 주목하라.

사실, 권징은 특히 회중의 위탁을 받은 대표자들인 장로들의 책임이다.[41] 교회 권징은 "한 사람의 결정에 의해서 집행되는 것이 아니라 합법적인 모임(a lawful assembly, *legitimum consessum*)"(IV. 11. 5; 참조. IV. 3. 8; IV. 12. 2)에 의해서, 즉 "장로들의 모임"(IV. 11. 6)에 의해서 집행되어야 한다. 여기에서 다시 개혁파의 실천과 루터파의 실천이 다른데,

---

41 이 점의 현대적 적용들을 위해서는 다음을 참조하라. Eugene Heideman, *Reformed Bishops and Catholic Elders* (Grand Rapids: Wm. B. Eerdmans Publishing Co., 1970), 122-32; MacGregor, *Corpus Christi*, 216-18.

루터주의에서 출교의 권세는 교회를 **대신하여** 목사에 의해 공적으로보다는 사적으로 사용되지만, 칼빈주의에서 출교의 권세는 교회에 있는 목사들과 장로들에 의해 공적으로 사용되었다.[42]

셋째, 칼빈은 권징의 세 단계를 구분한다.
첫 번째 단계, 사적 권면이다.

목사들과 장로들은 특히 이것을 행하는 데 있어 주의해야 하는데, 왜냐하면 그들의 의무는 사람들에게 설교하는 것뿐만 아니라 모든 집에서, 즉 사람들이 일반적 가르침을 통해 충분한 효과를 얻지 못하는 곳은 어디에서든지 경고하고 권면하는 것이기 때문이다(IV. 12. 2).

두 번째 단계, 이러한 사람이 이 권면들을 "완고하게 거부하"거나 비웃을 때이다. 그때, 이 사람은 장로들의 모임 앞에 불려 나와 공적으로 경고를 받아야 한다.

세 번째 단계, 그러나 경고를 받았음에도 교화가 없고, 이 사람이 "계속해서 그의 사악함을 지속한다"면, 우리는 그리스도의 명령을 따라야 하고 이 사람을 신자들의 교제에서 제외해야 하는데, 왜냐하면 이 사람은 "교회를 경멸하는 자"(마 18:15, 17; 『기독교 강요』 IV. 12. 2)이기 때문이다.

넷째, 교회 권징이 교인에게 제한되지 않고, "특히 성직자에게 적용되는 두 번째 부분"(IV. 12. 22)도 있다는 것을 상기하라.

---

42 Wilhelm Pauck, *The Heritage of the Reformation* (Glencoe, Ill.: Free Press, rev. ed., 1961), 132-33.

다시금, 칼빈은 이것에 대한 선례를 초대교회의 감독들의 실천에서 발견한다. 이것을 어떻게 실천해야 될지 필자로서는 잘 모르겠지만, 어쨌든 사역자들은 그들 자신이 "모범과 행위에 의해서" 보여 주는 것보다 더 많은 것을 그들의 지체들에게서 기대해서는 안 된다는 칼빈의 권면에 주의해야 한다.

그리고 일반 사람들은 보다 온화하고 보다 느슨한 권징에 의해서 다스려져야 하고, 성직자는 그들 자신 가운데서 더 엄한 질책을 실천해야 하며, 타인들을 향해서보다 자신들을 향해서 훨씬 덜 관대해야 한다(IV. 12. 22).

칼빈에게 있어서 교회는 진실로 권징을 행하지 않는 교회일 수 없다는 것을 명백히 해야 한다. 권징 없는 말씀의 선포와 교회의 가르침은 실제적인 힘이나 권위를 발휘할 수 없고, 교회는 결국 나약하고 비효과적인 것이 될 것이라고 칼빈은 우리에게 상기시킨다.[43]

---

[43] "왜냐하면 사역자가 모든 사람들에게 그들이 그리스도께 무엇을 빚지고 있는지를 설명할 뿐만 아니라 사역자가 보기에 자기의 가르침을 존중하지 않거나 그 가르침에 열의가 없는 사람에게 교리를 지키라고 요구할 수 있는 권리와 방편도 가지고 있는 곳에서는 교리가 힘과 권위를 얻기 때문이다"(『기독교 강요』 IV. 12. 2).

제14장

통치자와 시민 정부[1]

(제33항)

이 주제로 기독교 교리에 관한 책의 결론을 내리는 것은 매우 특이한 방법이다. 대부분의 조직신학과 교의학의 마지막 장은 종말론, 즉 그리스도의 재림, 최후의 심판, 몸의 부활, 그리고 새 하늘과 새 땅 같은 마지막 일들에 관한 가르침에 관한 것이다. 칼빈에게는 공식적인 종말론과 같은 것이 없다. 칼빈은 이런 것들을 사도신경의 맥락과는 다른 맥락들에서 논한다.

그러나 칼빈에게 있어서 이 주제는 우리가 성스러운 것과 세속적인 것을, 내적인 영적 삶과 시민의 공적 삶을 분리해서는 안 된다는 또 하나의 증거이다. 개인적인 의와 시민적 정의는 함께 간다. 이것이 인정될 때, 『기독교 강요』에 있는 행정당국에 관한 칼빈의 마지막 장이, 그리고 그의

---

[1] 본 장의 제목을 위해서 필자는 『제1차 신앙교육서』 제33항의 단순한 제목, 즉 "통치자의 직분"(*De magistratu*)과 『기독교 강요』의 마지막 장(IV. 20)의 제목, 즉 "시민 정부"(*De politica administratione*)를 결합한다. 빌헬름 니젤(Wilhelm Niesel)은 칼빈신학에 관한 자신의 독일어 작품 제2판에서, 독일어 번역—"세상 정부"(Das weltliche Regiment), 영역본에서도 마찬가지—은 라틴어 원문의 문자적 번역이 아니라 1561년의 프랑스어 판의 "Du gouvernement civil"과, 이 장을 시작하는 문장들에 나오는 칼빈 자신의 용례를 반영한다고 지적한다. *Die Theologie Calvins*, 2. neubearbeitete Auflage (Munich: Chr. Kaiser Verlag, 1957).

『제1차 신앙교육서』에서 이에 상응하는 보다 짧은 항이 놀랍지 않은 것으로서 다가오게 된다.

1. 통치자와 시민 정부를 높이 평가하는 칼빈의 견해

칼빈이 16세기의 위대한 목사였다는 것은 일반적으로 인정된다. 널리 알려지지 않은 것은 이 제네바 종교개혁가가 똑같이 삶의 정치적 영역에 관해 관심을 가졌다는 것이다.

국가가 하나님이 제정하신 것일지라도 일차적으로 하나님의 왼손의 일, 즉 무질서와 무정부 상태를 막는, 죄에 대한 치유책으로 여겼던 루터와 달리,[2] 그리고 정치를 "육욕적인" 것이요 더러운 일로 간주했던 16세기 재세례파와 달리,[3] 칼빈에게 있어서 정부 관리가 되는 것(통치자)은 복음의 사역자가 되는 것의 영예에 비할 수 있는 단일한 영예이다.

칼빈이 자기의 『제1차 신앙교육서』에서 이에 관한 항을 어떻게 시작하

---

[2] 국가에 관한 루터의 접근을 위해서는 다음을 보라. William A. Mueller, *Church and State in Luther and Calvin* (Nashville: Broadman Press, 1954; New York: Doubleday & Co., Anchor Books, 1965), 제1부, 제2장 "Luther and Secular Authority"; John Tonkin, *The Church and the Secular Order in Reformation Thought* (New York: Columbia Univ. Press, 1971), 제2장.

[3] 교회와 국가에 관한 재세례파의 견해를 위해서는 다음을 보라. Timothy George, *Theology of the Reformers* (Nashville: Broadman Press, 1988), 286-87, 303-4. 조지(George)의 논의는 거의 메노 시몬스(Menno Simons)의 글에 기초하고 있다. 조지에 따르면, "재세례파는 통치자가 법과 질서를 유지하도록 하나님에 의해 임명되었다는 것을 부정하지 않았다. 이들은 자기들의 신앙의 요구를 침해하지 않는 모든 영역에서 시민적 권위에 대한 복종을 서약했다"(p. 286). 이러한 갈등의 영역들 중 하나가 군복무였다.

는지에 주목하라.

주님은 통치자의 직분을 인정하시고 수용하실 뿐만 아니라 가장 영예로운 칭호로 그것의 위엄을 세우시고 놀랍게도 그것을 우리에게 권하신다. 그리고 실로 여호와는 자기 지혜의 사역을 다음과 같이 확언하신다.
"왕들이 치리하며 방백들이 공의를 세우며 재상과 존귀한 자."
그리고 다른 곳에서 여호와는 그들을 "신들"이라고 부르시는데, 왜냐하면 그들이 주님의 일을 수행하기 때문이다. 또한, 다른 곳에서 그들은 사람이 아니라 하나님을 대신하여 재판한다고 말해진다. 그리고 바울은 하나님의 선물들 가운데서 "다스리는"을 언급한다.
그러나 바울이 이 문제들에 관해 더욱 길게 논의할 때, 그들의 권세는 하나님이 정하신 것이라고, 더 나아가 그들은 선을 행하는 자들에게는 칭찬으로, 악을 행하는 자들에게는 진노로 보응하는 하나님의 사역자들이라고 분명하게 가르친다(제33항).

마찬가지로, 국가 또는 정치 질서는 칼빈에게 매우 긍정적인 축복이다. 『기독교 강요』에서 칼빈은 이 주제에 관해 웅변적으로 말한다. 시민 정부는 하나님의 선물, 땅에서 하나님 나라를 실현하기 위한 긍정적 방편이다. 그리스도의 영적 나라와 시민적 또는 정치적 질서가 별개의 두 영역이라 할지라도(『기독교 강요』 IV. 20. 1), 이 둘은 "충돌하지 않으"며(IV. 20. 2), 서로에게 없어서는 안 된다. 시민 정부는 빵, 물, 태양, 공기처럼 필수적이고, 시민 정부의 영예의 자리는 훨씬 더 탁월하다(IV. 20. 3). 그 이유는 다음과 같다.

시민 정부는 종교의 공적 드러남이 그리스도인들 가운데서 존재하도록 규정하고, 인간성이 사람들 가운데서 유지되도록 규정한다(IV. 20. 3).

칼빈을 특징짓는 시민적 정의와 외적 도덕성에 대한 이런 관심은 그의 가장 초기의 글들에서 명백히 드러났다.『기독교 강요』초판(1536년)에서, 마지막 장(6장)이 그리스도인의 자유에 대한 것이다.[4] 그러나 이 장의 중간에서 칼빈은 "이중 정부"(twofold government, *duplex regimen*)로 방향을 돌리는데, 이 이중 정부하에 사람들이 놓여 있다.[5] 하나는 영적 정부요, 다른 하나는 세속적 정부이다. 전자는 말씀의 사역자들에 의해 감독되고, 후자는 시민적 통치자들에 의해 감독된다. 그러나 두 경우 모두에서 그리스도가 최고 통치자시고, 궁극적인 '규범'(rule, *regula*)은 하나님의 말씀이다.

같은 해(1536년)에 칼빈과 파렐은『제네바 신앙고백서』를 작성했다. 21개 조항의 순서는『기독교 강요』주제들의 순서와 비슷하다. 마지막 주제인 "통치자들"은『제1차 신앙교육서』의 방식과 비슷하게 시작한다.

우리는 왕들 및 군주들의 우월성과 지배는 다른 통치자들과 관리들의 것들이 그러하듯이 거룩한 것이요 하나님이 선하게 제정하신 것이라고 주장한다[참조.『기독교 강요』IV. 20. 3]. 그들은 자기들의 직분을 수행할 때 하나님을 섬기고 기독교적 소명을 따르는 것이므로[참조. IV. 20. 4], 우리는 하나님을 거스르지 않고 할 수 있는 한에서 우리 편에서도 그들에게 영

---

4   *Opera Selecta*, vol. 1, 223 이하.
5   *Opera Selecta*, vol. 1, 258. 동일한 표현이『기독교 강요』IV. 20. 1에서 나타난다.

예와 존경을 돌리고, 그들의 명령을 행하며, 그들이 우리에게 부과하는 짐들을 짊어져야 한다.[6]

그다음에 칼빈은 지배자들과 통치자들을 다름 아닌 "하나님의 대리자들이요 부관들(vicars and lieutenants of God, *vicaires et lieutenans de Dieu*)[7]로서, 우리가 이들에게 대적하는 것은 곧 하나님께 대적하는 것"이라고 표현한다. 이 용어는 『기독교 강요』 1559년 판에서 반복되는데, 이곳에서 통치자들은 "신적 공의의 '사역자들'(ministers, *ministros*),"[8] "대리자들"(vicars, *vicarious*), 그리고 하나님의 "대리인들"(deputies, *legatos*; 『기독교 강요』 IV. 20. 6; 참조. IV. 20. 22, 이곳에서 '*legatos*'는 어떤 이유인지 "대표자들"로 번역된다)로 불린다.

우리는 칼빈의 다른 글들과 『기독교 강요』의 계속 이어지는 판들의 이 주제에 관한 논의를 건너뛰어서, 이제 위에서 이미 몇 번 인용했던 『기독교 강요』 최종판의 유명한 마지막 장을 다룬다. 이것은 종교개혁을 통해 나오게 되는 이 주제에 관한 유일한 체계적 논의이며, 실로 "칼빈의 고전 중에서 가장 인상적인 부분 중 하나"이다.[9]

이 주제가 이제 『기독교 강요』의 마지막에서 다루어지고 있다 할지라도(제2판[1539년]과 1544년까지의 다른 모든 판에서는 그렇지 않았다), 이 주제는

---

6   필자는 다음에 실린 『제네바 신앙고백서』에서 인용하고 있다. *Calvin: Theological Treatises*, ed. J. K. S. Reid, Library of Christian Classics, vol. 22 (Philadelphia: Westminster Press, 1954), 32.
7   *Opera Selecta*, vol. 1, 425.
8   『제1차 신앙교육서』에서 "사역자들"은 통치자들을 표현하는 데 사용되는 유일한 용어이다.
9   다음을 보라. 『기독교 강요』(LCC 판)에 관한 존 맥닐(John T. Mc Neill)의 "서론," lxv와 그 이후의 내용을 보라.

여전히 논리적으로 그리스도인의 자유에 관한 장(III. 19)을 뒤따른다. 여기에서 칼빈은 하나님의 율법에 반응하는 "마음의 내적 정직성," 즉 양심을 다루지만, IV. 20에서 칼빈은 "하나님의 율법에 담긴 참된 종교"의 견지에서 외적 도덕성의 문제를 논한다.

2. 이중 정부

『기독교 강요』 III. 19. 15에서 우리는 IV. 20. 1에서 나왔던 동일한 구별, 즉 "인간에게 이중 정부"가 있다는 것을 발견한다. 하나는 정치적이요, 다른 하나는 영적이다. 그러므로 이것들은 서로 다른 유형의 통치와 법을 갖고 있다. 양쪽 모두에 있어서 칼빈의 관심은 영적인 영역에서 나타나는 그리스도인의 자유 오용을 피하는 것에 있는데, 왜냐하면 이런 오용은 정치적 영역에서 방종과 무정부 상태를 초래하기 때문이다.

> 우리는 영적인 자유에 관한 복음의 가르침을, 마치 그리스도인들이 외적 정부와 관련하여 자기들의 양심이 하나님 보시기에 자유롭게 되었기 때문에 인간의 법에 덜 복종해도 되는 양, 그리고 자기들이 성령에 따라 자유롭게 되었기 때문에 모든 육체적인 예속상태에서 벗어나게 된 것인 양, 정치적 질서에 잘못 적용해서는 안 된다(III. 19. 15).

이 중요한 곳에서 명심해야 할 점은 시민 정부가 "하나님이 세우신 질서"(IV. 20. 1)이고, 교회와 국가의 영역이 혼동되어서는 안 되지만, 궁극적으로 둘 다 같은 목적을 섬긴다는 것이다. 이 주제가 칼빈에게 중요한 이유는 바로 이것이다.

칼빈은 교회에 대한 아무 책임도 없는 완전히 세속적인 질서로서의 현대적 국가 개념을 상상할 수 없었고, 그런 개념은 절대 지지하지 않았을 것이다. 역으로, 교회는 국가에 대한 책임이 있다. "제네바에서 교회와 국가 사이의 혼인"에 관해 말할 수 없을지 모르겠지만,[10] 어쨌든 둘의 관계는 "두 개의 교차하는 집단의 성격을 지닌 것이라고 거칠게 표현될지도 모른다."[11]

한편으로, 교회는 자체의 해결책을 수행함에 있어 국가의 협력을 요구했다. 다른 한편으로, 교회는 자체의 임무를 수행함에 있어서 국가에 자체의 도움을 서약했다. 몇 가지 점에서 독특했던 제네바에서조차 16세기에 이 관계는 혼동되지 않았지만, 그런데도 둘 사이는 구분하기가 매우 어려울 정도로 매우 친밀했다.

칼빈은 국가가 기본적으로 세 가지 기능을 가진 것으로 생각했다. 이것들은 『제1차 신앙교육서』에서 한 문장으로 간결하게 진술된다. 군주들과 통치자들의 과제는 다음과 같다.

> 종교의 공적 형태가 부패하지 않은 채 유지되고, 사람들의 삶이 최고의 법들에 의해 형성되며, 공적으로 그리고 사적으로 영토의 안녕과 평화를 돌보는 데 자기들의 모든 관심을 쏟아야 한다(제33항).

---

10 필립 휴스(Philip Hughes)는 다음 책의 "서론"에서 이런 견해를 밝힌다. *The Register of the Company of the Pastors in the Time of Calvin* (Grand Rapids: Wm. B. Eerdmans Publishing Co., 1966), 91.

11 A. Mitchell Hunter, *The Teaching of Calvin* (London: James Clarke, 2nd rev. ed., 1950), 194.

시민의 지도자들의 이런 책임들이 『기독교 강요』에서 상세히 전개된다.

우리가 사람들 가운데 사는 한, 시민 정부는 하나님께 대한 외적 예배를 소중히 여기고 보호하고, 경건의 건전한 교리와 교회의 지위를 변호하며, 우리의 삶을 사람들의 사회에 맞게 조정하며, 우리의 사회적 행위를 시민적 의에 따라 형성하며, 우리를 서로 화목케 하며, 일반적 평화와 안정을 증진해야 하는 정해진 목적이 있다(『기독교 강요』 IV. 20. 2).

시민 정부의 과제들이 이와 유사하지만 다른 말로 다음 항에서 상술된다. 여기에서 시민 정부의 기능은 기본적으로 이중적이다.

첫째, "우상숭배, 하나님의 이름을 더럽히는 것, 그의 진리에 대한 모독들, 그리고 종교에 대한 다른 공적 죄들이 사람들 가운데 생겨나서 퍼지는 것을 예방하는 것"이다. 국가의 기능은 "그리스도인들 가운데 '종교의 공적 현시'를 보장하고 지원하는 것"이다(IV. 20. 3; 국가의 모든 시민이 그리스도인이라는 것이 가정되고 있다는 것에 주의하라).

둘째, "사람들 가운데 인간성을 유지하는 것"이다. 이것은 "공적 평화가 방해받는 것을 예방하는 것"에 의해 이루어진다.

시민 정부는 각 사람이 자기의 재산을 안전하고 견고하게 지키도록 하고, 사람들이 자기들 가운데 흠이 없는 상호관계를 맺도록 하며, 정직과 겸손이 사람들 가운데 유지되도록 한다(IV. 20. 30).

두 번째 기능은 세속화된 국가 속에서 사는 현대인들에게까지 문제가 되지 않을 것이다. 그러나 칼빈의 많은 상속자에게 문제가 되는 것은 첫 번째 기능이다. 이 동일한 견해가 『벨직 신앙고백서』(*Belgic Confession*)와 『웨스트민스터 신앙고백서』(*Westminster Confession*)에서 가르쳐지고 있음에도 말이다.[12]

우리의 시대와 우리의 상황이 칼빈의 시대 및 상황과 다르다 할지라도, 그의 개혁 운동의 목표는 여전히 가치 있는 목표, 즉 "이 땅 위에 하나님의 천상적 통치를 세우는 것"이다.[13] 비록 그것들의 특정한 기능이 다르다 할지라도, 교회와 국가는 모두 이 목적을 실현하기 위한, 하나님의 선택된 도구들이다.

---

12 『벨직 신앙고백서』(*Belgic Confession*, 1561)에서, 통치자의 직무는 "시민 국가의 복지를 고려하고 감독하는 것일 뿐만 아니라 성스러운 사역을 보호하고, 따라서 모든 우상숭배와 거짓 예배를 제거하고 예방하는 것, 적그리스도의 나라가 파괴되고 그리스도의 나라가 증진되도록 하는 것"(제36항)이다. 이 진술은 다음에서 발견되는 북미기독교개혁교회(Christian Reformed)의 최근 판에서 빠졌다. *Ecumenical Creeds and Reformed Confessions* (Grand Rapids: CRC Publications, 1979). 1958년의 개혁파 총회는 이것을 대체하는 진술을 제안했는데, 이 진술은 위의 소책자의 83쪽에서 발견된다.

『웨스트민스터 신앙고백서』(*Westminster Confession*, 1648)는 시민의 통치자가 "신앙의 문제들에" 간섭하는 것에 대해 경고하지만 그다음에 다음과 같이 진술한다. "그런데도 보모들로서, 다른 무엇보다 그리스도인들의 어느 교파를 선호함이 없이 우리의 공통된 주님의 교회를 보호하는 것은 시민의 통치자들의 의무이다"(23.3).

13 Letter to Nicholas Radziwill of Poland. *Letters of John Calvin*, vol. 3, in *Calvin's Selected Works*, ed. John Beveridge and Jules Bonnet, vol. 6 (Grand Rapids: Baker Book House, 1983), 135. 칼빈의 편지에 있는 정치에 관한 조명적인 논의를 위해서는 다음을 보라. John T. McNeill, "John Calvin on Civil Government" in *Calvinism and the Political Order*, ed. John L. Hunt (Philadelphia: Westminster Press, 1965), 24-29.

3. 정부의 토대들

칼빈은 자기의 『제1차 신앙교육서』에서 질서가 잘 잡힌 정부, 다시 말해서 '공의와 심판'(justice and judgment, *iustitia et iudicio*)을 가능하게 하는 것에 관한 언급을 단지 지나치면서 할 뿐이다. 이것들은 예레미야 선지자가 권하는 두 가지 기본 자질이다.[14] 칼빈에 따르면,

> 공의는 무죄한 자들을 안전하게 지키고, 품으며, 보호하며, 옹호하며, 자유롭게 해 주는 것이다. 그러나 심판은 불경건한 자들의 뻔뻔함을 거부하고, 그들의 폭력을 억제시키며, 그들의 비행을 벌하는 것이다(제33항).

『기독교 강요』에서 칼빈은 예레미야 22:3 외에도 다른 구절들을 인용하는데, 특히 신명기와 시편들에서 인용한다. 이 구절들은 왕과 통치자들의 책무, 즉 공의와 의를 행하고, 가난하고 궁핍한 자들의 권리들을 변호해야 하는 일 등을 언급한다. 그러나 경건한 통치자들은 이와 똑같이 하나님을 경외하는 것에 관해 관심을 가질 때, 그러한 시민적 의를 효과적으로 증진할 수 있을 뿐이다.

다시 말해서, 율법의 두 번째 돌판(이웃에 대한 사랑)은 언제나 첫 번째 돌판(하나님께 대한 사랑)에 의존한다. 왜냐하면, "경건[즉, 하나님께 대한 사랑과 경외]이 첫 번째 관심이지 않으면, 어떤 정부도 행복하게 세워질

---

14 『제1차 신앙교육서』(1538년)에서 칼빈은 단순히 "선지자"라고만 언급한다. 하지만, 프랑스어 판에서 칼빈은 구체적으로 렘 22:1-9를 언급한다. 칼빈이 말하는 두 자질이 렘 22:3에서 인용되는데, "여호와가 이와 같이 말씀하시되 **정의**와 **공의**를 행하여"(강조는 필자의 것이다)라고 말해진다.

수 없기" 때문이다. 더욱이,

> 하나님의 권리를 무시하고 오직 인간만을 고려하는 법들은 터무니없는 것이다(『기독교 강요』 IV. 20. 9).[15]

다음으로, 하나님의 법의 두 돌판은 공의롭고 의로운, 잘 질서 지어진 사회를 떠받친다. 이와 달리, 법들은 하나님의 율법과 동일한 것은 아닐지라도, 하나님의 법에 기초를 두어야 한다. 이러한 법들은 좋은 정부의 두 번째 핵심 요소이다.

> 시민 국가에서의 통치자직 다음에는 공화국의 가장 강력한 힘줄인, 또는 플라톤을 따라서 키케로가 영혼들이라고 부른 법들이 오는데, 심지어 법들 자체가 통치자직을 떠나서는 아무런 힘이 없을 때조차도 이 법들이 없이는 통치자직이 설 수 없다. 따라서 법은 말이 없는 통치자이고, 통치자는 살아 있는 법이라는 것보다 더 참되게 말해질 수 있는 것은 없다(IV. 20. 14).

칼빈은 서둘러서 국가의 법들은 하나님의 택함 받은 백성을 위해 구체적으로 설계된 모세 율법(legislation)과는 다르다고 설명한다. 그러므로 공화국이 "각 나라의 관습법"(IV. 20. 14)에 의해 통치될 수 없다고 생각하는 것은 "위험하고 선동적"이다. 따라서 칼빈은 모세 율법에 기초한 신정

---

15 데이비드 리틀(David Little)은, 이 구절 중 일부를 논한 후, 다음과 같이 결론을 내린다. "적절한 질서를 위한 틀이 개혁과 신앙의 일관된 주장에 의해서 제공된다. 하나님께 대한 경외가 없이는 참된 질서도 없다"(*Religion, Order, and Law: A Study in Pre-Revolutionary England* [New York: Harper & Row, 1969], 55).

(theocracy)이란 개념을 모두 거부한다.

왜냐하면, 주님이 모세의 손을 통해 모세 율법을 주신 것은 그 율법이 모든 나라에서 선포되고 모든 곳에서 효력을 갖도록 하기 위한 것이 아니라 주님은 유대 민족을 자기의 돌봄과 변호와 보호 속으로 받아들이셨을 때, 또한 특별히 유대 민족에게 율법수여자가 되시기를 원했기 때문이다(IV. 20. 16).

법들이 "영원한 사랑의 규범," 즉 십계명에 일치하는 한, 통치자들은 절하게 여기는 법들을 자유롭게 만들 수 있다. 칼빈은 통치자들이 참된 공의, 즉 사람들이 "흠이 없고, 평화롭게 함께 살기" 위한 "인류애와 온유함"(IV. 20. 15)을 증진해야 한다는 추가적 단서를 덧붙인다.

잘 질서가 잡힌 국가에 대한 칼빈의 표현에서 칼빈에게 있어서 매우 중요한 또 하나의 개념이 있는데, 그것은 바로 '공평'(*aequitas*)이다. 반복해서 칼빈은 공의 및 사랑과 함께 공평을 법체계의 실행을 특징지어야 하는 성질이라고 말한다. 예를 들어, 통치자들은 "공의의 법정들에서 공평을 행사해야만"(IV. 20. 4) 한다.

헌법 자체가 공평에 "토대를 두고 있고 놓여" 있다(IV. 20. 4). 시민법들처럼 헌법들은 지역 상황과 환경을 반영하고, 그러므로 장소마다 다르다. 그러나 이것은 헌법들이 "모두 똑같이 공평이라는 같은 목적을 향해 나아가는"(IV. 20. 16) 한에서 중요하지 않다.

공평이 칼빈의 중요한 개념이라는 것은 분명하다. 그러나 칼빈이 공평에 의해서 의미하는 바를 확정하기란 쉽지 않다. 두 개의 간략한 단락에서, 칼빈은 공평을 거의 규정할 정도에 이르지만, 여기에서조차 칼빈은 우리가 이 용어를 통해 자신이 의미하는 바가 무엇인지를 이해하고 있다고 가정한다. 공평이 자연법 및 양심과 가진 밀접한 관계에 주목하라.[16]

> 우리가 도덕법이라 부르는 하나님의 법은 자연법의 증거 그리고 하나님이 사람들의 마음(minds)에 새기신 양심의 증거 외에 아무것도 아니라는 것은 사실이다. 그 결과, 우리가 지금 말하고 있는 이 공평의 모든 기획은 도덕법 안에서 표현되어 왔다. 그러므로 이 공평만이 모든 율법의 목표와 규범과 한계여야 한다.
>
> 어떠한 법들이 저 규범에 따라 형성되고, 저 목표로 향하며, 저 한계에 의해 경계가 지어지든지 간에, 우리가 그것들을 인정해서는 안 될 이유가 전혀 없다. 그것들이 유대 율법과, 또는 그것들 사이에서 아무리 다르다 할지라도 말이다(IV. 20. 16).

이 경우에, 모든 것을 지도하는 "통치자"는 법이 아니라 "모든 법의 목표와 규범과 한계"로서의 공평이다. 이것은 계시된 공평이 아니라 옳고 그름에 대한 의식처럼 자연적 공평이고, 따라서 칼빈은 심지어 "자연적 공평"에 관해 말하기도 한다(IV. 20. 11). 그런데도,

> 덕행을 위해 마땅한 영예가 준비되어 있지 않으면, 공평과 공정한 도의에 대한 관심이 많은 이의 마음에서 식어지게 된다(IV. 20. 9).

---

16 양심, 자연법, 자연 질서 사이의 관계가 지닌 복잡한 문제에 관해서는 다음을 보라. Dowey, *The Knowledge of God in Calvin's Theology*, 66-72.

그리고 『칼빈 주석』 중 하나에 있는 주목할 만한 구절에서, 칼빈은 공의와 공평이 하나님의 은혜에 의해서만 유지될 수 있다고 주장한다.

> 왕들은 하나님의 은혜에 의해서만 공의와 공평의 경계 내에 자신들을 계속해서 둘 수 있다. 왜냐하면, 그들이 하늘로부터 나아오시는 의의 성령에 의해서 다스려지지 않는다면, 그들의 정부는 독재정치 체제로 전환되기 때문이다.[17]

공평이라는 용어에 관한 조셉 보하텍(Josef Bahatec)의 연구에 따르면, 칼빈이 때로 사랑과 공평을 동일시하고 있고, 따라서 공평의 본질적 내용은 "형제 사랑"이라고 지적한다.[18] 그러나 이것은 다소 일반적인 반면, 포드 루이스 배틀즈(Ford Lewis Battles)는 이 핵심 개념에 관한 보다 정확한 이해를 우리에게 제공하는 역사적 배경을 알려 준다. 배틀즈는 아리스토텔레스가 공평과 '법의 문자'(kata ton nomon dikaion)를 구분했다고 지적한다.

> 공평은 법의 표면, 법의 문자적 언어, 법이 본래 만들어지게 된 특정한 때의 형태 아래로 들어가 최초의 것의 정신과 의도를 통찰하려고 애쓴다.[19]

---

17 『칼빈 주석』 시 71:4. 더욱이 "이 땅의 왕 중 그 누구도 동일한 성령에 의해 지원을 받지 않으면, 선한 질서의 틀을 세우거나 지킬 수 없다"(『칼빈 주석』 마 12:18).
18 Josef Bahatec, *Calvin und das Recht* (Feudingen: Buchdruckerei, 1934), 39-48.
19 Ford Lewis Battles, "Notes on John Calvin, Justitia, and the Old Testament Law," originally published in *Essays Presented to Markus Barth on His 65th Birthday*, ed. Dikran Y. Hadidian. reprinted in Ford Lewis Battles, *Interpreting John Calvin*, ed. Robert Benedetto (Grand Rapids: Baker Book House, 1996), 313.

배틀즈에 따르면, 칼빈은 자기의 가장 초기 글인 『세네카의 관용론에 관한 주석』(*Commentary on Seneca's De Clementia*)에서 몇 번 이런 구분을 사용한다. 여기에서 이 원리는 재판관이 법을 적용하는 데 있어서 유연성을 주어 판결을 선고할 때 온화함이나 동정을 보여 주도록 한다.

후에, 칼빈은 『기독교 강요』 II. 2. 13에서 법에 관해 논할 때 이 원리에 호소하고, 디도서 2:11-14에 기초한, 『기독교 강요』 III의 그리스도인의 삶에 관한 글에서 사도 바울이 "삶의 모든 행위를 세 가지, 즉 절제, 의, 경건에 제한한다"라고 결론을 내린다. 그다음에 칼빈은, "의는 각 사람이 그 자신의 것을 받도록 공평의 모든 의무를 받아들인다[참조. 롬 13:7]"(III. 7. 3)라고 설명하면서, 각각을 간략하게 규정한다.

따라서 배틀즈는 다음과 같이 결론을 내린다.

> 따라서 칼빈에게 있어서 공평은 참된 공의를 이해하기 위한 첫째가는 원리다. 예를 들어, 부정한 법들과의 직접적인 충돌 속에서 시민적 권리 운동이 추구한 사회적 공의는, 공평의 규범하에서 검토될 경우, '정의의 극치'(*summum jus*)에 대한 '공평'(*aequitas*)의 우위성을 실증할 것이다. 법에 근거해 판결하는 재판관들뿐만 아니라 법의 틀을 만드는 사람들을 생기 있게 하는 것은 바로 이 원리이다. 모든 인간적 법과 법의 의로운 적용은 바로 이런 토대 위에 놓여 있다.[20]

---

20 Battles, "Notes on John Calvin, Justitia, and the Old Testament Law," 314-15. 배틀즈는 계속해서 다음과 같이 말한다. "그러나 이 말들이 **공평**에 대한 칼빈의 용법을 다 망라하는 것은 아니다. 칼빈의 체계에서 공평이 차지하는 가장 숭고한 과제는 '관용'(*epieikeia*)을 통한 십계명과 산상수훈의 조화이다."

이처럼, 모든 헌법과 법의 궁극적 규범은 율법의 두 돌판에 요약된 사랑의 영원한 규범이지만, 이러한 법들의 적절한 집행이나 적용은 공평에 의해 조절되는 공의에 대한 의식을 통해, 즉 각각의 사례에 맞는 숙고와 동정을 통해 행해져야 한다.

4. 국민의 책임

칼빈은 키케로를 따라서 세 가지 범주, 즉 통치자, 법, 국민과 관련하여 시민 정부를 고찰한다. 우리는 이제 마지막 범주에 이르게 된다. 얼핏 보기에─『제1차 신앙교육서』와 『기독교 강요』만을 읽는다면─이것은 상당히 단순한 문제처럼 보인다. 여기에서 칼빈은 매우 보수적이고, 백성들이 자기들의 통치자들이 아무리 독재적이거나 부패했다 할지라도, 그들에게 복종하도록 부추기는 것으로 보인다. 여기에 『제1차 신앙교육서』(1538년)에 있는 젊은 칼빈의 견해가 있다.

> 백성의 의무는 자기들의 지도자들을 존중하고 존경할 뿐만 아니라 자기들의 기도를 통해 지도자들의 안전과 번영을 주님께 구하고, 지도자들의 권위에 자발적으로 복종하며, 지도자들의 칙령과 헌법에 기꺼이 따르며, 지도자들이 지운 짐들이 세금이든 공물이든 다른 어떤 것이든 이러한 짐들에서 벗어나려 하지 않는 것이다.
> 우리는 자신들의 직무를 마땅한 대로 바르고 신실하게 수행하는 지도자들에게 순종적으로 행해야 할 뿐만 아니라 자신들의 권력을 오만하게 오용

하는 지도자들을, 합법적인 질서에 의해 그들의 멍에에서 벗어나게 될 때까지 견디는 것이 타당하다. 왜냐하면, 선한 군주가 인간의 복지를 지키기 위한 하나님의 자비하심의 증거이듯이, 나쁘고 사악한 통치자는 백성의 죄를 징계하시는 하나님의 채찍이기 때문이다. 그러나 우리는 이러한 권세가 하나님에 의해 각 통치자에게 주어진다는 것과 그들에게 저항하는 것은 하나님이 정하신 것에 저항하는 것임을 보편적인 진리로서 주장해야 한다(제33항).

『기독교 강요』 최종판의 성숙한 칼빈은 동일한 입장을 취한다. 통치자들에게 복종해야 하는 것만이 아니다. 그들의 영예를 존중하고 존경해야 한다.

> 백성들은 자기들의 통치자들을 존경하는 마음으로 그들의 선포에 복종하는 것을 통해서든, 아니면 세금을 내는 것을 통해서든, 아니면 공직을 맡거나 방위에 속해 있는 짐을 맡는 것을 통해서든, 아니면 그들이 내리는 그 밖의 다른 명령을 수행함으로써든 자기들의 통치자들에 대한 복종을 입증해야 한다(『기독교 강요』 IV. 20. 23).

이것은 심각한 것처럼 보일지 모른다. 그리고 칼빈은 정치적으로 순진하다는 비난을 받을지 모르지만, 여기에는 고려해야 할 세 가지 중요한 요소가 있다.

첫째, 가장 중요한 것은 칼빈이 성경에 관한 이해를 기초로 이런 입장을 취한다는 것이다. 로마서 13장은 이 점에 있어서 핵심 구절인데, 특히 처음 두 구절이다.

> 모두가 위에 있는 권세들에게 복종하라. … 권세에 저항하는 자는 하나님이 정하신 것에 저항하기 때문이다(롬 13:1-2).[21]

칼빈은 이런 입장에 대한 지지를 디도서 3:1, 베드로전서 2:13-14, 디모데전서 2:1-2과 같은 구절들에서 발견한다(『기독교 강요』 IV. 30. 23). 더욱이 칼빈은 구약에서 이스라엘 사람들이 악한 통치자들에게조차 복종해야 한다는 명령을 받는 많은 사례를 발견한다. 주요한 예가 느부갓네살이다. 칼빈은 예레미야 27장을 지적하며 다음과 같이 결론을 내린다.

> 주님은 저 혐오할 만하고 잔인한 독재자가 단지 왕직을 소유하고 있다는 이유만으로 백성들이 그 독재자에게 얼마나 많이 복종하길 원하시는지를 우리는 알게 된다(IV. 20. 27).

둘째, 칼빈은 통치자의 인격과 직분을 구별하고 있다. 칼빈의 이상적인 통치자는 "그의 나라의 아버지," "그의 백성의 목자, 평화의 수호자, 의의 보호자, 그리고 무죄한 자들의 복수자"(IV. 20. 24)이다. 하지만, 칼빈은 대부분의 통치자가 이런 이상에 훨씬 미치지 못한다는 것을 잘 알고 있다.

칼빈은 통치자들의 대다수가 어떠한지를 다음과 같이 상세히 서술한다.

---

21 이것은 『기독교 강요』(LCC 판) IV. 20. 23에 있는 번역이다. NRSV의 번역은 다음과 같다. "모든 사람은 다스리는 권력자들에게 복종하도록 하자. … 그러므로 권위에 저항하는 자는 누구든지 하나님이 정하신 것에 저항하는 것이다."

게으르고, 탐욕스럽고, 부패하고, 심지어 "대놓고 강도짓을 하고, 집들을 강탈하고, 처녀들과 주부들을 성폭행하고, 그리고 죄가 없는 자들을 학살"(IV. 20. 24)하는 등의 죄까지 저지른다.

그러나 우리는 이들의 모든 잘못과 악에도 불구하고 이들에게 복종해야 한다고 칼빈은 말하는데, 왜냐하면 직분 또는 "질서 자체가 그러한 영예와 존경을 받을 만하기 때문이다"(IV. 20. 22). 다시, 칼빈은 로마서 13장에 호소한다. 우리는 "진노 때문에 할 것이 아니라 양심을 따라"(롬 13:5) 복종해야 한다. 따라서 다시 한번 칼빈의 결론은 매우 보수적이다.

> 통치자에게 저항하는 것은 곧 하나님께 저항하는 것이다(『기독교 강요』 IV. 20. 13).

복종은 부정한 통치자에게까지도 마땅한 것이다.

셋째, 그러나 일종의 예외가 있는데, 이는 중요한 요소이다. 『기독교 강요』에서 인용된 마지막 문장은 사실상 『제1차 신앙교육서』에서 앞서 인용된 마지막 문장과 동일하다. 그런데도 칼빈은 즉시 다음과 같이 덧붙인다.

> 그러나 우리는 통치자들에게 복종할 때, 언제나 한 가지 예외를 두어야 한다. 즉, 그러한 복종이 우리를 하나님께 대한 복종에서 떠나도록 해서는 안 된다는 것인데, 왜냐하면 모든 왕의 명령들은 하나님의 명령에 복종해야 하기 때문이다(제33항).

그리고 다음으로 칼빈은 통치자의 직분에 관한 항을 다음과 같은 간략한 단락으로 마무리한다.

> 그러므로 주님은 왕 중의 왕이시다. 따라서 주님이 자기의 거룩한 입을 여실 때, 다른 어떤 인간의 말보다도 먼저 오직 주님의 말씀만이 경청되어야 한다. 주님 다음으로, 우리는 우리를 다스리는 사람들에게 복종해야 하지만 오직 주님 안에서만 그리해야 한다. 그들이 주님을 대적하는 어떤 것을 명령한다면, 그러한 명령은 존중받아서는 안 된다.
> 오히려 다음의 말씀을 우리의 금언으로 삼도록 하자.
> "사람보다 하나님께 순종하는 것이 마땅하니라"(행 5:29)(제33항).

이와같이 칼빈에게 있어서 "정치 영역에서의 모든 권위는 **파생된** 권위, 하나님에 의해 주어진 권위이다."[22] 모든 통치자는 "자기들이 누구든지, 자기들의 권위를 오직 하나님으로부터 갖는다"(『기독교 강요』 IV. 20-25).

여기에서 다시 칼빈은 국가에 관한 사도 바울의 이해에서 실마리를 얻는다. 왜냐하면, 로마서 13:1에서 사도 바울은 "각 사람은 위에 있는 권세들에게 복종하라"라고 권면한 후, "**권세는 하나님으로부터 나지 않음이 없나니**"(강조는 필자의 것이다)라고 즉시 덧붙이기 때문이다.[23]

---

22 Anna Case-Winters, "Theological Affirmations and Political Arrangements: Two Way Traffic," in *Calvin and the State*, ed. Peter De Klerk (Grand Rapids: Calvin Studies Society, 1993), 69.

23 칼빈은 『칼빈 주석』 롬 13:1에서 백성들이 자기들의 통치자들에게 마땅히 복종해야 함을 강조하지만 『칼빈 주석』 다니엘서에서는 통치자들의 한계를 더 강조한다. 다음을 참조하라. Niesel, *The Gospel and the Churches*, 140-41.

그러나 이어지는 구절들은 권세들에 대한 복종을 권면한다. 그리고 이것은 저항이나 반역이 정말 가능한지에 관한 질문을 낳는다.

5. 저항권

앞에서("4. 국민의 책임") 지적했듯이, 칼빈은 시민들이 자기들의 통치자들에게, 그들이 선하든 악하든 복종해야 한다는 것을 강조해서 말한다. 독재 정부들까지도 하나님이 정하신 것이다. 사악한 통치자들은 죄된 백성에 대한 하나님의 심판을 나타낸다. "부정하고 불완전하게 다스리는" 통치자들은 "백성의 사악함을 벌하도록 하나님에 의해 세움을 받았다"(『기독교 강요』 IV. 20. 25). "이런 식으로 세상을 다스리는 것"이 하나님의 뜻이다. 따라서,

> 그의 권력을 무시하는 자는 하나님 자신에게 저항하고 있는 것인데, 왜냐하면 '시민 정부'(civil government, iuris politici)의 설립자이신 하나님의 섭리를 경멸하는 것은 하나님께 맞서 싸우는 것이기 때문이다.[24]

칼빈의 입장은 명백하고 모호하지 않은 것처럼 보인다. 그런데도 방금 인용된 구절의 바로 그 맥락에서 칼빈은 양보의 말을 덧붙인다. 왜냐하면, "독재와 부정한 권세들은 정부들에 의해 규정된 것이 아니기" 때문이다.[25]

---

24 『칼빈 주석』 롬 13:1.
25 『칼빈 주석』 롬 13:1.

『기독교 강요』 최종판에 있는 프랑스 왕 프랜시스 1세에게 바친 헌정 글에서, 칼빈은 여기에 무엇이 "중대한"지를 말한다.

> 어떻게 하나님의 영광이 이 땅에서 유지될 수 있는지, 어떻게 하나님의 진리가 영예의 자리를 간직할 수 있는지, 어떻게 그리스도의 나라가 우리 가운데서 좋은 상태로 유지될 수 있는지.[26]

그러나 칼빈은 이러한 이상을 떠받치고자 하는 통치자들이 극히 드물다는 것을 인정한다. 하나님을 두려워하는 통치자들이 아니라 독재자들이 더 많이 지배하고 있다.[27]

그러면 이것이 독재자들과 부정한 통치자들에 맞선 대중적 폭동에 대한 정당성을 보증하는가?

대중적 반란을 정당화는 조건들이 있는가?

---

[26] 『기독교 강요』(LCC 판), 11. 유사한 진술들이 『기독교 강요』 IV. 20. 29, 31에서 발견된다. 이런 구절들을 기초로, 존 맥닐은 다음과 같이 결론을 내린다. "정부의 목적이 하나님의 영광이 아닌 곳에서는 합법적인 주권이 아닌 단지 찬탈이 있다. 그리스도의 왕권은 모든 세상적 지배 위에 있다." *John Calvin: On God and Political Duty* (New York: Liberal Arts Press, 1950, 1956), xiii. 이 서론은 다음 책에 다시 실렸다. *Readings in Calvin's Theology*, ed. Donald K. McKim (Grand Rapids: Baker Book House, 1984), 제15장.

[27] 칼빈은 『기독교 강요』 IV. 20. 24에서 매우 독재적인 통치자를 생생하게 그리고 있다. "그러나 일부 군주들이 자기들이 마땅히 주의를 기울였어야 하는 이 모든 것들에 대해 관심이 없고, 관심을 기울이기는커녕 나태하게 자신들의 쾌락을 좇는다는 것이 거의 모든 세대의 전형이다. 다른 군주들은 그들 자신의 사업에 집중한 나머지 돈을 받고서 법, 특권, 재판, 그리고 청탁 편지 등을 팔아먹는다. 다른 군주들은 일반 백성에게서 그들의 돈을 쥐어 짜고, 후에 이것을 비상식적인 증여를 하는 데 쏟아붓는다. 또한, 다른 군주들은 대놓고 강도짓을 하고, 집들을 강탈하고, 처녀들과 주부들을 성폭행하고, 그리고 죄가 없는 자들을 학살한다."

대답은, 적어도 일반 민중과 관련되는 한, 없다는 것이다. 칼빈은 "합법적인 왕들을 사랑하고 존경하는 것만큼 독재자들을 미워하고 저주하는 타고난 감정(inborn feeling, *ingenitus sensus*)"(『기독교 강요』 IV. 20. 24)이 사람들의 마음속에 있다는 데 동의한다.

그렇다 하더라도, 칼빈은 선출된 또는 지명된 통치자들과 같은 종속적인 직위의 관리들이 독재자들과 부정한 통치자들을 전복하는 것에 관해서만 고려할 것이다. 개인들이 그렇게 하는 것은 무정부 상태를 초래하게 될 것인데, 이것은 칼빈에게 가장 억압적인 정부보다 더 나쁜 것이기 때문이다. 왜냐하면, 최악의 독재자가 "아무런 질서가 없는 것보다는 더 참을 만"하기 때문이다.[28]

하나님이 결국은 이런 독재자들을 처리하실 것이지만, 이것을 위한 방법은 전체로서의 백성이 아니라 그들의 합법적인 대표자들이다.

> 왜냐하면, 고삐 풀린 독재정치를 교정하는 것은 복수하시는 하나님의 것이기 때문이다.
> 이 일이 우리에게 맡겨져 있다고 생각하지 않도록 하자.
> 왜냐하면, 우리에게는 복종하고 참는 것 외에 어떤 명령도 주어지지 않았기 때문이다(IV. 20. 31).

사실상, 전체로서의 민중은 "복종하고 참는 것" 이상의 것을 할 수 있다. 그들은 또한 기도에 의지한다. 그들은 "주님의 도움을 간구할" 수

---

28 CO 53:131. 다음에서 재인용했다. Niesel, *The Theology of Calvin*, 242.

있는데, "주님의 손 안에 왕들의 마음과 나라의 바뀜이 놓여 있다[잠 21:1]"(IV. 20. 29).

또한, 그들은 주님이 나쁜 통치자들의 악들로부터 선을 가져오시기를 기도해야 한다.[29]

그러나 독재적인 통치자들을 제거하기 위한 적절한 도구는 제도화된 통치자직이다. 이 점에서 고전적인 구절은 『기독교 강요』의 거의 끝부분에 있다.

왕들의 외고집을 제어하도록 임명된 백성들의 어떤 통치자들이 있다면, … 나는 그들이 그들의 의무에 따라서 왕들의 광포한 방탕함에 저항하는 것을 결코 금하지 않는다. 만약 천한 일반 민중을 폭력적으로 덮쳐서 공격하는 왕들을 그들이 못 본 체한다면, 나는 그들이 못 본 체 눈감는 것이 사악한 배신행위를 수반한다고 선언한다. 왜냐하면, 그들은 자신들이 하나님의 법령에 의해 백성들의 자유를 지키도록 지명된 보호자들이라는 것을 알고 있음에도 불구하고, 하나님의 백성의 자유를 정직하지 못한 방식으로 배반하기 때문이다(IV. 20. 31).

이것이 이 문제를 끝내는 것처럼 보이겠지만, 칼빈은 이후의 일부 주석에서[30] 자기의 제자인 존 녹스를 포함한 자기의 일부 추종자에게 어떤 상황

---

29 "칼빈 설교" 딤전 2:2, 다음에서 재인용했다. Niesel, *The Theology of Calvin*, 242.
30 예를 들어, 종종 인용되는 『칼빈 주석』 행 5:29을 보라. "하나님은 그 자신의 권위가 손

에서는, 예를 들어, 통치자들이 참된 종교의 대적자들로 간주할 때, 대중적 봉기가 정당화될지도 모른다고 시사하는 약간의 문틈을 열어놓았다.³¹

더욱이 이 주제에 관한 칼빈의 마지막 말은 그리스도인 시민들이 자기들에게 하나님의 뜻에 반하는 어떤 것을 하도록 강제하려고 하는 통치자들에게 복종하지 말아야 할 권리뿐만 아니라 의무도 지고 있다는 것이다. 그러나 그 방편은 수동적 저항이지 무장한 반란은 아니다.

따라서 칼빈은 자기의 『제1차 신앙교육서』를 결론지을 때처럼, "사람보다 하나님께 순종하는 것이 마땅하니라"(행 5:29)라는 말씀을 상기시키는 것으로 자기의 『기독교 강요』 IV. 20. 32의 결론을 내린다.

칼빈은 하나님께 복종하지 말도록 요구하는 통치자들이나 칙령들에 저항했던 다양한 성경적 인물들에게 호소하면서, "그러므로 주님은 왕 중의 왕이시다"라고 반복해서 말하고, 『제1차 신앙교육서』에서 그랬던 것보다 더 상세히 설명한다.

> 그러나 우리는 통치자들의 권위가 마땅하다는 것을 보여 준 복종에 있어서, 언제나 다음과 같은 예외를 두어야 한다. 다시 말해서 그러한 복종이 결코 우리를 하나님께 대한 복종에서 멀어지게 해서는 안 된다는 것을

상되지 않도록 하는 방식으로 우리 위에 권세를 가진 사람들을 세우셨다. 그러므로 우리는 **하나님의 권위가 침해를 받지 않는 정도까지** 우리 위에서 다스리는 사람들의 뜻을 행해야 한다"(강조는 필자의 것이다). 칼빈의 주요한 예는 다니엘이다. 다니엘이 다리오 왕에게 복종하기를 거부한 것에 관해, 칼빈은 다음과 같이 주석한다. "지상의 군주들이 하나님을 대적하여 일어날 때, 그들이 제멋대로이고 하나님에게서 그의 권리들을 강탈하고 싶어 할 때마다, 다시 말해서 하나님을 하늘에서 끌어내리고 할 때마다, 우리는 그들에게 복종하기보다는 절대적으로 그들에게 도전해야 한다"(『칼빈 주석』 단 6:22).

31 이 점에 관해서는 『기독교 강요』(LCC 판), 1518-19에 있는 광대한 각주를 보라.

첫째가는 것으로 삼아야 한다는 것인데, 왜냐하면 하나님의 뜻에 모든 왕들의 바람이 복종해야 하고, 하나님의 명령에 그들의 모든 명령이 따라야 하며, 하나님의 위엄에 그들의 홀들이 굴복해야 하기 때문이다. …

그들이 하나님께 반하는 어떤 것을 명령한다면, 그것을 무시하도록 하라. 그리고 그때 통치자들이 가지고 있는 모든 위엄에 대해 신경 쓰지 말도록 하자.

왜냐하면, 그들의 위엄은 하나님의 유일하고 참된 권세 앞에 겸손해질 때, 아무런 손상도 입지 않기 때문이다.

하나님을 찬양할지어다.[32]

---

32 칼빈은 이 말로 『기독교 강요』를 마무리한다.

부록
칼빈, 성령의 신학자
---

1. 서론: 왜 틈새가 있는가?

80여 년 전에, 프린스턴신학교 신학자인 워필드(B. B. Warfield)는 칼빈을 "성령의 신학자"라고 불렀다. 워필드는 다음과 같이 말했다.

> 성령론은 칼빈이 교회에 준 선물이다.[1]

이 말은 이후의 칼빈 학자들이, 특히 우리 시대에, 몇 번에 걸쳐 반복하고 확언했다.[2] 필자가 아는 한, 누구도 이것을 부정하지 않았다.

그러므로 성령에 관한 칼빈의 가르침에 관한 글이 별로 쓰여지지 않았다는 것, 특히 지난 40년 동안 칼빈 연구가 상당히 많이 이루어졌던 영어

---

1 B. B. Warfield, "John Calvin the Theologian," in *Calvin and Augustine* (Philadelphia: Presbyterian and Reformed Publishing Co., 1956), 484-85.
2 특히, 다음을 보라. Simon van der Linde, *De Leer van den Heiligcn Geest* (Wageningen: H. Veenman & Zonen, 1943), 2; 그리고 Werner Krusche, *Das Wirken des Heiligen Geistes nach Calvin* (Gottingen: Vandenhoeck & Ruprecht, 1957), 12.

권에서 그러했다는 것은 하나의 수수께끼이다. 그러나 이 주제에 관한 두 개의 주요한 연구가 있는데, 하나는 네덜란드어로, 다른 하나는 독일어로 쓰였다. 전자는 시몬 판 데어 린데(Simon van der Linde)의 『성령론』(De Leer van den Heiligen Geest, 1943)이고 후자는 베르너 크루쉐(Werner Krusche)의 『칼빈의 성령론』(Das Wirken des Heiligen Geistes nach Calvin, 1957)이다.

하지만, 그 이후로 우리는 고립된 주제들에 관한 몇 개의 논문만을 가지고 있다. 하나의 예외가 있다면, 성령에 관한 논문 모음집인 『성령에 관하여』(De Spiritu Sancto)에 있는 퀴스토르프(H. Quistorp)의 "칼빈의 성령론"이라는 긴 논문이다.[3] 제목이 가리키듯이, 이것은 포괄적 연구지만, 다소 산만하며 정확한 고증이 결핍되어 있다.

이와 대조적으로, 린데와 크루쉐의 저서들은 신중하고 철저하게 탐구된 연구들이지만, 둘 다 지나치게 열정적인 논박을 하고 있다는 것이 흠이다(린데는 칼 바르트에 맞서서, 그리고 크루쉐는 에밀 브루너와 그의 제자들에 맞서서 논박한다). 그 결과, 우리에게는 지난 35년간의 연구들을 사용해서 이 중요한 주제를 균형 있게 다룰 필요가 여전히 있다.

성령과 관련하여 상당한 주목을 받아 온 한 가지 주제는 말씀과 성령의 관계, 특히 성경의 권위에 관한 성령의 내적인 또는 비밀한 증거이다.[4]

---

[3] H. Quistorp, "Calvin's Lehere vom Heiligen Geist., in *De Spiritu Sancto*, edited by J. de Graf for the Stipendium Bernardinum (Utrecht: Drukkerij V/H Hemink & Zoon, 1964), 109-50.

[4] 다음을 보라. Bernard Ramm, *The Witness of the Spirit: An Essay on the Contemporary Relevance of the Internal Witness of the Holy Spirit* (Grand Rapids: Wm. B. Eerdmans Publishing Co., 1960); H. Jackson Forstman, *Word and Spirit: Calvin's Doctrine of Biblical Authority* (Stanford, Calif.: Stanford Univ. Press, 1962). 이 주제는 또한 보다 앞서서 B. B. 워필드 (n. 1을 보라)와 기념비적인 연구서인 *The Work of the Holy Spirit* (1900 and many reprints)

그러나 이것을 차치하고라도, 칼빈의 성령론은 1987년 북미칼빈학회(the North American Calvin Studies Society)의 여섯 번째 세미나의 주제였음에도 불구하고, 칼빈 연구에서 별로 주목을 받지 못했다.[5]

그리고 몇 년 앞서서, 영국의 칼빈 학자인 토니 레인(Tony Lane)이 "존 칼빈: 성령의 증거"(John Calvin: The Witness of the Holy Spirit)에 관한 논문을 발표했다.[6] 그러나 칼빈신학에 관한 표준적 연구서들에서 우리는 성령에 관한 장을 발견하지 못할 것이다.[7] 이러한 틈새의 주된 이유들은 다음과 같다.

① 칼빈은 『기독교 강요』 III. 1에서 성령 자체에 관해 간략하게 한 장만을 썼다.

을 작성한 아브라함 카이퍼(Abraham Kuyper) 같은 개혁파 신학자들에 의해 진지하게 주목을 받았다. 또한, 이 주제에 관한 좋은 몇 개의 논문이 있는데, 가장 최근의 것으로는 칼빈학회(the Calvin Studies Society)의 여섯 번째 세미나의 논문 모음집인 *Calvin and the Holy Spirit*, ed. Peter De Klerk (Grand Rapids: Calvin Studies Society, 1989)에 있는 리처드 갬블(Richard C. Gamble)의 "Word and Spirit in Calvin"이다.

5 각주 4를 보라. 이 책에 포함된 다른 논문들에는 다음과 같은 것들이 있다. "The Saving Work of the Holy Spirit in Calvin" by Jelle Faber; "Spiritus Creator: The Use and Abuse of Calvin's Cosmic Pneumatology" by John Bolt; "'*Extra Nos*' and '*in Nobis*' by Calvin in a Pneumatological Light" by Willem van't Spijker; "The Role of the Holy Spirit in Calvin's Teaching on the Ministry" by Brian Armstrong; "What Is the Meaning of These Gifts?" by Leonard Sweetman, Jr.

6 Tony Lane, "John Calvin: The Witness of the Holy Spirit." 이 논문은 런던에서 있었던 1982년 웨스트민스터 회의(Westminster Conference)에서 낭독된 논문들인 "신앙과 발효"(Faith and Ferment)에 수록되어 있다. 레인은 칼빈의 성령론의 두 측면, 즉 말씀에 관한 성령의 증거와 구원에 관한 성령의 증거에 초점을 맞춘다.

7 이것은 도널드 맥킴(Donald K. McKim)이 편집한 논문들의 포괄적인 모음집인 *Readings in Calvin's Theology*에서조차도 마찬가지이다.

② 칼빈은 성령을 자기가 논하는 거의 모든 교리와 연결시킨다.[8]

따라서 칼빈의 성령론을 논하기 위해 우리는 그의 신학 전반을 논해야 한다. 이것은 가공할 만한 일이므로, 누구도 최근까지 감히 이 일을 떠맡지 못했다는 것은 놀라운 일이 아니다.

'하나님의 뜻이라면'(*Deo volente*), 언젠가 필자는 이 일을 하기를 바란다. 하지만, 현재로서는 칼빈의 성령론에 있는 세 가지 주제를 개관해야겠다. 그러나 이런 제한을 두고서도, 필자는 다양한 주제에 관한 칼빈의 논의의 독특한 측면들 중 일부만을, 특히 성령과 삼위일체, 성령과 말씀, 그리고 성령과 그리스도의 삶 같은 것만을 지적할 수 있을 뿐이다. 시간과 지면의 제한으로 인해 불행히도 특별히 결실이 풍부한 영역인, 성령과 성례들의 영역을 다룰 수 없다.

2. 성령은 누구신가?

표면상, 이 질문에 관한 칼빈의 답은 단순하고 전통적인 것처럼 보인다. 요컨대, 성령은 삼위일체의 세 번째 인격이시고, 하나님 아버지 및 하나님

---

8   칼빈의 창조론이 한 가지 예외일지도 모르겠다. 이 영역에서의 성령의 역할에 관한 언급이 여기저기 몇 군데 있지만, 이것들은 다른 곳에서처럼 두드러진 것은 아니다. 인상적인 제목에도 불구하고, 이것은 존 볼트(John Bolt)의 다음 논문에서 명백해진다. "*Spiritus Creator*: The Use and Abuse of Calvin's Cosmic Pneumatology," in *Calvin and the Holy Spirit*, 17-33. 다음을 참조하라. Krusche, *Das Wirken des Heiligen Geistes nach Calvin*, Kap. II, "Der Heilige Geist und der Kosmos." 이것은 이 책에서 가장 짧은 장이다.

의 아들과 신성에 있어서 동일하시다.

그러나 문제는 칼빈이 "인격"(person)이란 말로 의미하는 바가 무엇인지에 관한 것이다. 사실, 이것은 삼위일체에 관한 어떤 교리에서든 중요한 질문이다. 다른 식으로 말하자면, "존재 양태들"(modes of being; 바르트[독]: Seinsweisen)에 관한 것이다.[9] "인격들"이란 단어의 위험은 다음과 같다. 즉, 이 단어의 의미가 변했고, 따라서 우리의 현대적 이해에 있어서 우리는 삼신론으로 빠질 위험에 처해 있다는 것이다. 그러나 우리가 "양태"라는 단어를 사용하자마자, 고대 이단인 양태론이라는 의심을 받는다.

칼빈은 전통적 용어의 일부에 만족하지 않았고, 이런 이유로 신경들 중 하나에 서명하기를 거부하는 것을 놓고 초기에 고민에 빠졌다.[10] 그러나 종국적으로―『기독교 강요』 최종판 중 하나에서―칼빈은 "인격"을 "하나님의 본질 안에 있는 '위격적 존재'(subsistence)"로 정의 내리는데, "이 위격적 존재는 다른 위격적 존재들과 관계되어 있으면서도 비교통적 특성에 의해서 구별된다"(I. 13. 6).

---

[9] 다음을 보라. Karl Barth, *Church Dogmatics* 1/1 (Edinburgh: T. & T. Clark, 2nd ed., 1975), 359 이하(German ed., *Kirchliche Dogmatik* I/1, 379 이하). 루이스 벌코프(Louis Berkof)와 같은 전통적 칼빈주의자까지도 삼위일체를 이 용어로써 규정할 수 있다는 것은 주목할 만하다. 삼위일체의 인격들은 "이 단어의 일반적 의미에 있는 세 개의 인격(three persons)이 아니다. 이 인격들은 세 명의 개인들(three individuals)이 아니다. 오히려 신적 존재가 **존재의 세 양태 또는 형태**(three modes or forms of being)로 존재한다 (Louis Berkof, *Summary of Christian Doctrine* [Grand Rapids: Wm. B. Eerdmans Publishing Co., 1938/1975], 42; 강조는 필자의 것이다).

[10] 칼빈은 1537년과 1540년에 있었던 피에르 까롤리(Pierre Caroli)와의 논쟁들에서, 어떤 이유에서인지, 니케아 신경과 아타나시우스 신경을 받아들인다고 선언하길 거부했다. 칼빈이 이것들의 내용을 본질적으로 전혀 반대하지 않았는데도 말이다. 다음을 보라. Francois Wendel, *Calvin: Sources and Development of His Thought* (New York: Harper & Row, 1963), 54-55.

이것은 매우 전문적인 것처럼 들리지만, 칼빈은 히브리서 1:3을 생각하고 있다. 이곳에서 우리는 그리스도가 "그의[하나님의] 본성의 바로 그 특징(the very stamp of his[God's] nature)을 지니고 있다"(RSV/NIV: "그의 존재의 정확한 표현"[the exact representation of his being]; NRSV: "하나님의 그 존재의 명백한 자국"[the express imprint of God's very being][개역개정: "그 본체의 형상이시라." -편주])라는 말씀을 읽게 된다.[11]

그다음에 칼빈은 이 용어들에 의해 자신이 의미하는 바가 무엇인지를 설명하지만 사실 이런 전문적 용어들에는 관심이 없다. 칼빈은 "단어들을 놓고 지속적으로 싸우는" 사람들에 대해 불평하고, 다음과 같이 결론을 내린다.

> 하나님의 한 본질 안에 인격들의 삼위일체(a trinity of persons)가 있다고 말하라. 그러면 당신은 한마디로 성경이 말하는 것을 말하게 될 것이고, 공허한 수다를 없애게 될 것이다(『기독교 강요』 I. 13. 5).

여기에서 칼빈의 실제적인 관심은 신학적 추상이 아니라 실천적인 기독교적 삶이다. 칼빈이 자기의 『제1차 신앙교육서』(1538년)에서 삼위일체를 어떻게 정의하는지에 주목하라.

> 우리는 성부, 성자, 성령이라고 호명할 때, 세 하나님을 만들고 있는 것이 아니다. 다만 성경과 경건(godliness, *pietatis*)의 참된 경험은 우리 자신에게 하

---

11 다음을 보라. 『기독교 강요』 I. 13. 2.

나님의 가장 단순한 유일성 가운데서 성부 하나님, 성자 하나님, 성령 하나님을 보여 주고 있다(제20항; 필자의 번역).

이 정의에서 독특하게 칼빈적인 것은 그가 성경뿐만 아니라 "경건의 경험"에 호소하고 있다는 것이다. 칼빈은 『기독교 강요』에서 성령의 신성을 논하며 비슷하게 언급한다.

왜냐하면, 성경이 그[성령]에게 돌리는 것을 우리 자신은 경건의 확실한 경험에 의해 배우기 때문이다(『기독교 강요』 I. 13. 14).

칼빈은 빈번하게 경험을 성경의 이차적인 확증으로서 호소하는데, 이 경우에 특히 경건에 호소한다.

[삼위일체에 관한] 이 실천적 지식은 어떤 나태한 사변보다 의심할 바 없이 더 확실하고 견고하다(『기독교 강요』 I. 13. 13).

따라서 칼빈에게,

삼위일체 교리는 그의 종교적 의식(consciousness)과의 관계를 벗어나 있는 것이 아니라 그의 가장 심오한 종교적 감정들의 선결 조건이었고, 실로 구원 자체에 대한 그의 경험 안에 주어졌다.[12]

---

12 B. B. Warfield, "Calvin's Doctrine of the Trinity," in *Calvin and Augustine*, 195.

다시 말해서, 칼빈에게 삼위일체 교리는 사변과 논쟁의 문제가 되어서는 안 되고, 신앙과 실천을 위한 힘과 위로의 원천이어야 한다. 그 결과, 삼위일체의 각 인격의 특정한 기능들에 관한 질문이 생길 때, 칼빈은 단순히 다음과 같이 답한다.

하나님 아버지께 활동의 시초와 만물의 샘과 원천이 돌려진다. 하나님의 아들께 지혜와 모략, 만물의 질서 지어진 경륜이 돌려진다. 그러나 성령께는 행동의 능력과 효력이 돌려진다(『기독교 강요』 I. 13. 18).

3. 성령과 말씀

앞에서 주목한 것처럼, 칼빈신학에서 성령과 말씀의 관계는 상당한 주목을 받았다. 특별한 관심을 끌었던 것은 기독교 사상사에서 칼빈이 이바지한 몇 가지 시원적(original) 기여 중 하나인 성경의 권위에 관한 성령의 내적인, 비밀한 증거(witness, *testimonium*) 개념이다.[13] 루터는 이런 연결을 암시했었지만, 내적 증거 개념을 하나의 독특한 교리로 처음으로 발전시킨 사람은 칼빈이었다.

성경의 권위에 관한 거의 모든 논의가 이 점에서 칼빈을 언급한다. 그리고 두 가지 비판이 때로 일어나기도 하지만 보통은 긍정적이다.

---

13 이곳에 있는 내용 중 상당수는 본서의 제3장 "추가적 상설: 성경의 권위—성령의 내적 증거"에서 다루었다. 이 주제가 여기서 반복되는 이유는 그 초점이 이제 성경에 관한 것이기보다는 성령에 관한 것이기 때문이다.

첫 번째 비판은 칼빈의 주장이 매우 주관적이라는 것이다.

두 번째 비판은 칼빈의 주장이 순환적이라는 것이다.

필자는 이 두 주장에 관해 간단하게 답하도록 하겠다.

칼빈은 얼마나 정확하게 성경의 권위를 세우고 있는가?

칼빈이 작업하고 있는 역사적 상황을 고려하라.

한편에서, 성경의 권위가 교회에서 나왔다고 주장하는 로마 가톨릭교도들이 있었다. 다른 한편에는, 성령의 개인적인, 급진적 계시들을 믿은 어떤 재세례파들과 급진적 "영성주의자들"의 유형들이 있었다.[14] 양편 다 말씀과 성령을 분리하는 죄를 범한다고 칼빈은 믿었다.

그리고 인간의 죄성에 관한 문제도 있었는데, 칼빈은 이것을 매우 진지하게 여겼다.

인간이 본성상 영적으로 눈이 멀어 있고 죄 가운데 죽어 있다면, 인간은 하나님의 계시를 어떻게 받을 수 있을까?

그리고 인간은 어떻게 계시를 이해하고, 그것이 하나님의 계시된 말씀이라는 것을 알아차릴 수 있을까?

이 모든 질문에 관한 답은 바로 성령이다. 여기에 이 모든 질문과 관련된 근본 진술이 있다.

---

14 리처드 갬블(Richard C. Gamble)의 다음 논문을 보라. "Word and Spirit in Calvin," in *Calvin and the Holy Spirit*, 75 이하. 여기에서 갬블은 한편에서 재세례파와 영성주의자들에 대한, 그리고 다른 한편에서는 로마 가톨릭에 대한 지속된 논박으로서의 칼빈의 신학 방법에 초점을 맞추고 있다. 여기에서 갬블은 1978년 암스테르담에서 열린 제1차 세계칼빈학회(the first international Calvin Congress)에서 발표된 포드 루이스 배틀즈(Ford Lewis Battles)의 논제를 따르고 있는데, 배틀즈의 이 논문은 후에 *Calvinus Ecclesiae Doctor* (Kampen: J. H. Kok, 1980), 85-110에서 출판되었다.

하나님의 말씀은 그것이 선포되는 모든 이에게 비추이는 태양과 같지만, 눈이 먼 사람들 가운데서는 아무런 효과가 없다. 우리 모두는 이런 점에서 본성상 눈이 멀어 있다. 따라서 하나님의 말씀은, 성령이 내적 교사로서 자기의 조명을 통해 그것을 위한 입구를 만들지 않는다면, 우리의 마음으로 뚫고 들어올 수 없다(『기독교 강요』 III. 2. 34).

다음에 칼빈은 좌파와 우파, 즉 급진적 영성주의자들과 로마 가톨릭의 위험과 관련하여 다음과 같이 확언한다.

성령은 나뉠 수 없는 끈(indissoluble bond, *individuo nexu*)에 의해 하나님의 말씀과 결합되기(conjoined, *coniunctus*)를 원하시고, 그리스도는 자기의 교회에 성령을 약속하실 때, 이것을 고백하신다. … 우리의 적들은 교회가 말씀과 상관이 없이 성령에 의해 다스려진다고 고백할 때, 버리려 애쓰고 있는 것은 하나님과 성령의 이 침범할 수 없는 작정이다(IV. 8. 13).

칼빈에게 말씀과 성령이 뗄 수 없을 정도로 함께한다는 것은 근본적인 것이다. 후에 우리는 칼빈이 성령의 특별한 지도하심과 인도하심을 고려하고 있지만 결코 말씀과 모순되지 않는다는 것을 보게 될 것이다. 다시 말해서(그렇지만 칼빈 자신의 말로) 그의 기본적인 논제를 반복하자면,

왜냐하면, 우리로 하여금 하나님의 얼굴을 묵상하도록 하시는 성령이 비추일 때 완벽한 말씀의 종교가 우리의 마음에 머물도록, 그리고 역으로 우리가 그 자신의 형상 안에서, 즉 말씀 안에서 그를 알아볼 때 속임을 당하

게 될 거라는 두려움 없이 성령을 받아들이도록, 일종의 상호적 끈(mutual bond, *mutuo nexu*)에 의해서 주님은 그의 말씀의 확실성과 그의 영의 확실성을 함께 결합하셨기 때문이다(I. 9. 3).

그러나 우리는 아직 "성령의 비밀한" 그리고 "내적인 증거"에 관해 말하는, 종종 인용되는 구절에 이르지 않았다.

칼빈이 여기에서 확언하고 있는 것을 주의 깊게 주목하라.

내적 증거/증언은 성경이 하나님의 말씀이라는 것을 **증명**하지 않을 뿐만 아니라 말씀의 권위를 **확립하지** 않는다. 왜냐하면, 성경은 자증적이기 때문이다. 성경은 어떤 외적 증거를 요구하지 않는다. 오히려, 성령의 내적 증거에 의해서 성경의 권위는 신자에게 **확언**되고 **증명**된다.[15]

베르너 크루쉐는 칼빈에게 있어서 "성경의 확실성(the certainty of Scripture, 독: Schriftgewissheit)에 대한 객관적 기초는 성경 자체에 있는 것이지, 외부 법정의 판단에 있지 않다"라고 통찰력 있게 적고 있다.[16] 아무리 많은 논증일지라도 성경이 하나님의 바로 그 말씀이라는 것을 누군가에게 확신시키지 못할 것이다. 칼빈이 다음과 같이 말했다.

---

15 "성경의 권위는 성령의 내적 증거에 의해 증명된다. 교회가 성경에 관해 갖는 경의(reverence)는 이 말씀이 하나님의 말씀이라는 내적 증거를 신자에게 주는 데 작용한 성령의 영향에 일차적으로 돌려진다"(Ronald S. Wallace, *Calvin's Doctrine of the Word and Sacrament* [Edinburgh: Oliver & Boyd, 1953], 101-2).

16 Krusche, *Das Wirken*, 206. 참조. Klaas Runia, *Karl Barth's Doctrine of the Word of God* (Grand Rapids: Wm. B. Eerdmans Publishing Co., 1962), 8: "성경이 하나님의 말씀이라면, 성경만이 그 자신의 증거를 제공할 수 있다."

논쟁을 통해 성경에 대한 확고한 믿음을 세우고자 애쓰는 자들은 본말을 전도시키고 있다(I. 7. 4).

칼빈의 크게 관심을 가지는 바는 다시금 실천적인 것이다. 칼빈은 신자들이 성경을 참된 것으로서 진정으로 의지할 수 있게 되는 것이 필요하다는 확신에 관해 관심이 있다.

우리는 최고의 방식으로 우리의 양심을 위하기를 바란다면, 인간의 이성과 판단과 추측보다는 더 높은 곳에서, 다시 말해서 성령의 비밀한 증거 안에서 우리의 확신을 찾고자 해야 한다(I. 7. 4).

잠시 후에, 칼빈은 성경을 깔보는 냉소자들("하나님을 경멸하는 자들")에 답하여 자신이 그들의 모든 반론을 쉽게 논박할 수 있다고 답한다. 하지만, 칼빈은 다음과 같이 덧붙인다.

성경의 증거는 모든 이성보다 탁월하다. 왜냐하면, 하나님만이 자기의 말씀 안에서 자기 자신에 대한 적합한 증인이듯이, 말씀 역시 그것이 성령의 내적 증거에 의해 인쳐지기 전에는 인간의 마음에서 받아들여질 수 없을 것이기 때문이다(I. 7. 4).

칼빈은 "성경의 신빙성을 확립하는 데"[17] 합리적 증거들을 제공하기를 싫어하지 않는다. 그러한 것들에는 부차적인 가치만 있을 뿐이다. 성령이

---

17 이것은 『기독교 강요』 I. 8의 제목 중 일부이다.

성경의 신적 성격에 대해 우리를 설득하기만 한다면, 그러한 논증들은 "유용한 도움들"이 될 것이다.

그러나 확고한 토대가 이미 세워졌을 경우에만 그러하다![18]

> 왜냐하면, 그것[성경]이 그 자체의 위엄에 의해서 큰 존중을 받는다 할지라도, 그것이 우리에게 진지하게 영향을 미치는 것은 오직 그것이 성령을 통해서 우리의 마음에 인쳐질 때뿐이기 때문이다(I. 7. 5).

이것은 성경이 참으로 하나님의 말씀이라는 확신을 우리에게 주기 위해 우리의 마음에서 역사하는 성령의 증거에 칼빈이 호소하는 많은 곳 중 한 예에 불과하다. 많은 신학자에게 있어서, 이런 접근은 고전적이며 탁월한 것이다.

하지만, 모두가 이것에 다 깊은 인상을 받는 것은 아니다. 19세기에 자유주의 독일 학자인 데이비드 스트라우스(David F. Strauss)는 이것이 "개신교 체계의 아킬레스건"이라고 불평했다. 우리 시대에 자유주의자들뿐만 아니라 일부 근본주의자들까지도 이런 논증이 너무 주관적이라고 주장한다. 다른 이들은 이런 추론이 순환적이라고 주장한다.[19]

어떤 의미에서, 이 논증은 순환적이다.

'성경이 하나님의 말씀이라는 것을 우리가 어떻게 아는가?

---

18 『기독교 강요』I. 8. 1, 81-2. 다음을 참조하라. "성령의 증거는 변증적 논증들을 쓸모없게 만들지 않는다. 성령의 증거는 변증적 논증들을 그들의 자리에 확고히 둘 뿐이다"(Lane, "John Calvin: The Witness of the Holy Spirit," 3)

19 참조. Otto Weber, *Foundations of Dogmatics*, vol. 1 (Grand Rapids: Wm. B. Eerdmans Publishing Co., 1981), 242-45.

대답: 성령이 그렇게 말씀하신다.

우리에게 이런 확신을 주는 분이 참으로 성령이라는 것을 우리가 어떻게 아는가?

대답: 성경 자체가 우리에게 이것에 대한 확신을 준다.'

그런데도 이런 식의 논증이 신학자들이 만들어낸 발명품이 전혀 아니라는 것에 주목해야 한다. 이런 접근을 시사하는 몇몇 구절이 신약성경에 있다. 예를 들어, 요한복음 8:13 이하, 고린도전서 2:11, 로마서 8:16, 그리고 고린도후서 3:1-3 등이다.[20]

칼 바르트는 이 논증이 순환적이긴 하지만 이것은 "논리적 순환"이라고 말한다.[21] 따라서 우리는 어떤 실존론적 주관주의(existential subjectivism)에 빠져 있지 않다. 왜냐하면, 이런 접근에서는 주체(성령)와 객체(기록된 말씀)가 융합되기 때문이다.

오토 베버가 지적하듯이, "객관적"(성경)으로 보이는 것은 "그것의 본질상 '주관적'(그것의 신적 기원에 대한 확신)"이기도 하다. 성령의 증거는 성경적 증거들의 증언 안에서 우리와 만나고, 이것에 의해서 "객체와 주체의 양극성이 극복된다."[22] 그 결과는, 칼빈의 말로 표현하자면, 다음과 같다.

어떠한 추론도 필요하지 않은 확신이고, 최고의 이성이 동의하는 지식이다. 즉, 정신은 어떠한 추론들 안에서보다 이러한 지식 안에서 더욱 안전

---

20 다음 책에 있는 성령의 내적 증거에 관한 성경적 기초를 다루는 논의들을 참조하라.
Ramm, *The Wihiess of the Spirit*, 제3장; Runia, *Karl Barth's Doctrine of Scripture*, 제1장.
21 Karl Barth, *Church Dogmatics* I/2 (Edinburgh: T. & T. Clark, 1956), 535.
22 Weber, *Foundations* I, 244.

하게 그리고 변함없이 안식을 누린다(I. 7. 5).

4. 성령과 그리스도인의 삶

그리스도인의 삶에 관한 칼빈의 이해에서 칼빈이 성령의 신학자로 가장 분명하게 드러난다. 칼빈은 그리스도인의 삶에 관한 자기의 논의에서 다음과 같이 지적한다.

기독교 철학은 이성에게 명령하여 성령께 길을 내주고, 복종하고, 복속하게 한다(『기독교 강요』 III. 7. 1).

동시에, 하나님의 은혜로운 선택과 보존이라는 개념들은 언제나 명시적으로 진술되지 않는다 할지라도 서로 연관되어 있다는 것을 주목해야 한다. 왜냐하면, 성령이 신자의 삶에서 하나님의 주권적인 은혜를 초래하시는 작인(作因, agent) 또는 능력이시고, 역으로 은혜는 하나님의 선택을 명시적으로 표현하는 것이기 때문이다.

불행히도, 영어에는 독일신학자들, 특히 칼 바르트가 매우 자주 사용한 멋진 독일어 표현인 Gottes Gnadenwahl('하나님의 은혜로운 선택' 또는 '은혜의 선택')에 정확히 상응하는 단어가 없다. 어쨌든, 칼빈에게 신자의 삶에서의 성령의 역사하심은 하나님의 은혜로운 선택(독: Gnadenwahl)의 수행이다. 왜냐하면, 처음부터 끝까지 그리스도인의 삶은 성령의 임재와 능력에

의해 경험되는²³ 하나님의 은혜에 의해 가능하기 때문이다.²⁴

앞에서 필자는 칼빈이 성령에 관해 특별히 장을 할애하지 않았다고 말했다. 이것이 온전히 사실인 것은 아닌데, 여러 면에서 『기독교 강요』 III과 IV의 주제가 성령의 사역이기 때문이며, III은 믿음 및 중생과, IV은 교회 및 성례들과 관련되어 있다. 지면의 제한 때문에 필자는 후자의 주제를 다룰 수는 없다.

그러나 『기독교 강요』 III에서 칼빈은 우리를 위한 그리스도의 객관적 사역에서부터 그리스도의 구속 사역의 유익들을 주관적으로 얻는 것에로 나아간다.²⁵ 여기에서 성령에 관한 명시적 언급은 전혀 없지만, 다음과 같은 III. 1의 제목에 주목하라.

> 그리스도에 관해 말해진 것들은 성령의 비밀한 역사에 의해 우리에게 유익을 준다(III. 1).

---

23 "[칼빈에게] 선택 교리는 모든 것에 선행하고 모든 것을 싸고 있는 순전한 하나님의 은혜에 대한 철저한 신뢰와 반응의 교리이지만, 성령에 관한 교리는 하나님의 강력한 창조적 능력이 하나님으로부터 인간에게로 흘러가는 통로에 관한 교리로서, 인간을 왕이신 그리스도의 종으로서 하나님의 뜻을 행하도록 세상 속으로 안으로 밀어넣는다" (T. F. Torrance, Preface to William F. Keesecker, ed., *A Calvin Treasury* [London: SCM Press, 1963], xiii).
24 "우리는 이러한 대조에 의해서 하나님의 은혜에 빛을 비추어 주는 하나님의 영원한 선택을 알게 되기까지, 우리가 마땅히 그러해야 하는 대로 우리의 구원이 하나님의 값없는 긍휼의 수원에서 흘러나온다는 것을 결코 명백하게 확신하지 못할 것이다. 즉, 하나님의 영원한 선택은 하나님이 아무런 차별 없이 모든 사람을 구원의 소망으로 받아들이시는 것이 아니라 다른 사람에게는 주시지 않으신 것을 어떤 이에게는 주시는 것이다"(『기독교 강요』 III. 21. 1).
25 『기독교 강요』 III의 제목은 다음과 같다. "우리가 그리스도의 은혜를 받는 방법들: 어떤 유익들이 그리스도의 은혜로부터 우리에게 오는가? 그리고 어떤 결과들이 따르는가?"

이 장은 간략하게 구원론과 관련한 성령에 관한 칼빈의 교리를 담고 있다. 칼빈은 다음과 같은 토대적 진술로 시작한다.

> 먼저, 우리는 그리스도가 우리 밖에 머물러 계시는 한, 그리고 우리가 그리스도로부터 분리된 한, 인류의 구원을 위해서 그리스도가 당하시고 행하신 모든 것이 우리에게 무익하고 가치가 없는 채로 남아 있다는 것을 이해해야 한다(III. 1. 1).

좀 더 전문적인 용어를 사용하자면,

> 우리 밖에(outside of us, *extra nos*) 계신 그리스도는 성령을 통해 우리 안에 (in us, *in nobis*) 계신 그리스도가 된다.[26]

칼빈의 말을 빌자면, 우리는 "멀리 떨어져 계시는 그리스도를 생각"해서는 안 되고, "우리 안에 거하시는" 그리스도를 생각해야 한다(III. 2. 24). 이처럼, 기독론과 성령론 사이에는 뗄 수 없는 관계가 있다.[27]

왜냐하면, 성령이 없이 그리스도가 우리 안에 거하시거나 우리가 그리스도 안에 거하지 않기 때문이다. 왜냐하면, 그리스도는 "성령에 의해서

---

[26] Willem van't Spijker, "'*Extra Nos*' and '*In Nobis*' by Calvin in a Pneumatological Light," in *Calvin and the Holy Spirit*, 44.
[27] 이것은 칼빈의 성례론에 관해서도 마찬가지이다. 예를 들어, 칼빈이 그리스도의 영화롭게 된 인간성(the glorified humanity of Christ)이 국지적이지만, 즉 하늘에 있지만, 그런데도 성찬을 통해 우리가 이 영화롭게 된 인간성에 참여한다고 주장하는 성찬에 관한 그의 가르침에서, "공간상에서 분리된 것들을 진정으로 연합시키시는 분은 성령"이시다(『기독교 강요』 IV. 17. 10).

자기를 우리와 연합시키시기 때문이다. 동일한 성령의 은혜와 능력에 의해서 우리는 그의 지체가 되어 그 자신 아래서 지킴을 받고 우리는 그를 소유한다"(III. 1. 3).

간단히 말하자면, 성령은 "그리스도가 유효하게 우리를 자기 자신과 연합시키시는 방편이 되는 끈" 또는 고리이시다(『기독교 강요』 III. 1. 1).[28] 또는, 키에르케고어적 용어를 사용하자면, 성령은 역사적 그리스도가 우리와 "동시대적"(contemporaneous)이 되는 작인 또는 방편이시다.

이와 관련하여, 또한 칼빈은 자기가 성경의 권위에 관한 언급에서 사용한 것과 동일한 용어, 즉 "성령의 증거"를 사용한다. 칼빈은 요한일서 5:7-8을 인용하면서, 이 구절에서 (물과 피와 함께하는) 성령의 증거에 관한 언급은 "우리가 느끼기에 우리의 마음에 도장처럼 새겨져 있는 증거이고, 그 결과 그리스도의 깨끗케 하심과 희생을 인친다"(『기독교 강요』 III. 2. 24)라고 결론을 내린다.[29]

---

28 참조. "[부활하신 그리스도와 신자 사이의] 이런 연결의 끈(bond, *vinculum*)은 그리스도의 성령인데, 이 그리스도의 성령과 우리는 연합으로 결합하여 있고, 이 그리스도의 성령은 그리스도 자신의 인격과 소유 전체를 우리에게 전달하는 수로(channel, *canalis*)와 같다. … 이 때문에 성경은 그리스도에 대한 우리의 참여에 관하여 말할 때, 그것의 능력 전체를 성령과 연관시킨다"(『기독교 강요』 IV. 17. 12, [LCC 판], 1373).

29 참조. 『제네바 요리문답』 91문. 칼빈은 90문에서 벧전 1:19을 언급한 후, 다음과 같이 답변한다. "성령은 우리 마음에 거하시는 동안, 우리가 우리 주 예수의 능력을 느끼게 하신다[롬 5:5]. 왜냐하면, 성령은 우리를 계몽하셔서 우리가 우리 주 예수의 유익들을 알도록 하시기 때문이다. 성령은 이 유익들을 우리 영혼 안에 인치시고 자국을 남기시며, 우리 안에 이 유익들을 위한 공간을 만드시기 때문이다[엡 1:3]. 성령이 우리를 중생케 하시고 우리를 새로운 피조물로 만드심으로 말미암아, 우리는 성령을 통해 예수 그리스도 안에서 우리에게 제공되는 모든 복과 선물을 받는다"(프랑스어 판에 기초한 번역으로서 개혁파 요리문답을 모은 토랜스[T. F. Torrance]의 다음 작품에 수록되었다. *The School of Faith* [London: James Clarke, 1959], 19).

우리는 이런 성령의 증거가 성경의 신적 기원에 관한 증거와는 다른 증거라고 결론을 내려서는 안 된다. 사실상, 성령의 한 "증거"에는 네 개의 다른 면이 있다.

① 성경의 확실성.
② 구원의 확실성.
③ 우리가 하나님의 양자 됨의 확실성.
④ 이 양자 됨의 약속을 제공하는 말씀의 신적 권위의 확실성.[30]

그러나 궁극적으로 네 개의 서로 다른 성령의 증거들(witnesses, testimonia)이 있는 것이 아니라 하나가 있는 것이다. 조지 핸드리(George Hendry)가 형식적 증거(하나님의 말씀으로서의 성경)와 질료적 증거(성경의 내용, 즉 복음)를 구분하고 있다. 크루쉐는 다음과 같이 말한다.

> 두 개의 서로 다른 증거[성경에 관한 성령의 증거와 하나님에 의한 우리의 양자 됨에 대한 별개의 증거]가 있는 것이 아니라 하나만 있다.[31]

그러나 크루쉐는 계속해서 다음과 같이 확언한다.

> 칼빈은, 정통주의에서 그러하듯이, 성경의 확실성을 구원의 확실성에서 분리하지 않았다. '증거'(testimonium)는 약속으로서의 성경의 내용을 제외한

---

30 이런 구분들에 관해 필자는 크루쉐(Krusche)에게 빚지고 있다. Krusche, *Das Wirken*, 263.
31 Hendry, *The Holy Spirit in Christian Theology*, 77. 다음에서 재인용했다. Ramm, *The Wihiess of the Spirit*, 100.

채 성경의 신적 기원을 우리에게 먼저 확신시킨 다음, 성경의 내용에 관하여 우리에게 확신을 주는 것이 아니다. 둘 다 분리할 수 없을 정도로 함께한다(Both belong inseparably together, 독: beides fällt untrennbar in eins).[32]

지금까지 우리는 구원론의 일반 주제와 관련하여 성령의 역할을 고찰했다. 이제 필자는 구원론의 구체적인 세 측면, 즉 믿음, 그리스도와의 연합, 성령의 지도하심 또는 인도하심에 간략하게 초점을 맞추고자 한다.

1) 믿음

칼빈은 『기독교 강요』 III. 1의 성령의 사역에 관한 자신의 논의를 다음과 같은 확언으로 결론짓는다.

> 믿음은 성령의 주요한 사역이다(『기독교 강요』 III. 1. 4).

칼빈은 이 점을 믿음에 관한 기념비적인 장(『기독교 강요』 III. 2)에서 몇 번 언급한다. 예를 들어, 성령의 "특별한 사역"은 믿음이다(III. 2. 39). 여기에서도 우리는 말씀, 성령의 증거, 믿음 사이의 친밀한 관계를 본다. 믿음은 말씀에,[33] 특히 예수 그리스도 안에 있는 하나님의 은혜의 약속에 근거

---

32 Krusche, *Das Wirken*, 217-18. (램[Ramm]에 의한 번역이다. Ramm, *The Wihiess of the Spirit*, 100. 워필드와 카이퍼를 포함하고 있는, 이 문제에 관한 그의 더 깊은 논의를 참조하라.)
33 "말씀을 제거하라, 그러면 아무런 믿음도 남지 않을 것이다"(『기독교 강요』 III. 2. 6).

하고 있다.³⁴

그러나 또한 하나님의 은혜로운 약속들은 성령의 도움 없이는 이해되지도, 받아들여지지도 않을 것이다. 그 이유는 다음과 같다. 이 약속들은 "성령이 내적 교사로서 자기의 조명을 통해 그것을 위한 입구를 만들지 않는다면, 우리의 마음으로 뚫고 들어올 수 없다"(III. 2. 34).

이 구절에서 칼빈은 "우리의 마음으로 뚫고 들어"오는 말씀을 언급한다. 그러나 칼빈이 머리보다는 마음을, 뇌보다는 '감정'(affections, affectus)을 강조하고 있다는 것을 알아차리는 것이 중요하다.³⁵

먼저, 믿음에 관한 칼빈의 가장 포괄적인 정의를 보자.

> 우리는 그것[믿음]을 우리를 향하신 하나님의 자비에 관한 확고하고 확실한 지식이라 부르는데, 이 지식은 그리스도 안에서 값없이 주어진 약속의 진리에 토대를 두고 있고, 성령을 통해 우리의 정신에 나타나고 우리의 마음에 인친 바 된 것이다(III. 2. 7).

이 정의에서 특히 네 가지를 주목하라.

① 믿음의 대상은 그리스도 안에 있는 그의 약속에 근거를 둔 우리를 향하신 하나님의 친절하심이다.

---

34 『기독교 강요』 III. 2. 7.
35 칼빈은 믿음을 성경에 있는 하나님의 약속들에 대한 "동의"(assent)로 정의한 후, 계속해서 이런 동의가 "뇌보다는 마음에, 즉 지성보다는 성향(disposition, affetus—알렌[Allen]은 '감정'[affections]으로 번역했다)에 속한다"라고 설명한다(『기독교 강요』 III. 2. 8).

② 믿음은 단순히 지식으로 정의될 수 있다.[36]

③ 그러나 이 지식은 학문의 전당에서의 지식이 아닌데, 왜냐하면 이 지식은 머리("우리의 지성")와 마음의 문제이기 때문이다.

④ 실존적 지식은 우리 자신의 행동일지라도 궁극적으로 성령의 선물이다.

칼빈은 이 장의 후반에 있는 절들에서 이런 점들을 확장한다.

> 믿음이 인간 지성보다 훨씬 위에 있다는 것은 분명하다. 그리고 **마음**(heart)도 성령의 능력에 의해 힘을 얻지 않는다면, **정신**(mind)이 하나님의 성령에 의해 조명을 받는 것으로는 충분하지 않을 것이다(III. 2. 33).

> 우리는 하나님의 성령에 의해 이끌리지 않는다면, 그리스도께 갈 수 없고, 따라서 우리는 이끌림을 받을 때, 우리의 지성을 넘어서 **정신과 마음 안에서** 높이 들리게 된다(III. 2. 34; 강조는 필자의 것이다).

믿음의 지식이 특별한 종류의 지식이라는 것을 칼빈이 강조하는 다른 몇 곳이 있지만,[37] 한 문장으로 충분한다.

---

36 『하이델베르크 요리문답』(*Heidelberg Catechism*) 21문에 있는 믿음에 관한 유명한 정의에서, 믿음은 지식**과** 신뢰로 이루어져 있다. 그러나 이 경우에 지식은 칼빈에게서 그러한 것보다 더 추상적이다. 즉, 덜 실존적이다.

37 참조. 『기독교 강요』 III. 2. 8, 14, 그리고 36절 전체.

이제 남은 것은 **정신**이 흡수한 것을 **마음** 안으로 부어 넣는 일이다. 왜냐하면, 하나님의 말씀은 **뇌**의 꼭대기에서 이곳저곳으로 날아다닌다면, 믿음에 의해 받아들여진 것이 아니지만, 유혹의 모든 책략에 저항하고 물리칠 수 있는 난공불락의 방어물이 되도록 **마음** 깊은 곳에 뿌리내리게 될 때, 믿음으로 받아들여진 것이 되기 때문이다.

그러나 정신의 참된 **이해**는 하나님의 성령에 의한 조명이라는 것이 사실이라면, 그때 **마음**에 이런 확증을 심어 주는 데에서 하나님의 성령 능력은 훨씬 더 분명하게 드러나게 되고, 그리하여 **마음**의 불신이 **정신**의 눈멂보다 더 크다는 것이 드러나게 된다.

정신에 사유가 주어지는 것보다 **마음**에 확신이 심어지기가 더 어렵다. 따라서 성령은 인으로서 전에 우리의 **정신**에 그 확실성이 깊이 새겨졌던 그 약속들을 우리의 **마음**에 인치는 역할을 하고, 이 약속들을 확증하고 확고히 하는 담보의 지위를 갖는다(『기독교 강요』 III. 2. 36; 강조는 필자의 것이다).

다시 한번, 우리는 칼빈이 확신[38]뿐만 아니라 후세대가 "경험적 종교"라고 부르게 되는 것에도 관심을 가졌음을 보게 된다.

때로, 칼빈은 칼빈주의자이기보다는 웨슬리주의자처럼 보인다!

어쨌든, 칼빈은, 그의 일부 추종자들이 다음 세기에 했던 것과는 다르게, 믿음을 지성화하지 않는다. 더욱이 머리보다는 마음의 문제인 믿음은 칼빈에게 있어서 처음부터 끝까지 성령의 사역이다.

---

38 확실성과 확신에 대한 칼빈의 강조는 윌리엄 부스마(William Bouwsma)의 탁월하지만 일방적인 책인 『존 칼빈』(*John Calvin*)의 논제 중 하나, 즉 칼빈은 불안에 찌든, 의심으로 가득한 신자였다는 논제와 완전히 대립한다(New York: Oxford Univ. Press, 1988), 제2장.

2) 그리스도와의 연합[39]

칼빈에게 믿음은 신자가 그리스도와 이루는 신비적 연합이라는 개념에서 가장 충만하게 표현된다. 칼빈 전문가들을 제외하고, 칼빈 사상의 이런 면을 아는 사람은 거의 없다. 왜냐하면, 일부 학자들은 "신비적 연합"이란 표현을 들을 때, 즉시 이것이 어떤 형태의 신비주의를 나타낸다고 결론을 내리기 때문이다.

그러나 빌헬름 니젤(Wilhelm Niesel)이 지적하듯이, 칼빈이 이 표현을 사용할 때, 이것은 "경건한 신비주의자들이 말하는, 신적 존재의 영역에로 흡수(absorption)되는 것과는 아무런 관련이 없다."[40]

프랑소아 방델(François Wendel)은 칼빈이 그리스도와의 연합 또는 교제에 관해 말할 때 "그리스도 안으로의 어떤 흡수나 인간의 인격성을 가장 작게 축소시키거나 그리스도를 우리에게 끌어 내리는 어떤 신비적 일체화(identification)"를 제안하고 있는 것이 아니라는 데 의견을 같이 한다. 그렇지만,

그리스도와의 관계는 그런데도 가장 친밀하다.[41]

---

39 이 주제에 관한, 영어로 된 가장 최근의 완전한 연구는 다음 책이다. Dennis E. Tamburello, *Union with Christ:. John Calvin and the Mysticism of St. Bernard* (Louisville, Ky.: Westminster John Knox Press, 1994).
40 Wilhelm Niesel, *The Theology of Calvin* (Philadelphia: Westminster Press, 1956), 126.
41 Wendel, *Calvin: Origins and Development of His Religious Thought*, 235. 방델(Wendel)은 칼빈의 설교들과 주석들에서 많은 구절을 인용하는데, 이것들 안에서 칼빈은 신자와 그리스도의 실체적 연합에 위험할 정도로 가까이 간다. 하지만, 칼빈은 오시안더(Osiander)와의 갈등 때문에, 그리고 오시안더의 신비적 사변들 때문에 1550년 이후에는 더욱 조심하게 되었다. Wendel, *Calvin*, 235-39를 보라. 칼빈에게는 그리스도의 본질이 우리의 본질과 "섞이지" 않는다는 것이 매우 분명하다. 『기독교 강요』 III. 11. 5, (LCC 판), 731.

그러므로 칼빈이 오시안더(Osiander)에게 답하고 있는 다음의 핵심 단락에서 그의 표현에 주의 깊게 주목해 보라.

> 내가 고백하건대, 그리스도가 우리의 것이 되실 때까지, 우리는 이 전적으로 비할 데 없는 선[그리스도]을 박탈당하고 있다. 그러므로 우리는 머리와 지체들이 함께 결합되는 것, 그리스도가 우리의 마음 안에 거하시는 것—요컨대, 저 신비적 연합(mystical union, *mystica unio*)—에 가장 큰 중요성을 부여한다. 그리스도는 우리의 것이 되심으로써 우리를 자기가 주신 선물들에 자기와 함께 참여하는 자들이 되게 하신다.
>
> 그러므로 우리는 그리스도의 의가 우리에게 전가되기 위하여 우리 밖에 멀리 계신 그리스도를 묵상하지 않는다. 왜냐하면, 오히려 우리는 그리스도를 옷 입고 있고 그의 몸 안으로 접붙여졌기 때문이다. 요컨대, 그리스도가 송구하게도 우리를 그와 하나로 만드시기 때문이다. 이런 이유로, 우리는 그리스도와 의의 교제를 나눈다는 것을 영광스럽게 여긴다(『기독교 강요』 III. 11. 10).

이 단락에는 성령에 관한 언급이 전혀 없지만, 앞의 인용들에서 보았듯이 이러한 믿음을 통한 연합이 가능한 것은 오직 성령의 사역 때문이다. 칼빈은 이것을 다른 곳에서 아주 분명히 한다. 칼빈은 다음과 같이 말한다.

> 우리는 성령의 비밀한 능력에 의해 그리스도와 연합되어 있다고 주장한다 (III. 11. 5).[42]

---

42 여기에서 칼빈은 오시안더와 논쟁하고 있다. 이 절의 나중 부분에서 칼빈은 다시 "우리

『기독교 강요』에서, 칼빈은 그리스도와의 "신비적 연합"을 단 한 번 언급하지만 다른 곳에서 같은 개념을 약간 다른 말로 표현한다. 예를 들어, 우리가 성찬에서 그리스도를 취하는 것에 관한 논의에서, 칼빈은 "경건한 자들과의 그리스도의 '비밀한 연합'"에 관해 말한다(IV. 17. 1).

또한, 이 성찬에서 우리는 "그리스도의 것은 무엇이든지 우리의 것이라고 불릴 정도로 우리가 그리스도와 한 몸이 되는 것을 목격하게 된다"(IV. 17. 2). 다시금, 이 구절들에는 성령에 관한 언급이 전혀 없지만, 이것이 전제되어 있다. 왜냐하면, 칼빈은 조금 후에 다음과 같이 말하기 때문이다.

> 그렇게 먼 거리에 의해서 우리와 분리된 그리스도의 살은 성령의 비밀한 능력[에 의해] 우리에게로 관통된다(IV. 17. 10).[43]

칼빈에게는 여기에서 로마서 8:9이 핵심 본문인데, 이 구절은 다음과 같이 가르치기 때문이다.

> 성령만이 우리로 하여금 그리스도를 온전히 소유하게 하시고 그가 우리 안에 거하시도록 하는 원인이 되신다(『기독교 강요』 III. 17. 12).

가 그리스도와 함께 자라고, 그리스도가 우리의 머리가 되시며, 우리가 그의 지체들이 되는 것은 성령의 능력을 통해서"(『기독교 강요』 III. 11. 5, [LCC 판], 731)라고 말한다. 『칼빈 주석』 요 14:20에서 칼빈은 또한 "그리스도와 우리 사이에 있는 거룩하고 영적인 연합"에 관해 말한다.

43 참조. "[성찬에서 이루어지는 그리스도와 우리 자신 사이의] 이런 연결의 끈은 그리스도의 성령인데, 이 그리스도의 성령과 우리는 연합으로 결합하여 있고, 이 그리스도의 성령은 그리스도 자신의 인격과 소유 전체를 우리에게 전달하는 수로와 같다"(『기독교 강요』 IV. 17. 12, [LCC 판], 1373).

이런 신비적 용어는 비개혁파적인 것처럼 들리도록 만들지 모르지만, 칼빈만이 그런 것은 아니다. 니젤은 『하이델베르크 요리문답』(*Heidelberg Catechism*)과 자기의 『개혁파 신조들』(*Reformed Symbolics*)에서[44] 유사한 구절들을 발견하는데, 『개혁파 신조들』에서 그리스도와의 연합을 "개혁교회의 기본적인 고백"이라고[45] 부른다. 이것은 지나치게 강한 주장일지도 모르지만, 이것이 칼빈에게는 사실이라는 것에는 의심의 여지가 없다.[46]

더욱이 칼빈에게, 성령에 의한 그리스도와의 이 신비적인 믿음-연합의 열매들은 중생, 믿음, 칭의, 성화, 궁극적인 영화[47] 등 셀 수 없을 정도이다. "그리스도 안에서" 우리는 그리스도의 은혜로운 선물들을 모두 누리는데, 그리스도는 "멀리 떨어져 계시는 것이" 아니라 우리와 하나이시기 때문이다.

3) 성령의 인도와 지도하심

마지막으로, 칼빈의 성령론에는 특별한 주목을 받아 마땅한 측면이 하나 더 있다. 왜냐하면, 특히 이 주제가 칼빈신학 연구들에서 거의 전적으로 빠져 있었기 때문이다.

---

44 이것은 이 책의 영국 판 제목이며, 이 책의 미국 판 제목은 『복음과 교회들』(*The Gospel and the Churches*)이다.
45 Niesel, *The Gospel and the Churches*, 181.
46 van't Spijker, in *Calvin and the Holy Spirit*, 44: "칼빈신학의 중심은 그리스도와의 연합[이다]." 이 주제에 관한 좋은 연구서인 다음 책을 참조하라. Wilhelm Kolfhaus, *Christusgemeinschaft bei Calvin* (Neukirchen: Buchhandlung des Erziehungsvereins, 1939).
47 종종 간과되는 영화의 측면을 옐레 파브르(Jelle Faber)가 자기의 논문인 "The Saving Work of the Holy Spirit," in *Calvin and the Holy Spirit*, 7-8에서 다룬다.

필자는 그리스도인의 삶에서의 성령의 인도와 지도하심에 관해 말하고자 한다. 다음과 같은 표현들이 반복해서 나타난다. 성령이 신자를 "다스리신다," "인도하신다," 그리고 "통치하신다." 그런데도 어떤 설명 불가한 이유로, 거의 모든 칼빈 학자는 이 주제를 간과됐다.[48]

여기에서 이 주제의 용례에 대한 전형적인 예가 있다.

> 주님은 자기의 영으로써 우리의 마음을 **지도하시고, 굴복시키시며, 지배하시며**, 자기의 소유물로서 우리 마음 안에서 **다스리신다**. … 하나님의 성령을 통해 거듭남으로써 우리의 마음이 **그의 지도하심에 의해 움직여지고 통치된다**는 것은 분명 택자들의 특권이다(『기독교 강요』 II. 3. 10; 강조는 필자의 것이다).

이 구절은 『기독교 강요』에서 온 것이지만, 유사한 구절들이 칼빈의 모든 작품에서 발견된다.[49] 예를 들어, 칼빈은 자기의 『제네바 요리문답』에서 다음과 같이 적고 있다. 회개에 있어서,

---

[48] 베르너 크루쉐(Werner Krusche)는 몇 안 되는 예외 중 하나이다(다음을 보라. *Das Wirken des Heiligen Geistes*, 288 이하). 하지만, 그의 분석이 완전히 만족스러운 것은 아니다.

[49] 필자는 1990년 1월 노스캐롤라이나, 데이비드슨대학(Davidson College)에서 행해진, "성령에 의해 통치와 인도—성령에 관한 칼빈의 교리의 주요 문제"(Governed and Guided by the Spirit: A Key Issue in Calvin's Doctrine of the Holy Spirit)라는 강연에서 설교, 주석, 교리, 신앙교육서, 논문, 기도 등 칼빈의 거의 모든 형태의 글로부터 예들을 제시하고 있다. 이 논문은 나중에 다음과 같이 출간되었다. *Calvin Studies V*, ed. John H. Leith (Davidson, N.C.: Davidson College Presbyterian Church, 1990). 그리고 이것은 고트프리드 로처(Gottfried Locher)를 위한 축하논문으로 재출판되었다. *Reformiertes Erbe*, Teil 2, ed. Heiko Oberman, Ernst Saxer et al. (Zurich: Theologischer Verlag, 1992).

우리는 우리 자신을 굴복시켜 **하나님의 성령에 의해 통치를 받고**, 우리의 삶의 모든 행위를 하나님의 뜻에 복종하도록 한다.⁵⁰

그리고 칼빈은 에베소서 4:20-24에 관한 설교에서 다음과 같이 말한다.

그리스도는 우리의 성화를 위해 우리에게 주어지신다. 우리가 **그의 성령에 의해 다스림을 받도록 말이다**(강조는 필자의 것이다).⁵¹

이 마지막 인용에서 "그리스도의 영에 의해 다스림을 받"는 것의 맥락이 성화였다는 것에 주목하라. 이런 언급 중 다수가 그리스도인의 삶의 이런 측면과 관련하여 나타난다. 이런 경우들에 있어서, 성령의 특별한 역할은 죽임과 살림(mortification and vivification)—칼빈이 회심이나 회개를 서술하는 데 사용하는 표현들—이라는 평생에 걸친 과정을 이행하고 돕는 것이다.

그러나 다른 경우들에 있어서, 이런 표현들은 하나님의 뜻과 이 뜻을 살아 내는 데 있어서의 인도하심에 관한 특별한 이해를 가리킨다. 이러한 인도하심은 결코 성경에서 표현된 하나님의 뜻과 대립되는 것이 아니고, 이러한 인도하심은 하나님의 뜻을 따르는 데 있어서 구체적인 방향을 보충해 주고 제시해 준다.

예를 들어, 사도 바울은 "어디에서도 성령의 인도하심(guidance, *manuducente*)에 의한 것 외에는 가르치지 않았다."⁵² 더욱이 바울은 그런 큰 책임

---

50 『제네바 요리문답』 128문.
51 "칼빈 설교" no. 29, 엡 4:20-24.
52 『칼빈 주석』 행 16:6.

들을 가지고 있었기 때문에, "바울은 성령의 특별한 지도(extraordinary direction, *singulari directione*)가 있어야 했다."[53]

우리는 성령의 이런 인도하심에 의해 새로운 계시들을 받는 것이 아니다. 이것은 우리의 삶을 위한 새로운 통찰, 더욱 깊은 이해, 그리고 구체적인 지도를 의미할지도 모른다.

이것은 위험할 정도로 주관적인 것처럼 들릴지도 모르지만, 그리스도와 우리의 연합에서처럼 성령의 사역은 언제나 말씀 안에 근거를 두고 있고, 예수 그리스도와 연관되어 있다. 이것은 칼빈의 성령론 전체에 있어서 사실이다.

필자의 소망은 칼빈의 성령론의 일부 측면에 관한 이런 개관을 통해 실로 칼빈이 성령의 신학자라는 논제가 확증되는 것이다. 칼빈신학의 이런 측면에 초점을 맞추는 일은 종종 간과되고 있는 제네바 종교개혁가의 인격적인, 역동적인, 경험적인 측면을 드러낸다. 또한, 이것은 우리 자신의 믿음과 사역 안에 있는 차원으로서, 우리가 종종 놓치고 있는 것이기도 하다.

그러므로 우리는, 성령이 충만하여 성령의 이끌림을 받는 예수 그리스도의 종들이 되고자 할 때, 칼빈을—그리고 무엇보다, 하나님의 말씀을—잘 본받을 수 있다.

---

53 『칼빈 주석』행 16:6.